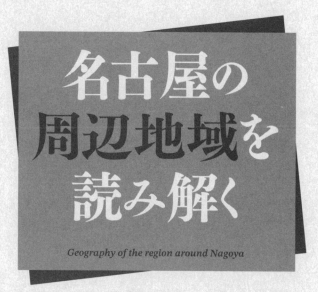

名古屋の周辺地域を読み解く

Geography of the region around Nagoya

林 上
Noboru Hayashi

風媒社

近世初期，新田開発のため入鹿村の全村民を立ち退かせて築いた入鹿池である。1868年に堤が決壊し多くの死者をだすという悲劇もあったが，独特な築堤工法が高く評価され，2015年に世界灌漑施設遺産に登録された。写真奥は明治村である。

1625年頃，尾張藩は木曽街道小牧宿のこの場所に小牧御殿を設けた。ここは小牧・長久手の戦いのときに徳川方が築いた蟹清水砦跡に近く，藩主は領内巡行や鷹狩の折に御殿で休息をとった。1782年には御殿の一角に小牧代官所が設けられた。

木材を筏流しで運ぶため尾張藩は木曽川を大いに利用した。「尾張川」といわれたほどで，木材以外にも種々の生活物資や人が木曽川を上下した。鉄道や自動車の時代になると，貨物を運ぶ舟から観光客を乗せて峡谷美を楽しませる舟へと変わっていった。（写真提供：愛知県）

丹羽郡大口町の小口城址公園は，室町後期に織田広近が美濃国土岐氏に備えるため築いた小口城の跡地にある。小口城は織田信長の犬山攻略を成功させるきっかけとなった。小牧・長久手の戦い（1584年）のさいには豊臣方が拠点として守りを固めたが，和睦のため廃城となった。

滝文庫は1915年から1927年まで丹羽郡古知野町大字東野字河原にあった私立図書館である。古知野周辺からは近世中期から近代にかけて多くの有力商人が輩出した。滝文庫を創設・運営した繊維商社の株式会社滝兵商店（現・タキヒヨー）も古知野が創業地である。

高度経済成長にともない失われそうになった明治の建物を一か所に集め野外博物館としたのが明治村である。名鉄経営者の人脈が発端となって構想が進められ，1965年，同社保有の犬山東部に開村した。写真奥に入鹿池が見える。

i

愛知，岐阜両県の県境に広がる愛岐丘陵の多治見市域内に，名古屋市は廃棄物処分のための用地を1978年に取得した。以来，県境を越えて廃棄物が運び込まれ埋め立てられていったが，その限界への危惧から藤前干潟埋立問題が起こった。

庄内川は春日井市東部では玉野川と呼ばれる。その玉野川の水を田に引くため1768年に川内八右衛門が一人で用水路の開削事業に取り組んだ。しかし成功せず，後継者たちが力を合わせ文化年間（1804〜1818年）に完成させた。

2016年，中央本線多治見駅の周辺整備の一環として駅北口に虎渓用水広場が誕生した。この広場を流れる水は，中央本線のトンネル開通（1900年）直後に同じ技術を応用して掘られた虎渓山真下の用水路トンネルを通って田畑を潤すようになった土岐川の水である。

中央本線の高蔵寺ー多治見間は，愛岐丘陵を横断する庄内川の右岸側に14基ものトンネルを設けて開通した。歴史を重ねてきたこれらのトンネルは新しい長いトンネルに道を譲り，現在は近代化産業遺産の指定を受け観光などに活用されている。（写真提供：愛知県）

春日井市東部にある神屋地下堰堤は，表流水の乏しい内津川扇状地の地下から水を得るため砂礫層を掘削し粘土の壁を築いて水を堰き止める工事（1934年）で完成した。地表から「地下ダム」は見えない。

尾張藩の御用窯であった瀬戸では，焼き物はすべて御蔵会所に集められ検査を受けた。瀬戸川沿いで年2回開催される焼き物廉売市の会場近くの御蔵会所跡に，いまは「瀬戸蔵ミュージアム」が建つ。（写真提供：愛知県）

2005年に開催された「愛・地球博」会場へのアクセス手段として建設された東部丘陵線は「リニモ」の愛称で呼ばれる。日本初の常電導吸引型磁気浮上式で話題を集めたが、いまは町中の風景に溶け込んでいる。

小牧・長久手の戦い（1584年）の膠着状態を打開するため、豊臣方は岡崎城の攻略を密かに進めようとした。これを察知した徳川方は追撃の末、長久手付近で池田恒興らを打ち破った。

豊臣秀吉の家臣・田中吉政が1590年に岡崎に入り、菅生川南側の東海道を北側に付け替えた。これが「岡崎二十七曲り」と呼ばれる鉤型道路の原型になった。城下町東の冠木門が旅人を送り迎える。

矢作川が矢作古川から分かれる地点のやや西側一帯に西尾の稲荷山茶園が広がっている。抹茶の原料となる碾茶の生産が特徴で、1930年代に三河式トンネル碾茶機が考案されて飛躍的に発展した。

矢作川の洪水対策のため1644年に米津（西尾市）と鷲塚（碧南市）の間に堤防が築かれた。洪水は防げたが、今度は海が陸地に入り込み入海が堤防で塞がれた。堤防の背後に海水と淡水の混じり合った汽水性の油ヶ淵が生まれた。

701年に大宝律令が定まり、西三川と東三河は統合されて三河国になった。国府に対抗する勢力が存在した西三河を避けるように、三河国の国府は東海道と二見の道の分岐点近くに置かれた。近くに国分尼寺（写真）も建てられた。

蒲郡のシンボル竹島は海岸から約400mの沖合に浮かぶ小島で、島には開運・安産・縁結びの神様を祀る八百富神社がある。竹島西の臨海部で工業用地が拡大する一方、東側は海浜レジャーランドで縁取られるようになった。

知多市の真ん中あたりに、かつて綿織物業で栄えた岡田地区がある。写真は地区の入口付近に建つ蔵で、案内板に「なまこ壁の蔵」と書かれている。壁を重ね塗りしていた左官職人は途中で出征を余儀なくされたため、帰還後ようやく1920年に完成させたという。

大府駅に近い大倉公園は、日本陶器合名会社の初代社長・大倉和親が1911年に御料林の払い下げを受けて建てた別邸を整備したものである。写真は入口の茅葺門で、別邸一帯はその後、大倉農園となり、高級園芸住宅地にもなった。(写真提供：大府市)

1666年、尾張藩の二代目藩主徳川光友は、潮湯治のため当時、馬走瀬と呼ばれていた現在の東海市横須賀に御殿・臨江亭を建てた。以後、馬走瀬は横須賀に名を改め、横須賀は高横須賀になった。御殿破却後、跡地には横須賀代官所が置かれた。

弥富市五之三町川平の住宅地に、「明治天皇焼田湊御着船所跡」と刻まれた大きな石碑が建っている。1868年に明治天皇が行幸した折、尾張藩が用意した船は浅瀬に阻まれて佐屋湊へ向かえずやむなく焼田湊で下船した。

海津市にはかつて高須藩があり、城下町の町人地南東の大江川河畔に高須湊があった。現在も船着き場が残されており、隣り合うように高須御城館(陣屋)をイメージした海津市歴史民俗資料館が建っている。

序文

「まち歩き」「城めぐり」「〇〇散歩」といった「地域歩き」がちょっとしたブームになっている。実際にまちの中を歩かなくても，それに関する本を読んだり地図を広げたりして楽しんでいる人も含めれば，たしかに世の中にそうした気分が漂っているような気もする。コロナ禍で海外旅行もままならず，近場の行楽地やキャンプ場などへ出かけるくらいしかできなかったことが影響しているのかもしれない。しかし実際はもっと深いところで，身近な地域について知りたい，もっと理解を深めたいと思う気持ちを人々に抱かせる，そんな時代が来ているように思われる。

その背景には都市や地域の変化のスピードがあまりにも速く，それについていけないという思いがあるのではないだろうか。つい最近まであったコンビニがいつの間にかなくなっていたり，古くなった住宅やアパートが取り壊されて高層マンションに変わったりしている。そうした日常的変化は慣れっこになってしまい，いささか食傷気味でとりたてて関心が向かわない。目まぐるしい目の前の変化とは別の，ゆったりと時間が流れていた時代のことになぜか心惹かれ，そのことについて深く知りたいと思う。遠くのことでなくてもよい。むしろいまいる身近な地域の昔のことである。

考えてみれば，日々変わりゆく町の様子や都市景観の移ろいは，遠い昔から幾度となく繰り返されてきた地表上の土地利用変化の一コマにすぎない。いまはコンビニやマンションでも，10年前や100年前は何だったのか。明治や江戸の時代に起こった出来事は歴史の教科書などでなじみ深い。しかし，いま自分が立っている場所にも明治や江戸という時代があったはずである。その頃，そこに人は住んでいなかったかもしれない。荒れ地や田畑だったかもしれないが，それも含めて何だったのか，わかれば知りたい。近くに古い社や道標などが残されていれば，間違いなく人がお参りに来ていたり旅人が行き来したりしていたはずである。コンビニやマンションと社や道標の間を直接結びつけるのは難しい。しかしその場所を通り過ぎていった時の流れに思いを馳せることはできる。

「地域歩き」とは、過ぎ去っていまはない時の名残を探し求めて歩く行為のように思われる。ほとんどのものは別のものに置き換えられてしまっている。地球表面それ自体に耐用年数や使用期限などといったものはない。しかし、その上に建つ建物や構造物には機能的あるいは社会・文化的な限界がある。役目を終えたらつぎの世代のものと置き換えられる。まれに形だけは残されるものもあり、観光の対象になるケースさえある。寿命に限りがある人間もまた世代交代は免れない。人は形としても残ることはできず、生きたという記録を残すか、別の人の記憶の中に残るしかない。

さて、本書で取り上げる名古屋の周辺地域は、上で述べた「地域歩き」のための一つのフィールドである。正確には「地域歩き」のためのきっかけとなる地域エピソードの集まりのようなものである。このエピソードや物語を書くにあたっては、二つのことを念頭に置いた。その一つは、目立ちやすい中心ではなく、中心の影に隠れるような存在の周辺に目を向けたいという思いである。名古屋大都市圏は日本を代表する大都市圏の一つであるが、ともすれば中心都市の名古屋にばかりにスポットライトが当たり、その周辺に目が向けられることは少ない。周辺は、元々、中心を引き立てる役回りしかもたされていないのかもしれない。しかし、周囲に広い裾野がなければ富士山も高くならないように、周辺あっての中心であることを気に留めておきたい。

いま一つは、中心の名古屋と周辺の間を結ぶ放射状交通軸に注目して都市や地域を捉えるという考え方の提示である。意外に思われるかもしれないが、名古屋は江戸時代初期に生まれた「新興都市」である。名古屋より歴史の古い都市が周辺には数多く存在する。「新参」の名古屋が周辺の「古参」ともいえる諸都市と結びつきリードしながら発展していった結果が、現在の名古屋大都市圏である。誕生当時、名古屋は幕府公認の東海道とも中山道とも直接結びついていなかった。尾張藩はこれらの主要街道と連絡するため脇街道を整備し地域をつくりあげていった。それが近代を経て現代へと引き継がれ、現在の道路網や鉄道網につながった。

名古屋大都市圏に限らず、一般に大都市圏の周りは周辺部として一括され、十把一絡げに捉えられることが少なくない。これは多分に人々の想像力欠如によるものであるが、やむを得ない面もある。大都市圏で暮らす人々は中心

4
名古屋の周辺地域を読み解く

都市と自分の住んでいる都市を結ぶ交通軸上にばかり関心が向かう。慣れ親しんだ鉄道沿線や国道沿いに関心が集まるのはやむを得ない。こうした空間認知の偏りこそ，大都市を中心とする放射状・セクター状都市群の存在を示唆する。まるで団子や焼き鳥の串のように，交通軸が隣り合う都市どうしを結びつけ支える。地理的近さが親近感を醸し出すのは，人も都市も変わらない。

東京，大阪，名古屋を中心とする三大都市圏をはじめ，日本国内には多くの大都市圏が形成されている。大都市圏は都市発展の歴史的結果であるが，それは人為的成果物であり，一つの「空間的装置」でもある。人々の暮らしを豊かにするには，商品やサービスが偏りなく届けられたり，それらを求めて出かけたりすることのできる一定の広がりを空間的装置として整える必要がある。そのために，これまで各種インフラが整備されてきた。やがてそうした広がりによって全国がくまなく覆い尽くされる日が到来するかもしれない。しかしそうした日を待ち望む一方，過ぎ去った時間を遡り昔はどうであったかを知りたいとも思う。

冒頭で述べた「地域歩き」は，そうした人々の回帰本能が行動として現れたものではないだろうか。未来を予測することは難しい。しかし過去を知ることは，それと同じくらい難しい。大都市は歴史的事実を記録した文書などを保存する体制が比較的整っている。しかし周辺は関心を呼ぶことが少なく，ともすれば見過ごされやすい。存在感の薄い，ドラマでいえば脇役，バイプレーヤーのような存在である。ヒーロー，ヒロインではないかもしれないが，脇役がいなければドラマは成り立たない。大都市圏のバイプレーヤーに目を向け，埋もれている過去の出来事や生い立ちを取り上げることで，周辺都市や地域の存在を浮かび上がらせたい。

2024 年 10 月 1 日

愛岐丘陵を見渡す石尾台にて
　　　　　林　　上

名古屋の周辺地域を読み解く　目次

序文　3

第1章　名古屋周辺地域の成り立ちと読み解き
第1節　中心都市・名古屋と周辺地域の結びつき　10
第2節　名古屋とその周辺地域を読み解く方法　18

第2章　名古屋の全国的位置と周辺地域セクター
第1節　名古屋の全国的位置と近世から近代への移行　32
第2節　人口規模から見た近代都市の推移と名古屋　41
第3節　大都市共通の地形環境と名古屋周辺のセクター　51

第3章　濃尾北部セクターの地域構造
第1節　戦国期からの街道と鉄道による犬山への道　66
第2節　入鹿池・木津用水と舟運・水道事業　85
第3節　犬山周辺の観光地開発と小牧の倉庫集積　102
第4節　北名古屋・岩倉・江南の歴史をたどる　117

第4章　濃尾北東部セクターの地域構造
第1節　庄内川流域における農業用水の確保　138
第2節　瀬戸の陶祖・磁祖と尾張藩の陶業への介入　152
第3節　愛岐丘陵の意義・役割と東側の諸都市　169

第5章　東部丘陵セクターの地域構造
第1節　東部丘陵線・リニモ沿い地域の今昔　188
第2節　名古屋と伊那谷を結ぶ交通路の歴史　204
第3節　尾張と三河の国境付近の古窯と鉄道　220

第6章　東海道セクターの地域構造

第1節　碧海台地・岡崎平野に生まれた都市　240

第2節　三河湾西部の海岸沿いに並ぶ都市　258

第3節　三河湾東部の海岸沿いに並ぶ都市　274

第7章　知多半島セクターの地域構造

第1節　衣浦湾に面する都市がたどった歴史　292

第2節　知多半島西岸の都市がたどった歴史　311

第8章　伊勢湾岸セクターの地域構造

第1節　伊勢湾岸の新田開発と飛島・弥富　330

第2節　北勢地方を代表する桑名と四日市　344

第9章　濃尾西部セクターの地域構造

第1節　七宝焼の技術伝播と津島の毛織物業　358

第2節　立田輪中・高須輪中の近世・近代　371

第10章　濃尾北西部セクターの地域構造

第1節　青物市場・植木業・毛織物業の歴史　388

第2節　木曽川・長良川とともに刻まれた歴史　407

引用文献一覧　428

図表一覧　438

人名・事項索引　443

地名・施設名索引　451

第1章
名古屋周辺地域の
成り立ちと読み解き

第1節　中心都市・名古屋と周辺地域の結びつき

1．名古屋の政治，経済，文化的中心性とその影響

　本書でいう名古屋の周辺地域とは，名古屋を中心にその社会的，経済的，文化的影響が及んでいる広がりをいう。名古屋が周辺地域に対して影響をもつようになったのは近世初めの頃からである。尾張藩が成立し，城がそれまでの清洲から名古屋へ移され城下の建設が始まって以降である。その後は明治維新まで，現在の愛知県の西半分にあたる尾張全体と三河の一部，現在の岐阜県南部に相当する美濃国の一部，それに同じく長野県の旧国信濃の南西部に対して政治的影響を及ぼしてきた。廃藩置県で県が成立すると，藩に代わって県が政治領域を管理するようになった。しかし旧城下町・名古屋は県庁所在地として政治的拠点性を継承し，なおかつ経済的，文化的中心性も維持した。

　尾張では名古屋県を経て愛知県が生まれる一方，三河では額田県が誕生し，最終的に額田県が愛知県に加わって現在の愛知県が成立した。この間，名古屋は愛知県全体から見るとやや北側に位置するにもかかわらず政治中心としての地位を失わなかった。これは，愛知県の北隣の岐阜県において県庁所在地が岐阜に定まっていった経緯や，同じく南西に位置する三重県で津に県庁が置かれるようになった状況と比べるとその違いが際立つ。岐阜県では大垣藩のあった大垣と，尾張藩の奉行所が支配していた岐阜が県庁所在地をめぐって対立したが，最終的には岐阜に決まった。三重県では津藩のあった津から一時は旧天領の四日市へ県庁が移されたが，最後は津に戻るようなかたちで県庁所在地が定まった。

　近世初頭から近代を経て現在に至るまで，名古屋は一貫して政治拠点でありつづけた。これは徳川御三家の筆頭として広大な領地を有し，農業生産はもとより林業資源においても恵まれた条件を維持しつづけた尾張藩の底力を表している。江戸の100万人ともいわれる人口規模には及ばないが，それでも幕末期に10万人近い人口をもっていた都市は伊勢湾周辺では名古屋以外に見当たらない。近代になり都市発展の動力が工業へ移り変わると，いち早

く名古屋で工業化の動きが芽生えた。近世を通して蓄えられた富の蓄積や人材の集積がものをいい，名古屋で近代産業が興された。清洲越し以来，尾張藩の庇護を受けて商いをしてきた有力商人層，禄を失った旧尾張藩の武士層，それに名古屋近在出自の商人集団が，妍を競うように事業を立ち上げた。むろん岐阜県や三重県でも産業近代化は進んだが，その規模において名古屋のそれは抜きん出ていた。

　当初は名古屋と近在の事業家による起業化が中心であったが，その後は名古屋の外から流入した人々も加わり，繊維，機械，窯業などで新たな事業が始められた。さらにその後は東京，大阪などからも資本が流入し，名古屋の産業集積は一層厚みを増していった。産業集積は人口を吸引し，経済だけでなく社会，文化の分野をも広げる。現代でいえばマスメディア，音楽，アート，スポーツ，エンターテインメント，教育，テクノロジーなどであるが，近代においても名古屋はこうした分野で周辺地域に影響を与える役割を果たした。むろん移動や伝達の手段が今日ほど発達していなかったため影響が伝わる速さに限りはあったが，影響が及ぶ広がりそれ自体は今日のそれと比べても大きな違いはなかった。それは，近代末期の時点で名古屋を結節点とする鉄道網が完成していたからである。

　本書では，名古屋

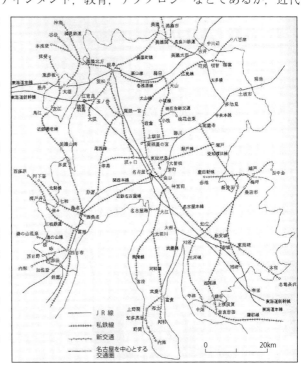

図1-1　名古屋周辺の鉄道網（1990年）
出典：運輸経済センター編，1992をもとに作成。

の周辺地域の広がりを知る指標として公共交通、とりわけ鉄道に注目する（図1-1）。具体的には、名古屋を主要ターミナルとするJR東海道本線、名鉄名古屋本線、近鉄名古屋線などによって名古屋と日常的に結びついている範囲、都市でいえば北は岐阜市、東は豊橋市、西は四日市市あたりまでである。むろんこれら以外にJR中央本線、関西本線、名鉄各線などが名古屋をターミナルとして伸びており、厳密に範囲を定めるのは難しい。やや大まかにいえば、愛知県、岐阜県の南部、三重県の北部である。そもそも周辺や周辺地域という表現自体曖昧で、漠然としたイメージしかもてないかもしれない。本書の目的は、名古屋の周辺地域を学問的に画定したり、定義したりすることではない。そうではなく、ともすれば中心（名古屋）に比べると関心がもたれにくい周辺に光を当て、周辺が中心とどのような関係をもちながら歴史的に存在してきたかを読み解くことにある。

　ところで、日本では「東京一極集中」に顕著なように政治、経済、文化をはじめ多くのものが特定の場所に集まる傾向がある。たとえば都道府県別に総人口に占める第1位都市の割合（2019年）を見ると、最大は東京都で69.0％である。これは、東京都全体に占める東京区部の人口割合が7割に近いことを示す。第2位は京都府で56.7％、以下、宮城県（47.1％）、高知県（47.0％）、香川県（43.6％）、広島県（42.5％）がこれにつづく。この割合が40％以上の県は、ほかには熊本、大分、神奈川、石川の4県である。京都府の人口最大都市（京都市）は第2位都市（宇治市）の8.0倍の人口をもつ。同様に、宮城県は7.4倍、高知県は7.0倍であり、これらの府県は一極集中状態に近い。県内にライバル都市がないのも同然であり、京都市、仙台市、高知市が圧倒的な立場にあること物語る。

　愛知県の総人口に占める名古屋市の割合は30.8％であり、京都府や宮城県ほど大きくはない。しかしそれでも、名古屋市の人口（232.7万人）は2番目に多い豊田市（42.3万人）の5.5倍と大きく、隣県の岐阜県、三重県を含めて考えても名古屋市に太刀打ちできる都市は周辺には見当たらない。ただし京都府や宮城県と異なるのは、名古屋市の周辺に人口が30〜50万人の都市が五つもあるという点である。京都府、宮城県にはこのクラスの都市はない。人口10〜30万人でみると、愛知県は9、京都府は1、宮城県は2であ

12
名古屋の周辺地域を読み解く

る。大中小の多様な都市が地域の中に分布することは大都市圏成立の条件であり，名古屋がこうした条件を満たしていることがわかる。むろんこれは現代の状況であり，戦前すなわち近代はどうであったか，さらに遡って近世はどのようであったかを問わなければならない。

　明治中期，1888年の愛知県の人口は143.6万人で，東京都（135.4万人），京都府（86.5万人），宮城県（73.5万人）より多かった。東京都より人口が多かったことは意外に思われるかもしれない。このことはその後の日本における人口分布がどのように推移していったかを示唆する。それはともかく，京都府や宮城県とは異なり，愛知県ではすでに名古屋以外に当時の規模でいう中クラスの都市が複数存在していた。ちなみに1888年は名古屋が市政を施行する前年であり，市制施行時の人口は15.7万人であった。県全体に占める名古屋の割合は1割程度で現在の3割より小さく，それだけ相対的に大きな都市が周辺にあったことを物語る。1889年に東海道本線が全通し，旧国でいえば尾張，三河，美濃南部の主要都市が鉄道で結ばれた。東海道本線が貫く濃尾平野，岡崎平野，豊橋平野に分布する諸都市が，これまでになかった速度と輸送力をもつ交通手段によって名古屋と結ばれるようになった。

　愛知県の総人口に占める名古屋市の割合が1割程度から徐々に大きくなって3割ほどに上昇していく過程こそが，名古屋市が大都市になっていくプロセスである。しかし人口が増えたのは名古屋ばかりではない。名古屋と関係をもつ周辺地域の人口も増加し，今日見るような大都市圏の形成へとつながっていった。ただし多くの関心は中心都市・名古屋に集まりがちで，名古屋の影響下にある周辺地域に向かいにくいのも事実である。大都市圏が中心の大都市と周辺地域の相互関係で成り立っているのは紛れもない事実である。大都市圏が成立する以前から周辺地域は存在しており，歴史的に固有の地域性を有してきた。こうした地域が近世や近代においてどのような存在であったのか，またその延長として現在はいかなる状況にあるかを読み解きたい。

2．名古屋との結びつきを強めた道路網から鉄道網への転換

　本書でいう名古屋とその周辺地域は，名古屋大都市圏の広がりに近い。し

かし本書では大都市圏という用語は用いない。なぜなら，日本では大都市圏は1950年代中頃から1960年代中頃にかけて形成されたもので，それ以前には大都市圏は存在しなかったからである。近世はもとより近代の名古屋とその周辺地域を考える場合もまた，大都市圏という用語を用いるのは適切ではない。歴史的には，1920年代初頭に東京，横浜，名古屋，京都，大阪，神戸の六つの都市の規模が目立つようになり，これらは「6大都市」と呼ばれた。東海道本線に沿うように並ぶこれら六つの都市のうち三つが戦後になり企業や人口を集めて大きくなる。高度経済成長にともなうもので，都市に収まりきらない人口が近郊に溢れ出た。これが中心部の大都市と近郊の都市が連担し一体化した大都市圏の形成につながっていった。大都市圏は現代という歴史上のある特定の時代に生まれた固有の都市空間である。

　このように，本書でいう名古屋とその周辺地域は名古屋大都市圏ではない。しかしその広がりはおおむね同じであるといってよい。では，この関係はどのように考えたらよいのだろうか。それは，日本の大都市圏は戦後の高度経済成長期に突如，現れたのではないということである。その下地というか土台のようなものが戦前にすでにあり，それが戦後の経済復興と高度経済成長を経て明確に現れてきた。大都市圏の特徴は中心となる大都市を取り囲むように複数の中小都市が存在することである。名古屋の場合，近代あるいは近世の頃から北には小牧，犬山，北東には瀬戸，多治見，南東には岡崎，豊橋，南には半田，常滑，南西には桑名，四日市，西には津島，北西には稲沢，一宮，岐阜などの中小都市があった。こうした都市の発祥の時期を調べると，多くは名古屋よりも古い。それぞれ固有の歴史的発展の経緯を経て，ある時期から新興都市・名古屋との間で結びつきをもつようになった。その結びつきは近世を経て近代になり，明確なかたちを示すようになった。

　幕末・維新は体制変化の混乱期で，1880年代後半になり有力な城下町であった名古屋が東西日本を結ぶ幹線鉄道の途中駅になることで，その後につづく鉄道網発展の結節点になることができた。もっとも最初の鉄道は武豊線（1886年）で，これの一部が東海道本線（1889年）になることですでにつながっていた一宮，岐阜（加納）のほかに岡崎，豊橋などとも連絡できるようになった（図1-2）。この経路方向での都市間の連絡は，その後，名鉄名

古屋本線が1944年に全通することでより強くなった。ただし名鉄は一度にこのように長い路線を通したのではない。北西方向では美濃電気軌道との合併（1930年），南東方向では愛知電気鉄道との合併（1935年）によって実現していった（林，2000）。北東方向は中央本線の全通（1911年），南西方向は関西鉄道（1895年）

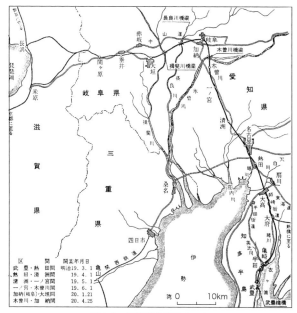

図1-2　武豊線の建設ルート
出典：日本国有鉄道編（1969）をもとに作成。

や近鉄の前身の関西急行電鉄（1938年）が名古屋へ乗り入れることで関係が強まった。これら以外にも，最終的に名鉄の鉄道網に組み入れられることになるローカル線によって周辺の都市は名古屋との結びつきを強めていった。

　名古屋，より具体的には名古屋駅を主要な結節点とする鉄道網の形成が，戦後に名古屋大都市圏と呼ばれるようになる圏域の盟主としての地位を名古屋に与えた。1930年代中頃は近代の名古屋にとって全盛期といってもよい時期であり，1937年に竣工した当時，東洋一の規模を誇った名古屋駅がまさにそれを象徴した。形成された鉄道網を見て思うのは，なぜこのような空間的パターンの鉄道網が形成されていったかである。この問いかけに対しては，鉄道が導入される以前に名古屋を含めてこの地域にどのように都市が分布していたかを知ることでその答えが得られる。この問いをさらに深く突き詰めるなら，なぜそこに都市が生まれ発展していったかである。

　鉄道は，徒歩，牛馬，舟運，荷車，人力車などに取って代わるようにして登場してきた。都市は鉄道導入のまえからその場所に存在しており，人や牛

馬や舟が都市間や都市と周辺の間を行き来していた。そこへ鉄道網が既存の道路網や河川網に覆いかぶさるようにして設けられた。ただし，すべての網目を鉄道で代替することはできないため，その中でも重要な経路が選ばれた。興味深いのは，近世において主要な交通路であった東海道や中山道などが鉄道建設ルートとして最初に選ばれたことである。むろんこれには例外もあり，中山道のように山の中を通っていたところは鉄道建設に不向きなため敬遠された。時期は若干遅れたが脇街道のような局地的な交通路沿いでも鉄道は建設された。一部に鉄道忌諱の動きがあったとはいえ，近世にすでに存在していた都市は鉄道網でつながることで新たに発展するチャンスを掴むことができた。都市は基本的に他の都市や地域と結びついていなければ存続できない。結びつきの方法が道路から鉄道に変わっても，この原理は変わらない。

　このように，名古屋とその周辺地域には近世にすでに都市があり，道路網が鉄道網に転換されていった。鉄道によって移動速度は格段に速くなり，それまでは宿泊を前提としていた移動が日帰りで可能になった。1回の移動で運べる貨物の量も多くなり，生産活動は大いに発展した。経済面ばかりでなく，社会や文化の面でも交流が盛んになった。なかでも注目すべきは，近世以来の名古屋への指向性が鉄道の導入で強まったことである。たとえば陶磁器を例にとった場合，瀬戸で生産された製品は瀬戸街道を通って名古屋へ運ばれ，尾張藩が管理した蔵元を経由して熱田湊から江戸や大坂などへ送り出されていた（林，2022）。しかし近代以降は瀬戸電気鉄道（1905年）で名古屋へ運ばれ，さらに中央本線や東海道本線へと繋がれた。1907年に名古屋港が開港すると名古屋への依存度はさらに強まった。

　名古屋港は名古屋を中心とする地域の産業発展にとってとくに重要な役割を果たした（図1-3左）。近世まで国内市場を相手にしていた産業から海外市場をめざす産業へと大きく転換させたからである。瀬戸の陶磁器だけではない。尾張，三河，知多で育ってきた近世以来の繊維分野でも，輸出向け生産が始まった。尾張藩が独占的に資源利用してきた木曽谷の木材を加工する分野でも，名古屋港が果たす役割は大きかった。近代の港湾機能が周辺地域の経済発展を刺激したことは，幕末・維新期に開港した横浜や神戸が近代中期に6大都市の一角を占めるようになったことからも明らかである。名古屋港

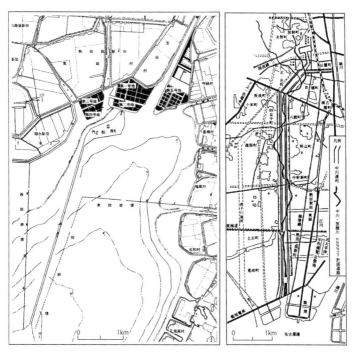

図1-3 名古屋港第1期工事計画（左）と中川運河の建設計画（右）
出典：林，2000，p.80, 213の図をもとに作成．

へのアクセスは鉄道による部分が多く，これもまた名古屋と周辺地域との結びつきを強めた．

　江戸や大坂と比べた場合，近世の名古屋は海へのアクセスという点で弱みがあった．防衛を重視して内陸側に城下を建設したためやむを得なかったが，熱田湊までは距離があり堀川を通って伊勢湾に出る舟運だけでは十分とはいえなかった．時代は近代になり大型船の入港が求められたが遠浅の熱田湊は対応できず，しばらくは武豊港や四日市港を中継港とする物流に甘んじた（名古屋港史編集委員会編，1990a）．地元政財界の築港要請を国は簡単には認めず，横浜港から半世紀遅れてようやく名古屋港は開港した．開港後は臨港線や，東海道本線と港を連絡する中川運河などにより，名古屋とその周辺地域は名古屋港を介してより強く結びつくようになった（図1-3右）．こうして名古屋は，主要な鉄道結節点（名古屋駅）だけでなく国際的な物流結節点（名古屋港）

をもつことで，周辺地域に対する影響力を強めていった。

第2節　名古屋とその周辺地域を読み解く方法

1．都市や地域の成り立ちを説明する中心地理論

　一般に「読み解く」とは，文献などを読んで理解を深めることをいう。「解く」には解決する，答えを導き出すといった意味合いもある。多くは文字で書かれた文献や文書などを読む場合をいうが，対象が都市や地域の場合にも当てはめることができる。本質は理解を深めることであり，表面的な解釈に終わることなく真実に迫ることである。それには都市や地域を特徴づけている属性を注意深く観察したり，属性の背後で作用しているものを取り出したりして明らかにする必要がある。社会，経済，文化などの活動はその代表的属性であり，人々がそのような活動を都市や地域の中でどのように行ってきたか，その実態をさまざまな資料をもとに明らかにする。資料の多くは歴史的に積み重ねられてきたものである。つまり歴史的な文献・文書・統計などであるため，結局は「読み解く」という行為に収斂していく。都市や地域もまた読み解きの対象なのである。

　地理学は都市や地域を研究対象とする学問であり，研究方法の一つとして読み解きがある。むろんこれだけが研究方法ではないが，地表上で行われている，あるいは行われてきたことがらの本質を理解するのに読み解きは優れた方法である。方法である以上，何らかの手がかりや観点のようなものがなければならない。これは地理学に限らず学問一般に求められるもので，パラダイムと呼ばれる。パラダイムは，ある時代のものの見方・考え方を支配する認識の枠組み，と定義される。ポイントは「時代」と「見方・考え方」であり，時代が変われば主流の見方・考え方は変わる。都市や地域は歴史的に移り変わっていく存在であり，それをどのように捉えるか，すなわち読み解くか，その認識の枠組みもまた変わっていく。

　これまでの歴史を振り返ると，地理学では「生態」「景観」「立地」をキーワードに都市や地域を読み解いてきたといえる。生態は，生物が自然界で生

存している様子や，生物と環境との関係を意味する。生物を人間に置き換え，気候・地形・地質・土壌などの自然界あるいは環境に対して人間がどのようにはたらきかけてきたかに注目する。景観は，見る主体である人間と，見られる対象である環境との視覚的関係である。身の回りにある自然景観や，自然に手を加えて人間が生み出した文化景観をどのように読み解くかが課題となる。さらに立地は，産業などを営むさい，周りの自然的・社会的条件を考えて場所を定めることである。都市は産業なしでは存立できないため，存立しているとすれば産業が成り立つ諸々の条件が考えられているはずである。

　都市や地域で人間が行う社会，経済，文化などの活動はいつの時代にも存在する。それを周囲の環境との関係を通して考えるのが「生態」であり，またそれを外側から観察するのが「景観」である。時代的に最も新しい「立地」は産業すなわち経済活動に注目し，その場所にこだわる。本書で読み解こうとしている名古屋とその周辺地域との関わりいえば，これらの中では「立地」が拠り所となるパラダイムである。ただし本書は，全面的に「立地」に依存することはしない。それはこのパラダイムが都市や地域を抽象的に捉えるきらいがあり，都市や地域にそなわる固有の特徴や個性を捨象しがちだからである。経済立地を理論的に捉え，その原理を空間的に説明しようとする枠組みそれ自体は評価できる。しかし理論化に馴染みやすい都市や地域の経済的側面に偏りがちであり，社会や文化などに光が十分当てられていない。

　立地論の起源は古く，農業立地論が1826年，工業立地論が1909年，中心地理論が1933年に，いずれもドイツで生まれた（林，2013）。数理的説明に共通性があり，これらを受けたその後の研究も理論指向的であった。根底には近代経済学の潮流があり，それをもとに産業やその集積地である都市を説明しようとした。一般に経済立地論と呼ばれるこのパラダイムは，1950〜1970年代に有力であった。この時代は先進諸国において戦後経済が飛躍的に発展した時期であり，都市化が進みモータリゼーションが普及しつつあった。コンピュータも登場し，楽観的な未来が予測できそうな雰囲気に包まれていた。ところが1970年代に二度にわたって起こった石油危機を契機に低成長経済への移行が避けられなくなる。単線的な未来志向は色褪せ，政治，社会，文化の力を再評価し，人間性や文化的多様性へ回帰するような動きが

現れてきた。

　立地論に限らず理論と現実の間に開きがあるのは当然で，いくら優れた理論でも複雑な現実のあらゆる側面を取り込むことはできない。そのような限界のあることを認めつつも，なお理論には評価すべき点が少なくないのも事実である。上で述べた三つの立地論のうち中心地理論は，農業立地論や工業立地論とは異なり，都市や地域の全体を対象として考えている。農業や工業の経営者としての視点ではなく，財やサービスを供給する人とそれを購入する人の双方の立場に立ち，取引が行われる中心地がどこに立地するかを知ろうとする。現実世界との対比でいえば，そのような中心地は町や村の市場であり，行政もサービスと考えれば官庁や役所である。市場や役所の周りには農地が広がっており，工業でも手工業タイプなら市場近くに立地するため，この理論は農業や工業も含んでいると考えることもできる。

　中心地理論の提唱者であるドイツの地理学者・ワルター・クリスタラーは，それまで都市に関する地理学が見落としていた空間的な価値に注目した（林，1986）。価値は価格や費用，あるいは需要や供給と深く結びついている。財やサービスの供給者は利益を上げるために供給範囲を広げようとするがライバルがいるため限界がある。一方，消費者は財やサービスの購入のための移動費を抑えるため最も近くの中心地で買物をしようとする。供給者が経営存続可能な収入を得た上で，なおかつどの消費者も買い物ができる状態が社会的に最も望ましいと，クリスタラーは考えた（Christaller, 1933）。こうして導き出されるのが，供給者が可能な限り商圏を広げようとする結果生まれる中心地システムである。供給者が財やサービスを供給する商圏すなわち市場地域の最大化を優先して行動するという意味から，クリスタラーはこれを市場原理にしたがう中心地システムとした。

　図 1-4a は市場原理にしたがって中心地（店舗）が立地している状態を示したものである。この図において，店舗は大きな正六角形の頂点と中心に立地している。点線で示した正六角形が店舗の商圏（市場地域）である。ただし図では商圏の半分しか描かれていない店舗（正六角形頂点上の店舗）もある。どの店舗も同じ大きさの正六角形市場をもち経営が維持できている。しかし，この商圏では狭すぎて供給できない財やサービスも存在するため，それはこ

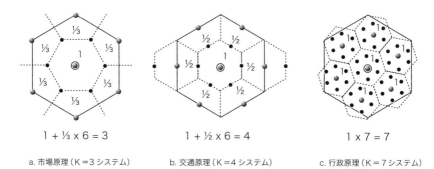

図1-4 中心地システムの立地原理

れよりレベルの高い中心地の店舗に任せる。それがこの図において二重丸で示した中心地に立地する店舗である。

　二重丸で示した中心地に立地する店舗の商圏は実線で描かれた正六角形である。実際にはこれと同じレベルの中心地が周辺にも存在するが，図示されていない。このレベルの中心地は一つ下のレベルの中心地を兼ねており，レベルの異なる2種類の財・サービスを供給している。ここで大きさの異なる二つの商圏の比を考えると，実線で示した大きい正六角形の商圏の中に点線で示した小さい正六角形の商圏が3個分含まれる。クリスタラーはこの商圏の比に注目し，このようなシステムをK=3システムと名づけた。この原理をより高いレベルに向かって拡張していけば，1，3，9，27，81……のように，商圏は3の倍数で大きくなっていく。

　クリスタラーの中心地理論で評価できるのは，現実世界は市場原理だけで成り立っているのではないことを示した点である。彼の理論は南ドイツの実情をふまえて構築されており，市場優先の原理とは異なる原理にしたがって立地する中心地のあることを見逃さなかった。その原理とは，交通原理と行政原理である。交通原理は，自然状態なら市場原理にしたがうと思われる中心地を交通路上に引き寄せようとする原理である。元々，交通路がなければどんな移動も起こらないため，現実世界では十分ありうる原理である。街道，河川，鉄道沿いに並ぶ都市の立地はこの原理で説明できる。

　図1-4bは交通原理にしたがって中心地が立地している状況を示したものである。市場原理のところで説明したように，実線で示した大きい正六角形

21
第1章　名古屋周辺地域の成り立ちと読み解き

がレベルの高い中心地の商圏である。図示されていないが六つの競争相手が周囲に立地している。注意したいのは、レベルが低い中心地が実線で示した正六角形の頂点ではなく辺の中点に立地している点である。これは、二重丸のレベルの高い中心地もそれよりレベルの低い中心地も、さらにいえばそれよりレベルの低い小さい黒丸の中心地も、すべて一直線上に並ぶことを優先しているからである。大きな正六角形の商圏の中に小さな正六角形の商圏が4個分含まれる。このため、交通原理にしたがうこのシステムはK=4システムと呼ばれる。

　一方、行政原理は、県や郡などある広がりをもった行政域の中に下位の行政域が完全に包含される状態を説明する。これは市場指向や交通指向とも異なる空間的隔離を優先しようとする原理である。隔離はほかからの影響が及ばないようにするための手段である。図1-4cはこのことを示しており、二重丸を都道府県庁とすれば正六角形がその領域である。この中に七つの市域が含まれており、その広がりは点線で示した正六角形である。都道府県庁が立地する市域も含めて全部で七つの市域を含んでいるためK=7システムとなる。空間的隔離の原理は市域の下方にも及んでおり、地区や学区などがこの原理にしたがって設けられる。

　クリスタラーの中心地理論でいう三つの空間原理は、それをわかりやすく説明するため図1-4のように個別に図示されることが多い。しかし現実世界では、これら三つの空間原理は同じ地域の中で同時に作用してい

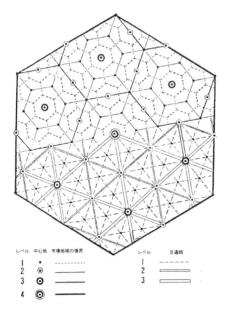

図1-5　一般階層モデルの中心地システム
（K1=3, K2=4, K3=7）
説明：$K_1=3$はレベル2の市場がレベル1の3倍、$K_2=4$はレベル3の市場がレベル2の4倍、$K_3=7$はレベル4の市場がレベル3の7倍であることを意味する。

る。図1-5はこのことを示したものであり，図の上半分は下から順に市場原理，交通原理，行政原理にしたがって中心地が立地している状態を示す。対して図の下半分は，同じシステムの中で交通路がどのようになっているかを示している。このシステムは，クリスタラーの中心地システムと同じように階層構造をもっている。しかし空間原理は1種類ではない。複数の原理が組み合わさっているため，一般階層モデルの中心地システムといわれる。現実の中心地システムをよく観察し，そこで作用している空間原理を見極めモデル化することでその特徴を表現することができる（Parr, 1978）。

こうしてクリスタラーから始まる中心地理論の研究は深められていったが，その一方で限界も見えてきた。これは中心地理論に限らず工業立地論や農業立地論についてもいえることで，広い意味での立地論研究に共通する。立地論が関心を寄せてきた経済活動を単純化して考えるアプローチの非現実性が問われるようになったのである。社会や経済の仕組みがより複雑になり古典的な立地論では手に負えなくなった，という点も指摘できる。コンピュータを研究手法に導入して精緻化を図ろうとする試みもなされたが，それでも先を行く複雑な現実を説明するには限度があった。シミュレーション技法によって現実をモデル化し，都市や地域の発展過程を可視化しようとする試みも現れた。それで現実がどれほど説明できたか，確かな手応えを得るには十分とはいえなかった。

逆説的ではあるが，研究方法が精緻になればなるほど，かえって本質が見えにくくなる。けっして直感がいいというのではないが，経済的計測や計量的測定では捉えきれない感性や質的差異に人々の関心が向かうようになった。高度経済成長の原動力であった工業生産が石油ショックなどで停滞状況に陥り，次なるステップへ移行するため量より質を重視する社会へと転換していった。新古典派経済学の限界が都市や地域の研究にも影を落とし，同じ経済でも社会，文化，環境などの要素を内包する経済へと研究対象が移り変わっていった。

立地論研究は複雑な経済活動の中から純粋に経済的なものだけを抽出し，極めてシンプルな前提のもとで経済活動を空間的に論じようとした。中心地理論もその例外ではない。クリスタラーは都市や集落を幾何学的な点とみな

し，距離の最小化や収入の最大化を行動基準として最適な立地点を見出そうとした。その結果，市場，交通，行政という現実世界においても観察できる三つの空間原理を導き出すことに成功した。その成果は高く評価できるが，それが都市や集落のすべてではない。抽象化することで削ぎ落とされた部分にこそ都市や集落の見るべき点があるのではないか。一見すると学問的には後戻りのようにも思われるが，同じ経済でも制度や文化などの要素を含んだ活動に対する関心が高まりを見せるようになった。

2.　中心地理論の空間原理を手がかりとする読み解き

　都市や地域の成り立ちをどのように説明したらよいか悩んでいた地理学において，クリスタラーの中心地理論は一つの答えを出した。ただし，アプローチの仕方が伝統的地理学のそれとはあまりにも異なっていたため，彼の故国ドイツでは受け入れられなかった。戦後になり，欧米の非ドイツ語圏で評価されるようになったのをきっかけに，世界各地でこの理論を手がかりに都市や地域を理解しようという動きが起こってきた（Berry and Pred, 1961）。支持された大きな理由は，経済発展の段階の違いや時代の違いを超えて，この理論が都市や地域の成り立ちを説明するのに有効だと評価されたからである。一言でいえばそれは，財・サービスの供給，交通・移動，地域管理を行おうとするとき，地表上に現れる空間的パターンの原理にほかならない。従来の地理学は商業都市，交通都市，行政都市などを分類してその特徴を詳しく記述することに熱心であった。しかしなぜそのような都市がその場所に存在するかを問おうとはしなかった。

　クリスタラーが明らかにしようとしたのは，都市がその場所に立地するさいに作用する空間原理である。原理の根本には価値の空間的表現である距離がある。人は距離が遠くなればなるほど移動したくないという気持ちが強まる。生産者も販売者も消費者も移動距離を絶えず意識して行動する。中心地理論が前提とするのはユークリッド空間であるため，2点間の最短距離は直線である。しかし現実世界では距離はさまざまな単位で測られる。メートルやマイルは当然として，時間距離，費用距離，認知距離などといった相対距離もある。同じ2点間でも，移動手段の違いや経路の違い，移動する人の

違いなどによって距離は異なる。クリスタラーは実際には多様なかたちで存在する距離を一般化し、ユークリッド空間において中心地がどこに立地するかを明らかにしようとした。そのような空間は現実にはありえないという理由で理論を受け入れない人もいる。しかしそれは理論を厳密に考え過ぎているからのように思われる。

元々，理論の役割は限定的であり，複雑な現実世界を理解する手助け程度と考えた方がよい。地域や時代を超えて普遍性をもつとされる中心地理論の場合も，状況に応じて柔軟に受け止めるのが望ましい。本書で読み解こうとしている名古屋とその周辺地域に引きつけて考えるなら，近世初頭に名古屋に城下町が築かれる以前の状況は，中心地理論でいう比較的初期の段階に相当する。図1-6は中世の尾張において村落がどのように分布していたかを示したものである。村落は犬山扇状地の末端付近から南にかけて広がる平野に多く，東山丘陵など東側にはほとんどない。伊勢湾臨海部は後世の地形変化も図示されているので注意する必要があるが，中世の段階では尾張平野にほぼ限られている。

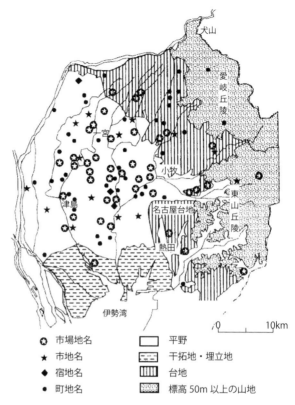

図1-6　中世尾張における村落市場
出典：小林，1965，p.189の図をもとに作成。

第1章　名古屋周辺地域の成り立ちと読み解き

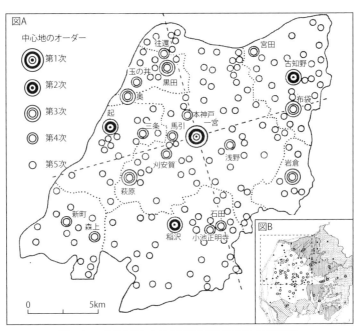

図1-7 一宮都市圏における集落の階層的分布（1970年）
出典：林・伊藤，1977, p.18をもとに作成．

　それから500〜600年が経過した現在，尾張平野では図1-7のように階層的な集落システムが形成されている。近世から近代を経て現代に至るまで，この平野では農業や工業の生産活動が行われてきた。図Aは，図Bの中の点線部分に相当する。図Bは図1-6を縮小したものであり，中世の時代にすでに存在していた集落がその後も存続して現在に至っていることを示す。集落発展の初期段階では規模に大きな違いはなかったが，時代とともに中心性を高めていく集落とそうでない集落の間で格差が生じるようになる。中心地（集落）のオーダー（階層）は，どれくらい多様な小売・サービスを供給しているかその種類数で判定される。このように時代の異なる集落分布図を比較することで，中心地システムが歴史的に発展していく過程を知ることができる。

　さて，時代を元に戻して戦国期から近世への移行期に目を転じると，尾張では社会・経済体制が大きく変わる歴史上の転換期を迎える。中世的特徴を

いまだ残す城下町の清洲を廃城とし，そこから約6km南東の位置に新しい城が築かれた。近世の尾張藩はここから始まるが，重要なことはこの城は政治的，軍事的理由をもとにその位置が決められたということである。西国諸大名からの攻撃に備えるには，内陸側の洪積台地の上に城を築くのが最適と判断された。以前城のあった清洲は「関東の巨鎮」といわれたほど規模が大きく，当時は関東への入口とみなされていた。それが廃され別の場所に新たに城が築かれたということは，尾張という領国システムの中心が移動したことを意味する。いわば地域システムの原点を移して再構築するようなものであり，実際，藩の領内を行政原理にしたがって分割し，鳴海，水野，太田，小牧，上有知，北方，佐屋に代官所が置かれた。さらに尾張藩は熱田奉行所，岐阜奉行所，錦織川並材木奉行所，御林方奉行所なども配置し，領国経営と統治を盤石なものとした。

　こうして尾張藩の行政組織は固められたが，組織体が滞りなく機能するには名古屋の城とその出先ともいうべき代官所や奉行所などとの間を結ぶ交通路が整備されていなければならない。近世初期に幕府が定めた主要街道のうち東海道と中山道が直接，名古屋城下を通ることはなかった。古代の東山道は中山道によって継承され，古東海道は東海道として整備された。しかしこれらの街道は，いずれも名古屋の北あるいは南を東西に通るルートであった。ほかには中世以来の鎌倉街道があり，これは北西ー南東方向にかつての尾張国府や清洲を経由していた。こうした従来からよく利用されていた街道との連絡をよくするため尾張藩は街道整備につとめた。その結果，名古屋城下と周辺の主要街道との間を結ぶ連絡路に通ずる出入口が生まれた。これがいわゆる「名古屋五口」である（図1-8）。

　このうち北西に向かう枇杷島口は，鎌倉街道を継承した美濃街道への出入口である。美濃街道を先へ進めば垂井で中山道と連絡する。北に向かう志水（清水）口は，中山道との連絡をよくするために尾張藩が設けた公道への出入口である。この公道・木曽街道は途中の楽田追分まで稲置街道と重複し，ここで分かれて稲置街道は犬山へ，木曽街道は中山道へ向かった。木曽街道が上街道とも呼ばれたのは，大曽根口から北東に向かい大井の手前で中山道に至る善光寺街道（下街道）と対比されたからである。さらに，名古屋城下

27

第1章　名古屋周辺地域の成り立ちと読み解き

図1-8 現在の名古屋市域内における主な旧街道
出典：名古屋市住宅局まちづくり企画部，2011などをもとに作成．

の東には三河口があった。これは南東に向かって平針まで進み，そこから東に信州の飯田に向かうか，あるいは直進して岡崎へ向かうかという街道への出入口である。最後に城下南には東海道と連絡する熱田口があった。熱田からは東海道を七里の渡しで桑名へ向かうのが一般的であったが，陸路を佐屋街道で行くこともできた。

　尾張藩内の領民の多くは農業や副業の手工業品づくりに精を出し，農産物などを近くの市場へ出荷した。農業生産に勤しむ村は平野部に多く，藩内にあった14の市場の大半は尾張平野や犬山扇状地にあった（岩崎，1994）。このうち，市場の規模が最も大きかったのは，清洲と名古屋の中間の庄内川右岸にあった下小田井（枇杷島）市場である。名古屋城下で消費される青物類はこの市場で売買された。農業に向かない知多半島臨海部の村は漁業，酒造，製塩，製陶，土工などの生業で生計を立てた。仮に村を中心地理論でい

う下位の中心地とすれば，市場が開かれた集落は中位の中心地である。どの市場も領内を走る街道に沿って分布しており，市場立地でも交通原理が優勢であったことがわかる。

　以上は尾張藩の状況であった。名古屋とその周辺地域にあっては，やはり尾張藩の存在が大きい。美濃南部，三河，伊勢北部は尾張藩の周辺といった位置づけである。一強の尾張藩に対し，周辺部は藩領，旗本領，幕府直轄領が入り混じる地域であった。とくに三河は規模の小さな藩が多いうえに，岡崎平野を中心とする西三河と，豊橋平野を中心とする東三河では文化・風土に違いがあった。矢作川流域と豊川流域という地形的まとまりが，独自性を育む環境条件として作用した。一方，西の伊勢北部では木曽三川が障害となり尾張方面との往来が難しかった。しかし川は障害ばかりでなく，近世においては大量輸送手段として重要なはたらきをした。とくに木曽川は尾張藩が治める木曽谷から木材を運び出す重要な輸送手段であった（杉本，2009）。瀬戸物の一部とみなされた美濃焼も，多治見から木曽川河岸の湊まで輸送したあと川を下っていった。

　さて，名古屋とその周辺地域を読み解く本書では，名古屋を中心として放射状（セクター状）に伸びる交通路に着目し，セクターごとに都市や地域の歴史や地理について述べる。このようなスタイルは，都市や地域について何事かを述べるさいに考えられる一つのやり方である。しかしこれは単なるスタイルではなく，そこにはこれまで述べてきた中心地理論への思いが込められている。かつて地誌学研究が盛んであった頃は，対象とする大きな地域を地方や地区にあらかじめ分け，それにしたがって記述するのが一般的であった。しかし本書はそのようなスタイルはとらない。地方や地区に区分けするにはそれなりの根拠があってしかるべきであるが，そのような根拠を明示した地誌学の書物はあまりない。多くは伝統的な地域区分にしたがって述べるというのが一般的であった。

　本書は，近世初頭に名古屋に城下町が建設されたのをきっかけに，名古屋とその周辺の集落がともに発展を開始していったと考える。その発展過程は中心地システムの形成過程になぞらえることができる。近代になると工業化が本格化し，大規模な港湾も出現する。工業や港湾の立地は工業立地論やゲー

トウェイ理論による説明が有効であり，中心地理論の枠組みを超える（Bird, 1977）。本書は中心地理論が妥当しそうな近世を主な対象にしており，三つの空間原理のうち有効と思われる交通原理と行政原理を念頭におきながら記述する。名古屋を中心とする放射状交通路を軸に広がるセクターの中に郡，町，村があり，それらを互いに結ぶように街道が走っていた。なぜセクターとして捉えるかは，次章で詳しく述べる。

第2章
名古屋の全国的位置と周辺地域セクター

第1節　名古屋の全国的位置と近世から近代への移行

1. 二つの大都市圏グループの間に位置する名古屋

　名古屋大都市圏は日本における三大都市圏の一つであると同時に，地方における最大規模の大都市圏でもあるといわれる。これは，日本には大都市圏グループが二つあり，名古屋はそのどちらにも属するという考えからくるものである。一方は，東日本あるいは全国の中心ともいうべき東京，西日本をバックに控える大阪，そしてその地理的中間に位置する名古屋をそれぞれ中心とする大都市圏である。もう一方は，北から順に札幌，仙台，名古屋，広島，福岡をそれぞれ中心とする地方ブロックの大都市圏である。名古屋はそのいずれともいえる中間的存在であり，大都市圏として二つの顔，二面性をもっている。

　日本を東西に二分する見方は昔からある。畿内一極集中であった構造は，江戸に幕府が開かれて関東に新たに極が生まれたことで二極構造へと変化していく。その初期の過程で，幕府を開いた徳川家康はこの新たな極を盤石にするため，尾張藩・名古屋に対し西からの脅威が江戸に及ばないように防御する役目を命じた。これに従い強固な城を築いた尾張藩は，徳川家の中でも最高位の家臣としての地位を与えられた。しかし近世を通して尾張藩が幕閣に深く関与することはなかった。幕末期には西方の倒幕勢力を支援して近代を迎えた。東西日本の狭間に位置するという微妙な立場は昔も今も変わらない。

　東西の中間という位置性は名古屋にとってはある種の宿命であり，それはこの地方を言い表す名称からもうかがうことができる。たとえば明治中期頃から使われるようになった「中京」は，西の都と東の都の中間に位置するからというのが本来の解釈である（阿部，2016）。しかし言葉の響きから，何とはなく都の中心がここにあるような印象を与える。中京に似た名称に明治後期から使われるようになった「中部」がある。これも列島の西部でもなく東部でもない，まさに中部ということであるが，広大な中部全域を名古屋の影響下におくには無理がある。国土の地理的中央と首都など国の政治中心が異

なる事例はイギリスのミッドランドなど，少なくない。良きにつけ悪しきにつけ，名古屋は国土の中央付近にあるという位置的条件と無関係であることは許されなかった。

　中京や中部よりも古い言い方に「東海」がある。これは五畿七道の東海道に由来しており，畿内一極時代に都から見て東側の海に面した地域を指すために用いられた。形式的には西の三重県，東の静岡県も含まれる地域であるが，両端部では関西，関東の影響がつよく，実質的には愛知県，岐阜県，三重県北中部からなると考えられている（林，1994）。東海も畿内を中心に地方を区分した場合の一部という点から考えると，自主的に生まれた地域名とはいえない。地名や地域名は歴史的な文化遺産といわれる。それらが歴史的状況の中から生まれ，今日まで使われてきた意義は否定できない。しかし時代状況が変わり名前と実態の関係が変化していくという事実はみとめなければならない。

　中京圏，中部圏，東海圏という言葉はあり，実際に使われている。その中心が名古屋であることは漠然と意識されているが，圏域がどこまで広がっているかは明確にされていない。対して名古屋圏は，名古屋がその中心にあることは明確である。ただしこれもまた，圏域がどこまでの範囲をいうかは不明瞭である。元々，○○圏という地理学用語は，広がりを示す指標ごとにその範囲が決められる。通勤圏，通学圏，商圏などの例のように，移動の目的や手段の違いによって広がりは異なる。しかし一般的には，名古屋を中心に日常的活動が行われている範囲として理解されている。本書でいう名古屋とその周辺地域もまたこの名古屋圏に近い。ただし行政分野などでは愛知，岐阜，三重の三つの県を指して名古屋圏という場合が少なくないことにも留意しておく必要がある。

　名古屋圏あるいは名古屋大都市圏は，札幌，仙台，広島，福岡をそれぞれ中心とする大都市圏と比べると影響の及ぶ範囲が広い。むろんこれは，中心となる大都市の規模それ自体が大きいからである。標高の高い山は裾野も広いように，大都市圏の中心都市の規模が大きければ大きいほどその圏域が広くなる傾向がある。では名古屋は，いつの頃から他地方の大都市圏の中心都市より規模が大きくなったのであろうか。この問いに答えるには，大都市圏

が各地に形成されるずっと以前の時代にまで遡って考える必要がある。少なくとも戦前の近代，あるいはそれよりまえの近世という時代までである。札幌を除く四つの大都市はいずれも近世の城下町を起源として発展してきた。あまたある城下町の中からこれら四つの都市は，近世という時代を通り抜け近代へと歴史を紡いできた。

　札幌，仙台，名古屋，広島，福岡に地方の大都市圏が形成されていった過程を考えることは，近代から現代にかけて日本という国が空間的にどのように発展してきたかを考えることでもある。近代よりまえの近世の日本は，およそ300の藩によって成り立っていた。それが近代初頭の廃藩置県によって47の行政区域に整理された。その後，150年近く行政区域は変わらず今日に至るが，人口の都市集中にともない県域を越えたブロック圏の形成や，有力な都市を中心に複数の自治体が一体化する市町村合併が進められてきた。交通・通信手段の発達にともなう日常生活圏の拡大が，従来からの行政域を越えた実質的な活動域の形成へとつながっていった。このうち県域を越えたブロック圏の形成が土台となり，その中央に大都市が位置する都市圏，すなわち大都市圏が形成されていった。

　大都市を中心とする県域を越えるほど広い日常生活圏は，いつ頃，どのように形成されてきたのであろうか。それは日本が高度経済成長期に入り，国民所得の増大で旺盛になった消費を支えるため大量の物資を全国的スケール

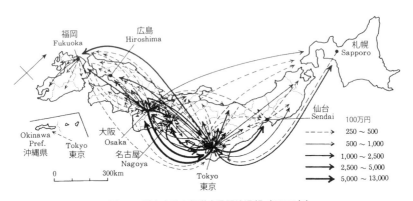

図2-1　卸売商品の都道府県間流通額（1980年）
出典：Hayashi and Hino, 1988, p.128をもとに作成。

で流通させるようになったからである。図 2-1 は，1980 年時点における卸売商品の都道府県間流通額を示したものである。卸売商品は生産者から集めた商品であり，卸売業者は各地の消費地に向けて送り出す。これを受け取った消費地の卸売業者は周辺の小売業者に手渡す。流通近代化とともに卸売流通の規模拡大や広域化が進み，大都市卸売業が扱う割合が高まっていった。福

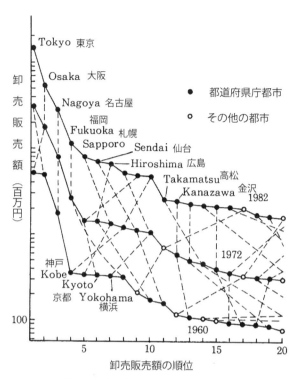

図2-2　卸売販売額上位20都市の順位推移
出典：Hayashi and Hino, 1988, p.127をもとに作成。

岡や仙台は東京や大阪などから商品を受け取る一方で，九州各地や東北各地に向けて商品を送り出している。札幌は北海道が単位であるため図には現れないが，道内各地に商品を送り出す役割を果たしている。東京，大阪ほどではないが，名古屋もまた卸売商品流通の発地であることがわかる。

　大都市が担う卸売商品の取り扱いは高度経済成長の進展とともに空間的に集中するようになり，結果的に札幌，仙台，広島，福岡の地位を高めていった。図 2-2 はその間の経緯を卸売販売額の都市別順位によって示したものである。たとえば1960年に11位であった仙台は，1972年に9位に上昇し，1982年は6位になった。同様に広島は，10位→6位→7位のように順位を上げていった。福岡6位→4位→4位，札幌5位→7位→5位も，おおむねランクアップの傾向であった。これに対し，神戸，京都，横浜は1960年は

第2章　名古屋の全国的位置と周辺地域セクター

7位以内であったが，1982年は7位の広島にも及ばなかった。神戸，京都は大阪の卸売業の勢力下に入ったため，以前のような取り扱いができなくなったからである。横浜も東京の影響下で以前のようにはいかなくなった。

　札幌，仙台，広島，福岡は広域中心都市あるいはブロック中心都市と呼ばれる。各都市名から一字をとり，「札仙広福」と略称されることもある。この中に名古屋は入っていない。なぜなら名古屋は広域中心やブロック中心よりも上位の都市とみなされているからである。札幌は北海道，福岡は九州という単一の島の中にあり，国の中央からも距離がある。仙台は時間距離では東京から比較的近い位置にある。広島は大阪との間に岡山があり，瀬戸内を挟んで松山，高松もある。上位やライバルの都市との位置関係も作用するため，同じ広域中心都市でもすべて同列というわけではない。しかし国は，地方ブロックを代表する都市として広域中心都市を選び，中央官庁の地方ブロックの出先機関をこれらの都市に配置した。

　こうした地方ブロックを意識した活動は民間企業も同じで，いわば官と民が共同で育ててきた側面がある。企業活動は高度経済成長で国民所得が増大し，全国市場が現れてきたことがきっかけであった。広域的な市場を手に入れるために地方ブロックの拠点都市に支店や支所を置き，そこでの管理・営業を介してその下の県単位で市場を確保しようとした。ジェット空港化や新幹線・高速道路の延伸が企業活動の広域的展開を後押しした。こうした企業の本社－支社－出張所の階層構造は第1章で述べた中心地理論を想起させる。実際，この理論を手がかりに企業の事業所や事務所の立地を空間的に説明しようとする研究もある（林，1995）。興味深いのは，民間企業が効率的な市場確保のためにテリトリー制という行政原理（隔離原理）を採用する場合があるという点である。名は行政原理でも，行政以外に民間企業の中にも組織原理として採用するものがある。

　広域中心都市の中に名古屋が含まれない理由の一つは，名古屋あるいはその周辺に本社があり広域的に活動している企業が製造業などに比較的多いからである（図2-3）。こうした特徴は広域中心都市には見られない。全国展開する名古屋の企業は製造業部門に多く，本社工場の近くに本社があるため，東京のように都心部に本社が集中するということはない。それでも東京や大

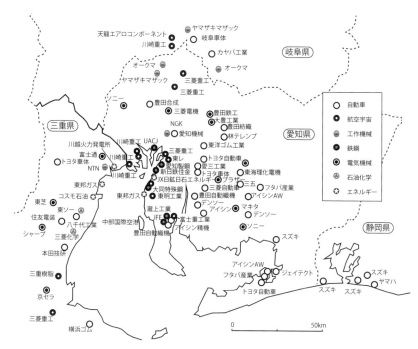

図2-3　名古屋圏における主要製造業の分布
出典：中部経済産業局，「東海経済のポイント2011」をもとに作成。

阪の企業と同様，本社—支社—出張所の事業所配置で全国市場化を目指している。むろん名古屋も，東京や大阪に本社がある企業にとっては支社や支店の配置対象都市である。その意味では広域中心都市としての一面を有している。もっとも近年は，中心地理論に特徴的なこうした階層構造も高度情報化の進展にともない変化している。これにはバブル経済の崩壊でスリム化を進める企業の中間組織の見直し戦略が絡んでいる。

　首都レベルの全国中心（東京）でもなく，古都・商都・大港湾の連合体（大阪）でもない。さりとて地方ブロックの一拠点（広域中心都市）というには製造業の存在感が大きい。これが現在の名古屋の全国的な位置である（林，2006）。しかしこうしたイメージも日々変化しており，固定的に捉えるべきではない。グローバル化，少子高齢化は今や使い古された言葉ではあるが確実に進んでおり，各大都市はその対応を迫られている。札幌は高度情報化で

距離のハンディが和らげられたが，人口減が進む道内全域からの依存が重く
のしかかっている。東アジア経済の追い風を受ける福岡は，コンパクトなイ
ンフラを生かした都市戦略を進めている。仙台は科学技術で特色を出し，広
島はバランスのとれた産業構造をもとにさらなる発展を目指している。対し
て名古屋は，層の厚い製造業を背景に卸売・サービス・流通・港湾の機能強
化を進めようとしている。東西の大都市圏を結ぶ交通インフラのバージョン
アップをねらうリニア中央新幹線は国土構造に影響を与える可能性があり，
そこに名古屋は新たなポジションを見出そうとしている。

2．近世から近代へ移り変わっていった都市と産業

　高度経済成長期に広域中心都市の存在が明確になってきたのは，これらの
都市が近世においてすでに他の都市に比べそれ相応の地位にあったからであ
る。ただし札幌は例外で，近代に入ってからの北海道開発の拠点になったこ
とがその後の発展の基礎になった。仙台，広島，福岡が江戸時代においてす
でに石高の多い有力な藩の城下町であった事実は，日本における都市発展の
歴史的継続性という点で重要なポイントである。文久3年というから1863
年すなわち幕末の頃であるが，この年に行われた幕府大目付調べによれば，
石高が最も多かったのは加賀国・金沢藩で120万石，第2位は薩摩国・鹿児
島藩で73.0万石であった。陸奥国・仙台藩は62万石で第3位，筑前国・福
岡藩は47.3万石で第7位，安芸国・広島藩は42.6万石で第8位であった。
　これらはいずれも外様の藩で，江戸幕府の政権内部で要職に就くことはな
かった。外様は関ヶ原の戦いの前後に新たに徳川家の支配体系に組み込まれ
た大名である。幕府は有力な外様大名が政治力を発揮すると戦国期以前のよ
うに国が混乱する恐れがあるとし，一部の例外を除き幕閣要職への登用は譜
代大名に限った。徳川氏の家臣団の中から大名に取り立てられた譜代は信頼
も厚く，安心して国政を委ねられるという思いがあった。外様の仙台，広島，
福岡諸藩は幕府のある江戸から遠く離れていたが，広い平野に恵まれ多くの
石高を得ていた。国力はあるが国政には関与できず，その動静はつねに幕府
の監視対象であった。
　石高の多さという点でいえば，尾張国・名古屋藩（明治初めの正式名称）

は62.0万石で仙台藩についで第4位に位置した。むろん藩の規模や国力は米の収穫量だけで測れるものではない。とくに木曽谷に多くの林野を有していた尾張藩は，木材資源が大きなウエートを占めた江戸期にあって石高以上の実力をもっていた。仙台平野にあり新田開発を盛んに行った仙台藩は，藩が年貢以外の米を直接買い上げる買米制度を整え，江戸市場に大量に供給した。「江戸の消費米の3分の1は仙台米」といわれたほどで，米の生産と江戸市場への供給を通して仙台藩は存在感を高めた。外様ながら仙台藩は，国政の中心である江戸の食糧事情に対して影響力を発揮した。

　名古屋が仙台，広島，福岡と違ったのは藩格が外様ではなく三家であったという点もある。水戸藩，紀州藩と並ぶいわゆる御三家の一角を占めており，しかも筆頭であった。ただしこれも江戸幕府の不文律で三家は将軍職は出せるが，幕閣の要職には就くことはできなかった。もっとも将軍職も，江戸中期以降は御三家に代わって御三卿から出すように改められたため，尾張国は中央政治の場からさらに遠ざけられた。幕末の政治的混乱期には「勤王派」対「佐幕派」という藩内の対立に苦慮しつつも最終的に前者を支持した（木原，2010）。しかし維新後は薩長閥からは冷遇された。近世，近代ともに中央政治に関われなかったという歴史的経緯は，名古屋がその後に目指した方向性を読み解く上で重要な手がかりとなる。

　江戸から明治へと時代は移り，かつての藩の産業構造も変わっていった。しかし，政治体制が変わったから，すぐに産業構造が変わるというわけではない。実際は，江戸時代後期頃から各地で種々の手工業品を生産する動きがつよまっていた。年に一度の米の生産だけで豊かになるのは難しい。新たな資源を見つけて開発したり付加価値を高めたりする道が求められた。絹織物（京都，足利，桐生，伊勢崎など），麻織物（奈良の晒，越後の小千谷縮など），綿織物（三河・河内の木綿，久留米絣など）は，衣食住の衣の部分で生活の質を高めた。衣は老若男女，年齢・身分の違いを問わず万人の生活に関わる。時代に関係なく，つねに関心が向けられる対象である。

　陶磁器（有田焼，瀬戸焼，九谷焼など），漆器（能登の輪島塗，岩代の会津塗，能代・飛騨の春慶塗など），製紙（越前の奉書紙，美濃の障子紙など）といった日用雑貨もまた人々の生活を彩る。さらに醸造（伊丹・灘の酒，銚子の醤油など）を

始めとする食品加工は，食の奥行きと幅を広げる役割を果たす。いずれも国内で産する鉱物や農林水産物に数々の趣向を凝らして商品化した物産品である。これら物産品の流通は大坂を中央市場とする流通が中心であった。しかし1830年代頃からは各地で在郷商人が台頭し，産地間の直接取引を担うようになった。商品化した地元物産品を新たな収入源として財政を立て直そうとする諸藩は，これらの手工業生産を奨励した。

　米作主体の農業と手工業を中心とする産業構造は明治期に入ってもすぐに大きく変化することはなかった。このことは，1874年の全国の職業（産業）別人口構成で，農漁業が77.9%を占めていたことからも明らかである。雑業（9.3%），商業（6.6%），工業（3.6%）を合わせても20%には達せず，石高で地域の大きさを測る時代から大きくはみ出ることはなかった。しかし，廃藩置県（1871年）による中央集権化，秩禄処分（1873年）による士農工商制度の解体，地租改正（同年）による政府収入の確保，内務省設置（1873年）による殖産興業政策の推進など，新しい時代の要請に合わせて国の仕組みを改革する動きは着々と進められた。

　鎖国から開国へと大きく舵が切られ幕末に開港した横浜（神奈川），神戸，長崎，新潟，函館（箱館）では貿易が始まった。しかし実質的に貿易港としてスタートを切ったのは横浜，長崎，箱館で，1868年に開港場に指定された大阪が神戸に先んじて貿易を始めた。1863～1867年の貿易実績は横浜が輸出で85.9%，輸入で81.0%を占めるという偏りぶりで，長崎は貿易額で14.3%，函館は2.3%を占めるにすぎなかった。横浜港からは生糸，茶，銅，海産物が輸出され，綿織物，毛織物，綿糸，砂糖が輸入された。1871年になると神戸が横浜についで多くの貿易額を示したが，それでも横浜（72.8%）の突出ぶりは変わらず神戸（15.1%）を寄せ付けなかった。第3位の長崎（7.3%）には江戸時代に唯一の貿易港であった頃の面影はもはや見られなかった。

　海外市場は国内市場とは事情が異なるため，国内産の手工業品のすべてが輸出の対象になったわけではない。当初，多かったのは生糸，茶で，その後は絹織物，綿織糸，綿織物なども輸出されるようになった。1890年代の輸出額に占める繊維品の割合は50%強，工業生産額に占める繊維品の割合も40%強であり，繊維品が近代初期の工業化を牽引した。当初は綿織物，毛織物，

綿糸などの繊維品が輸入で大きな割合を占めた。綿糸が輸入されたのは,開港以前は国内綿糸を用いていたが開港後は安い海外綿糸を用いて綿織物を生産するようになったからである。繊維以外では砂糖,鉄砲などが輸入された。

　米の収穫量が地域の大きさや豊かさを表す時代は遠ざかった。手工業品や工業品を加えた経済活動全体で都市や地域の力を測る時代へと移り変わった。こうした経済活動にはモノの取引や販売に関わる商業やサービス業も含まれる。商業の中でも卸売業は工業生産地からモノを仕入れ,周辺の小売市場へ取り次ぐ役割を果たす。どこの都市でも担える業種ではなく,周辺に広大な農村地域を控える都市で成り立つ活動である。農村は工業品を消費する市場でもあり,米などの農産物や手工業品を出荷して得た収入で,こうした工業品を購入する。仙台,広島,福岡,そして名古屋は,周辺に広大な平野を控えている。江戸時代に有力な藩の城下町であったこれらの都市は,廃藩置県後は県庁所在都市になることで存在感を維持した。

　先に述べた 1863 年の藩別石高ランキングで上位 30 位に入っていた藩のうち県庁所在地になったものは 19 を数える。藩政期に有力であった藩のうち 3 分の 2 は,明治期以降も地方の政治・行政中心地としての地位を保った。このことは,地方を治めるのにふさわしい場所や位置は,時代が変わっても大きく変わらないことを物語る。むろんこのようになったのは自然ではなく,県庁所在地を決めるときに作用した政治力の結果である。経済,社会,文化などの力を背景に政治力が発揮され,地方を治めるのに適した都市として選ばれた。経済面では依然として農業の占める割合が大きく,江戸時代に多くの石高を有した藩の城下町は広大な農村を背景に新たな行政中心地としての地位を確保した。近世を通して蓄積された都市の力は,近代のスタートを切るさいにも発揮されたのである。

第2節　人口規模から見た近代都市の推移と名古屋

1．人口規模の推移から見た近代の都市の盛衰

　石高は藩の規模を示す指標であり,江戸時代に地方の城下町が領内で収穫

できる米をどれほど集められるかを示した。藩が年貢として集めた米は食用米や備蓄米など米として使用する分を除き、あとは市場で換金するため大坂や江戸に送られた。気候や気象に左右されやすい海上輸送のため年を跨ぐこともあったが、大坂や江戸に着いた米は蔵元・札差・掛屋などの御用商人の手で販売された。金融商人でもあった蔵元たちは年貢米を担保に大名貸しを行い、藩は年貢米を売却する前に現金を得ることができた。

　明治期になるとすでに生産物として比重を高めつつあった手工業品のほかに近代的な工業による製品も加わり、産業の多様化が始まった。農村から都市へ人口が流出するようになり、これまで藩内に滞留していた農村人口の減少と都市人口の増加が見られるようになる。農業労働力は 1874 年の 1,488 万人から 1914 年の 1,397 万人を経て 1944 年には 1,333 万人へと一貫して減少し続けた。耕作地のない農家の二三男の離農はすでに江戸期からあったが、明治期以降は脱穀機や雑草取り用田車などの機械使用も進み、都市への人口流出はとまらなくなった。農村からの流出人口を受け入れた都市は、職工・職人・店員として働き始めた労働者が集積する空間へと変貌していった。

　ところで、江戸時代の藩別石高ランキングには登場しなかったが、江戸、大坂、京都は「三都」として別格扱いされていた。このため、石高ではなく人口を指標とすれば、三都を含めた都市規模を比較することができる。江戸時代も初期の頃（1650 年）は、江戸（43 万人）、京都（43 万人）、大坂（22 万人）が上位で、金沢（11.4 万人）、名古屋（8.7 万人）、仙台（5.7 万人）を大きく上回っていた（斎藤、1984）。金沢・名古屋・仙台の人口は、おおむね石高の大きさを反映していた。幕末（1850 年）になると、江戸が 115 万人で突出しており、大坂（33 万人）、京都（29 万人）、金沢（11.8 万人）、名古屋（11.6 万人）、仙台（4.8 万人）がこれに続いた。政治・経済の中心・江戸の存在感が抜きん出ていたこと、大坂が京都を上回り、名古屋が金沢に迫っていたことがわかる。

　明治初期（1873 年）は三都の順位は変わらず、名古屋（12.5 万人）が金沢（10.9 万人）と順位を入れ替わった（斎藤、1984）。名古屋は 1872 年に名古屋県（改称後は愛知県）と額田県が合併して生まれた愛知県の県庁所在地になった。対して金沢は、1871 ～ 1883 年の廃藩置県とそれに続く統合・分立により旧金沢藩の領地が縮小再編される途中であった。行政域の拡大・縮小をと

もなう政治的変化が中心都市の人口動向に影響した可能性は否定できない。開港からまだ日の浅い横浜が6.4万人で登場し，仙台（5.2万人）を上回ったのも新たな動きである。しかし金沢（10.9万人），広島（7.4万人）は横浜より上位にあり，和歌山（6.1万人）を含め，江戸期に石高が大きかった雄藩の名残は依然として失われていなかった。

　こうした状況が大きく変化したのは1889年頃である。1873年に4.1万人であった神戸が3.3倍の13.6万人（日本帝国民籍戸口表による）となり横浜を抜いた。この背景には神戸港が綿紡績の輸出でトップ港になったことがあり，近畿一円における紡績産業の勃興が神戸を名古屋についで5番目に大きな都市へと押し上げた。神戸の躍進ぶりはその後もとまらず，1918年には59.3万人（日本帝国人口静態統計による）で名古屋（43.7万人）を上回った。そしてついに1920年には京都（59.1万人）（国勢調査による）をも抜いて60.9万人の第3位都市となった。こうした神戸の躍進ぶりは，それ以前の横浜の飛躍とともに日本が貿易によって国力の増強に向けて邁進する姿を象徴した。

　その一方で，江戸期に石高が第1，2位を占めた有力城下町の人口順位の低下ぶりは著しかった。1920年の金沢（12.9万人）は11位，鹿児島（10.3万人）は14位にまで順位を下げたことが，この年から始まった国勢調査の結果，明らかになったからである。しかも鹿児島を挟むように13位に小樽（10.8万人），15位に札幌（10.2万人）が現れてきた。小樽は港をもたない札幌と本州各地との間だけでなく，樺太との間を連絡する中継港として発展してきた。1918年に「開道50年記念北海道博覧会」を市内で開催した札幌は，さらなる開拓へ向けて進んでいこうとしていた。

　江戸後期の石高ランキングと比べると順位を下げたとはいえ仙台（11.8万人）は12位，福岡（9.5万人）は17位の位置を維持した。広島（16.0万人）はこれより上位の8位であり，いずれも旧城下町から県庁所在都市へと政治体制の変化にうまく対応した。その一方で，石高ランキングで順位が高かったが大正中期に大きく後退した都市として，和歌山と熊本をあげることができる。和歌山は5位（上位三都を加えれば8位）から23位へ，熊本は6位（同じく9位）から28位へのランクダウンである。貿易や工業化で成長した都市（呉，横須賀，八幡，堺），あるいは北海道開拓にともなう都市（函館，小樽，

札幌）の後塵を拝する結果になった。

　江戸期に各地方を治めた藩ではなく，その上に位置づけられた全国的な政治中心として江戸があった。また経済活動の中心として大坂があり，さらに宗教文化中心として京都があった。これらは明治になって府の行政中心となり，他の多くの県とは区別された。近世の地位を時代が変わっても継承したといえる。一方で貿易港が開かれ近代工業化も緒に就いた。北辺の国土開発も開始され，国は列強諸国を手本としその仲間入りを果たすべく富国強兵への道を歩み始めた。そんな中，徳川御三家筆頭の遺産をもとに名古屋は東の三河を引き入れ，近代化の道を模索するようになった。ちなみに1872年に尾張地方の愛知県（名古屋県を改称）と三河地方の額田県が合併した時の人口は121.6万人で，これは全国で最も多かった。

　近代が始まって間もないこの時期，道府県を単位とする人口はいまだ近世のなごりを彷彿とさせるものであった。愛知県が第1位であった前年は広島県が第1位で，翌年から1876年までは新潟県が第1位であった。その後の4年間は石川県，さらに新潟県が途中に大阪府（1884～1886年）を挟みながら1896年まで首位を保った。ただし石川県については，県域が最終的に定まるまでは，のちの富山県や福井県の一部を含んでいたため注意する必要がある。日本海側の中央部とりわけ越の国の伝統を引く次ぐ新潟県は，広大な稲作地帯を背景に多くの米収量で多数の人口を養うという近世までの姿を依然示していた。

　ほんの一時とはいえ，愛知県の人口が国内最大であったという事実は，尾張と三河の旧城下町を中心とするかつての藩が多くの農村人口を抱えていたことを物語る。ちなみに，愛知県誕生12年後の1884年から1888年にかけて愛知県の人口は5.3％増加した。これは隣接する岐阜県（4.1％），三重県（3.8％）よりも高い。また，1886年の愛知県の総人口に占める名古屋区（市制施行以前）の割合は8.9％であり，尾張部の人口が県の総人口に占める割合は60.5％であった。時代は大きく飛ぶが，現在（2020年）の名古屋市割合は30.9％，尾張部割合は68.7％である。愛知県内では，今日に至るまで尾張部とくに名古屋市へ人口が集まる傾向が続いている。

2．六大都市の一角を占める近代名古屋の位置性

　1900年代に入って人口を急増させてきた神戸に名古屋は1918年に追い抜かれた。ところがその7年後の1925年には名古屋は京都，神戸を追い抜き国内で人口が3番目に大きな都市になる。名古屋がこの順位を維持したのは1945年に京都に抜かれるまで20年ほどの期間である。その後もしばらく京都についで第4位であったが10年後の1955年には京都を上回るようになり，第3位の地位を取り戻した。戦前期に名古屋の人口が急増したのは1920年から1925年にかけてであり，増加率は78.7％であった。その後も人口は増え続け，1935年までの15年間で151.8％という驚異的な増加率を示した。

　1935年に実施された国勢調査の結果，名古屋の人口は108.3万人であることがわかった。100万人都市の誕生というある種，歴史的な区切りを迎えた瞬間であった。これほど短期間に40万都市が100万都市に変貌した背景には，周辺地域との合併と世界経済への産業対応という二つの要素があった。前者は近隣の16町村が名古屋市に編入されたことで，これにより人口増加とともに市域面積も拡大した。面積は東京，京都，大阪についで第4位となった。また後者は，1923年の関東大震災とその後の昭和金融恐慌で弱体化した日本経済に追い打ちをかけた世界恐慌への対応である。国内の政治・経済状況は悪化し，国は戦争によって打開を図るため軍事費を膨張させた。名古屋では1904年に名古屋陸軍造兵廠が設置されたのをきっかけに，軍需関連企業が発展を示すようになった。その増強と綿織物，陶磁器，自動車を含む機械工業の発展が名古屋の経済を支え，結果的に人口増加が続いた。

　名古屋が東京，大阪についで国内で第3位の都市になった1920年代中頃，「六大都市」という言葉が使われるようになった。これは，1922年に東京府東京市，神奈川県横浜市，愛知県名古屋市，京都府京都市，大阪府大阪市，兵庫県神戸市の以上6都市を「六大都市行政監督ニ関スル法律」によって制度的に規定したことに始まる。背景には，産業発展と人口増が続くこれら六つの都市は府や県から分離・独立するのが適当という認識があった。六大都市入りする以前から，名古屋は「中京」とも呼ばれるようになった。大正中期から昭和初期の人口急増を受け「大名古屋」という言い方も広まった。東の東京・横浜，西の大阪・京都・神戸の間にあって一人で背伸びするそんな

意識が見え隠れした。

　いずれにしても，時代はすでに産業・人口の集中で大規模化した都市の行政を他都市と同じように行うという段階ではなくなっていた。時代はさらに進み，1948年に「東京都制および五大都市行政監督特例」が施行されたことで，六大都市の法律上のくくりは廃止された。東京が首都として他の5都市の上位に位置づけられたからである。それまでの25年余の間，太平洋の海岸沿いに「六大都市」が並び立つ時代がつづいた。この中に名古屋が含まれていたことは，その後に続く三大都市圏形成との関わりで重要な意味があった。大都市圏は，東京から神戸まで太平洋岸に並ぶ六つの大都市を中核に発展・融合の過程を経て形成されていったからである。

　六大都市の時代，日本は大正デモクラシーから昭和恐慌，戦争準備体制，そして泥沼の戦争を経て敗戦に至る時代であった。中国大陸，東南アジアへの進出，朝鮮・台湾の植民地化という対外膨張体制のもとで，政治首都の東京，国際貿易の横浜，貿易を含む対アジア経済拠点の大阪・神戸は，政治・経済活動を主に担った。京都は日本古来の伝統文化を守る精神的都市として位置づけられた。これに対し名古屋は，国際的な政治機能を担うことはなかったし，対アジア経済拠点のような役割を果たすこともなかった。城下町としての歴史は300年ほどしかなく，伝統的文化の蓄積も限られていた。

　そのような名古屋が対外的存在感を示すには，国策的な軍需産業のほかに地元資源をもとに興してきた産業をさらに発展させる以外に選択肢は見いだせなかった。「糸の伝統」の繊維，「土の伝統」の陶磁器，「木の伝統」の木材の各分野で技術革新を進め，時代が求める工業製品を生み出していくという方向である（図2-4）。糸も土も木も，これと同様の資源を有する地域は全国各地にあった。こうした資源をもとに近代工業化を進めるには，近世までの産業蓄積と近代になって開かれた国際市場へのアクセスを生かさなければならない。繊維分野では尾張や三河の平野部で栽培された綿花を原料とする織物や，それ以前からある製糸と絹織物の伝統があった。綿織物生産の国内競争が激しくなると，尾張北部ではいち早く毛織物生産に取り組む企業が現れ一大産地へと発展していった。

　陶磁器の分野では，尾張藩の御用窯でもあった瀬戸焼と北隣の美濃焼が

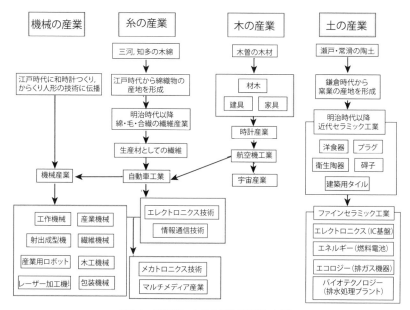

図2-4　愛知県における製造業発展の系譜
出典：名古屋市市民経済局，2001などによる。

九州の有田焼と国内市場を二分するほどの生産力をもっていた（林，2022）。幕末・明治初期に欧米で開かれた万国博覧会に出品した日本の陶磁器が人気を博すと，薩摩焼など海外輸出を試みる産地が現れた。しかし長くは続かなかった。名古屋で輸出向け陶磁器の生産が軌道に乗ったのは，1907年に名古屋港が建設されたことが大きい。深水の横浜，神戸とは異なり遠浅の伊勢湾に大規模港湾を建設するのは容易ではなかった。しかし愛知県は浚渫工事による築港に成功し，国産品を海外市場に売り込む道を切り拓いた（名古屋港史編集委員会編，1990b）。瀬戸焼の伝統と名古屋の商業資本の連携で完成した輸出用陶磁器は，開港当時，輸出総額の6割近くを占めた。

　名古屋港は尾張藩以来の伝統を引き継ぐ木材工業の発展とも深いつながりをもった。開港当初はインドの紅茶を輸送するための茶箱やゴム箱，石油箱などが輸出された。大正期に入ると国内材だけでは生産できなくなり，北米，南洋，シベリアなどから原木が輸入されるようになる。全国輸入総額の4分の1近くが名古屋港から輸入されたため，名古屋港は「木材港」とも称され

た。開港当初，それまで中継機能を依存してきた四日市港に貿易額で及ばなかった。しかし1913年以降，名古屋港は背後圏の工業発展を受け，名実ともに伊勢湾内最大の港湾としての地位を築いていった。

　糸，土，木を資源とする伝統的産業は産業革命以前から存在した。それが第一次産業革命の波を受け，これまでなかったような動力や製造方法が用いられるようになった。さらに続く第二次産業革命は，新たな工業製品を生み出す段階へと導いた。繊維分野における動力織機（1897年）から自動織機を経て自動車（1938年）へという進化はその一例である。一見すると飛躍的進展のように思われるが，何のために機械をつくるか，その目的が時代の要請に合致していれば自ずと道は開けていく。とくに国産初の自動車がこの地で生産されたことは，その後の産業構造を形成していく上で大きな意味があった。

　製麺機（1898年）や製畳機（1919年）など特定の製品を製造する機械を進化させた結果が1950年代の汎用的工作機械の誕生につながったということもあった。陶磁器などの窯業分野でも食器以外の製品開発が進められ，1919年から送電インフラ用の碍子が生産されるようになった。さらに砥石や理化学用品，ファインセラミックスなどの開発がこれに続いた。尾張徳川家の和時計の時代から時計製造の伝統が息づいている名古屋では，1887年に日本で最初の掛時計工場が誕生した。さらに，尾張藩専属の樽製造職人のもとで1907年に国産のロータリーレースが開発された。合板製造で名古屋は全国の中心となり，木工製品など関連産業も集積した。近世に蓄積された伝統産業は近代に引き継がれ，新たな方向へと進んでいった。

　地元資源を活用し育ててきた近世のものづくりを近代産業へと発展させていった過程は，名古屋市内における工業立地の推移から読み取ることができる（図2-5）。明治中期以前は市街地内部に小規模な工場が設けられ，地元で消費される各種製品が生産された。尾張藩の禄を失った武家の屋敷跡地は小規模な工場なら立地できるくらいの広さがあった。その後，工場は市街地の東側や東海道本線沿いに立地するようになる。繊維，窯業，時計，機械が主な生産品で，木材資源とからくりの伝統のある名古屋らしく柱時計が盛んに生産された。大正期に入ると鉄道や運河が工場立地に有利に作用するように

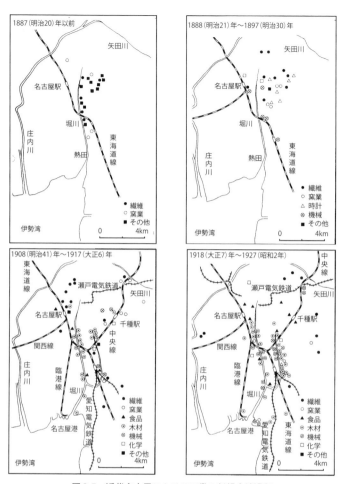

図2-5 近代名古屋における工業の新規立地過程
出典:松原, 1966をもとに作成。

なり，とくに木材関係の工場が堀川，新堀川沿いに多く見られるようになった。東海道本線沿いには繊維，中央本線沿いには窯業関係の工場が立地した。さらに大正から昭和にかけて木材関係の工場が新堀川沿いに急増し，繊維関係の工場も広く立地するようになった。こうした旺盛な工業活動が名古屋の経済力を高め，都市としての地位を上げるのに貢献した。

　工業分野で近代化が進んだ名古屋は，東の東京・横浜，西の大阪・京都・

49
第2章　名古屋の全国的位置と周辺地域セクター

神戸の中間に位置する。しかし厳密にいえば、名古屋は距離的には関東よりも関西に近く、近代においても関西方面からの影響がつよかった。それを象徴する事例として、1910年に名古屋で開催された第10回関西府県連合共進会をあげることができる。これは当時、関西圏に属していた県や府が持ち回りで開催していたイベントで、開催府県は地元の物産や出し物を展示して見学者の気を引くようにつとめた（服部，1984）。名古屋は愛知県を代表する都市として、新堀川を改修した土砂を埋め立てた場所を会場としてイベントに臨んだ。先に述べた新堀川沿いの木材工場の集積は、運河改修にともなう工業用地の造成が立地を促した。

　会場は共進会の終了後に鶴舞公園として整備される場所であったが、当時はアクセスが十分ではなかった。このため、名古屋駅から市内電車で移動できるように路線が開場前まで延長された。長良川の水力発電所から電気を引き、夜の会場をイルミネーションで飾るという当時としては十分話題になる仕掛けまで講じられた。その甲斐があり半年間の会期中に260万人もの見学者が訪れるという盛況ぶりで、名古屋駅は大混乱に陥った。尾張藩の御用商人であった「いとう呉服店」が繁華街に市内で最初の百貨店・松坂屋を開店させたのも、県内外から共進会に訪れる人々を取り込むためであった（岡戸，1957）。共進会は、近代名古屋がいかに発展しているかを内外に宣伝する役割を十分に果たした。

　共進会の見学者を迎え入れた名古屋駅が混雑したのは、駅が狭隘で設備が十分整っていなかったからである。その反省から初代名古屋駅を新しく建て替えようという動きが起こった。しかし名古屋駅の課題は駅設備の古さや狭隘性だけではなかった。より根本的な課題は、始発が東京駅や大阪駅の列車が途中で停まる駅にすぎず、名古屋から乗車するには必ずしも便利ではないという点であった。途中駅である以上、当時としてはやむを得なかった面もある。関東に二つ、関西に三つの大都市があり、その中間に名古屋がある。この中間的な位置性や性格は、六大都市の中で唯一名古屋が抱える特性であり、それは現在も基本的に変わらない。

第3節　大都市共通の地形環境と名古屋周辺のセクター

1．大都市に共通する地形環境と放射状交通路

　前節では名古屋の全国的位置と近世から近代への移り変わりを人口や産業を手がかりに概観した。三大都市圏も地方ブロックの大都市圏もその中心となる大都市はいずれも，近世において政都（江戸）・商都（大坂）・古都（京都）や有力な藩の城下町として存在感を有していた。近代への移行期に多少の変動はあったが，どの都市もそれまでの地位を維持しながら新時代へと移行した。こうした歴史的継続性を考えると，継続性を支える基盤や背景に何らかの地理的条件があるのではないかと思う。

　これらの都市が大きな平野や平地の上に形成されたことは既に述べたが，そもそもなぜそのような地形が存在していたのかである。この国は山がちな島国で元々，平地には恵まれない自然環境にある。そのような中で農業とりわけ稲作ができる平野に人々が集まり集落が芽生え，やがて周辺地域を支配する拠点が現れていった。現代の大都市圏形成の大本となる地理的な環境状況に目を向けたい。その上で，名古屋とその周辺地域がいかなる地理的環境のもとで形成されたかを考える。

　日本で最大の平野は国土の5％近くを占める関東平野である。関東平野には，中央部が沈降し周辺部が隆起する「関東造盆地運動」と呼ばれる地殻変動を受けてきた歴史がある。周辺の山々から流れ出た川が斜面を下り東京湾に流れ込んだと考えるとわかりやすい。広さが関東平野の6分の1の大阪平野は，今から約250万〜150万年前に存在した「古大阪湖」が地形の大本である。約130万〜150万年前には古大阪湾とつながる古京都湾や古奈良湾もあった。これらは畿内の平野・平地の大本である。広さが関東平野の10分の1の濃尾平野も，約650万〜100万年前に存在した巨大な「東海湖」が元になっている（図2-6）。つまり現在の東京，大阪，名古屋は，いずれもかつての盆地や湖であった地形環境のもとで形成された平野・平地の上に生まれた。京都が現在も盆地であることはいうまでもない。

　海洋が盆地や湖に侵入すれば，その境界面は多くの場合，湾となる。湾の

図2-6 矢田川累層堆積期(鮮新統中～後期)の古地理(想像図)
出典：桑原，1975による。

中に比較的大きな川が流れ込んでくれば大きな沖積平野が形成される。東京・大阪・名古屋はまさしくこのような状況にあり，規模は異なるが札幌・仙台・広島・福岡の地形環境もこれと似ている。こうした平野・平地は農業に適しており人々を引き付けた。ただし札幌は近代以降の開拓がきっかけで人々の定住化が進んだ。札幌以外では早くから稲作が行われ，微高地上に集落を築き，湿地帯で稲を栽培するのが一般的であった。川は舟運で利用でき，農産物の運搬や人の移動で役に立った。

　名古屋では揖斐・長良・木曽の木曽三川や庄内川などが伊勢湾に流入した。濃尾平野を形成したこれらの河川は，東高西低の濃尾傾動運動の影響を受けたため，養老断層を境に西側に傾くようにして流れた。これは中央日本のこの地域において，中央アルプス(木曽山脈)側が隆起し，西側が沈降するという地殻運動に起因する。このため木曽三川が収斂する河口部付近は水害の常習地帯となり，恒久的な集落を築くのにはあまり適していなかった。しかしそれでも周囲に堤を築いて農地や居住地が水に浸からないように工夫を施し，住み続けようとする意思がつよかった。万が一農地が水に浸かっても，居住地だけは安全なように石垣を高く積むなどの備えも行われた。水との闘いが運命づけられた輪中地帯では，近世から近代にかけて治水事業が繰り返し実施された。

　東京・大阪とは異なり，名古屋では先に述べた濃尾傾動運動の影響で木曽

52
名古屋の周辺地域を読み解く

三川が河口部に集まる。上流から運ばれてきた土砂が堆積した結果，多くの島状の洲が形成された。しかし地盤は軟弱で洪水に遭いやすい。洲と洲の間に橋を架けるのは難しく，船が唯一の移動手段であった。川湊が各所に設けられたが，河口付近で海上輸送と連絡できる港は揖斐川右岸の桑名に限られた。中世の頃は津島が川と海を結ぶ湊の機能を果たした。しかし土砂堆積が進んだため役割が担えなくなり，木曽三川を尾張側から渡る湊は津島から佐屋へ移った。ところがその佐屋も土砂堆積で使えなくなり，さらに弥富へ移動した。

　このように大きな湾があって上流から川が流れ込んでいても，河口付近に都市が生まれるとは必ずしもいえない。流量の多い木曽三川は，広大な濃尾平野を形成したという点では好都合であった。しかし治水技術が十分でなかった時代，川の流れを制御しながら恒久的な都市を築くことは難しかった。河口部付近のこうした地形条件を先人たちはよく認識していたと思われる。このため，古代の尾張国府は木曽川派流の三宅川が流れる内陸部に置かれた。それよりまえの古墳時代の政治拠点は伊勢湾に面していたが，場所は木曽三川から遠く離れた熱田台地の上であった。

　室町から戦国にかけて政治拠点となった清洲は庄内川支流の五条川に近く，位置的には尾張国府の南側でやはり内陸部である。織田信長の父・信秀が築いた勝幡城は尾張国府に近い三宅川の下流部で，川を堀として利用した。勝幡の南の津島は現在でも海抜ゼロメートル地帯にあり，ここに政治拠点を築くにはリスクが大きすぎた。ただし湊が伊勢湾に面し機能していた古代・中世は，天王社の総本山として人々の信仰を集めることができた。関ヶ原の戦いで勝利した徳川家康が豊織時代の拠点であった清洲から拠点を別に移そうとした理由の一つは，五条川による水害を避けるためであった。木曽三川に含まれない庄内川の支流といえども，水害をもたらす要因として遠ざけられた。まして木曽三川の河口部付近に城を築くなどまったく想像されなかった。

　家康は，尾張藩の城下町の建設候補地として，那古野，古渡，小牧を考えた。この中から那古野が選ばれたのは，名古屋（熱田）台地の北西端の崖が城の防衛に適しており，その南側に広がる台地に武家地や町人地・寺社地が

設けられたからである。逆三角形状の台地の西縁は沖積低地との境であり，この境に沿って南北方向に水路を設ければ，熱田と連絡して人や物資を船で運ぶことができた。南方の熱田とは6kmほど距離があり，江戸城や大坂城が海辺に近い位置にあったのとは異なる。古渡は那古野と熱田の中間に位置する。戦国期以前には古渡城があった場所であり，近代から現代にかけて種々の交通機関が集まるようになる金山に近い。小牧は，天下統一をめざす織田信長が一時期，城下町を築いたところである。平地上の孤立丘陵・小牧山は戦国の時代はまだしも，近世の城の位置としては内陸に入りすぎていた。結果的にかつて那古野城のあった那古野に新たな城が築かれ，城下町づくりが始められた。

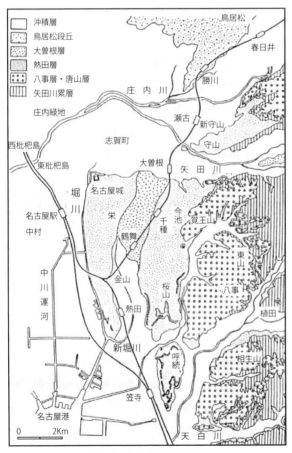

図2-7　名古屋周辺の地形
出典：嘉藤・桑原，1967による。

名古屋台地の北西端の崖の上に尾張藩の城が築かれたことで，その後の名古屋の都市構造，さらにいえば名古屋周辺の地域構造の方向性が決まった。実際には城から南へ2kmほど下った高札場付近が城下の中心となり，交通路が周辺へ向けて延びていくことになる。城はある意味，

象徴的存在であり，実際には城下の中心地がランドマークとなりそこから周辺への方向が決まる。熱田層が堆積する名古屋台地は逆三角形をしているため，西と北と南東の三辺に直線的な地形の境界がある（図2-7）。西の境界は南北方向の堀川，北は矢田川が東西に侵食した崖，東は古い時代の矢田川による侵食面（大曽根層）である。堀川，崖，侵食面は名古屋の市街地が拡大していく過程で，土地利用の仕方に影響を与えたと考えられる。

　土地利用に対する地形の影響は，名古屋の周辺部にもみとめられる。名古屋とその周辺は，やや大まかに言えば，中央部の名古屋台地を取り巻くように西側と北側に平野・平地，東側に丘陵地が広がっている。平野・平地には移動を遮る地形的障害はなく，名古屋城下の中心からどの方向へも直線的移動が可能である。これに対し丘陵地側には移動を規制する地形が存在する。守山丘陵，東山丘陵，八事丘陵，天白丘陵が北から南にかけて並ぶように連なっており，間に川が流れている。図2-7に示すように，これらの丘陵は八事層・唐山層の堆積からなる。矢田川が守山丘陵と東山丘陵を分け，天白川が八事丘陵と天白丘陵を分ける。この方面では丘陵地の鞍部もしくは川沿いを通る移動が自然である。

　こうした地形が移動に及ぼす影響は，前節で述べた中心地理論では考慮されていない。中心地理論は現実には存在しない真っ平らでどこに向けても自由に移動できる平面を前提としているからである。実はこうした空間の非現実性を問題とし，現実的要素を加味しようという試みが過去に行われている。ホーマー・ホイトの研究（Hoyt, 1939）とアウグスト・レシュの研究（Lösch, 1945）である。このうち前者は，河川，丘陵，鉄道，工業地区など何らかの方向性をもった要素が土地利用のセクター的展開を促すという考え方である。これはホイトの研究の6年後に提唱された同心円モデル（Harris and Ullman, 1945）とは異なる見方であり，現実性を備えている。ホイトによれば都市の住宅地の地価分布には都心からの方向によって偏りがあり，これには地形や交通路が影響している可能性がある。セクター・モデルと呼ばれるホイトの見方は，異なる民族や社会階層のセクター的分布を説明するのにも有効である。

　いま一つのレシュの研究はクリスタラーの中心地理論をより一般化した

もので，その中でレッシュは中心地システムの中にシティリッチとシティプアという二つの異なるセクターが交互の現れることを示した。その原因は集積の利益を求める人々の動機であり，あるセクターに小売・サービス業が集まって「密」になる一方，隣のセクターはその逆に「疎」になる傾向がある。図2-8はレッシュが提示した中心地モデルのうち，中心部とその周辺の一部を示したものである。中央に位置する大都市（M）にはあらゆる種類の小売・サービス業が立地している。正六角形がそれらの商圏（市場地域）を表している。周囲にも空間を埋め尽くすように小売・サービス業が立地し，図示はされていないが六角形市場網が重なり合っている。市場網の重なり方を調べると，大都市を中心として30度ごとに業種数の多いセクター（R）と少ないセクター（P）が交互に現れる。

　こうした現象が現れるのは，この中心地モデルにおいては特定のセクターに小売・サービス業が優先的に立地するような操作が行われているからである（林，1986）。この操作は，現実世界でいえば，小売・サービス業の経営者が集積のメリットを求めて特定のセクターに立地しようとする行動に相当する。いま図2-8において，大都市（M）に立地する小売・サービス業と同じものが周辺にどのように立地するかを考える。図の中の黒い点は集落である。集落の周辺には農地が広がっており，近隣の集落とは正六角形状の境界線（図中では一部を点線で表示）で接している。散村形態の集落分布を思い浮かべるとわかりやすいかもしれない。小売・サービス業はこうした集落の中から商圏が確保できるものを選んで立地する。

　図を見てわかるように集落は等間隔に分布しており，ある集落から見て最も近い隣の集落は六つある。そこまでの距離を1とすれば，集落の位置は一目盛が1の水平軸（X）とこれと60度で交わる斜めの軸（Y）の菱形座標上の点として示すことができる。正六角形の性質から座標軸の交点（M）を中心に60度回転すると同じ図形になる。このため，ここでは水平軸と60度の角度で交わる傾斜軸の間のセクター（∠XMY）のみに注目する。

　この座標上において，正六角形状の商圏が最小の小売・サービス業から順に立地点を決めていく。Mにはあらゆる業種が立地するため，当然，商圏が最小の業種も立地している。M以外でこの業種が立地する地点の中でM

56
名古屋の周辺地域を読み解く

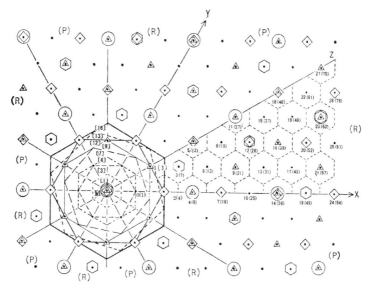

図2-8 レッシュの中心地モデルにおけるシティリッチ・セクターとシティプア・セクター
説明1：数字は市場地域の規模の順位と，原点以外で最初に機能が立地する位置を示す。（ ）内の数字は，最小市場を1とした場合の各市場地域の規模を示す。また，〔 〕内の数字は原点（M）に中心をおく市場地域の規模を示す。（ ），〔 〕内の数字はいずれもn値（レッシュナンバー）に相当する。
説明2：（R）はシティリッチ・セクター，（P）はシティプア・セクターをそれぞれ示す。

に一番近い地点が決まれば，この業種の立地点はすべて自動的に決まる。このため，最初に決まる地点を初期立地点と呼ぶことにする。商圏が最小の業種は自給的な小売・サービス業であり，自集落のみを対象とする。この業種の初期立地点の座標は（1,0）である。その商圏は点線で示した正六角形で，面積は$\sqrt{3}/2$である。この面積を基準として，以下，商圏の大きさが何倍になるかに注目して立地点を決めていく。

　自給的な小売・サービス業の商圏よりも大きな商圏を必要とする業種は，自集落のほかに周辺の集落も供給対象としなければ成り立たない。そのような業種の中で商圏が最小のものは，M（0,0）のほかに（1,1）の集落に立地する。この業種の初期立地点の座標（1,1）が決まれば，あとは自動的にすべての立地点が定まる。図の中では△の印がついた集落である。自集落以外も供給対象とする業種の中では商圏の大きさが最小という意味で1，商圏の面積は自給的業種の3倍であるため1（3）と表示されている。

商圏がつぎに大きい業種は（2,0）もしくは（0,2）に立地できるが，回転すれば同じになるので，ここでは（2,0）を選ぶ。図の中で2（4）と記された◇の地点である。そのつぎは（2,1）あるいは（1,2）に立地する業種である。この業種はこれまでとは異なり，二つの座標の中のどちらを選ぶかで市場網の配置パターンが異なる。レッシュは∠XMZセクターにある（2,1）を選んだ。3（7）と記されている○の地点である。このようにした理由は，∠ZMYセクターより∠XMZセクターの方により多くの業種が分布するようにするためである。

　これ以降も同じルールで市場網をつくっていく。4番目は（3,0）もしくは（0,3）で商圏の大きさは9，5番目は（2,2）で商圏の大きさは12である。いずれも60度回転しても商圏のかたちは同じで変わらない。6番目は（3,1）もしくは（1,3）で商圏の大きさは13であるが，これも3番目と同じように∠XMZセクターから選ぶ。しかし表記が煩雑になるため，これ以降は印がついていない。こうしたこと繰り返していくと，水平軸と30度の角度で交わる軸に挟まれたセクター∠XMZがその隣の30度セクター∠ZMYよりも小売・サービス業の立地数が多くなる。

　レッシュはこうして構築したモデルと似た中心地システムが実際に存在するとして，アメリカのインディアナポリスの事例を紹介している（Lösch, 1945）。インディアナポリスではたしかに都市の分布密度の高いセクターと逆に低いセクターが交互に広がっている。一見すると，中心地理論は非現実的な抽象空間を前程として組み立てられているように見える。しかしモデルいかんでは，現実にありうる現象を示すことができる。レッシュは理論的に想定できるあらゆる大きさの市場網を順次積み重ねていった。これに対しクリスタラーは，K=3，K=4，K＝7といった特定の定数にしたがって大きくなる市場網を積み重ねてモデルを構築した。レッシュのモデルがより一般的な「完全モデル」といわれるのはそのためである（林，1986）。

　ホイトとレッシュの二つのセクターモデルを参考に名古屋の周辺地域を考えると，いくつかヒントらしいものを見出すことができる。たとえば先に示した図2-7において，三角形状をした名古屋台地の三つの方向は，それを延長していくと周辺地域を区分けするさいの方向軸になることがわかる。まず

南北方向については，その方向を南側に延ばすと熱田を経て知多半島の西岸に至る軸になる。また名古屋台地の北側の東西方向は，矢田川の流れの軸に符合する。さらに南東側の方向性は北へ延ばすと庄内川の流れの軸につながっていく。こうした軸は海岸沿いや川沿いの交通路になる場合が多く，交通路は都市が軸に沿ってつながるのを促す役割を果たす。

むろん名古屋台地の西側の平坦地のように，こうした軸が見られない方向もある。そこでは名古屋の周辺部にあって他地域と連絡する交通の要衝に向けて交通路が延びている。たとえば中山道と連絡する垂井，東海道と連絡する津島もしくは佐屋などである。これらの方面へは美濃街道や佐屋街道が名古屋から延びている。一方，名古屋台地の東側では，軸になりそうな丘陵や川はあるが，それらは名古屋台地とはほとんど関係がない。このためこの方面の街道は丘陵や川を乗り越えるように走り，他地域と連絡する交通拠点と連絡している。南東方向では平針まで行き，ここから北東の飯田方面，あるいは直進して岡崎で東海道とつなぐ駿河街道である。南南東なら東海道あるいはこれより古い鎌倉街道があり，三河や駿府・東国との連絡のため古代から利用されてきた。

2．名古屋を中心とする放射状交通路とセクター構造

木曽三川が濃尾傾動運動の影響を受けて流れている名古屋では，これらの川が名古屋を中心とする放射状交通路の形成に関わることはなかった。江戸や大坂のように川が湾に流入する場所の近くに城が築かれることがなかったからである。ただし，城の北東方向では庄内川とその支流の矢田川が河谷を形成したため，これをもとに下街道や瀬戸街道が生まれた。木曽三川は下流部で水郷（輪中）地帯を生んだが，交通路の方向性をつよく規制することはなかった。大河であるため橋が架けられなくても，渡船で横断することができたからである。まれではあるが，上洛する将軍や朝鮮通信使が川を渡るさいには，幾艘もの小舟を横に並べた船橋が仮設の橋として利用された。

川や海に近かったとはいえ，江戸や大坂では城は沖積低地ではなくそれより一段高い洪積台地を選びその上に築かれた。名古屋もこれと同じで，徳川家康は洪積台地の北西端に城を築くように命じた。武家地や町人地の多くが

沖積低地に設けられた江戸とは異なり、名古屋ではこれらは碁盤割と呼ばれた台地の上に設けられた。大坂城代・大坂奉行が置かれた大坂では武士の数は限られ、沖積低地を掘って嵩上げした土地に町人を住まわせ、掘ったところは堀として利用した。名古屋で沖積低地に掘られたのは堀川のみで、近代になると自然河川の精進川が改修され新堀川になった。堀川と新堀川（近世は精進川）が合流する熱田は南側から名古屋城下へ向かう玄関口で、今風にいうなら東名高速道路の名古屋インターチェンジのような役割を果たした。

　熱田を含め近世の名古屋には城下への出入口が五つあったことは既に述べた。「名古屋五口」と呼ばれたこれらの出入口は名古屋を中心とする放射状交通路の関門（ゲートウェイ）であった。ここから周辺に向かって延びていく街道はセクター的に広がる地域の中心軸の役目を果たした（図1-8）。これら五つの出入口は、逆三角形状をした名古屋台地の三つの頂点と辺の中点にあった。ただしこれだと五口ではなく六口になる。六口目は、熱田街道を北上し現在の金山付近を西に折れるところを出入口と見なした場合である。いずれにしても、名古屋台地の三角形の頂点と辺の中点付近に周辺部に向かう街道の出入口がかなり均等に配置していたのは興味深い。

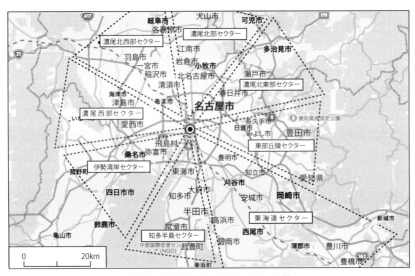

図2-9　名古屋周辺地域のセクター配置

以下では，これら五つもしくは六つの出入口から周辺に延びる街道を軸とし，扇状に広がっている全部で八つのセクターについて概述する（図2-9）。なおこれは，本書の第3章から第10章にかけて読み解く八つの地域に相当する。これらの地域にはそれぞれ古くから続く歴史がある。それが近世初頭に名古屋に城が築かれ尾張藩の領域が決まって以降，名古屋からの影響を受けるようになった。むろん近世は尾張藩に含まれなかった地域もある。しかし近代になって愛知県が成立すると，県庁所在都市として拠点性を維持した名古屋の影響が三河にも及ぶようになった。行政域は異なるが，岐阜県南部や三重県北部も影響を受けた。名古屋の影響は具体的には放射状に延びる交通軸に沿って広がっていた。交通軸あるいはセクターは全部で八つあり，それらは名古屋台地の5〜6の出入口を起点としたため，出入口ごとにセクターの特徴を以下に概述する。

　最初は名古屋台地北縁の辺の中点に位置する志水（清水）口である。ここからは北東に向けて木曽街道が延びていた。木曽街道は尾張藩が中山道との連絡を考えて整備した公道で，途中の楽田追分まで稲置街道と重複し，ここで分かれて稲置街道は犬山へ，木曽街道は中山道へ向かった。木曽街道と並行するように西側に岩倉街道が犬山に向けて走っている。岩倉街道の起点は清洲であるため名古屋とは枇杷島口でつながっているという考え方もできる。しかし本書では岩倉街道の終点が犬山であることを考慮し，濃尾北部セクターに含めることにした。セクターの南側は庄内川と支流の沖積低地，北側は木曽川の扇状地である。木曽街道には，尾張藩主に万一のことが起こったら城から脱出して避難するときのルートになる役目もあった。そうした意味も含めて考えると，近世において重要なセクターであったといえる。

　つぎは名古屋台地の北東角の大曽根口である。ここからは庄内川に沿って北東に向かう下街道と，庄内川の支流である矢田川沿いに東へ延びる瀬戸街道が始まる。これら二つの河川の間にあって東西に連なる守山丘陵は，その東側の愛岐丘陵ともつながっている。こうした丘陵によって，現在の春日井，尾張旭・瀬戸，岐阜県東濃西部が分けられる。春日井の中西部は庄内川右岸の河岸段丘で，近世は木曽川から取り入れた水を南側に流す用水によって新田開発が進められた。愛岐丘陵を横断する庄内川は先行谷で舟運は利用でき

61

第2章　名古屋の全国的位置と周辺地域セクター

ず，尾張と美濃との交流は峠越えで行われた。尾張藩が御用窯として庇護した瀬戸は，近代になると名古屋市内北東部の輸出貿易商と連携し海外市場向け陶磁器の生産に励んだ。庄内川とその支流によって美濃と尾張が結ばれていることから濃尾北東部セクターと呼ぶことにする。

　3番目の三河口は駿河口とも呼ばれた。徳川家康が大御所として晩年を過ごした駿河国・静岡や，家康が生まれた岡崎に至る街道の出入口でもある。この街道が飯田街道と呼ばれるようになったのは近代初頭で，平針から日進を経て西三河北部に至り，さらに北上して飯田方面に通じたためこの名がある。名古屋五口には含まれないが，飯田街道の北を池下から本山を通り一社を経て東に進む高針街道があった。高針街道は岩崎を通り米野木あたりで飯田街道に合流するため，これらの街道が軸となる東部丘陵セクターは尾張と西三河北部，さらに南信州との間の連絡役を担った。自動車工業の急成長で発展してきた起源が挙母城下町の豊田と名古屋を結ぶルートが丘陵地を越えて設けられ，新たな交通軸になった。

　4番目の熱田口は，その先でつながる街道の数が他の出入口より多い。これは，熱田口が逆三角形状の名古屋台地の南端近くに位置し，アクセスに恵まれていたからである。南東方向には東海道，南方向には半田街道と知多街道があった。西方とは東海道の七里の渡しで桑名と連絡できた。さらに佐屋街道が金山付近で北西方向に折れて延びていた。これらをセクターとして考えると，東海道セクター，知多半島セクター，伊勢湾岸セクター，濃尾西部セクターとなる。

　このうち東海道セクターは広がりの幅が広く多くの都市を含む。先に述べたレッシュの理論になぞらえていえば，シティリッチ・セクターとみなすことができる。主な都市は東海道に沿っているが，それより南の三河湾岸沿いにも都市が並ぶ。城下町の多い三河の中でも西三河の岡崎や東三河の吉田には力があり，東海道の要であった。矢作川や豊川の沖積低地では古くから農業が行われてきたが，近代になって用水網が整備されると農業は台地上に広がった。とりわけ碧海台地における先進的農業は特筆されるものであった。稲作や綿花栽培が盛んであった近世の三河は，近代以降は紡績・機械・自動車などの工業化により大きく変化していく。衣浦湾東岸から東三河の湾岸に

かけて並ぶ都市群は湾岸地形の特徴を共有しており，湾岸線を軸としてつながっている。

知多半島セクターは，内陸部のセクターにはない特別な地理的条件をもつ。海に面するメリットを生かし，近世を通して活躍した海運業が地域に利益をもたらした。酒，織物，焼き物など地元の資源を加工してつくられた製品が海上輸送で各地へ送られた。知多の木綿業は三河と伊勢の影響を受けながら独自に生産に励み，海運を利用し江戸市場などに向けて製品を出荷した。半島特有の乏水条件は，愛知用水の実現で解消された。農業用水は工業用水にも転用され，臨海埋立地の工業生産を支えた。名古屋に近い臨海部では陸封化された近世までの歴史的景観と臨海工業地帯の景観が併存する。深水港湾の武豊港は鉄道建設用資材の陸揚げ港として選ばれ，武豊線とそれにつづく東海道本線の建設に大いに貢献した。

知多半島臨海部での工業化と似た動きは伊勢湾岸セクターでもみとめられる。ただしこちらは主として港湾建設にともなうもので，名古屋港の築港が大きな契機となり，近世に盛んに行われた干拓新田は陸封されていった。新田開発が起源の農業地と住宅地が混在する内陸部，それに大型船が接岸するコンテナヤードで囲まれた港湾，これらが併存するコントラストの著しい地域が形成された。臨海港湾は木曽三川を挟んで伊勢北部の四日市方面にまでつづいている。近世は桑名が河川と海洋をつなぐ港の役目を果たした。木曽三川に橋が架かると，尾張側の弥富とともに舟運は役目を終えた。桑名では河口付近の土砂堆積が港湾機能の衰退に拍車をかけた。桑名から港湾機能を引き継いだ四日市は，名古屋港が開港するまでの間，伊勢湾内唯一の開港外貿易港（特別輸出入港）として活躍した。

熱田口から西方へ進む佐屋街道は，海上を七里の渡しで行く東海道の別ルートである。ただし全部が陸路ではなく，途中から川船に乗って木曽三川を渡った。元は津島にあった渡船場が佐屋へ移り，さらに弥富へと変わっていったのは土砂堆積で港が利用できなくなったからである。セクター東側の名古屋に近い七宝では近世に七宝焼が生まれ，技術は京都や東京へも伝えられた。天王社の信仰を集めた津島は港湾機能を失い勢いをなくした時期もあったが，毛織物業が興された近代は工業化で元気づいた。七宝も毛織物も

63

第2章　名古屋の全国的位置と周辺地域セクター

ひたむきな技術開発が実を結び地元の産業発展をリードした。さらに西に進むと立田輪中，高須輪中がその代表の木曽三川輪中地帯へ至る。低湿地帯で生き延びるには家や農地が水害に遭わないように万全の備えが欠かせない。尾張藩による御囲堤や明治の三川分流事業など，水との闘いが繰り広げられた。

　最後は名古屋台地の北西端から北西方向に広がる濃尾北西部セクターである。このセクターは近代になり東海道本線が全通したことで，名古屋と畿内方面との間を結ぶ主要回廊の役割を果たすようになった。東海道本線は岐阜（加納）を経由したため，近世に尾張藩が支配した岐阜町と名古屋の結びつきは維持された。戦国期から近代に至るまで，木曽川は流路変化，洪水対策，用水路開削，木材輸送などさまざまな面で尾張，美濃双方と深く関わってきた。とりわけ大洪水が国境を変えた影響は大きく，羽島では逆川も生じた。木曽川南側の尾張平野部は農業生産に恵まれ，近世以前は尾張の国府や一宮など政治・宗教の中心機能を果たした。国府が置かれた稲沢は植木・銀杏の産地でもある。一宮から木曽川北側にかけては繊維産業が盛んで，とくに一宮の毛織物生産は特筆すべき存在である。岐阜町は長良川の舟運で栄え，近代以降は県庁を誘致し今日の都市形成につなげた。羽島とともに岐阜の周辺に位置づけられる各務原は，台地上での農業と工業が盛んである。

第3章
濃尾北部セクターの
地域構造

名古屋の北部方向に広がるこのセクターは，戦国期に全国統一をめざした武将たちが戦いを繰り広げた地域である。清洲から移された城が名古屋に築かれて以降，かつて戦いの場であったこの地域は名古屋を北から守る役目を果たした。木曽谷から木材を流し「尾張川」とも呼ばれた木曽川は扇状地から台地にかけて農業用水を供給しただけでなく，近代には名古屋の上水道の水源にもなった。用水路はまた犬山と名古屋を結ぶ舟運としても利用された。名古屋から犬山へ向かう鉄道は多くの観光客をテーマパークへ運んだ。名古屋の北を通る高速道路はかつての街道の現代版であり，倉庫業や物流業の立地を引き寄せた。木曽街道は小牧，岩倉街道は古知野をそれぞれ経由して名古屋と犬山との間を連絡した。岩倉ではビードロ起源のガラスが生産され，名古屋コーチンが飼育された。近世末・近代初期の古知野からは繊維業で成功を収めた商人が多く輩出し，「近在派」として名古屋財界の一角を占めた。

第1節　戦国期からの街道と鉄道による犬山への道

1．扇状地上の街道から始まる名古屋と犬山の関係

　犬山扇状地は学校地理の教科書に掲載されることもあるほど名の知られた扇状地である。標高が最も高い位置すなわち扇頂に犬山城があり，半径約12km先の一宮市北東，岩倉市北方あたりが扇端である。扇頂の標高は50m，扇端は10〜12mである。扇頂と扇端の中間部分は扇央で，ここでは水が地中に染み込みやすいため自然状態のままでは水は得にくい。標高15〜40mの丹羽郡大口町はそのような場所にあり，五条川を軸に木の葉のような形をしている。1957年から始まった工場誘致で繊維・金属・機械など70社以上の企業が大口町に進出した。なかでも現在は名が世界的に知られる二つの工作機械メーカーの本社と工場が町内にある。これらのメーカーは1965〜1980年に名古屋市内から移転してきた。生産規模の拡大にともない現在は岐阜県の美濃加茂市や可児市でも生産を行っている。美濃加茂，可児は名古屋から見ると北東に位置する。名古屋発祥の企業が北方に転出し，さらに新たな生産地を同じような方向に求めた同一セクター内での立地展開である。

これら二つの工作機械メーカーの本社の間を川幅が16〜18mほどの五条川が北東から南西に向かって流れている。東側にある工作機械メーカーの北約500mの五条川右岸に室町時代に築かれた小口城の城跡がある。小口城址公園がそれで，一部に堀と石積みの土塀をもつ真四角なかたちをした公園である。公園の南西角には高さ17mの物見櫓が復元されている。小口城は室町後期の1459年に織田広近によって築かれた（図3-1）。当

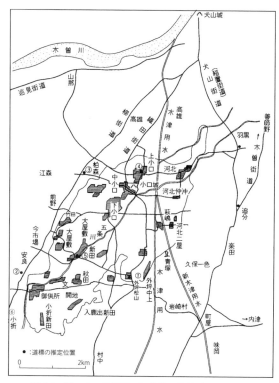

図3-1　現・大口町周辺の旧街道と集落（1840年代）
出典：大口町史編纂委員会編，1982,p.207をもとに作成。

時，尾張国の守護代は織田敏広であり，中島郡下津（現在の稲沢市下津高戸町）に拠点を置いていた。広近は守護代の兄・敏広と協力し，美濃国土岐氏の勢力に備えるため小口城を築いた。10年後の1469年に広近は美濃国との境により近い犬山に木ノ下城を築く。そしてさらに美濃国の斎藤氏を牽制するため犬山扇状地の扇頂にあたる乾山に砦を築いた。

　この砦は1537年に織田信康によって犬山城となり，その後，子の信清に引き継がれた。しかし信清は1555年に那古野城から清洲へ移り大改修を加えて清洲城主となった織田信長と反りが合わず，互いに反目する関係にあった。このため信長は信清の排除を目論み，信清の家老・中嶋豊後守が城主をつとめていた小口城を攻略した。そこからさらに犬山城へ攻め込む考えで

67
第3章　濃尾北部セクターの地域構造

あった。しかし小口城は堅塁で容易には落城しなかった。このため次の手として小口城の南約5.5kmの小牧山に城を築き，小口城を威圧する戦略にでた。1563年のことである。小牧山は濃尾平野が西低東高の地殻運動で沈み込んでいく中，唯一残された孤立丘陵で，戦略拠点として申し分なかった。小牧は清洲の北東約5kmの位置にあり，ここから小口を間に挟んで犬山までは約5kmである。信長は小牧に城下町を開き，岐阜に移るまでの間4年ほど小牧を拠点とした。

　犬山城攻略のため信長は小口城へ使者を遣わし，中嶋豊後守に対し自分に従臣するよう説得に当たらせた。これが功を奏したため犬山城は1564年に落城し，家臣に裏切られた織田信清は甲斐へ逃亡した。犬山城の陥落によって小口城の存在意義はなくなり廃された。しかし20年後の1584年に小牧・長久手の戦いの舞台として再び登場する。小口城跡には羽柴秀吉の軍勢が入り，堀を深くし土塁・柵を築いた。小牧山城に布陣した織田信雄と徳川家康の軍勢に対する拠点になったのである。小口城周辺は稲葉一鉄が守備に就いたとされる。6月に小口城の南東3kmの楽田で小口衆と小牧衆の間で小競り合いがあったものの，11月に両陣営は和睦した。このため小口城の塀や柵は犬山城へ移され，兵糧は長島城へ運ばれ小口城は再び廃城になった。

　織田信長が犬山城の攻略を目論んで築いた小牧城から小口城を経由して犬山に向かう道は織田街道と呼ばれてきた。織田街道は，犬山扇状地の上を北東－南西方向すなわち等高線と直交する方向に走る複数の街道の中では最も古いと考えられている。その根拠は，この街道が木曽川のかつての分支流のうち一之枝川によって形成された堤防洲に沿ってできた道だからである（大口町史編纂委員会編，1982）。一之枝川が木曽川の本流から分岐した地点は扇頂に近く，二之枝川や三之枝川より高い位置で一番南側を流れた。堤防洲は川沿いの微高地であり，歩きやすいところを人が自然に踏み固めた結果，道になったと考えられる。大口町にはかつて木曽川の分支流であったと思われる地形が幾筋か残されている。それらの分支流は，扇状地の隆起運動の影響を受け開析されている。一帯は扇央部であるため地表面の保水力は弱く，水は地下を流れる。流れの速さを表す流水係数は大きい。このため水田は開析の進んだ川筋沿いの低地部に限られる。

犬山扇状地の上を流れていた木曽川の分支流は，徳川家康が1608年から翌年にかけて行わせた左岸側の巨大な築堤工事により木曽川本流から遮断された。長さがおよそ48kmにも及ぶこの長大かつ巨大な堤こそ，世にいう「御囲堤」である。築堤工事は，1586年6月の大洪水でそれまで北側に寄って流れていた木曽川本流が南側に移動したのを受けて行われた。現在，岐阜市域の南端を東西に流れる境川がかつての木曽川本流である。その名のように尾張と美濃とを分ける境界線であった。それが大洪水の結果，本流が南側へ移動したのである。

　御囲堤は伊奈備前堤とも呼ばれている。それは堤防の築造が伊奈備前守忠次の指揮のもとで行われたためである。忠次は三河国幡豆郡小島城（現在の西尾市小島町）の出身で，33歳から徳川家康に仕えるようになった。家康が江戸に移封されたのちは関東代官頭として家康の関東支配に貢献した。関東を中心に各地で検地，新田開発，河川改修に取り組み，とくに利根川や荒川の付け替え普請（利根川東遷，荒川西遷）はよく知られる。関東各地に残る備前渠や備前堤と呼ばれる水路や堤防は忠次の官位である「備前守」に由来する。尾張藩の御囲堤もそのような経緯から伊奈備前堤と呼ばれたが，忠次は1610年になくなったので，御囲堤の築造は彼の最晩年の業績といえる。

　御囲堤は徳川家康が東国の防衛と治水のために行わせたが，そのさい「美濃の堤は尾張の堤より三尺低かるべきこと。」とされ，尾張側の堤防は美濃側の堤防より高く築かれた（松原，1995）。堤防の天井部分に相当する天端（馬踏）は約8間（約14.4m）と広く堅固であった。それから250年後の明治期になって木曽川の堤防高を測量したところ，予想に反して美濃側が尾張側に比べて若干高かった。これは，徳川幕府が弱体化した頃から明治の初めにかけて美濃側で一斉に土盛りをしたからだといわれる。美濃側では子供でも堤防に上がるときは，袂に小石を入れて運ぶように教えられたという。慶長年間から宝暦年間（1596〜1763年）の167年間に110回も洪水に見舞われた美濃側からすれば，これは単なる作り話とも思えない。

　御囲堤の築造は，徳川家康が九男の義直を清洲城に配した1607年の翌年から始められた。家康は，1610年に甲斐・信濃両国および東海道の要として重要な名古屋に天下普請として城を築き，義直を清洲城から名古屋城へ移

した。これにより木曽川の御囲堤は，名古屋に拠点を定めた尾張藩を水害の危険から守ると同時に西国勢に対して防衛の役割を果たすようになった。西からの脅威に備えるというこいかにも戦国期的な発想には前史がある。すなわち，御囲堤が築造された年から数えて17年前の1592年に豊臣秀吉が木曽川に堤防を築くように命じていたからである。「文禄の治水」といわれる事業であるが，そのきっかけは先に述べた1586年6月の大洪水である。つまりこの大洪水は，先に秀吉に対東国の備えとして，そののちには家康に対西国への備えとして築造を促したのである。

豊臣秀吉は，大坂城の築城や伏見城，京都の邸宅の新築などのために木曽谷の木材を大量に伐採した。木曽川，飛騨川を直轄領とし，犬山城主の石川備前守光吉を木曽代官に命じて木曽谷を支配させた。木曽材の京都・大坂方面への搬出は木曽川を筏で流し，境川から長良川を経て墨俣で陸揚げした。そこからは近江の朝妻（米原町）まで陸送し，さらに琵琶湖を船で運んだ。当時，短期間に大量の木材を伐採して運び出すのは困難で，川辺に近い山の木が伐採された。秀吉は関東に配した家康の動向が気がかりであり，流路が南側に移動した木曽川に堤防を築いたのは治水以外に防衛目的も含まれていた。

御囲堤が築かれる以前，木曽川にいく

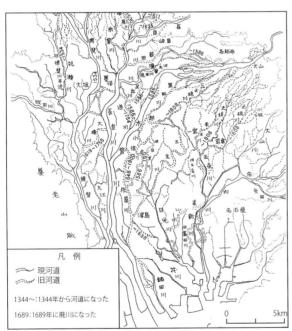

図3-2　近世前期（1600年代）までの河道と現在の河道
出典：地質総合調査センターのウェブ掲載資料（https://www.gsj.jp/data/chishitsunews/78_04_06.pdf）をもとに作成。

つかの分支流があり，そのうちの一之枝川に沿う道が織田街道であったこと
は既に述べた。分支流は全体を総称して「木曽七流」と呼ばれた。ただし七
流は分支流が七筋あったということではなく，支流の数が多いことを意味し
た。実際には扇状地上の標高の高い方から順に一之枝（五条川・石枕川），二
之枝（般若川），三之枝（浅井川），四之枝（黒田川）の流れがあり，さらに境川，
領内川，足近川などもあった（図3-2）。これらの川の河道は扇状地の上を北
東から南西に向けて走っていたが，つねに水が流れていたわけではない。徳
川家康は，現在の地名でいえば犬山市木津から愛西市梶島まで約48kmにわ
たって御囲堤を築かせた。これにより，それまで分支流であった木曽七流は
木曽川本流から切り離された。切り離され水源を絶たれてしまった農地を救
うため，のちに用水路が整備されていくことになる。

　犬山扇状地の堤防洲上に生まれ軍事的，政治的に重要な役割を果たした織
田街道は，戦国期から江戸期へと時代が移り，これまでのような意味での重
要性は失った。しかし経済的重要性は失われず，小牧と犬山を結ぶ最短経路
として物資輸送に利用された。ちなみに現在は，この街道のすぐ東側を国道
41号が走っている。この国道は西側の犬山扇状地と東側の小牧台地の境目
付近を南西から北東に向かって延びる。名古屋と富山の間249.1kmもの長い
距離を結ぶ国道でもあり，名古屋から途中の美濃加茂まで約34kmは「名濃
バイパス」と呼ばれる。このうち名古屋市と犬山市五郎丸の間が暫定的に供
用開始されたのは1969年である。その後も美濃加茂を経て飛騨・北陸方面
に向かう交通量が増加したため，五郎丸以遠でも国道41号のバイパス建設
が進められた。名前が表すように名古屋と岐阜県南部・中濃地方を連絡する
道路であり，愛知県の工業化が岐阜県側にまで広がっていくのを促す役割を
果たした。

　ここであらためて名古屋と犬山を結ぶセクターの歴史を振り返ると，その
きっかけは戦国期に織田信長が那古野から清洲を経て小牧へ移ったことで
あった。当時は犬山を攻略するのが目的で，それが達成されると岐阜，安土
へと拠点は目まぐるしく移されていく。信長死後，小牧と犬山は徳川方と豊
臣方の間で繰り広げられた戦の場となりその拠点になった。最終的には徳川
家康の手によって清洲城は廃され名古屋城が築かれることになり，近世が始

まる。興味深いことに，起点となった那古野城と終点の名古屋城が場所として
ほとんど重なっている。その名古屋を守るために，扇状地を形成した木曽
川とその頂に位置する犬山には特別な意義が与えられた。木曽川には治水の
ほか戦略的防御と水運・水利という二重三重の意義，また犬山には扇状地と
その要としての意義である。しかしそうした意義は近代以降大きく変わって
いく。

2. 中山道・木曽山へ通ずる尾張藩公道の木曽街道（上街道）

　前項で述べた名濃バイパスは，その名の通り名古屋方面と美濃方面を結ぶ
基幹的な道路である。大口町の世界的な工作機械メーカーが美濃加茂や可児
に新工場を設けたのも，五郎丸以遠の国道41号・名濃バイパスがハイウェ
イ並みの道路で建設されたからである。名濃バイパスの建設目的は，狭隘で
渋滞が甚だしかった国道41号の交通を改善するためであった。その当時の
国道41号は，名濃バイパスの東側約2kmのところを南北に走っていた。元
は近世初期に尾張藩が名古屋と中山道の間を連絡するために独自に設けた木
曽街道である。つまり，名古屋と犬山を結ぶ古い街道として西側の織田街道
とは別に東側に木曽街道があった。木曽街道を整備して生まれた国道41号
が通りにくくなったため，そのバイパスを織田街道と木曽街道の間を抜ける
ように通したのである。尾張藩は木曽街道を公道として定め，領民には名古
屋から庄内川に沿って北東方向に延びる下街道ではなく，公道の木曽街道（上
街道）を通るように指示した。

　尾張藩が公道の木曽街道通行にこだわったのは，参勤交代で江戸へ出向く
さい，できる限り自領内を通りたいと考えたからである。当時は他領の街道
を通るときはそのつど許可を求める必要があった。尾張藩が中山道の宿場の
うち美濃国の鵜沼から信濃国の贄川まで21の宿を自らの勢力下においたの
は，そうした煩わしさを避けたかったからである。尾張藩は美濃国太田に配
した代官に中山道の宿場を管理させる一方，1615年からは木曽地方の山々
で育った木材を伐採して運び出すようになった。これは関ヶ原の戦いに勝っ
た徳川家康が得たこの地方の木材権益を受け継いだものである。家康は江戸
城やその城下の建設のため，また戦乱で破壊された町の復興のため大量の木

材を必要とした。

　徳川御三家の特権により尾張藩は木曽谷全域（木曽山）を対象に木材の伐採に乗り出した（図3-3）。寛文年間（1660年頃）の年間平均伐採量は226万石（63万㎥）にも及び，木曽ヒノキは「尾州檜」と呼ばれた（愛知県編，1980）。その伐採方法は利用可能なある程度以上の直径をもつ立木の抜き伐りであったが，表土が裸出するほど強度な伐採であった。このため程なくして有用木が枯渇する「尽山」

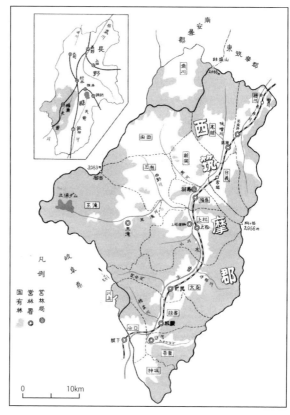

図3-3　木曽谷概念図
出典：長野県営林局編，1954，p.2をもとに作成。

状態に陥ってしまった。藩は寛文期（1661～1673年）と享保期（1716～1736年）の二度にわたって林政改革を実施し，禁伐区域を設けるなど森林資源の保全に乗り出した。享保の林政改革では俗に「木曽五木」と呼ばれる5種類の木（ヒノキ，サワラ，アスナロ，コウヤマキ，ネズコ）が御停止木に指定され，伐採が禁止された（只木・鈴木，1994）。

　尾張藩で木曽山の管理や御用材生産を所管した部局は，木曽材木方であった。木曽材木方の役所は名古屋城下と上松に設置されており，木曽材木奉行を筆頭に元締手代（目代手代）・手代・内詰手代などによって構成されていた。広大な木曽山の中から毎年，御用材を伐採する範囲を決め，その広がりを年

ごとに適宜移動させていった。すべての木が良木として育つわけではない。放置すれば良木生育の邪魔になる枯損木もあり，それも角材・丸太・板榑など中小用材として利用するため山から運び出された。

　宝暦期から明和期にかけて，すなわち1751年から1772年にかけて，木曽山では主に伐採の対象となる範囲が東から西へ移動していった。それまでは木曽山のうち主に信濃国の山で伐採が行われていた。ここは木曽川本流の上流部で本木曽と呼ばれていた。そこから美濃国の尾張藩領内の裏木曽へと木を伐り出す範囲が移動した。裏木曽は現在の岐阜県川上村・付知村・加子母村に相当する地域で，阿寺山地を挟んで本木曽の反対側にある。木曽川とその支流の川上川，付知川，加子母川（白川）が流れている。ここでは内木家が代々御山守をつとめ，森林管理や御用材の仕出し業務を担った。ここでも御停止木は厳重に管理され，良木として伐り出すのは城郭や殿舎を建築するためか，もしくは幕府や藩が特別に命じる場合に限られた。

　枯損木は，たとえそれが御停止木であっても木曽材木方の判断，管理・監督のもとで伐採され，藩の御用材として活用された（太田，2018）。山での伐採は，木曽材木方が対象となる山や年間伐取量を決めて実施する方法，もしくは杣頭らの出願・入札による方法のいずれかで行われた。杣頭は1か村に1軒程度の割合で置かれ，落札できたら村に住む杣・木挽・日用らを雇って入山し伐木・木取（整理）・運材などを行った。尾張藩の木曽山では，木曽式伐木運材法という効率的な方法により伐採から運搬までが手順よく行われた。主なプロセスは伐倒から始まり，山落とし，小谷狩，大川狩，筏流しまで五つの段階を経る。

　筏流しの始点は，大川狩で木曽川本流へ送り出された丸太が集まってくる場所すなわち綱場である。綱場は錦織（岐阜県八百津町）にあり，ここで筏に組まれ木曽川を下っていった（図3-4）。錦織に綱場があったのは，錦織を境に木曽川の流れが山地から平地へと変わるからである。尾張藩は1665年に錦織に地方役所を設け，奉行以下138名を常駐して業務に当たらせた。筏流しは秋の彼岸から翌年の春の彼岸まで行われ，年間30万本もの丸太が20本くらいの筏に組まれて流された。錦織から犬山までは約26kmの距離があり，その真中あたりに美濃太田がある。美濃太田までは盆地の中を比較的緩

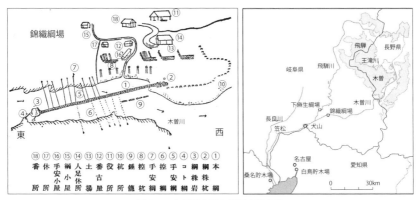

図3-4 木曽川水系の綱場と貯木場
出典：中畑，2020, p.17,25をもとに作成。

やかに流れていくが，後半は岩場が多く流れは急である。これは，この部分が隆起を続ける愛岐丘陵を木曽川が侵食して深い峡谷地形（先行谷）にした場所だからである。近代に「日本ライン」と名付けられて川下りで峡谷美を味わうようになる激流区間を筏乗りは犬山をめざして進んだ。

　錦織から犬山まで筏師によって流し下された筏は，ここでより大きな筏へと組み直される。理由は木曽川の川幅がこのあたりから広くなり流れも穏やかになるためである。大きな筏にした方が効率的に流すことができる。錦織から筏を操ってきた二人の筏師のうち一人は帰り，残った一人が下流の円城寺（笠松町）まで引き続き下っていった。戦国期に織田氏が築いた後ろ堅固な犬山城は，木曽川を下る筏流しや通船の状況を監視するのに絶好の位置にあった。尾張藩はここに材木改役所を置き，高価な材木が紛失していないか材木の検印を厳格に行った。

　犬山の下流約17kmの円城寺では野々垣氏が川奉行として筏の中継業務を担った。1673年に尾張藩は北方（一宮市）と円城寺に「川並奉行所・番所」を設置し，木曽川を上り下りする舟や流木および家屋建材用木材の取り締まりを行っていた。それがのちに郷士の野々垣氏がこの業務を一手に担うようになったのである。円城寺まで筏を運んできた筏師はここで「運び賃」として米などを受け取り帰っていった。円城寺から熱田白鳥の貯木場までは，筏6枚から8枚を一人で受け持ち，8人で組をつくった筏48枚，64枚が一緒

になって下った。この筏は「一小屋」と呼ばれ，途中宿泊するための舟を前後に一艘ずつ付け，各人の寝具や1週間ないし10日間くらいの食糧を積み込んだ。熱田白鳥へは木曽川派流の筏川を下ったが，桑名へ向かう場合もあった。当時，木曽三川は分流していなかったので，木曽川から長良川を経て揖斐川右岸の桑名まで行けた。

　さて，話は木曽街道に戻るが，木曽街道と中山道を結べば江戸までの全行程の3分の1を尾張藩は自領内の通行で済ますことができた。中山道を含む五街道は諸国の大名が参勤交代などで通る天下の公道であった。しかし大名といえども五街道を勝手に通ることは許されなかった。そのような状況下での街道利用であったがゆえ，尾張藩は中山道と連絡する木曽街道を公道として設けることに執着した。ルートは若干異なるが，近代になり1911年に全通した中央西線の名古屋—塩尻間とほぼ同じ区間を，近世を通して尾張藩は誰に遠慮することもなく通ることができた。

　では，名古屋から中山道に向かう木曽街道はどのように設けられたのであろうか。1623年，初代藩主の徳川義直は，小牧村の町場を小牧山の南麓から東麓一帯へ移すように付家老の成瀬隼人正（正成）に命じた。目的は藩自らが中山道に至る街道を設け，小牧に宿場を開かせるためである。成瀬はこの命令を地元の郷士であり庄屋をつとめていた江崎善左衛門に伝え実行させた。小牧は戦国期に織田信長が開いた城下町であり，その中心は小牧山の南側にあった。時代は変わり城下町でなくなった小牧は，停滞した雰囲気に包まれていた。新しい小牧の町はそこから1.5kmほど東側に設けられ，1625年には小牧御殿が建てられた（図3-5）。御殿は小牧・長久手の合戦で徳川方の砦として使われた蟹清水砦の跡地に築かれ，藩主の領内巡行や鷹狩りの折に休息・滞在する場所として利用された。

　1634年頃には人馬継立に必要な宿場が整えられ，2年後の1636年には中山道経由の参勤交代が実施された。さらに1667年からは駒市が開かれるようになり，毎年3月16日から4月16日にかけて馬の売買が行われた。この駒市は，二代目藩主の頃に領内に駒市を立てる適当なところを探したことがあり，そのときの巡国で目がとまり白羽の矢が立って決まった。駒市の期間中は茶屋女（一種の遊女）が許され，芝居も興行された。これとは別に日常

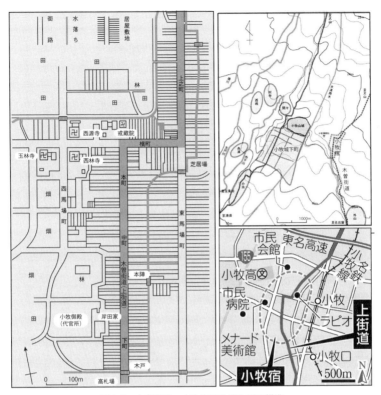

図3-5 木曽街道・小牧宿の位置と町の構造
出典： 小牧市のウェブ掲載資料（http://www.city.komaki.aichi.jp/material/files/group/53/73846862.pdf）
（http://www.city.komaki.aichi.jp/admin/soshiki/kyoiku/bunkazai/1_1/2/bunkazai/9157.html），中日新聞の
ウェブ掲載資料（https://www.chunichi.co.jp/article/813932）をもとに作成。

的な市の開催も許されたことを考えると，これらは小牧宿振興のための助成策であったと思われる。1782年には小牧御殿に併設して小牧代官所が設けられ，尾張国丹羽郡127村，同国春日井郡125村，美濃国可児郡5村を管轄した。いかに尾張藩が木曽街道の開通と小牧宿の設置に力を入れたかがわかる。

　木曽街道の名古屋の起点は，本町通と伝馬町筋が交わる名古屋宿の伝馬会所であった。そこから城下にあった名古屋五口の一つ志水口（清水口）を通って北に向かい，矢田川と庄内川を渡る。庄内川北の味鋺からは，現在の春日井市の西端をかすめながら小牧宿に至る。小牧宿を経てさらに北上すると楽

図3-6 楽田追分で分岐する木曽街道と稲置街道
出典：犬山市文化遺産活用委員会のウェブ掲載資料（https://inuyama-tabi.com/data/download/100/2/kaido.pdf）をもとに作成。

田追分に突き当たる。犬山に向かうなら左に折れ、中山道をめざすならそのまま進む。名古屋から楽田追分までの木曽街道は稲置街道とルートが重複しており、犬山へは稲置街道を進む（図3-6）。この街道が稲置街道と呼ばれたのは、かつて犬山は稲置と呼ばれていたからである。かつての国道41号は楽田追分まで木曽街道と稲置街道の重複ルートを踏襲し、さらに犬山まで稲置街道を通った。犬山からは木曽川を渡り、対岸の鵜沼を経て木曽川右岸を太田に向かって進んだ。

楽田追分から犬山に向かわず木曽街道を直進すると、小牧宿とともに開かれた善師野宿に至る。善師野に宿場が設けられたのは、これが初めてではなかった。中山道が鵜沼から木曽川右岸側のうとう峠を越えて太田に向かうルートになるまえ、鵜沼から内田の渡しで木曽川を渡り犬山経由で伏見方面に向かっていた時代があった。その頃、善師野には宿場が置かれていた。このルートの起源は東山道であり、東山道を踏襲した中山道が木曽川右岸を通るルートに変わったため善師野は寂れた。しかし完全に寂れたわけではなく、木曽川が増水して渡れないとき、中山道を迂回するのに善師野宿の存在はありがたかった。尾張藩は、公道である木曽街道の宿駅制度に則り善師野宿に定人足50人、馬25疋を定めた。藩が公務で旅行するときには31の村から人馬が徴発された。徴発範囲は定人足25人、馬25疋で、徴発範囲が51か

村であった小牧宿より狭く定備されることもなかった。宿場の規模では小牧が善師野を上回っていた。

　公道の上街道利用にこだわる尾張藩は，下街道と競合する木曽街道・中山道筋の問屋からしばしば訴えを受けた。荷物が下街道に偏り，上街道を通る荷物が少ないことに対する不満であった。これに対して藩は，下街道の商人荷物の通行を1624年以降，禁止するという措置を下した。しかし，尾張藩領の木曽山や江戸へ行くには下街道の方が楽で，尾張藩の御用継立てでさえ下街道経由で行われるという有様であった。尾張藩は，上街道を公道とした以上，下街道と競合する中山道区間が山道で歩きにくくても，建前上，下街道の商人荷物の通行を禁止せざるを得なかった。尾張藩は藩主に万が一のことがあったら，避難ルートとして木曽街道・中山道を想定していた。そうした点から考えると，名古屋—小牧—犬山は尾張藩にとって特別なセクターであったといえる。

3．名古屋と犬山を結ぶ犬山線と小牧線がたどった歴史

　名古屋から濃尾北部セクターに向けて鉄道で移動する場合，名鉄犬山線と名鉄小牧線の二つがある（図3-7）。犬山線は名古屋市西区の上小田井から，また小牧線は同じく北区の平安通から乗車すればよい。犬山線は名古屋市営鶴舞線と相互乗り入れしているため，名古屋市中心部からも利用できる。小牧線は上飯田がターミナルだった時期が長く続いたが，2003年に地下鉄上飯田線（上飯田連絡線）が建設され地下鉄名城線の平安通とつながった。これにより名古屋の東側から犬山方面へのアクセスがよくなった。犬山線と小牧線は小牧市域の北端あたりまではほぼ並行するように走る。しかし犬山線は江南あたりで大きく北東に向きを変え，そのまま終点の犬山に向かって進む。江南からは犬山扇状地のほぼ中央を突っ切るようなルートである。対する小牧線は扇状地の東の端をほぼ真っすぐのルートで犬山へ向かう。

　現在でこそ互いに並ぶようなかたちで北に向かう犬山線と小牧線であるが，最初からこのようなルートを想定して建設されたわけではない。そもそも，名古屋から見て犬山は小牧より東側にあるのに，なぜ犬山線は小牧線の西側を走っているのであろうか。目的地はいずれも犬山であるから，どちら

図3-7　名鉄犬山線と小牧線
出典：ウィキペディアのウェブ掲載資料（https://ja.wikipedia.org/wiki/%E5%90%8D%E9%89%84%E5%B0%8F%E7%89%A7%E7%B7%9A）をもとに作成。

が犬山という名前を冠した路線であってもよいのかもしれない。一見すると路線名と経路が互い違いの関係にあるように思われる。これは先行して開業した西側の路線名を犬山線としたため，その後に開業した東側の路線の名前として犬山は使えなかったからだと思われる。先に開業した犬山線は，岩倉街道（柳街道）沿いに形成された集落をつなぐようにして敷設された。岩倉街道沿いには岩倉，布袋，古知野，柏森，扶桑など周辺に農村を控える集落が分布していた。これらの中で犬山線の開業時に町制を布いていた集落はなく，終点の犬山だけが町であった。

小牧線は，前項で述べた木曽街道すなわち尾張藩の公道である上街道に沿うようにして設けられた。上街道は，江戸時代に尾張藩の領内の情勢を知るために幕府から派遣された巡見使が通ったルートの一部でもある。17世紀中頃から19世紀初頭にかけて8回にわたって実施された巡見は，鳴海―宮―猪子石―新居―小牧―犬山―前飛保―萩原―佐屋のルートを巡るコースで行われた。そのさい巡見使は小牧で休息をとり，犬山で宿泊した。尾張藩の代官所が置かれ上街道の

宿場でもあった小牧は，1880年代末の時点で，東春日井郡内で唯一の町であった。行政的，交通的に見て重要拠点であった小牧を経由する鉄道を小牧線と呼ぶのは当然のことであったと思われる。しかし実際は，当初この鉄道は中央西線の大曽根との連絡を志向していたため大曽根線と呼ばれた。

　名古屋の西側から犬山へ向かう路線が完成したのは1912年である。対して名古屋の東側から犬山へ向かう路線が誕生したのは1931年である。のちに犬山線と呼ばれるようになる路線は，同じく小牧線と呼ばれるようになる路線より20年ほど早く開業していた。現在の犬山線の起源を調べると，1910年に名古屋電気鉄道が枇杷島線として押切町―枇杷島間を開業した時点にまで遡ることがわかる。名古屋電気鉄道は現在の名古屋鉄道（名鉄）の前身の一つであり，この区間の路線名は2年後に一宮線と変更された。同じ年の8月に枇杷島から岩倉を経由して西印田に至る路線と，岩倉と犬山の間が開業した。岩倉―犬山間は犬山線と呼ばれた。さらに1年後の1913年に一宮線の西印田と東一宮の間が開業した。東一宮は一宮中心部の本町である。それまで一宮線の暫定的なターミナルであった西印田は廃止された。この年の11月に名古屋の柳橋駅が開業したことにより，岩倉を分岐点とする一宮線と犬山線の双方で名古屋からの電車が発着するようになった。

　こうして名古屋電気鉄道は，名古屋から岩倉，一宮方面へ向かう鉄道を建設し，岩倉からは路線を延長して犬山線を敷設した。ところが1921年，一宮線と犬山線は名古屋電気鉄道から名古屋鉄道に譲渡されることになる。これはこの当時，京浜・阪神地方で「電車公営論」の機運があり，主要都市の市内交通は公営にすべきという世論が高まりを見せていたことが背景にある。こうした世論に押されるかたちで，名古屋でもこれまで名古屋電気鉄道が経営してきた市内路線は名古屋市が経営することになった。その結果，市外の路線は新たに設立された名古屋鉄道（名鉄）が経営することになったのである。

　名古屋市外の路線を経営することになった新生・名古屋鉄道は，戦後も1960年代中頃まで一宮線の経営に当たった。しかし一宮線は1965年に廃止に追い込まれた。この間の経緯を理解するには，そもそもなぜ，犬山線発祥のルートが押切町―枇杷島―枇杷島橋―岩倉間であったかを知らなければな

らない。当時，名古屋と一宮，岐阜方面を結ぶ鉄道は東海道本線だけで民間
鉄道は存在しなかった。このため名古屋と一宮の間を連絡するため，多少大
回りにはなるが岩倉を経由する一宮線が設けられたのである。しかし1941
年に名岐鉄道の名岐線が新名古屋と新岐阜の間を結ぶようになり，競合する
一宮線の意義は薄れていった。

　名岐鉄道とは，名古屋鉄道と美濃電気軌道が1930年に合併して生まれた
鉄道会社である。名古屋鉄道は勢力圏を広げるため，濃尾平野北部の中心都
市・岐阜への進出を望んでいた。尾西鉄道が敷設した尾西線（一ノ宮―木曽
川橋間の木曽川線）のターミナル・木曽川橋駅は国道の木曽川橋に直結して
おり，橋を渡れば美濃電気軌道の地方鉄道線が岐阜市街へと通じていた。こ
うした状況下で1925年に尾西鉄道を傘下に収めた名古屋鉄道は，業績不振
とバス事業への進出で悪化の途をたどっていた美濃電気軌道に合併話をもち
かけた。岐阜側には名古屋鉄道の岐阜進出に反対する声もあったが，合併契
約は成立した。これにより以前のように木曽川橋を徒歩やバスで移動する必
要はなくなり，名古屋と岐阜が直接結ばれることになった。合併相手の美濃
電気軌道は他の中小鉄道とは違い規模が大きかったため，名古屋鉄道は新社
名を名古屋と岐阜から一字ずつとり名岐鉄道とした。

　合併後の名岐鉄道は，名古屋の東側でも犬山方面へ向かう新線を建設しよ
うとしていた。城北電気鉄道と尾北鉄道が構想していた事業を引き継ぎ，こ
れを統合して城北線として1931年2月に開業したのがその取っ掛かりであ
る。城北電気鉄道は，押切町―大曽根―坂下間と勝川町―小牧町間の敷設免
許を保有していた。また尾北鉄道は小牧―犬山間の敷設免許を保有していた。
完成した城北線は，上飯田―勝川間と味鋺―新小牧（現在の小牧）間のルー
トである。2か月後の4月には新小牧―犬山間が開通し，上飯田―犬山間は
大曽根線，味鋺―勝川間は勝川線と改称された。これらのルートはおおむね
近世の上街道に相当するが，味鋺と勝川をつなげたのは下街道方面との連絡
を意識してのことである。もっとも下街道ルートのうち，城北電気鉄道が当
初計画した勝川―坂下間は実現されなかった。

　大曽根線は上街道沿いの人々にとって待ちに待った名古屋への連絡線で
あった。この新線を待ち望んだ背景には特別な思いがあった。それは，1900

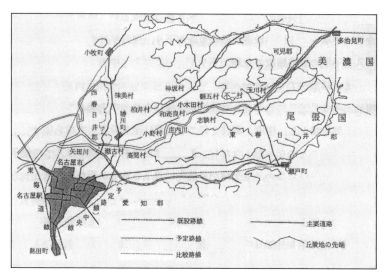

図3-8　中央西線の建設時に検討された三つのルート
出典：名古屋鉄道編,1994,p.22,図1-3をもとに作成。

年に開業した中央本線が建設されるさいに建設候補のルートから上街道が外れたという悔しい思いである。東海道本線が1889年に全線開業し、さらに内陸部にも国有の鉄道を建設することになった。計画は八王子を東の起点とする中央東線と、同じく名古屋を西の起点とする中央西線をそれぞれ建設する方向で進み、そのルートが検討された。

　中央西線は東線と連絡する塩尻から旧中山道沿いに西へ進み、中津川―大井―多治見のルートを通ることになった。大井―多治見間は庄内川に沿う下街道ルートであり、山を越えていく中山道ルートは避けられた。問題は多治見―名古屋間をどのようなルートで結ぶかであった。候補は三つあり、瀬戸、鳥居松（春日井）、小牧をそれぞれ経由する案の間で優劣が争われた（図3-8）。瀬戸経由は途中に愛岐丘陵があり技術的に難しかった。愛岐丘陵を越えるという点では春日井も小牧も同じであったが、春日井の場合は庄内川の川筋沿いにトンネルを設けることで通ることができた。こうした土木技術的側面に加えて、名古屋へどの方向から入るかが争点となった。

　近世の上街道が名古屋を起点に北方に向かったのに対し、下街道は北東方向に向かった。中央西線がこのうちのどちらに向かうか、あるいはどちらか

ら来るかは，鉄道の利便性に期待を寄せる人々にとって大いなる関心事であった。上街道沿いの人々は多治見―小牧―名古屋を，また下街道沿いの人々は多治見―春日井―名古屋を強く推した。実際，前者は「北郊派」，後者は「東郊派」と呼ばれ大きな論争や誘致合戦が繰り広げられた。結果は多治見―春日井―名古屋ルートを推す東郊派が勝利し，中央西線は下街道に沿って建設されることになった。ただし厳密にいえば，下街道が愛岐丘陵の内津峠を越えるルートであったのに対し，中央西線は庄内川の谷間沿いに14ものトンネルを掘って通り抜けるルートになった。上街道と下街道の通行をめぐる対立は近世初頭から続いており，近代になってもそれが繰り返された。

　上飯田―犬山間の大曽根線は1948年に小牧線に名称変更された。これは，1931年に上飯田―犬山間が開業したさい，いずれは上飯田から大曽根まで路線を延伸する予定であったが実現しなかったからである。その代替として上飯田―大曽根間は1944年から名古屋市営電車の御成通線で連絡することになった。しかしこの路線は1971年に廃止されたため，これまでのようには連絡できなくなった。1931年時点への逆戻りであり，上飯田は小牧線の実質的なターミナルになった。

　大曽根線から小牧線への名称変更の背景には，先に述べた上街道と下街道の間の確執が潜んでいる。中央西線のルート誘致が叶わなかった上街道沿いの人々は，上飯田から大曽根を経て名古屋中心部へ出られるのを望んできた。大曽根は下街道の起点であるが，上街道との距離は長くない。長くはないが，縮めることはできなかった。下街道と比べた場合のある種のハンディは，2003年に名鉄小牧線と地下鉄名城線を接続する地下鉄上飯田線が建設されたことでようやく解消された。わずか3.3kmの地下鉄であるが，名鉄小牧線が実質的に延長され名古屋市営地下鉄の平安通と連絡することで，名古屋都心部へのアクセスが大幅に改善された。

　こうして「上飯田止まり」の不便さは，名古屋市営御成通線の廃止から32年，名鉄大曽根線開業から数えると72年を経て解決された。アクセス改善を求める要望の中には，小牧市内で愛知県が開発した桃花台ニュータウンへの交通アクセス難を解消してほしいという声も含まれていたように思われる。これは2006年に廃止に追い込まれた新交通システムとも絡んでいる

が，名古屋市中心部と連絡しにくかったのは，上飯田と連絡する公共交通がなかったことである。この点は，中央西線沿いで日本住宅公団が開発した高蔵寺ニュータウンが最寄り駅の高蔵寺から名古屋へのアクセスに恵まれているのと比較すると際立つ。ここでもまた上街道と下街道の対照性が浮かび上がってくる。

第2節　入鹿池・木津用水と舟運・水道事業

1. 世界灌漑施設遺産として評価・登録された入鹿池

　国宝・犬山城の南東約4kmのところに前原という地区がある。ここでは毎年7月に害虫駆除を祈る「虫送り」と疫病送りのお祭りで「ダンダンモウセ」と呼ばれる祭事が行われる。地区内にある虫鹿神社を出発した子供たちは色とりどりの人形やお札をつけた竹を手に持ち，音楽を鳴らしながら集落の中を練り歩く。虫送りは，農薬が普及する以前は全国各地で行われていた一般的な祭事である。しかし稲の虫に対する人々の恐怖が心の中から薄れていくのにともない急激に姿を消していった。

　前原地区は，かつて今井池野にあった「入鹿村」を水没させて溜池ができたとき，村民がそこからこぞって移住してきた場所である。今井池野は現在，入鹿池があるところで，ここからの移住者が前原を開拓した。前原地区の氏神である天道宮神明社の楼門はもともと入鹿村にあったのを移したもので，古の「奥入鹿村」の情景を今に伝えている。虫鹿神社から見て南東方向に小高い丘陵がある。この丘を越えてさらに進むと入鹿池の北西の湖畔にたどり着く。虫鹿神社からの距離は3.5kmほどで，今から400年ほどまえ，故郷の入鹿村をあとに1時間ほど歩いて村人は前原にやってきた（図3-9）。

　入鹿池の西側湖畔に沿って南北に広がっているのが博物館明治村である。つまり明治村の代表的な建築物のほとんどは，入鹿池を望むように建てられている。明治村の場所を決めるさい，入鹿池の眺望が大きな決め手になったことは間違いない。入鹿池の満水面積は152.1ha，貯水量は1,518万m³である。その大きさは香川県の満濃池と全国一二を争う。池は長さが120.0m，高さ

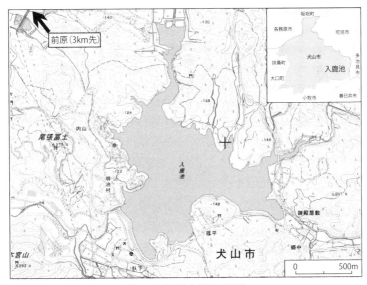

図3-9　入鹿池と前原の関係
出典：全国Q地図のウェブ掲載資料（https://maps.qchizu.xyz/#15/35.344605/137.003031/&base=pale&ls=pale&disp=1&vs=c1g1j0h0k0l0u0t0z0r0s0m0f1&d=m）をもとに作成。

が26.9mの堤によって堰き止められている。つまり入鹿池は人工の溜池であり、下流部に広がる1,369haの農地を灌漑するために築かれた。

　池の周囲は全長約16kmで堤は池の南東側にある。明治村の正面入口から南へ400mほど下っていった先が堤の西の端である。入鹿池には現在、五条川と成沢川、郷川が流れ込んでおり、水深は最深部で16mである。春は桜、秋は紅葉を背にした入鹿池の美しい景色は、明治村からだけでなく反対側のキャンプ場や湖畔沿いの道路からも眺めることができる。貸しボートに乗って西に目をやると、立ち並ぶ明治の建築物群が目に飛び込んでくる。明治村と入鹿池はまさに一対の関係にある。

　入鹿池の歴史を振り返ると、近世、近代、現代の時代ごとにさまざまな出来事があったことがわかる。各時代に特筆すべき事柄があるが、何といっても近世初期に溜池が築造されたときの経緯が最も注目される。冒頭でも述べたように、入鹿池はかつて存在した入鹿村から全村民を立ち退かせ、村全体を水没させて生まれた溜池である。現在でも入鹿池以外にその北や南には多くの溜池が分布しており、この地域一帯が水の得にくいところであることがわ

かる。そのような乏水地域を救うために，一つの村が犠牲になり，下流部に広がる村々に水を供給する役目を担うようになった。

基本的にこの地域は犬山扇状地の東側に位置する台地や丘陵地であるため，自然状態のままではまともに農業を行うことができない。戦国乱世が終わって間もない近世初頭は新田開発が盛んな時期であり，各地で灌漑事業や開田が行われていた。尾張藩もその例外ではなく，初代藩主の徳川義直は開田を奨励した。とくに尾張藩の場合は1609年に御囲堤を築いたため，それまで木曽川の分支流であった川が本流と切り離されてしまった。このため川に水が流れず，広い範囲にわたって灌漑用水事業をしなければならなくなった。治水や防衛を優先したツケが回ってきたのである。

木曽川の堤に圦（圦樋の略）と呼ばれる取水口を設けて田畑に水を流すのと比べると，溜池を築く事業ははるかに難しかった。なぜなら大量の水を堰き止めるためには頑強な堤を築かねばならないからである。入鹿村を水没させて溜池にするというアイデアは，小牧の江崎善左衛門をはじめとする6名の地元の郷士（戦国浪人）の相談から生まれた。江崎善左衛門は前節で述べたように，木曽街道の小牧宿の町建てを尾張藩から命じられた小牧村の庄屋である。入鹿村は三方を尾張富士，羽黒山，奥入鹿山，大山によって囲まれた盆地状の地形をしており，当時は山間から成沢川（今井川），荒田川（小木川），奥入鹿川が流れ込んでいた。川は盆地の出口にあたる銚子の口と呼ばれるところに集まってきていたため，ここに堤防を築けば水は自然に集まり池になった。

1626年の大旱魃は，江崎善左衛門たちに溜池事業の必要性を強く認識させた。しかし築堤工事の難しさや工事費用の捻出，あるいは村から立ち退く村民に対する補償などを考えると，前途は多難であった。1628年に江崎らは犬山城主の成瀬正成を通して尾張藩主の徳川義直に築堤の請願を申し出た。成瀬は尾張藩の附家老であり，話を聞いた義直は遊猟に名を借りて実地調査を行い，藩の事業として事業を進めることを決めた。同じ溜池でも規模が小さければ，農民たちが自らの力を寄せ合って築くこともできた。しかし入鹿池の場合は規模が大きすぎ，藩の手を借りて進めるほかなかった。

築堤事業は入鹿池の村民に移転料として一人当たり米1俵（60kg）と原野

を与えることから始められた。前原新田，奥入鹿新田，神尾入鹿新田などが移住先である。冒頭で述べた前原地区へ移住したのは24戸で，湖底に沈む村から天道宮神明社の社殿・楼門を移築した。奥入鹿新田は入鹿村の南西約8kmにあり，現在もその地名が残る。開田の結果，52石（1662年）の収量が得られた。神尾入鹿新田は入鹿池の南に接する新田である。ここに移住した20戸ほどの農民は田畑を開き，79石（1662年）の収量を上げることができた。

　村民の移住が終わるのを待って，1632年から築堤工事が開始された。堤は地質などの違いから西側を河内屋堤（ただし命名は完成後），中央を中堤，東側を東堤に分けられる。このうち河内屋堤はもともと川が流れていたところであり，中堤と東堤は地山であった。堤を築くのに必要な土砂は村の西側すなわち現在，明治村があるあたりから運び込まれた。工事が堤を締め切る最終段階に至ったとき，水の流れる速度が予想していたより速いことがわかった。このままでは簡単に締め切り工事を行うことができない。関係者一堂が集まって思案を重ねた結果，築堤技術の進んでいる河内国から甚九郎という土工の巧者を呼び寄せて工事を任せることに決まった。

　河内国からはるばるやってきた甚九郎の工事方法は独特なものであった。堤の締め切りは以下のように四つの段階を踏んで行われた。最初は川の締め切り箇所が最も狭くなるように土を盛り上げることである。つぎに締め切り箇所に松材を使って仮の橋を架け，その上に松葉や枯れ枝を敷く。橋には油を注いでおく。そのあと，仮橋の上に土を盛る。最後に仮橋に点火すると橋が燃え落ち，同時に盛土が落下して川は堰き止められる。橋を焼いて盛土を落下させるという奇抜な工法は，専門的には棚築工法と呼ばれる。こうして完成した堤は甚九郎の功績に因んで「河内屋堤」と名づけられた。またこれとは別に，のちに「入鹿六人衆」と呼ばれるようになる入鹿池事業の発起人の一人，舟橋甚左衛門が開いた新田は甚九郎の出身地に因み河内屋新田と命名された。

　完成した入鹿池から取水するには，堤に圦を設けなければならない。この工事は一宮の大工の原田与右衛門と原田平四郎が行った。木曽の桧の厚板で樋管をつくり，堤の東側下方から神尾部落に向けて樋管を通した。斜樋と呼ばれる厚い板状の木の蓋を水位が低いときに堤の内側に下ろし，水を蓄えて

いく。灌漑期で水が必要になると久保一色（小牧市）にある水役所が指示を出し、圦守の指揮のもと神尾部落の住人が総出で蓋に結ばれた綱を引き上げた。綱は事前に誰かが池に潜って蓋に結わえておいた。蓋が開いたらあとは水が出っぱなしで、水量を調整することはできなかった。

　入鹿池から安定して水が供給されることを前提に新田開発が始められた。最初の3年間は無税で、つぎの3年間は収穫量の2割を納め、さらにつぎの3年間は3割、10年目からは4割にするという決まりであった。当時の年貢の負担割合が「四公六民あるいは五公五民」であったことを考えると、尾張藩がいかに開田に力を入れていたかがわかる。入鹿池の築造、それに続く用水路の開削、さらに新田の開墾へと事業が進んだ結果、丹羽郡（現在の犬山市の南部、扶桑町、大口町の一部）と春日井郡（現在の小牧市の一部）で800余町歩（約800ha）の農地が新たに生まれた。年間で6,838石（約1,026t）の米が収穫された。

　以上が入鹿池の築造と新田開拓の経緯であるが、入鹿池は近世の末期も末期、明治維新へ変わろうとするその年に大きな悲劇に見舞われる。すなわち1868年5月14日の未明に突如、河内屋堤が決壊したのである。入鹿池ではおおむね30年ごとに斜樋の伏せ替えが行われ、そのたびに堤も補強されてきた。しかしその甲斐もなく堤は崩れ大量の水が下流部の村々に襲いかかった。予期せぬ出来事にはなすすべもなく、123の村で807戸が流失、1,170戸が浸水の被害にあった。死者は実に941名、負傷者も1,471名という大惨事で、8,400余町歩（約8,400ha）の耕地が失われた。入鹿池の築造で新たに生まれた農地は800余町歩（約800ha）であったため、被害はその10倍にも匹敵する広い範囲に及んだ。

　尾張藩は直ちに災害復旧の工事に取り掛かり、堤は再び構築された。流失した耕地も復元された。その後、入鹿池では1882年に河内屋堤の西側の岩場を開削し、水位を調整するための放水路を設ける工事が行われた。放水路の長さはおよそ280mで、池の水深が約18mになると放水路から水が流れ出るようになった。しかし現代になると別の問題が起こった。1961年の豪雨で中堤（河内屋堤の東側）の法面が長さ200mにわたって崩落したのである。このとき、3か所でパイピングが発生した。パイピングとは、堤防の基礎地

盤に高水位の外力が長時間作用すると漏水が起こり，水みちができる現象である。これで堤防の強度が弱まると崩壊に至る。このため愛知県は翌年から1971年にかけて県営大規模老朽溜池事業として入鹿池の改修事業を実施した。こうして入鹿池は現在，われわれが見るような姿になった。

　ところで，2015年は入鹿池が築造されてから384年目の年であった。この年の5月にフランスのモンペリエで開催された国際灌漑排水委員会（International Commission on Irrigation and Drainage）において，入鹿池は世界灌漑施設遺産に登録された。壮大な築造計画と棚築工法という独特な築堤に対する高い評価が登録に結びついた。2014年に創設されたこの表彰制度は，建設から100年以上の歴史があり，灌漑農業の発展に寄与してきた卓抜した技術を対象としている。初年度は国内の九つの施設が登録され，2年目にあたる2015年には入鹿池をはじめ4施設の登録が認められた。2022年現在，全国で47の施設が登録されている。博物館明治村が開村したのは1965年，その332年前に入鹿池が多くの努力と犠牲のもとで完成したことをボートを漕ぎながら考えることはあるだろうか。

2．木津用水・新木津用水・黒川をつないで船を通す

　名古屋市北区に黒川本通や黒川交差点など「黒川」という名のつく地名がある。地下鉄名城線にも黒川駅があるため，近くに黒川という川が流れているのだろうかと思う。たしかに近くに黒川という用水路は流れているが，地図によっては堀川と記されている場合もある。それはこの用水路が堀川の上流部にあたるためで，北区と守山区の境界付近から名古屋城北にかけて北東―南西方向に流れている。この用水路が黒川と呼ばれるのは水が黒く濁っているからではない。黒川治愿という明治初期に愛知県の土木課長をつとめた技師の名に因んで名づけられたのである。一県庁職員の名前が用水路の名前になるようなことは，それほど多いとは思われない。なぜそのようなことになったのであろうか。現代では考えにくいかもしれないが，近代初頭という時代性もさることながら，黒川治愿が並外れた能力の持ち主でこの時代の愛知県の土木事業でいかに大きな手腕を発揮したかを物語る。

　黒川治愿は，1847年に美濃国厚見郡佐波村（現在の岐阜市柳津町）で庄屋

をつとめていた川瀬文博の二男として生まれた。幼名を鎌之助といい，父親や東本願寺派の僧で同じ佐波村の木蘇大夢に学問を学んだ。22歳の時に明治維新を迎え，新時代の到来に一大決心をして京都に登った。翌年，京都仙洞御所に出仕し，その年に仙洞御所の用人であった黒川敬弘の嗣養子になった。仙洞御所とは退位した天皇（上皇）のための御所のことである。1871年から香川県の等外出仕（下級職員）として働き始め，翌年に名東県（現在の徳島県）に異動して15等出仕になった。1875年，29歳で愛知県の12等出仕に栄転し1880年に初代土木課長に就任した。

　黒川治愿が愛知県の土木主務心得であった1876年，安場県令（現在の県知事）から堀川改修案を作成するように命じられた。近世を通して堀川は名古屋の幹線用水路として重要な役割を果たしてきたが，長い年月を経て水深が浅くなり水の汚れも目立ってきた。江戸時代の堀川では，米や塩，木材など多くの物資を積んだ船が行き来し，川沿いには大規模な藩の蔵，水軍関係者の屋敷，御船蔵，貯木場などが立ち並んでいた。乗合船も運行され人々の交通手段として使われた。堀川へは上流から庄内川の水が流れ込んでいたが，これは1663年に開削された御用水によるものである。

　当初は川村圦（名古屋市守山区川村）で庄内川から取り入れた水を矢田川に流し入れ，二つの川の水を矢田川左岸側から御用水へ通した。しかし矢田川は天井川で，御用水に砂が流れ込み維持管理が難しかった。このため1676年に矢田川の川底にトンネル（伏越）を設け，庄内川の水が直接，御用水に流れ込むようにした。伏越を通ったあとの御用水は，その約200年後に黒川治愿が主導して開削することになる黒川とほぼ同じルートで開削された。時代の順番でいえば，流れが悪くなっていった近世の御用水が廃され，200年後にすぐ隣に並行して近代の御用水ともいえる黒川が開削された。

　安場県令から堀川の改修を命じられた黒川治愿は，これまで堀川の水源であった庄内川ではなく，それよりずっと北方を流れる木曽川から水を引くことを考えた。庄内川よりはるかに水量の多い木曽川から取水すれば，堀川にきれいな水を大量に流すことができる。注意したいのは，この新しい取水ルートは庄内川を外すのではないという点である。木曽川の水を庄内川に導き，川村より下流の瀬古（名古屋市守山区瀬古）に圦を設けて新たに矢田川まで

導く。矢田川を横断する場所は近世に伏越で御用水へ引き入れたところであり，横断方法は近世の伏越と同じである。つまり，近代も近世にならい天井川をトンネル方式で通過することにした。

　庄内川から堀川までは新たな用水路（黒川用水）を設けるとして，木曽川と庄内川の間はどのようにして水は流れたのであろうか。これには近世初頭に犬山扇状地の扇頂部に近い木津村から取水して設けた木津用水と，そこから分岐した新木津用水をつないで利用するという方法があった。新木津用水は小牧原，春日井原と呼ばれた台地状の乏水地域を潤すために1664年に設けられ，近世を通して灌漑用水として機能してきた。しかし用水路の横幅が狭く十分な水を確保することが難しくなっていた。このため，新木津用水を利用してきた住民から用水の改修を訴える声が県に寄せられていた。新木津用水を通った水を堀川まで導こうと考えた治愿の構想は，新木津用の改修を求める地元の要望と一致するところが多かった。

　そもそも木津用水や新木津用水とはどのようなものか，まず両用水が建設され

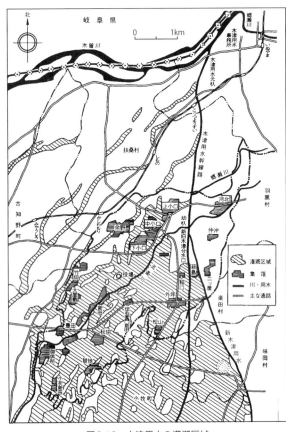

図3-10　木津用水の灌漑区域
出典：大口町史編纂委員会編，1982, p.177, 図2-60をもとに作成。

た経緯について触れておきたい。木津用水は，前項で述べた入鹿池の建設事業の発起人であった「入鹿六人衆」のうちの三人とその子供ら五人が計画し，1650年に竣工させた用水である。用水ルートは，木津村から小口村まで約5kmを開削し，木曽川から取り入れた水を合瀬川につなぐというものであった（図3-10）。彼らが木津用水の建設を思い立ったのは，1633年に完成した入鹿池の水だけでは灌漑できる面積が限られたからである。尾張藩は豪農や豪商たちに新田開発を奨励したが，いくら土地が広げられても水がなければ農地にはならない。とくに1649年に熱田沖を干拓して生まれた熱田新田へ水をどのように供給するか目処が立っていなかった。これまでこの方面に水を供給してきた庄内川の流量では新たに増えた新田に水を回す余裕はなかった。

木津用水は着工からわずか2年後の1650年に竣工した。木津村から小口村を経由して合瀬川に流入する木津用水の川筋は，ほぼ南北方向に一直線である。当初，合瀬川は庄内川に流れ込んでいたが，1787年に庄内川のバイパスともいえる新川が開削されて以降は新川に流入するようになる。新川は，名古屋城下を庄内川の洪水から守るため高水位になったら洗堰を通って右岸側から流れ出る庄内川の水を受け入れるために開削された。こうして木曽川の水は庄内川（新川）を通って伊勢湾岸にまで届くようになった。しかし，尾張藩にとって新田として可能性があったのは海側ばかりではなかった。現在の小牧市東部，同じく春日井市西部は台地状の乏水地域で，ここに水が供給できれば新たに農地が生まれる。新木津用水は藩営事業として実施され，1664年に竣工した。取水地は現在の丹羽郡大口町中小口で合瀬川（木津用水）と五条川が交差する付近である。合瀬川から分岐した流れは薬師川へ流入する。薬師川には途中に樋が設けてあり，ここを南下し大山川の下をくぐって八田川へと至る。

合瀬川（木津用水）の分岐点から大山川付近までは小牧台地の上を横断するようなルートである。そこから八田川までは庄内川の河岸段丘である鳥居松段丘の上を流れる。新木津用水の水が流れ込んだ八田川は鳥居松段丘上を西に向かい，味鋺付近で庄内川に合流する。ここまでは近世で，近代になり黒川治愿は堀川へ流す水を庄内川から取り入れるための庄内用水元圦樋門を味鋺の対岸に設けることにした。樋門から南へ580mほどの位置に矢田川の

伏越があり，近世はここを通った水が御用水として南へ流れていた。伏越を通過した水の一部は庄内用水として西へ流された。現代のような頑丈な頭首工がつくれなかった近代初頭，庄内川では取水のために石を組み合わせた仮の堰が設けられた。大雨で堰が壊されると補修し，またつぎの大雨で壊されるという有様であった。

　さて，1876年に黒川治愿が安場県令から堀川の改修を命じられた同じ年に，新木津用水から水を引いていた如意申新田，稲口新田，味鋺原新田など5か村（いずれも現在の春日井市）の住民から水不足を訴える声が県に届けられた。幅3.6mの用水路では村々の田を潤すには不十分で，水不足による旱魃被害に苦しむ実情が伝えられた。新木津用水利用者からのこうした訴えは，治愿が考えていた新木津用水の拡幅案で解決できると思われた。安場県令も名案と認めたため5か村の住民に拡幅案を提示したところ，住民は大いに喜び奉仕人夫7万人を出すことで合意した。ところが新木津用水の上流側の反応はこれとは違い，拡幅で土地が削られるという理由から反対であった。治愿は反対住民に対し，下流住民の困窮ぶりや，水路幅が3倍（約12m）になれば新たな開墾ができること，また通船で物資輸送も便利になると説明し説得を試みた。しかし説得に応じる気配がなかったため，下流から上流へ補償金として500円（現在の価値で5,000万円）を支払うという案を提示した。しかし今度は下流側が人夫を出した上にそのような大金は支払えないと拒否した。

　その後も上流と下流の間で対立が続いたが，1878年の木曽川の洪水で木津用水の取水口の井堰が流失するという事態が発生した。このため田植ができないところが続出し，流域116か村は用水復旧の嘆願書を作成し代表が県に何度も足を運んだ。この願いは聞き入れられ，黒川治愿課長の監督のもとで復旧事業が行われることになった。県は西元杁を大型にして水量を2倍に増やすという本格的な改修事業を実施することにした。そのために大樋管をつくり伏せ込み工事に着手するまでになった。ところがそれに反対する村も現れたので，やむなく樋管は倉庫に眠ることになった。せっかく取水量を倍増する大樋管が用意できても，その設置と用水路の拡幅ができなければ意味がない。しかし時間とともに村々の雰囲気は変わっていき，負担金や人夫

割当で不満をもつ村もあったが、1884年、八田川の合流地点まで幅11mの水路を通す新木津用水改修事業が完成した。

黒川治愿の主導のもとで実現した犬山から名古屋まで用水路と河川をつなげて通す水路は舟運の役割も果たした（図3-11）。近世、木曽谷にまで領地を所有していた尾張藩は、木材を筏に組んで木曽川に流し派流の筏川や桑名を経て熱田まで運んだ。木材以外に多くの物資や人が木曽川を往来し、木曽川はいわばハイウェイのような役割を果たした。しかしいくらハイウェイでも時間がかかっては本来の機能を果たすことができない。桑名経由の犬山―名古屋間は7日余りを要した。ところが1886年に愛船株式会社

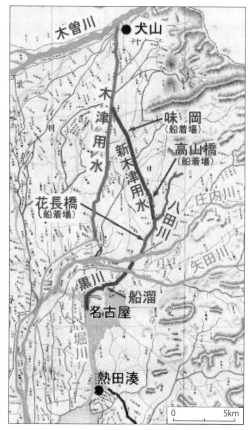

図3-11　犬山と名古屋を結ぶ舟運ルート
出典：名古屋歴史ワンダーランドのウェブ掲載資料（https://www.nagoya-town.info/kawa/kita_kurokawasyuunn/kurokawanosyuuunn.html）をもとに作成。

という通船会社が小牧の二重堀村に本社を置き、用水路と河川を組み合わせたルートを使って犬山―名古屋間の舟運を始めたところ、わずか4時間で移動できた。むろんこれは犬山からの下りの便である。帰りは数隻の舟をつないで一人の船頭が船を操り、他の者が先頭の舟に結んだロープを岸から引いて歩いた。行き来する舟のために航路の所々に船着場が設けられ、船頭が茶屋で休憩したり荷物を積み下ろしたりした。

1890年9月から翌年6月までの記録によれば、乗客5,000人、丸石30万個、

薪炭 5,750 俵，米・麦・肥料 2.5 万俵，材木 2,500 本，氷 60 万貫（約 2,250 t）が輸送された。丸石は住宅の基礎や石垣に使う建築資材であり，氷は夏の暑い時期に名古屋の料亭などで需要があった。冬に水を凍らせて天然氷をつくる場所が犬山に近い木曽川の左岸側の岩陰にあった。氷が一定の厚さになると貯蔵業者がそれを受け取って氷室で保存し，暑くなると船で名古屋まで運んだ。1888 年 1 月に名古屋の上長者町に設けられた愛知製氷会社が，犬山から届いた氷を卸売した。こうして黒川を行き来した船も，名古屋—犬山間の定期馬車鉄道が 1902 年から始まり名古屋電気鉄道の犬山線が 1912 年に開通すると，利用がめっきり少なくなった。そして 1924 年，愛船株式会社は 38 年にわたる運航の歴史に幕を下ろすことになった。

　黒川治愿は犬山と名古屋の間を川と用水路を結んで通す事業を実現させたばかりでなく，明治用水の開削，入鹿池堰提の改修，宮田用水の原樋増築など数多くの土木事業にも関わった。生まれ故郷の佐波村が古くから境川の氾濫に悩まされ続けたことが，治水に強い関心をもつようになったきっかけともいわれる。治水関連以外では，中山道ルートでの建設が予定されていた鉄道を東海道経由に変更するよう名古屋区長の吉田禄在とともに陳情のため上京し，変更決定に一役買っている。1885 年に県技師を退官した後も一等属を拝命したが，病を理由に依願退官した。その後は農業をして余生を送り，1897 年に病気でなくなった。1899 年に名古屋の政秀寺に建立された彼の業績を称える碑は，のちに平和公園に移設され今日に至る。

3．犬山城直下の木曽川から取水した名古屋市水道事業

　国宝・犬山城は木曽川の左岸から 40m ほど高い崖の上に築かれた。岩盤はチャートで非常に固く，左岸寄りの水の流れはゴツゴツした岩場にぶつかりながら下流へと向かう。その崖の真下を通る一方通行の市道には長さ 22.3m の隧道（トンネル）部分がある。隧道は素掘りでくり貫かれたため一般的なトンネルなら入口に付けられている坑門や扁額のようなものが見当たらない。チャート質の岩をくり抜いているので崩れ落ちる心配はないが，市道とはいえ幅 2.5m，高さ 2.4m の隧道をわざわざ車で通る気にはなれない。しかも市道の入口に 2.0 t の重量制限の標識が立っているためなおさらである。

重量が制限されているのは，隧道の手前にある彩雲橋が1929年につくられた鋼鉄製アーチで年月を経ており，重さに耐えられないおそれがあるからである。彩雲橋が架けられた頃は，この道路を歩きながら木曽川の雄大な景色を見て楽しむことができた。しかしそれは隧道が通されて15年を経た後のことであり，隧道を穿った目的は観光とはまったく関係がなかった。

この隧道は名古屋市の水道水を木曽川から取り入れる取水口を管理するために掘られた（図3-12）。簡単には人が近づけない崖下に取水口を設けたため，その維持・管理のためにはアクセス道路が必要であった。1910年に始まり1914年に完工した取水口の建設工事は，実際に水を取り込む第1水門と，水位を調節したり水位を計測したりする第2水門，第3水門を設けるという内容で行われた。第1水門から取り入れた水は岩盤を横方向に貫くトンネルの中を流れる。第2，第3水門は竪穴で，木曽川の水位を確かめながら取り入れる水量を調節する。隧道は第2水門と下流側の第3水門の間にあり，下流側の第3水門から隧道を通って第2水門へ，さらに取水口の第1水門に向

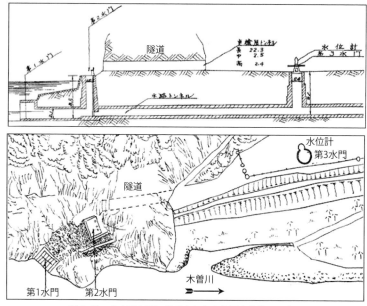

図3-12　犬山城直下に設けられた名古屋市水道の取水口
出典：名古屋市水道局編，1964, p.51をもとに作成。

第3章　濃尾北部セクターの地域構造

かう。それゆえ取水口の工事が終わった時点では道路は隧道の上流側の出口で途絶えていた。1929年に彩雲橋が架けられたのにともない隧道に向けて道路が延長された。

　こうして名古屋市の水道事業は犬山城の真下から水を取り入れることから始まった。しかし、ここに至るまでの道のりは単純ではなかった。近世から近代へと時代は移り、それまでどうにかやり過ごしてきた都市インフラ整備の課題に正面から立ち向かわねばならない段階に至っていた。直接的なきっかけは、1879年に名古屋市内でコレラ患者が発生したことである。これ以降、幾度となくコレラが流行したり、腸チフスや赤痢の流行が恒常的になったりと問題が顕になってきた。

　こうした伝染病が広がりを見せるようになったのは、これまで問題にならなかった水源が汚染されるようになったからである。近代になって人口が増え市街地も広がっていった。これまで人糞尿は集められ郊外の農家の元で肥料として利用されていた。しかし郊外にも人が住むようになり、町中で回収した人糞尿を再利用する仕組みがなくなっていった。行き場を失った汚物はドブを流れて堀川や精進川（改修後は新堀川）に垂れ流され、土壌汚染が深刻化していった。市街地における水質汚染の拡大が病原体の発生を促した。

　水質汚染が広がるようになる以前、すなわち近世の名古屋で人々が口にする飲料水は基本的には井戸から汲み上げられた。台地の地下を10mほど掘れば水が得られたため、日常的に使用する水に困ることはなかった。台地より標高の低い堀川の西側では幅下用水から飲料水を得ることができた。これは、1663年に二代藩主の徳川光友が現在の庄内川から取り入れた水を名古屋城の御深井堀まで用水で通したことで実現した。翌年からは城下西部にも上水が流れるようになった。城下西部や堀川両岸は、藩の御蔵をはじめ舟運を頼みとする商人らが軒を連ねる地域である。美濃路や柳街道など街道への玄関口でもあった。城下の発展にともないこの地域の重要性が高まったのは、幅下用水のお陰である。

　近代になって顕在化した上水の問題は、その原因を突き詰めれば下水の問題でもあった。これを根本的に解決するには名古屋市の外に水源を求め、そこから水路を引いて水道水を確保するほかなかった。人口増加と市街地の拡

大は，飲料水だけでなく防火用水や産業用の水不足をも引き起こした。1891
年に起こった濃尾地震からの復興需要がこれに加わり，水不足問題は深刻化
していった。名古屋市はこの問題に対応するため上水道施設の整備計画を考
えたが財政面での制約がネックとなり，事態は一向に進展しなかった。それ
でも 1906 年に市議会で上水道・下水道の建設事業について決議が行われ，
1908 年 2 月に内務大臣から水道敷設の許可が下りた。

　これを受けて名古屋市は，内務省衛生局の雇技師であったイギリス人の
ウィリアム・キニンモンド・バルトンに上水道建設の計画案作成を依頼した。
バルトンが作成した原案は，送水圧力を確保する観点から水源を名古屋に比
べ標高が 60 〜 70m 高い入鹿池に求めるというものであった。バルトンは名
古屋以外に大阪，神戸，広島など日本の主要都市の上下水道工事の計画調査
や設計指導を行った人物で，日本における上下水道の普及の基礎を築くのに
貢献した。しかしバルトンの計画案は当時の名古屋市の財政規模に照らし合
わせると実現が危ぶまれる内容で，結局，実現には至らなかった。そこで名
古屋市は当時，愛知県の土木技師であった上田敏郎に「緊急下水道計画」を
作成してもらうことを考えた。上田はこれを引き受ける意志を表したため，
名古屋市は 1902 年にあらためて上田に上水道布設調査（水道計画の作成）を
委嘱した。

　バルトンは名古屋市の将来人口を 26 万人として計画案を立案したが，バ
ルトン調査から 10 年を経ずして既に市域の人口は 28 万人に達していた。そ
こで上田は東京や大阪などの事例を参考に，上水布設調査の前提として人口
を 46 万人とした。さらに余裕をもたせるため，60 万人まで対応できる計画
を立案することを決めた。人口はそれでよいとして，水源をどこに求めるか
を考えるのに重要なのは，一人当たりの使用水量をどれくらいと見積もるか
であった。この点に関して上田は，一人当たりの水使用量が国内で最も多い
東京を基準とすることにした。上田の計算によれば，東京では一人 1 日 4 立
方尺 ＝ 6 斗 1 升 7 合（約 111.3 ℓ）を使用している。彼は自宅の井戸で試し，
名古屋では一人平均 3 斗（約 54.1 ℓ）少しあれば一昼夜は差し支えないとい
う結論を導き出した。

　上田は上水道の建設は生活用水の恩恵にとどまらず，ほかにも効果が及ぶ

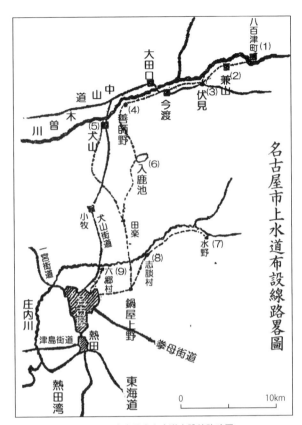

図3-13 名古屋市上水道布設線路略図
出典：水問題研究所のウェブ掲載資料（https://suimonken.server-shared.com/ksgwmngtr/kiso06.html）をもとに作成。

と考えた。たとえば防火対策用の水であり，東京では水道が普及したため火事による消失面積は以前に比べて4分の1に減少したという。防火用として各町に防火栓を設備すれば，ホースをつなぐことで市街給水のどこででも50尺（約15.0m）以上，噴水できる。使用し終わった水を下水として流せば効果は倍増する。つまり上水道と下水道をともに整備することで，近代都市にふさわしい水環境が実現すると考えた。上田は上下水道の建設総工費を634万円と見積もり，その資金調達方法として国庫補助金から市税支出，公債の募集・償還に至るまで具体案を示した。綿密な事業計画案は，いかに市議会を説得できるか，その一点に焦点を絞って作成された。

　上田が作成した上水調査報告書には「名古屋市上水道布設線路略図」が挿入されていた（図3-13）。この図で上田は，バルトンの計画で候補とされた入鹿池を含む全部で九つの水源候補地と名古屋市までのルートを示した。また別表として，各ルートの工事内容，延長距離，工費を記入した一覧表も添えた。これによれば，工費が最も少なくて済むのは庄内川の志段味村でポン

プアップする場合で，長さは2里1町（8.2km）余，工費は141万9,000円で
あった。ただしこれは庄内川の水量で名古屋市の水需要が満たされると仮定
した場合である。実際には水量の少ない庄内川からの水で十分賄えるとは思
われない。逆に工費が最も多いのは，岐阜県八百津の対岸から自然勾配で名
古屋まで水を引いてくる場合であった。距離は12里15町（約48.7km）余で，
工費は279万円である。この場合のルートは，木曽川左岸の南側を西へ向か
い，善師野で向きを変えて南へ下り，入鹿池を経て鍋屋上野へ導く。

　庄内川から取水するプランは志段味のほかに六郷村で庄内川から取水する
プランも考えられていた。川ではないが，庄内川支流の水野川の近くに溜池
を設けて水源とする案もあった。同様に木曽川からの取水についても，八百
津のほかに兼山，伏見，善師野，犬山に取水地点を求める案が想定された。
これらに入鹿池を水源としこれまで入鹿池が果たしてきた灌漑用水は木曽川
からの取水で置き換えるという案まで含めると，実に九つのプランにも上っ
た。最終的にはこれらのうち犬山で取水するプランが採用されることになる
が，上田の計算によれば，犬山から名古屋までの距離は6里21町（約25.8km）
余，工費は193万5,000円と見込まれた。9プランの中では距離が3番目に
短く，工費は2番目に少ない。距離が犬山案より短い水野案の工費が286万
4,000円と高くなるのは，溜池の築造費用がかさむからである。

　こうして冒頭で紹介したように，犬山城直下の基盤に水路トンネルの入口
を設け，はるばる名古屋市まで水を送るための工事が1910年から始められ
た。取水口のある地点の標高は35m，鍋屋上野浄水場の標高は20mである。
非常に緩やかではあるが自然流下と一部ポンプの力を借りながらで原水は南
へ向かって流れていく。鍋屋上野浄水場に届いた原水はここで上水に変わり，
1914年10月から配水が始まった。17年後の1930年には市街地が広がった
東部丘陵地域に配水するため浄水場の南約1kmの覚王山に東山給水塔が設け
られた。給水塔は標高74mの丘の上に立っており，給水塔の高さは27mで
あるため，標高100m以下の市街地であればここから自然流下で配水できた。

　1910〜30年代の名古屋市の水道事業はその黎明期に過ぎない。以後，人
口増加，市域の拡大，産業発展にともない取水口の変更や増設，浄水場の増設，
さらに水源確保のためのダム建設など，事業は拡大の一途を辿っていく。し

かしこの間，変わらなかったのは，主な水源を木曽川に求めた点である。ただし取水の位置は若干変化している。上田敏郎の設計案をもとに木曽川から取水を始めたものの，その後，川の流れる状況が変わったため取水場所の変更を迫られた。

　最初の変更は 1933 年で，理由は取水口の上流部で木曽川に流れ込む郷瀬川の水質悪化と，ダム建設のため水位が低下したことである。このため最初の取水口の上流 1.4 km の場所に供給人口 200 万人を想定した新たな取水口が設けられた。ところがその後も木曽川の水位が低下したり，取水口近くの岩礁が変化したりしたため水が取り入れにくくなった。岩礁の変化はライン下りの安全性確保のため岩を取り除いたのが原因ともいわれた。このため 1958 年にさらに 1.2 km 上流に取水口が増設された。木曽川水位の問題は，1962 年に下流部に犬山頭首工が建設されたことで解決できた。

第3節　犬山周辺の観光地開発と小牧の倉庫集積

1.「奥座敷」犬山の観光地化に取り組んだ名古屋鉄道

　奥座敷は，主に客間として使う表座敷に対して家族が起居する部屋のことである。しかし住居の奥の方に位置する座敷という本来の意味から転じ，都市近郊の観光地や温泉街をさす言葉としても用いられるようになった。ただし使われ方は時代とともに変化しており，高度経済成長の頃は周りに気兼ねなく宴会などが楽しめる場所を意味したが，個人客中心になってからは，ただ都心の喧騒を離れて落ち着いた時間をすごせる場所をさすようになった。九州の別府ではすでに大正期に，歓楽温泉都市・別府と区別するため由布院を「別府の奥座敷」と呼んでいたという。現在でも北は札幌の奥座敷・定山渓から南は鹿児島の奥座敷・日当山温泉・市比野温泉に至るまで，実に 43 の温泉地・行楽地が「奥座敷」と呼ばれている。

　奥座敷は温泉地に限らないと思われるが，名古屋周辺では下呂温泉が奥座敷とされるのが一般的のようである。しかし中には名古屋から国道 41 号を通って下呂へ向かう途中の犬山を，名古屋，中京あるいは中部の奥座敷とし

て紹介する観光ガイドブックやインターネットのホームページもある。恣意性の入る余地が大きいので，この点を深く追求してもあまり意味はない。犬山が名古屋の奥座敷だと初めて言われたのがいつ頃であったか詳しいことはわからない。しかし別府の事例からわかるように，大正期にすでに都市近郊の歓楽地を奥座敷と呼ぶ言い方があった。だとすると，1912年の犬山線開業は犬山を名古屋の奥座敷と言うようになるきっかけであったかもしれない。温泉こそないが風光明媚な木曽の流れと峡谷や犬山城は，名古屋方面から行楽客を引き寄せる力をもっていた（図3-14）。

　川や峡谷や城だけで行楽客を満足させることはできない。中心都市から郊外の行楽地へ乗客を運んで収入を稼ぐ私鉄商法は，阪急・阪神をはじめとする関西の有力私鉄が1907年から1929年にかけて展開していた。時期的には少しあとになったが，名古屋では名岐鉄道が犬山線で同じことを行おうとした。手始めに名岐鉄道は，1925年に犬山城の東約200mの木曽川右岸に犬山遊園地を開設した。新方式と銘打った遊園地にはグラウンド，演舞場，料理旅館，プールなどが設けられ，それまで名古屋周辺にはなかった総合的な行楽地が

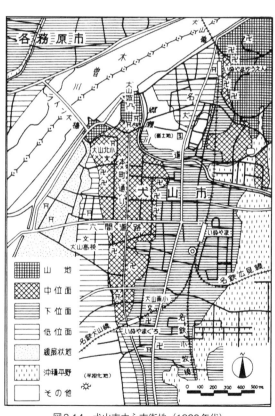

図3-14　犬山市中心市街地（1980年代）
出典：山本，1986をもとに作成。

出現した。ちなみにこの場所は1963年以降，名鉄犬山ホテルが建っていたところであり，2019年の営業終了後は同じ場所に新たなホテルが建設され，2022年から名鉄ホテルマネジメント犬山によって運営されるようになった。

名鉄は2021年に犬山駅前西側に新たにホテルミュースタイル犬山エクスペリエンスを建設して営業を始めた。ちなみにミュースタイルのミューは，名鉄のローマ字表記 Meitetsu の頭文字 M をギリシャ文字の小文字に置き換えると μ（ミュー）になるため名鉄を意味するといわれている。「地域体感型ホテル」をコンセプトに掲げたこのホテルは，新たなブランド・ミュースタイルの第1号として位置づけられている。犬山城下町の散歩や人力車での散策など，観光客の体験を重視するホテルにしようという姿勢がうかがわれる。この新ホテルの運営は名鉄犬山ホテルが担う。かたちとしては，かつて名鉄犬山ホテルのあった跡地にその土地固有の歴史・文化・自然などの物語で特徴づけたホテルを設け，さらにこれとは別に観光体験重視型のホテルを駅前に建設したことになる。ホテル発祥地としての伝統はそのまま維持し，さらに新たな展開に踏み出した。

こうした点から考えると，旧犬山ホテルのあった場所は名鉄あるいはその前身の名岐鉄道にとってこだわりの場所以外の何ものでもない。最初の犬山遊園地は戦時体制下で荒れ地となり，芋畑として利用された。しかしそれも戦後になり名古屋鉄道（名鉄）が1949年にここに遊園地を復活させたことでかつての活気が蘇った。観覧車，子供電車，サル小屋，回転ブランコ，木馬，アベックロータリーチェアなどを揃えて開催した「こども博覧会」は大いに賑わった。博覧会に合わせて設置された観覧車は，現在，各地で見る大きな観覧車と比べると規模の小さなものであった。しかしそれでも，観覧車から見える犬山城や木曽川の風景はまた格別であった。

3年後の1952年に名鉄は「犬山自然公園」を企画し，内田地区の北東約1.2kmの白山平付近を整地してピクニックランドを設けた。ここはイベント会場としての利用が多く，世界風俗博（1956年），日本映画博（1957年），平和日本防衛大博覧会（1959年）があいついで開催された。とくに平和日本防衛大博覧会に向けて拡張した敷地ではティーカップ，メリーゴーラウンド，飛行塔，ムーンロケットなどの遊技施設が設置された。敷地拡張工事は自衛隊の

協力で行われ，開会式当日はブルーインパルスによるデモンストレーション飛行が行われた。博覧会終了後，ピクニックランドは一年を通して営業されることになった。これに合わせて新しい施設の名称を公募したところ，日本ラインに因んだ「ラインパーク」という名前を推す声が多かったのでそのまま採用された。

ラインパークの名称由来である日本ラインは，いうまでもなく木曽川のことである。木曽川が日本のライン川といわれるようになったきっかけは，地理学者で衆議院議員にもなった岡崎出身の志賀重昂が1913年2月に加茂農林高校で講演したさい，犬山と美濃太田の間を船で往復したことであった。『日本風景論』（1894年）の著者として知られる志賀は同じ年の7月に再び犬山を訪れており，そのとき木曽川の風景がヨーロッパのライン川のそれに似ているという内容の漢詩を詠んだ。ただし詩の中に「日本ライン」という言葉はなく，「白帝城」を頂く犬山と木曽川の風景を本家のライン川の風景に重ね合わせたにすぎなかった。しかしそれでもこのことがきっかけとなり，木曽川＝日本ラインのイメージが世の中に広まっていった（大室，2003）。

志賀が犬山から美濃太田まで木曽川を船で渡った1913年は犬山線開業の翌年であり，高山線の岐阜―美濃太田間が開通する8年もまえのことであった。つまり名古屋から美濃太田へ行くには犬山から木曽川を船で行くのが便利であった。志賀の舟運利用は木曽川観光が発展する大きなきっかけにもなった。1899年におよそ90年ぶりに犬山での鵜飼を復活させた鵜飼鎌三郎は，1914年に犬山通船株式会社を設立した。犬山通船は犬山から上流約9kmの土田まで観光船（ライン上り）を運航したが長続きしなかった。その後，1924年に名古屋の実業家・山田才吉が土田の木曽川河畔で北陽館を開業したのに合わせ，地元・土田の三宅徳三郎が山田と協業するかたちで犬山城下までの遊船を始めた。こうしてまずは犬山―土田間でライン下りが行われるようになった。

山田才吉が観光開発に取り組んだ木曽川河畔も「ライン遊園」と名づけられた。山田は1895年に名古屋市中心部に6,000坪（約2万㎡）の敷地をもつ料理旅館・東陽館を開業し実業界で名を高めた人物である。1910年には名古屋港の近くに名古屋教育水族館を建設・開業したが，水族館は2年後に近

くで建設中の料理旅館・南陽館とともに台風・高潮に遭い倒壊してしまった。しかし山田は奮起し，1920年に南陽館と併設して水族館を再建した。土田の北陽館はそうした流れを踏まえた料理旅館であり，名古屋方面からライン下り目当ての観光客を集めた。しかし山田がなくなると北陽館は売却され，所有者が何度か変わったのち名鉄道場になった。名鉄道場は，教習所，乗務員養成所，可児寮を統合した教育施設・研修センターである。戦後，1977年に名鉄道場の跡地に名鉄グループの「江陵閣」が開館したが経営不振で閉館し，現在は跡地で温泉入浴施設「湯の華アイランド」が営業している。

　山田才吉が端緒を開いた木曽川河畔のライン遊園観光地化を名鉄は旅客輸送の面から支えた。1925年に犬山口—今渡間の今渡線を建設し，木曽川河畔の最寄り駅としてライン遊園駅を開業した。1928年からはライン遊園駅と北陽館の間でバス運行も始め，観光客を犬山からさらに上流側まで運んで収益の増収を図った。ライン下りは土田より上流側の美濃太田でも始まった。1921年に高山線の岐阜—美濃太田間が開業したのを受け，美濃太田遊船組合が1927年から遊船事業を本格化させたからである。さらに高山線の延伸で1922年に古井駅が開業すると古井遊船が設立され，1925年から「奥ライン下り」が始まった。しかしこれは1939年に下流側に今渡ダムができたため短期間で終わった。ライン下りへの参入はまだ続き，1927年の天皇行幸を機に犬山と土田の中間地点の坂祝でも取組遊船組合が設立された。

　犬山，土田，美濃太田，古井，坂祝で始まった遊船事業は全部で七つの組合と法人からなり，日本ライン遊船組合連合会が組織された。かつては貨物や地元の人々を運んでいた舟運が観光目的の事業に変わり船頭らの実入りもよくなった。しかし戦況の悪化にともない，観光遊覧船は休業に追い込まれていく。戦後，各地の船頭組合は法人化や吸収合併の道を歩み始めるが，その過程で名鉄が犬山乗船組合を子会社化したのをきっかけに，ほとんどの船頭組合はその傘下に入った。最終的には名鉄傘下の日本ライン観光が組織として生き残った。名鉄が1969年に美濃太田に中之島乗船センターを開所して始めたライン下りも，利用者の減少と天竜川での転覆事故などのため2013年をもって運休に追い込まれ現在に至っている。

　名古屋の奥座敷・犬山の観光地化は犬山城が築かれた麓周辺から始まった。

戦前は木曽川の渓谷美が注目され，犬山よりもその上流側でライン下りが始められるなど自然観光が主流であった。近世から近代初期にかけて物資運搬の役割を果たしてきた木曽川は，その性質が大きく変わった。結果的に舟運に携わってきた人々は，貨物の代わりに観光客を乗せることで職を失わず収入を得ることができた。犬山は奥座敷の入口にすぎず，さらにその奥に観光客を引き付ける資源があることを示した。名鉄の路線が犬山にとどまらず，さらにその先へ延びていったことがこの間の経緯を物語る。結果的に岐阜県中濃地方の一部は戦後，名古屋の通勤圏に含まれるようになった。観光・通勤行動の面で名古屋と濃尾北部セクターとの結びつきには強いものがある。

2．日本モンキーセンター・明治村・リトルワールド

　前項では名古屋鉄道（名鉄）による犬山の観光地化の歩みのうち主に戦前と戦後間もない頃の状況を述べた。1930年から5年間は名岐鉄道を名乗ったが，1935年に愛知電気鉄道と合併し社名は名古屋鉄道に戻った。それゆえ戦後になって再開された犬山での観光開発は，尾張地方はもとより三河地方や岐阜県南部からの観光客を見据えたものであった。一般公募でラインパークと名づけられ1960年に開園した新遊園地は，20年後の1980年にモンキーパークという名前になる。なぜ，このような名前になったのであろうか。その経緯を理解するには，ラインパーク前身のピクニックランドで「世界風俗博」が開かれた1956年に，会場の東側で犬山モンキーセンターが設立されたことを知る必要がある。そもそもなぜサル専門のモンキーセンターが犬山に誕生したのであろうか。背景には，サルを集めて観光地化しようとする名鉄側の思惑と，サルの生態を研究したいという学界側の思いがあった。
　名鉄は，かつて木曽川沿いに生息していたサルを犬山の大平山に集めて飼育できるかどうかを確かめるために，京都大学の霊長類研究所グループに相談した。結果は可能ということだったので，幾人かの学識経験者に集まってもらい準備した企画案に対して意見を求めた。野生保護を唱える専門家，サルを実験動物とする専門家，サルの社会生態を研究する専門家，それに名鉄側担当者が集まって議論した結果，サルを専門とする飼育・研究施設をつくる方向へ計画を進めることになった。

一方，京都大学の霊長類研究所グループは，霊長類学の草分け的存在である京都大学の今西錦司を中心にサルの実態を観察し研究するための施設を探していた。今西は，1948年12月に宮崎県の都井岬で半野生のウマを観察していたとき，サルの研究の着想を得たという。今西と名鉄社長の土川元夫は京都大学の同窓生の間柄であった。名鉄の中興の祖ともいわれる土川は労使協調型経営を重視し，文化的事業の創出に力を注いでいた。企業側の観光化と大学側の研究の間に接点を見出すことができ，名鉄が土地と資金を提供して開設したのが日本モンキーセンターである。

　モンキーセンターが設立された翌年の1957年に屋久島から連れてきたヤクニホンザルを放し飼い展示する犬山野猿公苑が開園した。1962年には世界サル類動物園と遊園地を併設した施設が開園された。このうち世界サル類動物園に相当するのが財団法人日本モンキーセンターである。研究用の動物園と遊園地が併設されているのは珍しい。国内にある90ほどの動物園は市営や県営の娯楽施設であり，その多くは公園などを所轄する土木局などによって管轄されている。これに対し日本モンキーセンターは，教育関係の局に属する博物館として位置づけられている。研究に従事するメンバーは，名鉄の職員ないしは日本モンキーセンターの職員としてキャリアを踏み出すのが一般的であった。まさに両者は一体として運営された。

　1980年にラインパークからモンキーパークへ名称が変更されたのは，サル専門の動物園と遊園地が一緒に楽しめる施設として人気が高まっていったからである。しかし，1987年頃は年間で100万人近い入場者があったが，その後は減少の一途をたどり50万人ほどで低迷するようになった。2014年には法制度の変更にともない日本モンキーセンターは財団法人から公益財団法人に変わった。これにともない，以後は市道を挟んで西側に名鉄の関連企業が経営するモンキーパーク，東側に世界サル類動物園・日本モンキーセンターが向き合うことになった。入場料も別々である。いまはサルのいないモンキーパーク（略称モンパ）とサルしかいない日本モンキーセンターであるが，娯楽と学術が絶妙に連携しためずらしい施設であることに変わりはない。

　1955年から名鉄副社長，1961年から1971年まで社長をつとめた土川元夫は，博物館・明治村の開設（1965年）でも自らの人脈を生かした。しかしこ

れは土川が先に動いたというよりは，むしろ彼の旧制第四高等学校の同窓生で建築家の谷口吉郎が同窓会の席で明治の建築の保存を強く訴えるのに心を動かされたことが大きかった。同窓会の席に文部省国宝鑑査官でのちに文化庁になる文化財保護委員会の主任文化財調査官かつ墨跡研究の第一人者でもあった田山方南がいたことも幸いした。その日から明治村構想を実現するべく第一歩が踏み出された。谷口と土川は関東地方での開設を想定し，自治体や鉄道会社などに話を持ちかけた。しかし高度経済成長が始まろうとしていた時期，古い明治に対する関心は低く前向きの返事を得ることはできなかった。

当初の計画では集客に有利な東京が候補地の一つになっており，名鉄がたまたま買収した荒川区内の大和毛織工場跡地が考えられた。しかし谷口は，明治時代の建築物を移築して保存するにはかなり広い土地が必要で，万が一火災が起これば都市部では類焼の危険性が大きいと考えた。紆余曲折の末，土川がトップに立って経営する名鉄の全面協力が得られることになり，犬山市字内山１番地の山林が候補地として選ばれた。ちなみに大和毛織工場跡は東京球場

図3-15　博物館明治村建物配置
出典：MapFanのウェブ掲載資料（https://mapfan.com/map/spots/SC3WY,J,K1?c=35.34340130868894,136.9908715348064,17.179213903497295&s=std,pc,ja&p=35.342256878699,136.99075250709,博物館明治村,SC3WY,J,K1）をもとに作成．

（東京スタジアム）の候補地となったため約3分の2が売却され，残りは子会社のニュー東京観光自動車が事業用地として保有を続けた。

　大都市ではなく中都市の，しかも発展性の少ない場所をあえて希望した谷口にとって，入鹿池湖畔西側に広がる広大な土地は願ってもない場所であった（図3-15）。開設に向けて準備は着々と進められ，1962年5月に東京で開かれた建築委員会で石造2階建ての札幌電話交換局の保存が決定し，解体して輸送することになった。ついで東京の西郷従道邸，森鴎外・夏目漱石住宅，学習院長官舎，名古屋衛戍病院の譲り受けも決定した。このうち名古屋衛戍病院は名古屋城内に設けられていた陸軍名古屋鎮台の附属病院で，戦後は国立名古屋病院として1955年まで使用された。名前は戦前に衛戍病院から鎮台病院，陸軍病院へと改称された。

　1963年4月25日に入鹿池湖畔において地鎮祭が執り行われ，初代明治村村長の徳川夢声のほか，田村剛理事長，土川元夫・谷口吉郎常務理事らおよそ200名が出席した。この中に渋沢敬三の顔があったことには意味がある。彼は渋沢栄一の孫であり，大蔵大臣も経験した民俗学者である。明治村が財団法人（現・公益財団法人）という形態をとったのは渋沢の教示によるもので，観光業から得た収入を研究費の捻出にあてる方策としての財団法人がふさわしいという助言を得ていた。名鉄は日本モンキーセンターを企画したさいにも渋沢に助言を求めており，そのような縁もあって渋沢は日本モンキーセンターと明治村の会長をつとめた。観光と学術を兼ねた施設組織の長として最適な人物と思われた。

　観光と学術の融合あるいは連携，まさしくこれが日本モンキーセンターと明治村に共通する名鉄の経営理念である。建設費と固定費はすべて名鉄が提供し，その施設で得た収入で経費一切をまかなう。その中には研究費も含まれる。名鉄は名古屋から犬山への移動手段として電車を走らせ，犬山から施設までの連絡手段としてバスやタクシーのサービスも担う。土川は，外国人の学者からなぜ日本では税金で運営する施設が多く民間単独の施設が少ないのか尋ねられたことがあった。しかしその学者は明治村とモンキーセンターを訪れて認識を改めたと語った。土川にはそれだけ自信があったということであろう。いかに社会にとって重要な文化的・歴史的遺産を残すための施設

をつくっても，収益が見込めなければ成立・存続は難しい。その点で，鉄道・バス事業や流通事業を幅広く展開している名鉄は総合サービス産業として強みを発揮できる。

　名鉄による観光と学術の融合プロジェクトは，明治村の北東約4kmの場所に1983年に開園したリトルワールドにも見ることができる。これは，1970年に大阪で開催される予定の国際博覧会のパビリオンを終了後，移築・展示しようという構想が発端で，1967年頃から唱えられていた。しかし実現したパビリオンはどれも近代的な建築物ばかりであった。このため構想の内容を変更し，民族的色彩のある博物館をつくる方向へと変わっていった。「人間博物館リトルワールド」と名づけた施設建設計画の陣頭指揮をとったのは，当時名鉄会長であった土川元夫である。万博の成果を生かした民族学博物館を設ける計画は大阪にもあり，それと並行するかたちで進められた。大阪では1977年に屋内展示型の国立民族学博物館が誕生したが，愛知・犬山では123haの敷地を生かし本館展示場と野外展示場の2部構成で開設された。

　本館展示場は進化，技術，言語，社会，価値の五つのコーナーに分かれており，世界70か国から集めた約6,000点の民族資料がテーマごとに展示されている。一方，野外展示場では1周2.5kmの周遊路に沿ってヨーロッパ，アフリカ，アジアなど22か国33の家屋が移築・復元されている。それぞれの家屋では民族衣装の試着体験や，その国を代表する料理やショッピングを楽しめるような工夫が施されている。建物の復元では正確性を期しており，再現に2年を要したネパール仏教の場合，リトルワールドの研究者が現地のシェルパ族の村で正確な実測を行った上，地元の絵師を日本に招き手描きで仏画を再現させた。

　大阪の国際博覧会は，敗戦から立ち直った日本人の力を世界に知らしめるという目的があった。戦前の海外膨張論から国内回帰へと大きく方向が変わり，日本人，日本文化を再認識する動きが立ち上がってきた。これと明治期以降進められてきた日本の民俗学・文化人類学の研究成果が結びつき，社会に向かって発信する場を大阪の国立民族学博物館やリトルワールドに求めようとした。そこでは「民族」という概念が自然に持ち込まれ，誰も疑うことなく博物館を支えるキー・コンセプトとして受け入れられた。ただし，民族

を意味するフランス語のエトニ（ethie）や英語のエスニック・グループ（ethnic group）は英仏では自らを示す意味では使わないとされる。日本でいう民族は人類のすべての集団を意味しており，人類はいくつかの「民族」という集団に分類されるという認識が存在して初めて民族を象徴する建物を平等に展示することができる。

リトルワールドのような全世界の民族を対象とする野外民族学博物館は，世界広しといえども日本にしか存在しない。この事実自体，日本語の「民族」概念の特殊性を示唆するという見方もある。日本やアジアには海外の文化を紹介するテーマパークや外国村が多くある。しかしリトルワールドのように同じ施設の中で網羅的に自分の文化と他者の文化を民族学の視点で扱う野外博物館はほかには見当たらない。そのような視点から考えると，この観光・学術施設は世界中の建物を観て体験することで日本人が何者であるかが再認識できる稀有な空間といる。

3．高速道路時代になって倉庫が集積立地した小牧

日本では 1950 年代中頃から始まる高度経済成長にともない，産業構造や都市構造が大きく変化していった。都市に集まってきた人々の所得は増加して消費が活発になり，家庭電化製品や自家用車の普及，マイホームの増加で地域は大きく変貌していった。名古屋圏でも名古屋への都市集中が進み，市内だけで工場や住宅を確保するのが難しくなっていった。名古屋市内で抱えきれなくなった工場や住宅の郊外立地が進み，それまで農村的雰囲気を残していた周辺部がこれらの受け皿となった。名古屋とその周辺を結ぶ交通手段が改善され，鉄道や自動車による相互の行き来が活発になった。大都市・名古屋と郊外・周辺が強く結びついた大都市圏が姿を見せ始め，都市構造は都心集中から都市圏分散へとパターンが変化していった。

構造変化は大都市圏内部だけでなく，大都市圏を相互に結ぶ方向でも進んだ。鉄道による結びつきでは 1964 年に開業した東海道新幹線がその端緒を開いた。翌年の 1965 年に開業した名神高速道路が自動車交通によって名古屋圏と大阪圏の時間距離を縮めた。4 年後の 1969 年には東名高速道路も全通し，名古屋圏と東京圏の時間距離も縮まった。二つの高速道路は小牧でつ

ながって一体化したが，さらに 1972 年に開業した中央自動車道は小牧ジャンクションで東名高速道路と連絡するようになった。こうして日本列島の中央部に初めて生まれた高速道路の連結地が小牧であったことが，その後の小牧の発展に深く関わるようになる。

　近世は木曽街道の宿場があり尾張藩の代官所も置かれていた小牧は，近代を越えて高速道路時代になり，その位置性が俄然，優位性を発揮するようになった。この間の経緯を都市構造の歴史的発展という視点から考えた場合，どのように読み解くことができるであろうか。近代までのコンパクトな都市構造は，自動車の急激な普及で密度の低い機能分散的なパターンへと変化した。密度が高いか低いかは，隣り合う者同士の距離が短いか長いかでわかる。普通，距離は m，km の絶対距離で表されるが，これを分や時間の相対距離で表したらどうだろうか。隣同士の絶対距離が長く低密度でも，相対距離は以前と変わらず高い密度が保たれているのは自動車が普及したお陰である。

　このことを名古屋と小牧の関係で考えると，絶対距離は近世も現代も 16 km で変わらない。しかし移動に要する時間すなわち相対距離は徒歩の 4 時間から高速道路利用の 15 分へと劇的に短縮された。徒歩 15 分はおよそ 1km の距離である。近世の名古屋城下でいえば広小路通と本町通の交差点から名古屋城までの距離に相当する。つまり，当時の名古屋の人が町の中心からお城まで歩いていくのと同じ時間で，現代人は名古屋から小牧まで車で移動できる。名古屋城の近くには小牧方面へ向かう志水口があり，町の中心からだと 20 分ほどの距離である。そこまで歩いていく時間で現代なら名古屋から小牧まで車で行けるということは，あたかも小牧あるいは小牧 IC が志水口に移動してきたかのような感じである。自動車の普及は，絶対距離では遠く離れた存在を，相対距離では近いように感じさせる空間へと変えたのである。

　近世の名古屋には志水口のほかに四つの出入口があった。志水口と小牧あるいは小牧 IC の関係をほかの出入口にあてはめると，大曽根口は春日井 IC，三河口は名古屋 IC，枇杷島口は一宮 IC，熱田口は名古屋南 IC ということになる。近世から近代を経て現代へ 4 世紀もの時間が経過した。この間，中心となる名古屋の絶対的位置は変わっていない。近世，名古屋城下の中心から街道へ向かうとき，人々は「名古屋五口」を通った。これに相当する現

代の出入口，すなわち「新・名古屋五口」は都心から 10 〜 15kmほど外方へ移動したと考えられないだろうか。絶対的な位置関係や距離はなにも変わっていないのに，時間で考える相対的な位置関係や距離は大きく変わってしまったのである。

　さて，近世に木曽街道の宿場があった小牧は，高速道路時代になり大都市圏内の物流拠点としての特徴を示すようになった。こうした拠点性は，名神高速道路を近世の中山道，東名高速道路を同じく近世の東海道になぞらえることで説明できる。近世，これら二つの街道は名古屋の北と南を通っていた。それが近代になり，まずは東海道本線というかたちで結ばれ，名古屋駅が結び目の中心（ゲートウェイ）としての役割を果たすようになった。それからさらに時間が経ち，高速道路で東西の大都市圏が結ばれる時代になった。しかし市街化が進んだ名古屋市内を通り抜ける高速道路はつくれず，やむなく北側を迂回するルートで実現した。その結果，近代の名古屋駅が果たしてきた役割を小牧 IC あるいは小牧 JC が果たすようになった。その後，高速道路が大都市内部を走る段階へと進み，いまでは名古屋都市高速道路が東名，名神，中央道のほかに東海北陸自動車道，東海環状自動車道とも連絡して結節性を強めている。ただし，鉄道時代には明確であったゲートウェイ（中央駅）の位置は，高速道路時代ではそれがどこなのか判然としない。

　名神，東名，中央道の高速道路が小牧でつながったことは，近世に尾張藩の公道であった上街道（木曽街道）とこれに対抗する下街道（善光寺街道）との関係，あるいは近代に中央西線の建設ルートをめぐって争われた歴史を思い起こさせる。いずれの時代も小牧にとっては望ましいものではなかった。しかし高速道路の時代になり状況は変わった。中央道は下街道と古代の東山道を結ぶようなルートで建設された。中央道の西の起点は小牧 JC であり，市内には小牧東 IC もある。下街道あるいは国道 19 号の北側を走る中央道は小牧市内の丘陵地を走る。市東部の桃花台ニュータウンには名古屋都心部への通勤が主な目的の高速バスのターミナルもある。街道，鉄道のあとに到来した高速道路の時代を迎え，小牧は隠れていた位置的優位性を大いに発揮するようになった。

　こうした小牧の地理的特性は，高速道路の IC 付近に立地した物流施設や

工場の集積に明確に反映されている。とくに物流施設すなわち倉庫の集積立地が顕著であり，小牧 IC の周辺，市域でいえば西側において著しい。こうした集積現象を読み解くには，時代性と地域性の二つの側面に注目して考えるのが有効である。しかしそのまえに，なぜ倉庫の立地かという疑問に答えなければならない。われわれが日常的に使用している工業製品の大半は，原料，生産，卸売，小売の段階を経て手元に届く。この流通経路は複雑であるが，はっきりしているのはどの段階においても，モノをどこかに保管しておかなければならないということである。これは家庭でも同じであり，たとえば電気掃除機は使用しないときは押入れなどに置いておく。衣服は衣装棚に，靴は靴箱に，などである。冷蔵庫やテレビは置いた状態で使用するため保管場所はないが，使用場所が保管場所を兼ねていると考えることもできる。倉庫は流通経路の途中段階で原料，部品，中間製品，完成品などを保管する役目を果たしている。

　さて，まず倉庫立地の時代性であるが，これはモノの生産・流通の仕組みが激変した高度経済成長期に目を向ける必要がある。国民一人ひとりの収入増加で家電製品に対する需要が増大し，メーカーは大量に生産して消費者のもとへ自社製品を届けようとした。名古屋圏の場合，それまでは名古屋市内の倉庫業者が経営する営業倉庫に異なるメーカーの製品が保管されていた。時期は 1960 年代初頭で，場所は名古屋駅近くの笹島や中川運河周辺であった。それが 1960 年代中頃から二つの動きが現れるようになった。一つは大手の家電メーカーが平均床面積 7,300㎡くらいの自社倉庫を小牧に設けるようになったことである（図3-16）。これは明らかに 1964 年に開業した名神高速道路，その 5 年後に開業予定の東名高速道路を見込んでのことである。

　いま一つの動きは，メーカーの系列販売会社が名古屋市内に独自に倉庫を設けるようになったことである。これは，メーカーが販売会社の自社系列化という新たな経営戦略をとったことが背景にある。昔ながらの問屋や卸売業がメーカーの違いに関係なく製品を扱っていた時代から，メーカーの支配下で特定のメーカーの製品を販売する体制へと時代が変わった。名古屋市内では，販売会社の倉庫は市内のどこか一箇所に偏ることなく東西南北均等に配置された。これは家電メーカーがテリトリー制を採用し，自社系列の販売会

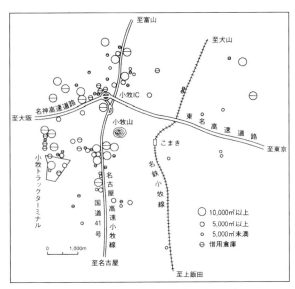

図3-16 小牧市内における営業倉庫の分布
出典:安積,2005, p.187をもとに作成。

社が互いに競合しないように販売地域を指定したからである。

つぎは地域性あるいは地域専門化という側面である。小牧で倉庫を設ける動きと名古屋市内に均等に倉庫を設置する動きは,商品の物流過程でいえば卸売段階と小売段階に相当する。前者は大きな名古屋市場をまえに北側の小牧で商品を保管している状態である。後者は小牧から運ばれてきた商品を名古屋市内の小売販売地区ごとに保管するための倉庫である。むろん市場は名古屋市内だけでなくその周辺すなわち名古屋圏にまで広がっているため,高速道路交通とのアクセスを考えると小牧は願ってもない場所と考えられた。

　こうした倉庫の立地について考える場合,基本的な動きとして高度経済成長期に進んだ「商物分離」のことを考えなければならない。以前はたとえば名古屋市内で店舗の裏に倉庫を設け,店先で商談やセールスを行い,それを踏まえて商品を消費者の元へ届けることができた。しかし自動車の普及によって道路は慢性的渋滞で動けなくなり,商売に支障が出始めた。そこで店先での販売活動と商品の配達を分離し,商品は地価の高い都心や繁華街ではなく郊外に設けた倉庫に保管するようになった。全体としては物流の近代化と呼ばれる現象が企業の規模を問わず進められた。とくにメーカーといわれる大企業は都心部に営業・管理業務を行うオフィスビルを構えて活動するようになった。「商」は都心,「物」は郊外という地域専門化が名古屋都心部に

ビル群を，また小牧 IC の周辺に倉庫群を生み出した。

名古屋市都心部のオフィスビル群と小牧 IC 周辺の倉庫群といういずれも空間的な集積現象は，「集積の経済」を求める企業行動の結果である。集積の経済は，企業がバラバラに離れて活動するより一箇所に集まって活動することで得られるメリットである。地場産業の工場集積や商店街などが典型であるが，事務所や倉庫でも同じことがいえる。倉庫の場合，流通団地やトラックターミナルが各地に設けられていることからも明らかなように，高速道路の時代になり全国規模でモノが運ばれるようになった。ガソリンスタンド，銀行，福利厚生施設など倉庫業で必要とされる企業向けサービスを共同で受けることができるのはありがたい。都市計画による土地利用の整合性という観点から考えてもメリットがある。

小牧の倉庫業集積で特筆されるのは，それまで農業で生計を維持してきた人々が共同で貸倉庫の経営に乗り出したという点である（安積，2005）。倉庫面積は広いため，自分の農地だけで必要な用地を用意することはできない。昔から顔なじみの土地所有者と共同して敷地が確保できれば，その上に近代的な倉庫を建設することができる。これまで通り農業で生きていくか，それとも倉庫経営で収入を得るか，比べれば答えは簡単にでる。近くに成功事例が現れれば，それに追随する動きが続くのはよくある現象である。地元の農協協同組合の後押しもあり，地域一丸となって倉庫業地域の形成が進められていった。

第 4 節　北名古屋・岩倉・江南の歴史をたどる

1．師勝町・西春町に生まれた芸術系総合大学

北名古屋市は，2006 年に西春日井郡の師勝町と西春町が合併して誕生した。市の名前からわかるように名古屋市とはその北側で接しており，名鉄犬山線を利用すれば名古屋駅から最寄りの西春駅まで急行で 10 分と近い。市内には西春駅の北隣に徳重・名芸大駅もあり，急行は停まらないが名古屋駅から 18 分で到着できる。いずれにしても名古屋駅方面からは交通至便な位

置にあり，それだけに名古屋市との結びつきは強く影響も大きい。合併以前，二つの町は南北方向に走る名鉄犬山線を間に挟んで東の師勝町と西の西春町で互いに向かい合う関係にあった。実際，両町の境界線は西春駅の構内を通っていたし，徳重・名芸大駅付近でも駅の東口付近をかすめていた。

　まるで名鉄犬山線が二つの町を分けるように走っていたが，合併により一転して二つの町は名鉄犬山線によって結ばれた。合併前の二つの町の規模にあまり違いはなく，町の形状も似ていた。師勝町は面積8.39㎢，人口43,614人で，西春町は面積9.98㎢，人口33,823人であった。町のかたちは二つを合わせるとハート型，あるいは犬山線を軸に見立てると大相撲の行司が用いる軍配のようなかたちをしていた（図3-17）。地形はともに平坦で，区別するのが難しい。歴史は古く，町名を手がかりに遡ると，師勝町の「師」は平安時代あった六師里の里名に由来する。西春町は，1906年に西春日井郡の

図3-17　師勝町と西春町の合併で生まれた北名古屋市
出典：Hatena Blogのウェブ掲載資料（https://f.hatena.ne.jp/urbietorbi/20161015135758）をもとに作成。

118
名古屋の周辺地域を読み解く

九之坪村，上拾箇村，下拾箇村が合併したとき郡名から「西」と「春」を一字ずつとって西春村にしたことによる。「九之坪」も古代条里制由来の地名である。

ともに歴史を積み重ねてきた二つの町に1970年に4年制の大学が誕生した。私立大学としては国内で最初となる芸術系総合大学の名古屋芸術大学である。しかし，二つの町に一つの大学が誕生したとはいったいどういうことであろうか。それは，この大学の音楽学部（入学定員70名）が師勝町熊乃庄に，美術学部（定員80名）が西春町徳重に配置されたからである。二つの学部は徳重駅（現在の徳重・名芸大駅）を挟んで対面するような位置にある。やや厳密にいえば，音楽学部のある師勝キャンパスは駅の東側約700m，美術学部のある西春キャンパスは駅の西側約1,000mに設けられた。北名古屋市の誕生を機に東キャンパス，西キャンパスと呼ばれるようになったが，まるで東西相対する二つの町に最初から計画したかのようにキャンパスが配された。しかし不思議なのは，なぜ新設大学の新学部が二つの町に一つずつ置かれたかである。この疑問を解くには，大学設立に至るまでの経緯を遡って考える必要がある。

名古屋芸術大学を設置した母体は，1954年に設立された学校法人名古屋自由学院である。この学校法人は，1952年に名古屋市昭和区永金町に開設された滝子幼児園（現在の滝子幼稚園）を元に生まれた。法人創設者は教育者としての自らの経験から人間の成長における幼児期教育の重要性を痛感していた。その思いを具現化するために，1958年に名古屋自由学院幼稚園教員養成所を滝子幼稚園に隣接して創設した。この養成所は1973年に名古屋保育専門学校，1999年には名古屋保育・福祉専門学校に校名を変更し，さらに2015年には名古屋芸術大学保育専門学校と改称した。時代とともに変化していく人材育成分野の移り変わりを見るような校名変更であった。2022年3月に63年間の長きにわたる歴史を閉じることになり，以後は学校法人名古屋自由学院が設置する名古屋芸術大学教育学部に引き継がれることになった。

こうして法人は昭和区永金町で保育・福祉分野の人材育成を行う一方，1963年には西春日井郡師勝町熊乃庄に名古屋自由学院短期大学を設置した。

図3-18　名古屋芸術大学の東キャンパスと西キャンパス
出典：Mapionのウェブ掲載資料（https://www.mapion.co.jp/m2/35.21917524,136.91025626,16/poi=L0373480）をもとに作成。

　保育科の入学定員50名でスタートした短期大学は、1966年には文科（国文専攻入学定員50名,英文専攻入学定員50名)を増設し,さらに翌年には音楽科（入学定員50名）も増設した。この年に保育科や文科の定員を増やしたのは，入学希望者の増加に応えるためであった。その後も短期大学の学科や専攻は増えていったが，その一方で1970年に同じキャンパス内に4年制の名古屋芸術大学を設置する動きが生まれた。主体が大学に移行したのにともない，短期大学は2001年に名古屋芸術大学短期大学部に改称され，2006年に学生募集を終了した。

　こうして学校法人名古屋自由学院は，名古屋市昭和区に設けた幼稚園教員養成所を皮切りに，師勝町での短期大学の設置，さらに同所での芸術系総合大学の設置という道を歩んでいった。大学設置にさいしては，法人組織を置く師勝町に音楽学部，隣町にあたる西春町に美術学部が置かれた（図3-18）。キャンパスが複数にまたがる大学は少なくないが，町が隣同士でそれほど距離の離れていない場所にキャンパスがあるのはめずらしいかもしれない。一方は芸術分野の中でも音楽や芸術教養を主体とする領域を中心とし，他の一方は美術・デザイン・芸術教養を主な領域とする。それぞれ個性のある学部であるのに加え，東キャンパスにはこの法人のルーツともいうべき幼児教育が専門の学部もある。

　学校法人名古屋自由学院が1950年代中頃から半世紀以上にわたって辿っ

てきた足跡は，名古屋圏にある他の私立大学が歩んできた道と重なる部分が多い。高度経済成長が始まろうとしていた時代，高等教育への関心が国民の間で高まり大学進学率は高まっていった。その受け皿として私立大学に対する期待は大きく，大学の新設や戦前からある学校組織の大学への改組が進められた。大学大衆化の動きに応えるために，各地でキャンパスを設置する動きが現れてきた。戦前，名古屋にあった私立の専門学校や中学校の中には新制大学の設立をめざすものが少なくなかった。それらは主に名古屋城の東側や，名古屋駅，鶴舞駅，神宮前駅の周辺にあったが，多くは既成市街地の中に大学設立に必要なキャンパスを確保するのが困難であった。

　このため，流れは既成市街地の外側すなわち郊外にキャンパスを置く方向に向かった。戦災復興で生産を再開した企業や新たに興された企業にとっても，生産規模を拡大するには郊外に移転するほかなかった。これには1972年に施行された「工業再配置促進法」の影響が大きく，名古屋市も工場の市内での新規立地が規制された。すでにニュータウン建設に象徴される郊外住宅地化は始まっており，それに追随するかのように小売業・サービス業の郊外立地が進んだ。つまりあらゆる都市機能が郊外化・周辺化するのが当たり前のような時代であった。

　名古屋圏の場合，とりわけ名古屋市の場合は，市域の東側とその外側でキャンパスを確保する動きが顕著であった。元々，市内の東区，千種区，昭和区などの住宅地域にあった教育機関にとって，東への移転は自然であった。市の南の港湾・工業地域や，伝統的農村の性格を残す西や北は移転先として選びにくかった。むろん東にも農村はあったが丘陵性の土地が多く，農業は盛んではなかった。農地に比べると雑木林や荒地は土地取得がしやすく広いキャンパスを確保するのに好都合であった。

　こうした点から考えると，学校法人名古屋自由学院が西春日井郡師勝町で短期大学を設置し，つづいて総合大学を設置したのは例外的だったようにも思われる。昭和区・千種区にあった私立大学は，キャンパスの移転や拡張のための用地を当時の日進町，長久手町や，瀬戸市，豊田市などに求めることが多かったからである。郊外丘陵地を造成したキャンパスに多くの学生を迎え入れた大学は，通学のための交通手段の確保で苦労した。しかしこれも，

121

第3章　濃尾北部セクターの地域構造

豊田新線（現在の名鉄豊田線）(1979年)，愛知環状鉄道 (1988年)，東部丘陵線（リニモ）(2005年) の開通により改善されていった。不足する部分は路線バスやスクールバスによって補われた。

　こうしたキャンパスの郊外指向・拡大指向は，1991〜1993年にバブル経済が崩壊したことで風向きが変わっていく。1993年に18歳人口がピークを過ぎたことも大きかった。これまで土地不足と思われていた既成市街地では，企業体質のスリム化で保有地が未利用・低利用地になった。少子高齢化や若年人口の縮小も本格化し，流れは郊外から都心へ回帰する方向に向かい始めた。あれだけ郊外キャンパスの開放感のアッピールに努めてきた大学は，就職活動やアルバイトに好都合といった理由を並べキャンパスを都心に戻し始めた。

　社会全体が拡張から縮小の方向に向かう中，大学の都心回帰の動きを単に大学の生き残り策として責めることはできない。大学も社会の一構成員であり，その動きには敏感にならざるを得ないからである。郊外から既成市街地に戻った大学は，弱体化していく既成市街地が直面する課題に目を向けるようになった。地域の中からも，大学がもつ人的・物的資源が地域再生のために生かされるのを期待する動きが生まれてきた。大学には本来，社会が未来へ向けて進んでいく道筋を指し示す役割がある。そうした役割があらためて認識されるようになった。

　こうした点から考えると，学校法人名古屋自由学院が設立した名古屋芸術大学は，地域が求める時代の役割を大学の特性を活かしながら果たしてきたといえる。それは，地元の北名古屋市だけでなく小牧市，常滑市，一宮市，高山市などとの間で産学連携の関係をもち，学生たちが大学の外に出て活躍するようになったことからもわかる。小牧市こども未来館のデジタルサイネージのデザイン制作，常滑市のやきもの散歩道内での工房の開設，一宮市でのテキスタイルデザイナーによる展示会の開催，飛騨高山文化芸術祭でのオープニングコンサートなどは，その一例である。学生が卒業後に企業で活躍するのは当然であるが，在学中に企業や地域と関わる機会をもち試行錯誤の経験を積むことは，学内では得られない教育効果として評価できる。

　1960年代中頃に学校法人名古屋自由学院が西春日井郡師勝町，現在の北

名古屋市にキャンパスを設けたことは，ある意味，先見の明があったといえる。多くの大学が名古屋市の東部郊外にキャンパスを展開したのに対し，北部郊外を移転先に選んだ。当時は特徴のつかみにくい農村的雰囲気をいまだ漂わせる郊外地域であった。しかし名鉄犬山線が走っており，名古屋駅からの交通の便には恵まれていた。1993年に犬山線は名古屋市営地下鉄と相互乗り入れでつながり，豊田線方面とも連絡できるようになったことも幸いした。

　幼児教育という創設当時の使命を維持しつつ，音楽，美術という古今東西にわたり長い歴史をもつ文化領域を大学教育の中心に置いた。さらに，伝統的な芸術分野を超えて現代社会が求める幅広いアートの世界を切り拓こうとしている。学内教育にとどまらず広く社会に門戸を開き，施設開放や多様な公開講座・ワークショップなどを通して地域の生涯学習などに積極的に関わってきた。これらが地域における文化活動の発展に寄与した点は大きい。幼児教育から芸術教育まで幅広く展開してきた道のりは，過去半世紀余に日本社会が歩んできた軌跡と重なる部分が多い。

２．ガラス生産と名古屋コーチンで知られる岩倉

　TKGと書いて「卵かけご飯」と読ませる。これだけでも（？）となるが，さらに「いわくらTKG」なるものがあり，それは①「純系名古屋コーチンの卵」，②岩倉市産の米「あいちのかおり」，③石塚硝子製の専用容器，④瓶が石塚硝子製の「尾張醤油」または「本たまり」の，以上四つによって構成されるという。純系名古屋コーチンは岩倉市西市町無量寺にある関戸養鶏人工孵化場で飼育されており，石塚硝子の本社は岩倉市川井町にある。醤油，たまりは残念ながら岩倉市内では生産されていないが，瓶はたしかに石塚硝子の工場で生産されている。2021年に市制50周年を記念して設立された「いわくらTKG運営委員会」によれば，これらの条件をすべて満たした岩倉産TKGを提供する店が市内に5か所あるという。

　市内事業所で生産されたガラス製品と市特産の鶏卵を使った食事を市内でしてもらうことを通して市の認知度を高めようとする取り組みには頭が下がる。「料理」と認定するにはいささかためらわれるが，卵かけご飯の歴史は

意外と古い。卵を食べる習慣が一般化したのは江戸時代で，卵売りが「たまあーご，たまあーご」と呼びかけながら街中を売り歩いた。卵は栄養価が高いが値段も高く，当時は薬のような貴重品扱いであった。文献によれば，日本で初めて卵かけご飯を食べたのは台湾出兵時（1874年）の従軍記者で実業家・教育家でもあった岸田吟香といわれる。1927年発行の雑誌「彗星：江戸生活研究」には，吟香がご飯に生卵，塩，唐辛子をかけた「鶏卵和」を食べていたと書かれている。

　大正になると養鶏が本格化し卵も比較的手に入りやすくなったが，1924年当時，卵1個とカレーライス1杯は同じ7銭で，まだ貴重であった。昭和になるとアメリカから養鶏の新技術が導入され，卵の生産量は格段に増加した。家庭でも卵がたくさん食べられるようになり，1970年には日本人一人あたりの卵の年間消費量は250個を超えた。「卵は物価の優等生」といわれるほど安価に卵が手に入るようになり，身近な卵をご飯にかけて食べる方法を16種類も考案して紹介する「研究所」なるものも現れるようになった。2022年からは，全国各地のブランド卵約6万個と約1tのご飯を用意して食べ放題ができる「鶏卵事業支援プロジェクト卵フェス」が開催されるようになった。

　単に卵をご飯にかけて食べるだけならどこでもでき，地域性は現れない。岩倉のプロジェクトがこだわっているのは，名古屋コーチンの卵と岩倉で生産されたガラス容器を使って卵かけご飯を食べることである。地元産であることがポイントで，醤油と本たまりは他市（あま市）に頼るが，それ以外は米も含めてすべて地元で調達する。商品の付加価値を高める点にもねらいがあり，地名度のある名古屋コーチン，愛知産米の「あいちのかおり」，石塚硝子製ガラス容器のさらなるブランド向上を「いわくらTKG」によって推し進めようとしている。

　肝心の卵を生む名古屋コーチンについては，その名のように名古屋が主な舞台である。歴史を遡ると，明治維新で禄を失った旧尾張藩士が始めた養鶏業にたどり着く。兄の海部壮平と弟の海部正秀が小牧の池之内で海部養鶏場を営むようになった（入江，2000）。当時，養鶏業を始めた旧藩士は多く，海部兄弟は名古屋城から16kmほど北東に位置する農村で鶏を飼い始めた（図

図3-19　海部養鶏場鳥瞰図
出典：さんわのウェブ掲載資料（https://www.sanwa-grp.co.jp/nagoyacochin/quality.php）をもとに作成。

3-19）。その頃の地鶏は小ぶりだったため，中国産のバフコーチンと交配し肉質が良く産卵能力にも優れた鶏を生み出そうとした。10年以上も努力を重ねた結果，1882年に名古屋コーチンを作出することに成功した。やがて肉質・産卵能力に加え強健・温厚で飼育しやすいことが評価され，関西を中心に全国に広まっていった。

　1895年に兄の海部壮平が死去したため海部養鶏場は閉じられた。しかしここで生まれた名古屋コーチンは，1903年から愛知県によって研究開発が継続されることになった。1905年には日本家禽協会から国産実鶏1号として認定された。1919年に名称は名古屋コーチンから名古屋種に変更されたが，現在でも名古屋コーチンの名で呼ばれることが多い。中国産バフコーチンという名前がよほど印象的だったのであろう。バフは淡黄色を意味し，コーチンは中国語で「九斤黄」と書く。斤は大きさの単位で，九斤は大きいことを意味する。しかしなぜかベトナム南部のコーチシナ（交趾支那）もしくはインド南部のコーチン（Cochin）に対する中国の当時の呼称と混同され，コーチンという呼び名が残ったように思われる。

　その後，といっても1950年代中頃であるが，名古屋コーチンは毎年，100万羽以上の雛が孵化された。日本における養鶏の最盛期を支えたといってよい。ところが1962年に外国産の鶏の雛の輸入が解禁されたことで，事態は大きく変化していく。外国産の鶏は生産効率が高く，名古屋コーチンは太刀

打ちできなくなった。飼育羽数は激減の一途をたどり，商業養鶏は絶滅への道を歩み始めた。海部兄弟による名古屋コーチンの誕生から80年余，日本の食卓を支えた名古屋コーチンは第一期の役割を終えることになった。

　一度は衰退に向かった名古屋コーチンであったが，1970年代になると昔ながらの"かしわ"の味が求められるようになり再び脚光を浴びるようになる。これを受けて愛知県は名古屋コーチンの改良を本格化させ，流通経路の整備に取り組んだ。品質やブランドを維持するため，名古屋コーチンの原種鶏は愛知県畜産総合センター種鶏場で一元管理されることになった。そこで共有される種鶏を元に，名古屋市農業センターと県内5か所の民間孵化場が肉用・卵用ごとに優良雛を生産する。そこから雛を供給された県内外の養鶏場が名古屋コーチンを飼育して市場に出荷する。岩倉市西市町無量寺にある関戸養鶏人工孵化場は，そのような民間孵化場の一つである。愛知県畜産総合センター種鶏場はこれまで安城市にあったが，2023年4月に岩倉市の隣の小牧市大草に移転した。ここは明治初期に旧尾張藩士の海部兄弟が名古屋コーチンを生み出した場所に近い。結果として発祥の地に里帰りしたことになる。

　冒頭で紹介した「いわくらTKG」は，地元産の卵をこれも地元で栽培した米を炊いてつくったご飯にかけるのを前提とする。米の銘柄は「あいちのかおり」で，これは長久手市岩作三ケ峯にある愛知県農業総合試験場の作物研究部が1977年に愛知の希少米「ハツシモ」と「コシヒカリ」系統の「ミネノアサヒ」を交配して誕生させたものである。1992年に愛知県の奨励品種米に指定されたこともあり，県内における稲の作付面積のおよそ4割を占めるまでになった。当初は中部や関西で食べられていたが，メディアなどで取り上げられたことで全国的地名度が高まった。「ミネノアサヒ」から受け継いだ粘りをもつが，口当たりはあっさりとしてくせがなく，存在感があって食べごたえがあると高く評価されている。

　一方，「いわくらTKG」が前提とする卵を入れるためのガラス製容器は，岩倉市川井町にある石塚硝子の工場で生産される。石塚硝子が岩倉市に進出したのは1960年で，そのきっかけは当時の岩倉町から名古屋商工会議所に対して工場誘致斡旋依頼の申し出があったことである。この申し出を検討し

た結果，石塚硝子が総面積 21,400 坪（約 7ha）の用地を買収すること決め，翌年から工場の建設に取り掛かった。それまで石塚硝子は，1926 年に名古屋市中区御器所町江越（現在は昭和区高辻町）に設けた工場でガラス製品を生産してきた。基本的には受注生産で，一般消費者ではなく企業向けに製品を生産していた（150 年社史編纂委員会編，1968）。

1960 年といえば日本が高度経済成長に移行しようとしていた時期であり，石塚硝子は生産の方向性に関して大きな決断を下した。それまでの企業向け製品から市場の拡大が見込まれる一般消費者向け製品への大転換である。企業向けなら相手方の注文をこなすだけでよい。しかし一般消費者向けとなると，市場の動向を独自に正しく把握したうえで生産しなければならない。主な製品はガラス製の食器であり，それを専門に生産する工場の建設場所を探していた。岩倉町が名古屋商工会議所に企業誘致を申し入れ用意した土地は，まさにこうした意図に沿うものであった。

岩倉食器工場も完成し，1961 年 9 月には火が入って生産が開始された。1963 年 1 月からは岩倉瓶工場も新設稼働するようになった。石塚硝子によるガラス製品の生産地の歴史を遡ると，岩倉のまえは名古屋市中区御器所，そのまえは名古屋市東矢場・東二葉，さらにそのまえは岐阜県可児郡土田，というように変遷してきたことがわかる。企業としての原点ともいうべき可児郡土田とはどのような場所であり，そこで何があったのであろうか。ガラス製品を生産し続けてきた企業の来歴を探ることで，近世末から近代を経て現代に至る人とガラスの関わり方の移り変わりが見えてくる。

石塚硝子の創業者は石塚岩三郎という人物である（宮崎，1958）。石塚岩三郎の生年は不詳とされているが，出生地は下総国関宿である。現在の住所は千葉県野田市関宿三軒家で，かつてここに譜代の関宿藩があり城を構えていた。利根川と江戸川に挟まれた舟運・物流の要衝でもあり，久世大和守広周が藩主（1830 ～ 1862 年）として治めていた。その家臣に石塚清助という者がおり，その次男として生まれたのが石塚岩三郎であった。岩三郎は武芸にすぐれていたが，武家のしきたりや古い習慣にしばられた生活から抜け出したいという思いが強かった。そこで生まれ故郷を離れ，当時，国内で唯一西洋文化と接することのできた長崎へ旅立った。

図3-20　ガラスの製法を学ぶ初代岩三郎（想像図）
出典：石塚硝子のウェブ掲載資料（https://www.ishizuka.co.jp/200years/）をもとに作成。

長崎に着いて町中を見物していた岩三郎はビードロと出会った。長崎ビードロはポルトガルから渡って来たガラス工芸が始まりとされる。熱く溶かしたガラスをパイプの先に付け，シャボン玉を膨らます要領で造形を行う。ビードロの美しさに魅せられた岩三郎は「これこそ自分の生きる道」と心を定め，知り合ったオランダ人からガラスの製法を学んだ（図3-20）。苦労を重ね商品としてビードロを製造する技術を会得した岩三郎は，長崎の地を離れ一路江戸をめざした。京都方面からは中山道を行くことにし，途中，鵜沼宿に泊まった。そこで会った寺の住職と交わした話から，鵜沼から多治見へ向かう途中にガラスの主原料となる珪石のとれる場所があることを知った。早速，その場所を探して首尾よく珪石を発見したのが土田であった。

　江戸へ行くことをやめ，土田でビードロをつくることを決意した岩三郎は，早速，ビードロづくりを始めた。鵜沼宿から木曽谷にかけて一帯は尾張藩の支配下であり，岩三郎は時折，名古屋城下にも出かけていた。この間の詳しいことはわかっていないが，岩三郎のつくったビードロが尾張藩主の徳川慶勝の耳に入った。藩の求めで献上品としてビードロをつくることになったが製作費が足りず，庄屋の村瀬吉右衛門に相談して立て替えてもらうことにした。岩三郎がどのようなビードロをつくって献上したかは不明であるが，庄

屋が岩三郎にあてて書いた証文は残されている。

　時代は移り明治も中期の1888年，岩三郎のビードロづくりは息子の文左衛門に引き継がれていた。文左衛門は土田の地を離れ，名古屋の東矢場町で新たにビードロをつくることにした。1889年に東海道本線が全通し人の往来も増えた名古屋ならビードロを買い求める人も見込まれた。ところが2年後の1891年10月28日に愛知，岐阜両県を襲う濃尾地震が起こった。大小の余震が続き，半壊した工場や倒れた煙突を復旧しなければビードロづくりの継続は難しかった。文左衛門はこの地震を「天の試練」ととらえ，工場を東矢場から東二葉へ移して生産を再開した。その後は先にも述べたように中区御器所に移転することになるが，岩倉に工場を新設するまで名古屋市内を転々とした。

　岩倉に本社や工場を移して以降，石塚硝子は母体とするガラス製の瓶・食器以外の分野にまで手を広げていく。1971年にはニューガラス事業に乗り出し，機能性マテリアル事業の展開も開始した。その翌年にはプラスチック容器事業の分野に進出し，総合容器メーカーとしての第一歩を踏み出した。1976年の紙容器事業への進出，1996年のペットボトル事業とその後のプリフォーム事業への展開が続き，この間に東京と姫路に工場を建設した。さらに2005年には中国進出への足がかりを設け，4年後にはガラス食器を生産する有限公司を中国広東省南部の珠海（しゅかい）に設立した。海外進出の勢いは2012年の台湾企業グループとの合弁によってさらに広がった。本社を置く岩倉との関わりでは冒頭で述べた「いわくらTKG」で使用するガラス容器が注目されるが，創業時のビードロづくりから現代の機能性マテリアルに至るまで多種多様な製品をつくり続けてきた企業がここにある。

3．名古屋で活躍した有力商人を輩出した江南

　大正初期から末期にかけて，丹羽郡古知野町大字東野字河原（現在の江南市東野町河原）に滝文庫という私立図書館があった（古知野町教育会編，1974）。これは，株式会社滝兵商店（現在のタキヒョー）の五代目社長だった滝信四郎（のぶしろう）が旧宅の土地を滝文庫に転用し，自らの蔵書を中心に新たに購入した図書を加えて図書館にしたものであった。当時は大正天皇の御大典（1915

年）を記念して公立や私立の図書館を建てる動きが各地にあり，滝文庫もその一つであった。愛知県内に建てられた私立図書館としては，幡豆郡西尾町の岩瀬文庫，名古屋市東区の名古屋公衆図書館とともに「三大私立図書館」に数えられた。建物の建設は1914年に始まり，翌年竣工して開館した。

　滝信四郎の祖先にあたる初代滝兵右衛門は丹羽郡東野村の出身で，1751年に隣の古知野村で絹織物の卸売商を始めた。兵右衛門が古知野村の街道沿いに店を開いたのには理由があった。それは，広大な尾張藩の領内にあって古知野，和勝，中奈良の三つの村は犬山藩の飛び地だったからである。尾張藩の附家老でもあった成瀬氏が治める犬山藩の領内で商いをしていれば，商売で名古屋城へ出入りするさいに犬山藩の後ろ盾が利用できた。それと，当時，絹織物は武士しか身につけることができず，犬山藩の領内なら商いの見込みが立ったからである。以上は絹織物を売る場合の理由であるが，絹製品を仕入れる条件でも古知野は恵まれていた。

　古知野を中心とする丹羽郡とそれに隣接する葉栗郡一帯は，養蚕の盛んな地域であった。当時，養蚕は日本各地で行われていたが，多くは半農半業の域を出なかった。しかしこの地域は犬山扇状地の末端部で平地が広く，蚕の種から製糸まで一貫して作業が行える条件に恵まれていた。こうした背景をもとに絹織物卸売商を始めた兵右衛門は先の見通しのきく人物で，武士を相手にしかできなかった絹織物の販売もいずれは武士以外の層にも売れる時代が来ると考えていた。こうした予見が実現するときが四代目滝兵右衛門の時代に到来した。それは倒幕から維新へ体制が大きく変わる時代であり，これまでの政治や社会の仕組みが揺らぎ始めた。

　この大きな体制変革期にあって尾張藩は厳しい決断を迫られていた。徳川御三家の筆頭とはいえそれは名ばかりで，実際には徳川時代を通して表舞台に出ることはほとんどなかった。長年にわたり寂寥感を抱かされてきた尾張藩の最後の藩主徳川慶勝は，旧幕府と新政府の間で戦われた戊辰戦争（1868～1869年）では倒幕側に付くことを決めた。薩摩との協議の結果，軍資金を提供することにしたが，当時の尾張藩は財政逼迫のため軍資金を捻出する余裕がなかった。このため，藩に出入りしていた有力商人に総額で6万両に上る軍資金の提供を仰いだ。これに応じた主な商人の中に滝兵右衛門が入っ

ており，ほかに伊藤次郎左衛門，岡谷惣助などがいた。こうして尾張藩は天皇親政体制支持派として維新を迎えることができ，その後，伊藤家は1881年に伊藤銀行，滝家は1882年に名古屋銀行，岡谷家は1896年に愛知銀行を設立し，それぞれ頭取に就任することになる。

　創業時から古知野で商いをしてきた滝家は1825年に名古屋にも店を出し，1837年からは「滝（瀧）」という姓を名乗ることが尾張藩から許された。それゆえ厳密にいえば，それまでは兵右衛門の名で商売をしてきたことになる。その後，1875年に本店（本社）を名古屋に移転し，1912年に株式会社滝兵商店を設立した。名古屋への本店移転は四代目滝兵右衛門のときである。これとは別に，1864年に初代滝定助（さだすけ）が名古屋で呉服卸売商を始めている。話は少し複雑であるが，初代滝定助は二代目滝兵右衛門の孫であり，生まれは丹羽郡東野村である。つまり，二代目滝兵右衛門から見て直系の孫すなわち四代目滝兵右衛門と，同郷で傍系の孫にあたる滝定助が相次いで名古屋を本拠に商売をするようになったのである。

　冒頭で述べた滝文庫を創設した滝信四郎は，名古屋を本店として古知野から移ってきた四代目滝兵右衛門の4男であった。滝信四郎は滝文庫を創設しただけでなく，1924年には東野に滝実業学校（のちの滝中学校・高等学校）も設立している。これにともない，1933年に滝実業学校の附属図書館が竣工してからは，滝文庫の管理は学校側が行うようになった。その5年後，滝文庫が所蔵していた蔵書はすべて附属図書館に移管された。蔵書がなくなった滝文庫の建物は地区公民館になり，2000年代初頭まで区民によって使用されてきた。その後は老朽化のため立ち入り禁止状態であったが，2017年に江南市歴史勉強会や近隣住民が保存活動に乗り出し，建物の保存に向けた活動が行われるようになった。

　滝信四郎の父にあたる四代目滝兵右衛門は本店を古知野から名古屋へ移すのにあわせ，これまで呉服太物商絹兵といっていたのを滝兵右衛門商店に変えた。さらに支店を京都，東京に出し，1912年には社名を滝兵商店に改めた。四代目は名古屋銀行の頭取に就任したのを始め，愛知織物と帝国撚糸の社長，尾張紡績の取締役，関西鉄道の監査役なども歴任した。住まいを南鍛冶屋町2（現在の中区栄5丁目，久屋大通公園）に構え，5,000坪（約1.7万㎡）の敷地

内に池や滝を設え，鶴まで飼った。

　名古屋の市街地中心部に豪邸を構えた四代目滝兵右衛門は，三河湾を望む風光明媚な蒲郡に別荘も所有していた。東海道本線が内陸部の旧東海道沿いではなく臨海部を通るルートで敷設されたため，東京方面から文人・文化人などが好んで訪れるようになった。滝家五代目の当主として静養で蒲郡を訪れた信四郎はその風景に魅了され，この地に料理旅館を開業することを思い立った。そこで別荘に隣接する数千坪の土地を購入し，「常磐館」を建てた。その後も，竹島橋・蒲郡ホテル・共楽館・竹島館・子安弘法大師像などの建設に多額の私財を投じた。さらに，地元の青年会の運営費を助成するなど後半生を蒲郡の観光に尽くした恩人として地元では慕われている（砂本，2008）。

　ところで，四代目滝兵右衛門が名古屋に本店を構えた1875年の15年後の1890年に名古屋の長者番付表がつくられた。これによると，最高位の行司は滝兵右衛門で，勧進元は伊藤次郎左衛門，大関は関戸守彦であった。これらにつづいて前頭一枚目は岡谷惣助，同じく五枚目は滝定助，十枚目は春日井丈右衛門，十一枚目は祖父江重兵衛であった。このうち前頭の滝，春日井，祖父江はともに古知野周辺の出身で，しかも生家は互いに近い位置関係にあった。滝は滝兵右衛門の暖簾分けであり，本家と同じ東野村である。現在の地図上でいえば，名鉄犬山線の江南駅の西側である（図3-21）。春日井は同じく江南駅南の赤童子村，祖父江は赤童子村の南の木賀村である。江南駅は以前は古知野駅と呼ばれていた。つまり，江戸末期から明治期にかけて名古屋で繊維関係の分野で成功を収めた商人の多くは古知野出身者が多かった。この番付表には登場しなかったが，江南駅東の北野村からは服部兼三郎がやはり名古屋へ出て財を成した。

　これら一連の商人は，明治期の名古屋財界で互いに競い合った三つのグループ，すなわち土着派，外様派，近在派のうちの近在派を形成した。土着派は，名古屋築城以来すなわち清洲越しの頃から名古屋で暖簾を守ってきた商人グループである。外様派は，元は尾張藩の藩士であったが維新後，経済分野に足を踏み入れ近代産業の起業に取り組んできた。そして近在派は，名古屋を取り巻く周辺から経済的成功をめざして進出した企業家たちである。

図3−21　現在の江南市と旧村名
ジャパンナレッジ版『日本歴史地名大系』のウェブ掲載資料 (https://geoshape.ex.nii.ac.jp/nrct/resource/23/230000168700.html) をもとに作成。

　これらの企業集団は，紡績，金融，電力などの分野で内部連携を図りながら名古屋における近代産業を牽引した。

　近在派は，滝兵を筆頭に丹羽郡古知野一帯から名古屋への進出を果たした面々である。滝兵以外では先に述べた赤童子村出身の春日井丈右衛門がおり，1820年に地元で萬屋という屋号で酒造業や太物商問屋（絹以外）を始めた。二代目は商売の幅を広げ，やはり地元で絹物商と質屋も営むようになった。幕末期に尾張藩の財政難を救うため多額の献金をし，その功績で名字・帯刀を許された。このあたりの事情は滝兵と似ており，実際，滝兵のあとを追うように1871年に名古屋に店を出した。生糸と土地の売買に着眼して資産を増やせたのは，商才を滝兵から学び商魂を糸重（糸屋祖父江重兵衛）から授かったからと書き残している。四代目滝兵右衛門が頭取に就任した名古屋銀行の大株主であり，東海倉庫や帝国撚糸などの設立にも関わった。

　出身地が春日井丈右衛門に近い祖父江重兵衛は1869年に名古屋の本町で弟源次郎とともに呉服商を開き，事業家としての基礎を築いた。1878年には横井半三郎らと協力して士族の子女を織工に雇用する愛知物産組を設立している。当初，七曲町にあった工場を1889年には高岳町に移転し事業を拡

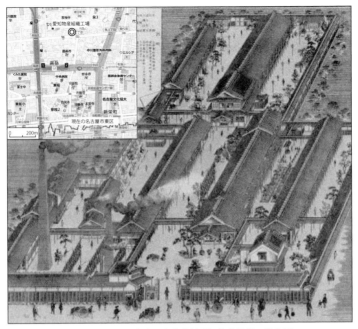

図3-22　愛知県名古屋合資会社愛知物産組織工場之図
出典：日本の古本屋のウェブ掲載資料（https://www.kosho.or.jp/products/detail.php?product_id=486040360）をもとに作成。

大した（図3-22）。生産した結城縞と木綿織物は「物産織」として高く評価された。梳毛織物の機械の開発にも関わり、名古屋紡績と岐阜織物を立ち上げるなどこの地域における織物業の先駆者として活躍した。ほかに愛知銀行，愛知石炭商会，三河セメントなどの事業にも参画し，本業は1905年に祖父江商店，1920年には糸重商店を名乗った。

　最後に取り上げるのは堀尾兼三郎（のちの服部兼三郎）である。堀尾兼三郎の出身地は祖父江重兵衛の出身地に近い北野村で，実際，祖父江は堀尾の叔父であった。そのため1885年に15歳で祖父江が経営する繊維商に丁稚奉公に上がった。商人魂を叩き込む祖父江に見込まれ，1889年にはその娘婿になった。しかし放蕩に走ったことを理由に離縁され，1894年に祖父江の元を去った。その年に服部と姓を改め，名古屋の八百屋町（現在の中区栄2－3）で服部兼三郎商店を立ち上げた。当時は日清戦争後の好機で、安価な外国綿

花を輸入し大陸市場へ綿紡を大量に輸出して利益を上げる事業に追い風が吹いていた。

　1894 年は服部兼三郎が自動織機を開発していた豊田佐吉と出会った年でもある。兼三郎はこの年に佐吉が完成させた小巾自動織機を大量に購入して賃織業者に導入する一方，佐吉に対しては開発資金を惜しげもなく融資した。兼三郎の支援なくしては佐吉の織機開発は困難であった。兼三郎の積極的な商いは日露戦争後も好調で，明治末には先発を追い越し名古屋で指折りの商人にのし上がるまでになった。1912 年にカネカ服部商店を設立し，大阪，浜松，和歌山，愛知，上海に工場を構える従業員 2,000 名余の大規模紡績会社を経営した。しかし強気一点張りの経営は繊維製品の相場暴落で大きな打撃を受けることになり，1920 年に自ら死を選んだ。兼三郎の薫陶を受けた石田退三，三輪常次郎は，その後，豊田自動車，興和紡績の牽引役として手腕を発揮した。近世末期から近代初期にかけて多くの商人群を輩出した江南は，跡を継ぐ子弟の教育に現在も力を注いでいる。

第4章
濃尾北東部セクターの地域構造

名古屋の北東方向に広がるこのセクターは，庄内川の本流とその支流に沿うようにして人々が活動してきた結果，形成された。庄内川上流部の土岐川や，支流の矢田川上流部の瀬戸川の流域で行われた焼き物の生産・流通は，尾張藩によって管理された。藩の財源がこうした活動によって支えられた部分は小さくない。名古屋と瀬戸の密接な関係は近代の輸出陶磁器生産・流通でも維持され，戦前の名古屋港における最大の輸出貨物は陶磁器であった。庄内川は尾張と美濃の境界をなす愛岐丘陵を横断したあとも丘陵地や河岸段丘に挟まれ扇状地を形成しなかった。庄内川中流部での取水は容易ではなかったが，名古屋城の御用水や伊勢湾臨海部の干拓新田の水源として大いに寄与した。尾張から愛岐丘陵を越えて美濃に向かう下街道は，中山道や信州に通ずる近道であった。この経路は近代以降は鉄道・国道・高速道路によって受け継がれた。窯業原料・採石・里山・最終処分場など地場産業や都市生活に欠かせない空間を提供したのもこの丘陵である。

第 1 節　庄内川流域における農業用水の確保

1. 扇状地を形成しない庄内川から水を引く三つの用水

　名古屋から見て概ね北東方向に庄内川の本流があり，その南側を支流の水野川，瀬戸川（下流部は矢田川）が，また北側を支流の内津川，八田川がそれぞれ流れている。庄内川本流の上流側は岐阜県で，ここでは本流は土岐川と呼ばれる。流域が同じだと川の利用に関して利害をともにすることが少なくない。水そのものもさることながら，川がつくった平坦な地形が連続しているため移動がしやすい。ただしこれは本流もしくは支流の流路に沿って縦方向に移動する場合である。本流と支流の間を跨ぐように，すなわち横方向に移動する場合は困難をともなうことがある。たとえば庄内川本流と支流の水野川や内津川の間は標高200〜250mの丘陵地であるため，山越えの移動となる。

　庄内川は，その北方を流れる木曽川と並行するようなかたちで流れている。二つの川の間隔は，どの地点で測るかにもよるが，たとえば春日井―犬

138
名古屋の周辺地域を読み解く

山間は約 17 km，多治見―美濃加茂間は約 14 km，武並―笠置間は約 4 km である。つまり上流側にいくほど狭くなり，やがて庄内川は源流の夕立山（標高727 m）に至る。こうして流れる二つの川には共通点がある。川の長さでは木曽川が庄内川を圧倒するが，中流部すなわち木曽川でいえば美濃加茂―犬山間，庄内川なら多治見―春日井間にともに峡谷部がある。現在も隆起を続けている愛岐丘陵を木曽川，庄内川がともに侵食してきた。つまり二つの川は大地が隆起するまえから流れていた先行河川であり，峡谷部の右岸側を高山本線，中央本線がそれぞれ通るようになり川沿いの交通が確保されるようになった。

　愛岐丘陵の東側は，木曽川は美濃加茂盆地，庄内川は多治見盆地であり，この点でも二つの川は似ている。ところが，愛岐丘陵の西側すなわち川が峡谷を通り抜けたあとの地形を見ると，木曽川と庄内川では大きな違いがある。木曽川は大きな扇状地を形成した。御囲堤が築かれる以前は木曽七流と呼ばれる分支流が扇状地の上を流れていた。一方，庄内川はどうかといえば，扇状地は形成せず分支流もない。扇状地がないかわりに河岸段丘がよく発達しており，右岸側では高蔵寺付近から西に向けて上段から順に桃山面，田楽面，小牧面，鳥居松面，春日井面，現堆積面が広がっている。河岸段丘は左岸側すなわち名古屋側にもある。高位，中位，低位の三段階であるが高位段丘は限られており，右岸側と比べると段丘発達に明瞭さを欠く。

　このように庄内川は右岸側で幾段階もの河岸段丘を形成した。しかし左岸側では守山丘陵が川に沿って延びているため，それに遮られ木曽川が形成したような扇状地を生み出すことができなかった。加えて，木曽川と比べると庄内川の傾斜は緩く，上流から大量の土砂を運べるだけの水量もなかった。さらに，愛岐丘陵の東側には多治見盆地のほかに土岐盆地，瑞浪盆地がある。これらの盆地に流れ込む川は礫を含む土砂を盆地に堆積させたが，そこからさらに下流部へ流したのは砂であった。多治見―高蔵寺間の先行谷の川底はつねに岩盤を露わにしている。川は隆起する岩盤を侵食し続けて岩屑を流したが，その量は多くなかった。

　庄内川を下流側から見た場合，先行谷の始まりは交通障害の始まりでもある。高蔵寺とその対岸の上志段味はともに平地と峡谷の境界地点にあり，一

気に交通路が制約される。両岸に多数の古墳群が分布するのは，平地で農業を営み，庄内川の舟運を利用した部族集団の生活空間がこの境界付近まで広がっていたことを物語る。古代から近世あるいは近代に至るまで，庄内川流域では稲作農業が生きていくために重要な関心事であった。このため人々は田に水を引き入れ米を収穫して豊かな暮らしをしようと願った。近くを流れる庄内川の水はなんとしても利用したかった。

　しかし自然流下しか手段のない時代，いくら近くを川が流れていても標高差があるため水は利用できない。水を得るには上流側に堰を設け圦から取り入れるしかないが，それには多くの費用と労働力を必要とした。こうした課題を乗り越え，庄内川の右岸側では先行谷の出入口に近い玉野用水をはじめ，高貝用水，上条用水などが設けられた。これらの用水は熱心な発起人の指導のもとで開削事業が進められた結果実現した。以下は三つの用水事業がいかに苦労をともないながら行われたかその経緯である。

　最初に取り上げる玉野用水は，春日井市東部の庄内川右岸側で近世半ばに設けられた（春日井市教育委員会編，1986）。用水が実現する以前の玉野村は畑ばかりで貧しく，農閑期は藤箕づくりや竹細工などをして生計を補っていた。藤箕の材料を求めて近くの山に入ったり，遠くは猿投方面にも出かけたりした。村の南側を流れる庄内川は地元では玉野川と呼ばれた。長年，村人は玉野川の水が利用できず悔しい思いをしてきた。1768年，玉野村の住人・川内八右衛門が上流の定光寺あたりから水を引くことを考え，付近の地形を調べた。その結果わかったことは，水が引き入れやすい場所に堰をつくろうとすれば大水に耐えられず，かといって堰が固定できそうな場所は近くに岩があって水が引き入れにくいということであった。思案した八右衛門は邪魔になる岩に穴を開けトンネルを通すことにし，村人に働きかけたり代官所に願い出たりしたが協力する者は現れなかった。

　そこで一人で工事をすることにし，石職人を雇って6年をかけ12間（約21.6 m）のトンネルを通すことに成功した。しかしあまりにも工事費用がかさんだため所有していた田を売り払わなければならなくなった。このことを代官から伝え聞いた尾張藩は八右衛門に葵の紋のある刀一振りを授け，木附村との境に残っていた八右衛門の田に十分水が引けるよう藩の費用で「八池」

を改修させた。2006年の時点で玉野町をはじめ春日井市内には東部を中心に溜池が81もある。江戸後期に著された『尾張徇行記』にはこの地域に溜池が78か所あると記されており、乏水地域という特徴は昔も今もあまり変わらない。

　さて、川内八右衛門が一人で始めた用水路の開削事業は、その後、玉野村の加藤助左衛門によって引き継がれた。助左衛門は庄屋をつとめていた森源八の協力を得て代官所から許可をもらい、村人たちと工事を進めた。堰の長さは30間（約50m）で、大きな蛇籠に石を詰めて川に沈めてつくった。堅い岩を削って水路を通す工事は予想以上に困難をともなった。岩の上に薪を積んで燃やしたり、水が凍るときの膨張力を利用したりして岩を崩していった。山肌が崩れやすい箇所は石垣を組んで補強し、水漏れしそうな箇所があれば粘土や石灰で固めた。文化年間（1804～1818年）に無事、工事を終えることができ、これによって20haの農地を灌漑することができた（図4-1）。1856年には下流側の高蔵寺村から玉野用水を利用したいという申し願いがあり、これを受けて2年後に用水路が延長された。さらに近代になると用水

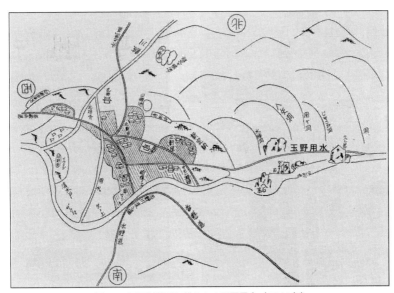

図4-1　玉野村絵図に描かれた玉野用水（1844年）
出典：春日井市史編集委員会編，1984, p.240をもとに作成。

路は拡張され，庄内川水系のうち尾張部では唯一の発電所も設けられた（産業遺産研究編集委員会編，1994）。助左衛門の業績を称え，地元では毎年，「助左祭」が行われている。

つぎに加藤重兵衛が中心となって開削した高貝用水は，玉野用水の下流8kmほどのところに設けられた（春日井市教育委員会編，1986）。対象となったのは，庄内川右岸側の関田村をはじめとする七つの村である。重兵衛が庄屋をつとめた関田村は，「関田千石，九日の祭り，どんなおだいも粟強飯」と俗謡に謡われるほど貧しかった。その意味は，旧暦9月9日の貴船神社の秋祭りは栗節句といって栗の入った赤飯を食べて祝うのが習わしであったが，米の少ない関田ではもち米の強飯を食べることができず，金持ちも貧しい農家のことを思って粟強飯を食べて我慢した，というものである。重兵衛はそんな現状を変えるために，上条村の庄屋の林吉右衛門に相談をもちかけた。庄屋から用水づくりの技術をもつ小原弥兵衛治のことを教えられ，早速，話を聞くことになった。弥兵衛治は7か村の庄屋が集まった席で話をし，用水路の開削には多くの費用と人夫が必要だと述べた。これを聞いた庄屋たちは皆押し黙ってしまった。

庄屋たちの心配は予想されたが，重兵衛には尾張藩の重臣の中に伝があり，この人物を介して藩から工事費を借用するという考えがあった。上条村の庄屋も尾張藩の附家老と縁があったので口添えをしてくれることになった。後日，城へ呼び出された重兵衛は，自らの命ばかりでなく母親の身も犠牲にする覚悟で用水路開削の事業に取り組む決意を述べた。これに心を動かされた重臣は藩主の許しを得たのち，重兵衛に工事費用の金子を貸し与えた。こうして事業は始められ，関田村から3〜4kmほど上流の大留に堰を設け南西に向けて用水路を開削していった。途中に硬い岩盤があって苦労したり，人夫がケガで破傷風にかかって亡くなったりするなど，工事は困難を極めた。しかし期日までに工事を終了することができ，完成した水路を水が流れるのを見て皆大いに喜んだ（図4-2）。後日，城へ呼び出された重兵衛に藩主は苗字帯刀を許した。

最後は上条用水である。上条用水は高貝用水の取水口から3kmほど下流の庄内川に取入口を設けて開削された。対象となる上条，下条，中切など五

つの村は高貝用水の灌漑地域より南側に位置する。上条，下条といった地名からわかるように古代の条里制をもとに村が成立したところで，庄内川の沖積氾濫原である。低湿地帯でしばしば洪水に見舞われ，自然灌漑に近い農業生産では多くの収穫は

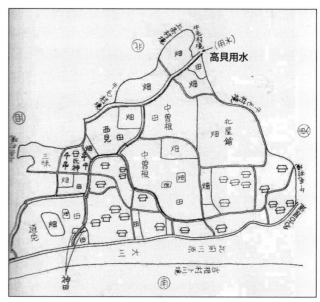

図4-2　桜佐村絵図に描かれた高貝用水（1792年）
出典：春日井市史編集委員会編，1985，p.260をもとに作成。

望めなかった。かつてこの地に上条城を築いた小坂氏は近江国に移り住んだが，応永年間（1394～1428年）に子孫の林彦右衛門重之が祖先の地に戻ってきた。灌漑されず荒れ果てた土地を見て右衛門重之は用水の開削を思いつき，私財をなげうち村民たちを指示して用水路を完成させた。その結果，荒田や湿田は良田に生まれ変わり，収穫量は増加し人口も増えた。

　こうして一帯は沃野に変貌したが，1661年の庄内川の氾濫により用水の元圦と294間（約529m）の堤防がともに流されてしまった。そこでこれを機に圦と樋を改造し，あわせて水路も変更することになった。上条村の庄屋林吉右衛門と小原弥曽吉，下条村の庄屋定四郎と弥吉，中切村の庄屋与兵衛と善右衛門，松河戸村の庄屋金左衛門と弥吉，勝川村の庄屋平右衛門が力を合わせ，工事を遂行した。上条用水はその後も改修が繰り返し行われたが，全長3.4km，幅と高さがともに2mの用水は現在も機能している。現在は庄内川の吉根橋近くに設けられた堰から取り入れられた水が途中で支流の内津川に流入し，そこで再び堰き止められて取り入れられる。その後は庄内川と

並行するように流れ，全体で約50haの農地を潤す。

　近世に庄内川右岸側に設けられたこれらの用水路は，昭和初期頃まで半ば素掘の水路といった状態であった。その後，水路の土手の崩れやすい所から順にコンクリート護岸工事が行われ，現在は全体がコンクリート水路になっている。しかし水路状態を維持するために行われてきた慣習は残されている。たとえば上条用水の場合，水路内の土砂をさらう浚渫作業が年間に3～4回行われる。1回目は苗代の始まる前，2回目は田植えの前，その後も1～2回行うという徹底ぶりである。大正から昭和にかけては毎年延べ人数で500～600名が動員されたが，用水施設が整備された現在は100～150名ほどである。都市化の進展で田畑が住宅地などに変わっていく昨今，農家数は減少しており，農業用水路から生活排水路へ利用目的が変わってきている部分もある。

2．乏水地帯で水を確保するための溜池と伏流水の利用

　春日井市では毎年，7月下旬の土曜日に「納涼まつり」が開催される。まつりの一番の出し物は夕暮れから始まる打ち上げ花火で，市内各地から集まってきた大勢の市民は日中の暑さを忘れる。近隣の自治体では河原で花火を上げることが多いため，庄内川に面する春日井市でも庄内川の河原で行ってもいいように思われる。しかしなぜか春日井市の花火大会は，納涼まつりの会場の落合公園で行われる。東西に長く広がる市域のほぼ真ん中に位置する落合池は，市民が集まるのにはちょうどよい場所といえる。この落合池は1989年に「日本の都市公園100選」に選ばれた面積24.9haの総合公園の中にある。園内には大芝生広場，池に浮かぶ日本式庭園の中の島，池を取り囲む遊歩道，大型遊具のある広場，日本最大級の高さ約21mの「フォリー・水の塔」などの施設が点在する。「桜の名所」としても知られており，春にはおよそ90種，約1,000本の色とりどりのさくらが開花し，大勢の人で賑わう。

　落合公園は近世に設けられた落合池という農業用の溜池を，いまの時代に合うようにつくりかえたものである（春日井市教育委員会編，1986）。この人工池は，市内に広がる河岸段丘のうち現在の庄内川沿いの堆積面を除けば，

下から3番目に高い小牧面の上に位置する。落合池の東側は丘陵性地域で，これが小牧市と境を接しながら北東方向に広がっている。このあたりには茨池や鋏池があり，また落合池の西側には大池，与兵池など多数の溜池が分布している。1997年の時点で，愛知県は全国で15番目に溜池の多い県であった。とくに知多半島に多いが，尾張東部にも溜池は多く，なかでも春日井は119で，瀬戸の97や長久手の80よりも多かった。しかし都市化とともに溜池は少なくなり，2006年は瀬戸91，春日井81，長久手59の順でいずれも減少した。その春日井において溜池が集中しているのが落合池の北東側と西側，それに市東部の鰍川，大谷川のそれぞれ流域である。

　市内にある多くの溜池の中で落合池が特筆されるのは，その大きさと構造である。東部の鰍川，大谷川流域の溜池が谷間に堤を築いた構造であるのに対し，落合池やその近くの大池は，平地の上に堤を築いてつくった溜池である。谷間を利用して築いた溜池の堤が一面であるのに対し，平地に築いた溜池は四方すべてが堤である。当然，築堤やその後の管理には特別な配慮や注意が求められる。落合池が築造された正確な年次はわからないが，下原新田を開発するための水源として設けられたことは明らかである。下原新田は，ここから北へ4kmほど行った大草（小牧市大草地区）に住んでいた波多野姓や西尾姓の人々が移住して開発した土地である。開墾は1658年から始められたので，落合池もその頃に築かれたと思われる。

　落合池の水源は，下原村に源のある生地川，大草村の太良池・大洞池，それに落合池東側の丘陵地・大泉寺の三つである。これら三つの水源の水が合流して池になることから，落合池と呼ばれるようになった。落合池には昔，上池とトマリ池という別の池があり，泥や粘土をこれらの池で沈殿させたあと表面の水を受け入れていた。これらの池に沈殿した堆積土は瓦の原料として利用できた。溜池の水を抜いたあと，堆積した粘土は四角に切って運び出された。

　落合池の近くには瓦屋があり，粘土の切り出しは冬の風物詩であった。近代になり名古屋市上水道の沈殿池が春日井に設けられたさいには，沈殿池の堤を築く材料として粘土がトロッコで運ばれた。落合池は1891年10月の濃尾地震で大きな被害を受けたため復旧工事が実施された。その後，1986年

に改修工事が行われることになり，そのさい堤防の横断面を見ることができた。その横断面の土の種類の違いから過去の補強工事の様子が明らかになった。それによると，濃尾地震の復旧工事では古い堤防（粘質赤土）に食い込むようにハガネ（刃金）が打ち込まれていた。乾燥した粘土は脆いが適度に湿ると粘着力が強くなるため，堤の内側にハガネを打ち込んだと考えられる。

　落合池はおよそ20haの広さでつくられた。この大きさは灌漑面積をあらかじめ決め，それにしたがって設計された。平地の上に築かれた溜池であるため，池の深さが決まれば全体の水量は簡単に計算できる。一般に，田んぼで稲を栽培するには1年間でおよそ40cmの水を必要とする。途中で流れ出る分も考慮すると，70〜80cmの水は要る。この前提で溜池の深さを150cmとすれば，池の面積は灌漑面積の半分でよいことになる。実際，落合池が水を供給した田の面積は約40haであった。池には圦が3か所あり，田植えの時期になるとテッポイリ，ヤシキ，ヨミと呼ばれた圦の栓が一斉に抜かれた。昔は池番と呼ばれる人が圦の管理を請け負い，俸給として米1俵分の支給を受けたという。池番は，大雨が降ると夜間や嵐の中でも圦の見回りに駆けつけなければならなかった。

　ところで，前項で述べた玉野用水のように川に堰を設けて圦から水を引くのではなく，また落合池のように溜池を築いて田に水を流すのでもない灌漑事例が春日井にはある。場所は玉野用水の堰の北西5.5km，落合池からいえば北東へ5.3kmの内津川扇状地の上である。内津川は全長約14.8kmの中規模河川で庄内川の支流である。扇状地を形成しなかった庄内川とは異なり，愛岐丘陵から流れ落ちる水を集めた川は扇状地を形成している。このため扇央に当たる神屋地区では内津川の表流水が乏しく，昔から「神屋カラ」といわれてきた。耕地の大半は畑地で明治初期には養蚕のための桑畑が広がっていた。内津川上流側の内津や下流側の坂下では製糸工場が操業し，神屋を含む内津川の流域一帯から繭を集めていた。

　明治中期頃から盛んに行われてきた養蚕は，昭和初期の世界恐慌で壊滅的打撃を被るようになった。立ち直りを図るために町長はじめ神屋の人たちが考えたのは，不要になった桑畑を水田に転換することであった。しかし扇状地性の土地柄であるため水は簡単には得られない。調べてみると，山から内

津川に流れ込んだ水は神屋の手前で砂礫層に染み込んでしまうことがわかった。そこで砂礫層を掘削し，そこに水を通さない粘土の壁を築いて水が下流部に流れていかないようにする工事を行うことになった。これは「刃金工事」という工法で，内津川を横切るように東西360m，深さ9mの地下堰堤を構築するものである。地下堰堤の幅は14mほどで，地下9m付近を流れる水が湧き出しやすいように丸石を層状に積み上げる。丸石の層が崩れないように蛇籠を並べて補強することも忘れない。

　工事開始は1931年で，村人総出の昼夜兼行の工事が行われた結果，3年後の1934年3月に竣工した（図4-3）。完成後，工事箇所を訪れても何も見えない。すべては地下に埋もれており，地表にあるのは湧き出た水を集めて流す水路だけである。幅360mの「地下のダム」は西の内津川から東の下街道の間にあり，途中の一部は現在の坂下中学校のグランドの下を通っている。坂下中学校の西門脇には「水利民生」と刻まれた記念碑が立っている。扇状地の扇央を流れる伏流水は利用できないという常識を覆すように，「神屋の伏流水立ち上げ」は実現した。

　「神屋の地下ダム」は昭和初期の灌漑事業であるが，その遠因ともいえる農業が近世に行われていた。それは，扇状地上にあって水の乏しい内津川流域の神屋から北隣の八田川流域にある大草（小牧市）へ行って出作り農業をしていたというものである。大草では小川や溜池の水が利用できた。流域を跨ぐかたちで農業が日常的に行われていたので，村と村との境目は非常に複

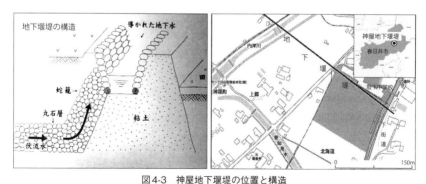

図4-3　神屋地下堰堤の位置と構造
出典：黒沼,2016,p.8，日本ダム協会のウェブ掲載資料（http://damnet.or.jp/cgi-bin/binranB/Konogoro.cgi?id=652）をもとに作成。

雑であった。出入りの激しい複雑な境界線は現在の春日井市と小牧市の間でも変わっていない。水利用の地理的不均等が農業に影響を与え，それが行政域の境界線にも現れたという事例である。

3．中央本線の建設と並行して実施された虎渓用水事業

　JR中央本線の多治見駅には南口と北口の二つの出入口がある。このうち南口は中央本線の名古屋—多治見間が開通した1900年に設けられた。2年後，多治見—中津間が開通したため多治見は途中駅となるが，駅の出入口はそのままで駅前を起点に東西方向に商店街が形成されていった。中央本線が開通する以前の多治見の中心は，駅から南へ350mほどのところを東西に流れる土岐川（庄内川）の左岸側にあった。本町と呼ばれる一帯が多治見発祥の地で，ここには美濃焼を周辺の生産地から集荷する産地卸売業者が集まっていた。近世は尾張藩の流通経路を経て瀬戸物の一部として江戸や大坂の中央市場へ送り出されることが多かった。近代以降は瀬戸物から離れ美濃焼として独自の道を歩むようになる。これにより，多治見本町の産地卸売業の中心としての地位は高まった。

　鉄道という近代的な交通手段の登場にともない，多治見から全国に出荷される陶磁器の輸送ルートは劇的に変化した。それまでは，現在の国道19号の元といってもよい下街道を馬車で西に進み内津峠を越えて勝川から大曽根に向かう陸路が使われた。いま一つは，多治見から北へ姫街道を通って木曽川の野市場湊まで運び，そこから舟運で桑名へ送るルートであった。いずれにしても移動には時間がかかり，運べる量にも限りがあった。それと比べると，鉄道を利用する輸送はこれまでとは比較にならないほど所要時間と輸送量で勝っていた。中央本線は陶磁器の輸送手段としてだけでなく，燃料の石炭を運び入れる手段としても大きな威力を発揮した。多治見を中心とする東濃地方で石炭窯が普及するのは1909年以降で，中央本線の開通は燃料面でも陶磁器産地に恩恵をもたらした。

　多治見の町としてのルーツが土岐川の左岸側にあるのは，1641年に陶工の加藤景増が多治見の東隣の久尻（土岐市久尻）から一家総出で新天地を求め，この地に移住したことを起源とするからである（林，2022）。場所は現

在の多治見市役所に近い平野台で，原料となる粘土や地形などを考えて移住先を選んだものと思われる。景増の子供の景姓や景郷も近くで窯を築き，やがて陶磁器生産地としてのかたちが出来上がっていったと考えられる。その後は，先にも述べたように，尾張藩の流通経路に依存するようにして生産は続けられていった。下街道は多治見の発祥地ともいえる本町を東西に通っており，産地卸売業者は下街道に沿って並んでいた。江戸後期に尾張藩の流通経路を経て市場に向かう美濃の陶磁器の集荷を一手に取り扱った西浦屋も下街道沿いに店を構えていた。こうしたことから，近世を通して多治見の中心は土岐川左岸の下街道沿いにあったといえる。

　ところが中央本線は土岐川の右岸側を通るように敷かれ，駅もこれまでの中心から 800m ほど離れた位置に設けられた。これは愛岐丘陵の先行谷の北側すなわち庄内川（土岐川）の右岸側にトンネルを通して中央本線が建設されたからである。トンネルを出た線路はそのまま土岐川右岸側に至る。多治見で陶祖とされる加藤景増が選んだ移住先は多治見盆地の南東隅で，土岐川と左岸側丘陵地との間の距離は短い。川沿いの細長い平地の上を下街道が通り，それに沿うようにして町が形成された。対して土岐川の右岸側は平地が広く，このあたりが盆地の中央である。多治見駅が設けられた 1900 年当時，土岐川右岸側は可児郡豊岡町で，左岸側の土岐郡多治見町とは行政的に異なっていた。駅の開業にともない豊岡町のうち長瀬本町通では荷馬車・荷車・人力車が往来し，豊国座，長郷座などの劇場や美濃合同銀行，豊岡信用組合などの金融機関が生まれた。その後，豊岡町は 1934 年に多治見町に編入されることになり，多治見は古い本町と新しい駅前（長瀬本町通）の二つの核をもつ盆地都市になった。

　冒頭でも述べたように現在の多治見駅には南口のほかに北口もある。しかし北口は誕生してまだ日が浅い。北口は，多治見駅北土地区画整理事業の一貫として道路と駅舎が 2016 年に整備されたのにともなって設けられた。この事業には多治見駅の北側一帯の土地利用を高度化し，あわせて駅を挟む南北交通の円滑化を図るという目的もあった。多治見駅は橋上構造に改造され南口と北口が連絡できるようになった。しかし鉄道高架化は実現できていないため，南北間の移動は駅構内を通る歩行者に限られる。土地区画整理事

業の目玉の多治見市役所の北庁舎が2015年に竣工し，多治見の新市街地の大半を占める駅北地域に対して行政サービスを提供するようになった。国道19号はすでに1971年からかつての下街道ルートではなく，駅北の新市街地を通るルートに変わっていた。本町の下街道沿いにあった産地卸売業も，1975年以降，盆地北側の丘陵地に造成された企業団地に移転していた。国道19号やこれと南北に交わる国道248号沿いを中心に大型専門店も進出してきた。こうした商業施設が立地する余地のない土岐川左岸側との対照性は著しい。

　多治見駅北の土地区画整理事業では駅の北口に設ける広場をどのように整備するか，構想段階で種々のアイデアが出された。その中に地元民が要望する虎渓用水を取り入れた広場整備というのがあり，これを実現する方向で計画案がつくられた。虎渓用水とは，1902年に地元の村が村の財産を売り払いながら難工事の末実現にこぎ着けた農業用水のことである（多治見考古学サークル編，1990）。水路の総延長は1,620mで，まず土岐川から取り入れた水を虎渓山に掘ったトンネルを通して弁天池に注ぐ。そこから現在の中央本線の北側に広がっていた農地に送って灌漑し，最後は大原川に流して土岐川へ戻す。近代から現代にかけて虎渓用水は土岐川右岸側の盆地に広がる農地を潤してきた。しかし現代になって都市化が進み水路の多くは暗渠化されたため，地元民でさえ忘れた存在になっていた。いわば歴史的な農業遺産を目に見えるかたちで都市に復活させるというアイデアである。

　虎渓用水には実現するはるか以前にこれを築こうとする試みがあった（図4-4）。最初の試みは1731年の取水計画で，土岐川から当時の長瀬村へ水を引く願いが赤坂役所（当時の支配役所）へ出されたが，実現には至らなかった。つぎは1833年の取水計画で，虎渓山北側の土岐川左岸の十八灘で取り入れた水を土岐川右岸に渡し，さらに川沿いに長瀬村へ送るというものであった。水路は完成したが出水で崩壊し使えなくなった。さらに試みは続き，1853年の計画では十八灘より上流側の土岐川支流の大洞川を水源とした。十八灘までは土岐川の左岸沿い，十八灘で土岐川を水路で横断し，以後は右岸に沿って水路を弁天池，長池まで引くというものであった。十八灘へ至る途中に瑞霊岩の障害物があったため，長さ20間（約36m）のトンネルを掘って水路

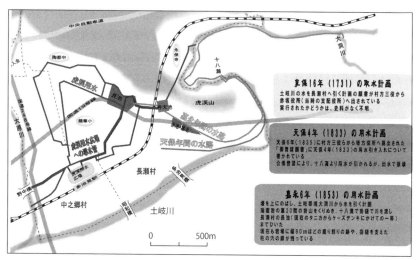

図4-4 虎渓用水建設計画の推移
出典:多治見市図書館郷土資料室のウェブ掲載資料(https://www.tajimi-bunka. or.jp/lib/wp-content/themes/lib/image-local-pdf/kawa16.pdf)をもとに作成。

を通した。

　こうして幕末・嘉永期を通して用水は使われてきたが，1891年10月の濃尾地震によって長池が使えなくなった。このため岐阜県に改修を要望したが聞き入れられなかった。ところが幸いなことに，1896年から中央本線の建設工事が始まり，多治見周辺で技術者や作業員の姿が見られるようになった。こうした状況を好機ととらえた豊岡村の村長・佐藤邦三郎が技術者に相談をもちかけたところ協力が得られることになった。そして，長さ340間(約612m)，トンネル部分220間(約396m)の水路建設計画がその技術者の指導のもとで立てられた。近世の水路と比べて長さが短いのは，土岐川から最短距離でトンネルが通せたからである。鉄道と水路の二つのトンネルはほとんど同じ場所を通る。こあたり一帯は，専門的には中・後期ジュラ紀の付加コンプレックスと呼ばれる硬い砂岩層が土岐川の流れを阻止するような場所である。Ｓの字状の先行谷であり，近世はこの岩にトンネルを掘ることができなかったため，Ｓの字を大きく迂回するルートでしか水路は通せなかった。

　佐藤邦三郎は中央本線の駅名を「多治見駅」と命名した人物ともいわれる。まだ豊岡村が多治見町に編入される以前であったが，将来の編入を想定し編

151
第4章　濃尾北東部セクターの地域構造

入先の町名と同じ名前の多治見駅とした。先に述べたように，豊岡村では村の財産を売り払って虎渓用水の建設費を捻出した。邦三郎をはじめとする先人たちの苦労の上にその後の村の発展があり，それが今日まで続いているという思いが地元民にはあった。多治見駅北口広場は 2016 年に完成した。駅 2 階のコンコースからエスカレーターで 1 階の北口に降りると，目の前に縦 45m，横 69m の親水空間が広がっている。1 階から階段を降りていく通路が半地下式になっているのは，多治見が盆地であることを意識し，全体として凹状の構造になっているからである。植樹と水路が組み合わさった憩いの空間が用意されており，テラスで休憩したり，イベント広場の噴水で涼をとったりすることができる（忽那ほか編，2021）。虎渓用水から新たな導水管を通して水を引き込んでいるため，循環水ではなく土岐川の水がつねに広場を流れている。

　多治見駅の北口広場が「虎渓用水広場」と命名されたのはきわめて自然である。現在，中央本線の北側にはこの用水の水を必要とする水田はまったく存在しない。しかしこの用水は防火や生活のために役立っており，都市用水として生かす道を新たに提供したといえる。土岐川本流は多治見の町を南北に分断するように流れている。過去には洪水が大きな被害をもたらしたこともあった。その土岐川の水を町の裏側ともいえる上流部からトンネルを通して引き入れ，現在は駅前にまで届けている。市街地北の弁天池・長池から自然流下で流せるのは多治見盆地の北側に河岸段丘が形成されているからである。まるで緩やかなカスケードの上を流れるように水は階段を下る。そして駅前北口まで流れて人々を和ませ，最後は土岐川へと還っていく。中都市の歴史的背景と地形条件を生かした見事な用水といえる。

第 2 節　瀬戸の陶祖・磁祖と尾張藩の陶業への介入

1．猿投古窯がルーツの瀬戸焼の陶祖・加藤景正

　瀬戸物（焼き物）の語源にもなった瀬戸には陶業の祖とされる二人の人物がいる。1223 年に中国へ渡って焼き物の技法を瀬戸に伝えた加藤四郎左衛

門景正（通称：藤四郎）と，1801年に磁器焼成技術を先進地の九州から瀬戸へ持ち帰った加藤民吉である。いずれも姓は加藤で紛らわしいが，藤四郎は陶祖，民吉は磁祖として祀られている。それぞれの遺徳を称える行事が，春4月は「陶祖まつり」，秋9月は「せともの祭」として開催される。藤四郎を祀る陶彦神社（すえひこ）と民吉を祀る窯神神社は，いずれも市街地を流れる瀬戸川の右岸丘陵の中腹にある（図4-5）。上流側の陶彦神社と下流側の窯神神社は1kmほど離れている。二つの神社は離れているが春と秋のまつり行事はともに瀬戸川両岸が会場で，焼き物を販売する多くの屋台が立ち並ぶ。川岸にはかつて多くの産地卸売業者が店を構えて商いをしていた。卸売業が郊外に移転した現在は，十数軒の陶磁器小売店が観光客を相手に商売をしている。

　日本には全国各地に焼き物産地があるが，瀬戸ほど長い歴史があり，現在もなお産業として存続させている産地は少ない。冒頭で述べた瀬戸物の語源が瀬戸であることが物語るように，近世以降，江戸や大坂の中央市場を中心に瀬戸物という言葉が一般に広まった。ただし九州北部の唐津・伊万里・有田で焼かれた焼き物は西日本市場を中心に「唐津物」と呼ばれた。しかしその唐津で最初に焼き物が焼かれたのは16世紀末とされる。有田やその外港である伊万里周辺の焼き物も唐津物と呼ばれたが，その始まりは唐津よりあ

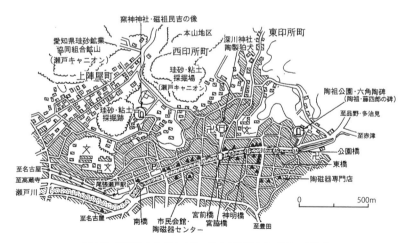

図4-5　瀬戸市中心部の珪砂・粘土採掘場と陶磁器関連施設
出典：須藤・内藤，2000, p.31をもとに作成。

とである。近世は東の瀬戸（美濃を含む）と西の有田（伊万里）が有力な産地であった。それよりまえからの「日本六古窯」の中に瀬戸は入っており，中世から今日まで千年以上の歴史をもつ（小山，1978）。

　さて，瀬戸陶業の地に二人の祖がいるのは，長い焼き物生産の歴史の中で画期ともいうべき二つの出来事にそれぞれの祖が深く関わったからである。最初の出来事とは古瀬戸の登場である。瀬戸を含む猿投窯は，九州北部の牛頭窯，畿内の陶邑窯とともに三大古窯の一つとされる。猿投窯は猿投山の南西方面に広く分布している。始まりは現在の名古屋市東山丘陵あたりで，それ以後は現在の長久手市・日進市・みよし市付近の丘陵地にまで広がっていった。さらに名古屋市守山区，瀬戸市方面へと範囲を広げた。ここで生産されたのは炻器で朝鮮半島から伝えられた技術をもとに耐火性の傾斜地に築いた穴窯で焼かれた。須恵器は1,000℃を超える高温で硬く焼き締めた炻器で，無釉と自然釉・灰釉があった。当初は燃料の一部が付着した自然釉であったが，その後は釉薬を施して水の染み込まない焼き物にした。

　猿投窯で安物の焼き物（山茶碗）が焼かれていた13世紀中頃，その一部の瀬戸窯で新たな動きがあった。釜ケ洞窯がその代表であるが，この古窯は1960年代後半に瀬戸市南東部で行われた県営菱野団地の造成工事現場で発見された。全部で5基の窯跡から無釉の椀・小皿・擂鉢・入子の皿・卸皿・手あぶり（火鉢）・瓦，それに施釉の瓶子・梅瓶・四耳壺・三耳壺・手付水注・輪花の鉢・盤などが出土した。出土品は多様で，鎌倉時代の施釉陶器のほぼすべての器種が揃っていた。特筆されるのは，無釉陶器より施釉陶器の方が多かったこと，それに施釉陶器に中国磁器の影響がみとめられたことである。四耳壺・水注・梅瓶は中国伝来の器種であり，瀬戸窯において中国の磁器を意識した焼き物づくりが行われていたことを物語る。釜ケ洞窯は12世紀から13世紀にかけて稼働したと考えられる。

　釜ケ洞窯で中国磁器を模倣した施釉陶器が生産された時期とくにその後期は，瀬戸で窯業が始まったと歴史史料が伝える時期と大きく違わない。藤四郎が道元禅師に従って宋に渡り，陶芸を学んで日本に帰ったあと瀬戸で初めて窯を開いたという伝えがあることはすでに述べた。この伝説に関する最古の史料は，1678年に土佐尾土焼の陶工・森田久右衛門が記した日記『森田

久右衛門』である（宝雲舎ほか編，1976）。この中で久右衛門は，「瀬戸焼の元祖は藤四郎であり，今から450年ほどまえ，鎌倉二，三代目のことである」と記している。日記の記載時点から450年を遡ると，道元が入宋した1223年とほぼ一致しており，この日記に信憑性があることがわかる。ちなみに藤四郎が良質な粘土を見つけて陶業を始めた祖母懐は釜ケ洞窯の発見場所と隣合わせの位置にあるため，言い伝えは発掘場所の点でも符合する。

　釜ケ洞窯で中国磁器を模倣して施釉陶器をつくった陶工が藤四郎本人であったという確証はない。この陶工が試みたのは中国磁器の形状を真似た陶器であり磁器ではない。成形法，製釉，焼成技法のどれもが猿投窯の伝統的手法にとどまっていた。瀬戸で磁器が生産されるようになるのは，先行する九州での磁器製造の技術を学んで瀬戸に戻った加藤民吉以降である。それまで580年もの時間を要することになるが，結果的には瀬戸で産出する花崗岩の二次的堆積土を原料として磁器は生産できた。しかしそれに至るにはそれだけの時間が必要であったとしか言いようがなく，瀬戸窯の初期段階では中国窯業がもつ技術の一部しか取り入れることができなかった。

　藤四郎に始まる瀬戸窯では，中国では普通に生産されていた磁器そのものを生み出すことはできなかった。当時，輸入された中国磁器とくに白磁は日本社会の上層部でもてはやされ，とくに白磁・四耳壺・水注・梅瓶は日常生活だけでなく宗教用具としても珍重された。火葬した骨を納める蔵骨器として転用されることもあり，瀬戸焼の瓶子がその代用品として用いられた。蔵骨器は墓に納められるため出土状態がよく，伝世品や完全品などとして残されているものが少なくない。代表的な出土例として，群馬県・長楽寺の月船和尚墓（1308年），岐阜県・白山長瀧神社境内出土（1312年），神奈川県・多宝寺出土（1327年）などがある。これらは古瀬戸が技術的にも様式的にも最高潮に達しつつあったことを物語る。

　中国磁器の模倣品を上層社会に供給していく一方，瀬戸窯は黒釉陶器の生産にも乗り出していった。背景には中国から輸入された黒釉陶器を使って喫茶をする習慣が上層社会で行われるようになったことがある。喫茶の法は，鎌倉時代に中国の天目山（浙江省杭州市臨安区）から帰国した禅僧たちによって広められた。天目山の寺院で用いられたので天目茶碗と呼ばれたが，焼造

したのは天目山に近い建窯である。茶碗の形状から天目形の名もあり，器面にかけられた黒褐色の釉は天目釉と呼ばれた。瀬戸窯は神仏器とともに天目茶碗をつくって喫茶文化の普及に貢献した。

　喫茶習慣という海外文化の輸入が，特定の焼き物をともなっていたことは興味深い。瀬戸窯はそれを逃さず，陶工たちは僧らが持ち込んだ天目茶碗をモデルに複製品を生産した。地元で水打と呼ぶ酸化鉄を呈色剤として灰釉に含ませ，酸化焔で焼成して黒褐色に発色させる。この釉法は，これまでの灰釉とともに瀬戸焼の基本的な釉法の一つとして定着していくことになる。こうして瀬戸焼は，主に武将たちに好まれた白磁に似た陶器に加え，武将・僧侶・文人らが関心を示した黒褐色の喫茶陶器をも主力分野に収めるようになった。

　中国から輸入されたさまざまな陶磁器を模倣した古瀬戸は，具体的にどのように生産されたのであろうか。模倣という言葉にはネガティブな意味合いがある。しかし求めても手に入りにくい外国品を国産品で補い，その過程で先進的技術を習得するという肯定的意味もある。輸入品と国産品の関係は，時期と機能の二つの側面から考えることができる。たとえば，鎌倉時代の政治の中心地であった鎌倉には200か所以上の遺跡があり，そこから中国産と古瀬戸が大量に出土している（藤澤，2002）。そこでの発掘調査によれば，輸入磁器の廃棄が13世紀末から14世紀始めであったのに対し，古瀬戸の廃棄は14世紀前半に多かった。このことは，中国からの輸入量が減少したあと古瀬戸がそれを補うように生産されたことを物語る。

　輸入品と国産品の機能面での関係は，ある種の棲み分けの関係でもある。すなわち，中国陶磁を模倣したといわれる瀬戸窯は，輸入磁器のすべての器種を模倣したわけではない。このことは鎌倉の遺跡から出土したものを調べると，輸入品に多い青磁・白磁の椀や皿などの供膳具に相当する古瀬戸が出土しないことから明らかである。その一方で，ほとんど輸入されなかった入子・卸皿・柄付片口などが古瀬戸の製品として供給されている。つまり瀬戸窯は，まったく輸入されないか，もしくは輸入量の少ない器種に的を絞り，古瀬戸として供給した。実際には，当時の瀬戸窯では青磁や白磁を複製できる能力はなく，模倣するしかなかったというよりは，むしろできなかったの

である。

　加藤四郎左衛門景正（通称：藤四郎）の話に戻ると，戦国期，織田信長が尾張から美濃へ向けて進出を図ろうとしていた頃，藤四郎から数えて第十三代目にあたる加藤景春が三人の息子を美濃へ移住させた。当時，美濃では京都からの影響で桃山風の陶器をつくる動きがあり，これに刺激された瀬戸の陶工がその流れに乗ろうとしていた。信長の美濃攻めという政治的状況変化もあり，美濃に移住した景春の息子たちは久尻や久々利で陶業を始めた。さらに移住者の子息が大萱・笠原・水上など現在の可児市・多治見市・瑞浪市で窯を開いた。こうした陶工の中にはそれぞれの移住先で陶祖として祀られている者もいる。そうした意味で，藤四郎は古瀬戸を生み出した瀬戸の陶祖であるばかりでなく，美濃焼の陶祖にもつながる偉大な祖先であったといえる。

２．磁器製法の秘術を瀬戸へ持ち帰った磁祖・加藤民吉

　瀬戸で磁祖として祀られる加藤民吉は，瀬戸焼産地を衰退の窮地から救った恩人，あるいは中興の祖として敬われている。産地が勢いを失っていった原因は，近世初期に磁器生産で成功し高級品を中心に市場を広げていった有田焼に押されたためである（林，2022）。豊臣秀吉による朝鮮出兵のさい，九州の諸大名は朝鮮人の陶工を連れ帰り領内で磁器を生産させた。いち早く磁器製造に成功した佐賀藩は製造技術を秘匿し，生産した磁器を大坂・江戸などの市場に送って上げた収益を藩財政に組み入れた。有田焼は出荷する港の名前から伊万里焼ともいわれた。中国で明と清の間で対立・混乱があり中国からヨーロッパへ磁器の輸出ができなくなった一時期，オランダは有田に肩代わりをさせた。中国で生産が復活すると有田は市場を国内に切り替え，他産地では生産できない磁器を供給して優位性を確保した。

　こうした状況のもと，瀬戸では磁器製造の技術を入手し有田に追いつかねばという思いが強かった。近世も後期になると商品経済の浸透で各地の藩は農業以外に特産品の振興に力を入れるようになった。むろん新田開発で米の生産増加を図ることも重要で，尾張藩は伊勢湾沿岸での干拓事業を奨励した。尾張藩の熱田奉行兼御船奉行の津金文左衛門が熱田沖で新田開発の責任者と

して指揮を執っていたのは，ちょうどその頃のことである。打ち続く不況で藩財政は困窮の極みにあり，新田開発は土木，農業，税収などの面から期待できる事業であった。ただし開発事業への投資は膨大で自ら開発を申し出たものの，余りの支出増で自刃する者さえいた。

　ある日，文左衛門は新田開発の現場で土木作業に不慣れな人夫を見かけた。そこでその人夫に声をかけたところ，ここへ来るまで瀬戸で窯仕事をしてきたが，唐津物に太刀打ちできず廃業に追い込まれたということであった。文左衛門自身，藩の産業振興のため南京焼と呼ばれた磁器の製造に取り組んでいた。そこで一計を案じ，人夫仲間の加藤吉左衛門とその子・民吉に南京焼の開発を手伝わせることにした。民吉は陶業が継げるのは長男のみという尾張藩が定めた「一子相伝制」のため陶業を断念し，新田開発に従事していた。当時，陶業は統制経済のもとで行われており，同業者がむやみに増えて焼き物の値崩れが起こることを避けていた（瀬戸市史編纂委員会編，1967）。

　1798年，津金文左衛門は陶業振興を念頭に加藤吉左衛門父子を瀬戸に帰し，磁器の開発に当たらせた。また庄屋をしていた本家の加藤唐左衛門には，その手助けをするよう手配した。それから3年が経過したが，吉左衛門父子は肝心の原料土が見つからず行き詰まっていた。そこで父子は，文左衛門所有の中国伝来の原書に書かれていた南京焼の磁器製法を手掛かりに，知多郡翔缺村の土を使ってみることにした。試し焼きを数十回繰返したところ，盃を数個どうにか焼き上げることができた。この結果に満足した文左衛門は，早速，熱田新田の古堤（名古屋市港区）に窯を築いて磁器の製造を行おうとした。

　ところが，文左衛門のこうした動きに対し，瀬戸の窯元たちは反対した。これまで焼いてきた本業窯への影響が大きいというのがその理由である。尾張藩が瀬戸に置いていた水野代官も反対した。このため瀬戸村庄屋の加藤唐左衛門が斡旋に乗り出し，尾張藩家老に裁断を仰いだ。その結果，この事業は熱田ではなく瀬戸で行うことになった。その後，尾張藩はこれまで瀬戸の窯元に対し嫡子のみに限って相続を許していたのを改め，新規の磁器製造には適用しないことにした。藩自らが磁器開発の重要性を認識し，新産業の振興を進める方向へ舵を切ったのである。

尾張藩の方針転換にともない，瀬戸では加藤吉左衛門や六代目加藤忠治など14名が磁器製造に転業した。1802年に尾張藩は，窯元から焼き物を集荷し名古屋の蔵元に送り出す中継拠点として，瀬戸，品野，赤津の各村に御蔵会所を設置した。藩は翌年，磁器焼造用の丸窯を築くための援助にも乗り出した。この効果はすぐに現れ，二代目川本治兵衛は染付磁器用の素地を配合するのに成功した。六代目加藤忠治は染付磁器を12俵(720kg)藩へ納入した。こうして磁器製造への流れは一気に進んだように思われた。しかし実際に製造された製品をよく見ると，それは肥前の磁器に正面から対抗できるようなものではなかった。

津金文左衛門から磁器開発の期待を託された加藤民吉は努力を積み重ねたが，本当の磁器を製造するまでには至っていなかった。原料，釉薬，焼成窯のすべてについて知識が不足していた。1802年，長年にわたって支援してくれた津金文左衛門は75歳で亡くなった。文左衛門は生前，民吉らが試作した磁器を藩主の宗睦に見せたが，「これでは大名への手土産にもならんわ」と突き返されるような始末であった。こうした状況を打ち破るには，肥前へ誰かを送り込み陶業に関する秘術を盗むしかないと庄屋の加藤唐左衛門は考えた。実際，加賀藩の九谷焼や会津藩の会津本郷焼は百年もまえに有田の技法を盗んで磁器の焼成に成功しており，そうした例にあやかりたいと考えるのは無理もないことであった。

衆議の結果，加藤民吉を肥前に潜行させることになった（加藤，1982）。1804年2月，民吉は尾張国愛知郡の出身で当時は肥後国天草の東向寺で住職をしている天中のもとに向かった（図4-6）。天中は同郷の尾張から訪ねてきた民吉の目的と志を聞き，天草で陶業を行っている上田家を紹介した。民吉はそこで半年間一生懸命に働いたが，施釉法については十分学ぶことができなかった。そこで民吉は天中和尚に再度願いを申し出，その紹介で佐世保村の西方寺へ向かった。西方寺に着いた民吉はそこで早岐村（佐世保市）の薬王寺を紹介された。ちなみに佐世保の西方寺は天草の東向寺の北北東90kmにあり，また薬王寺は西方寺の南東10kmにある。

民吉は薬王寺の斡旋で平戸藩の藩窯・三川内皿山の今村幾右衛門の下で働くことになった。三川内皿山は薬王寺とは目と鼻の先にあり，ようやく磁器

159
第4章　濃尾北東部セクターの地域構造

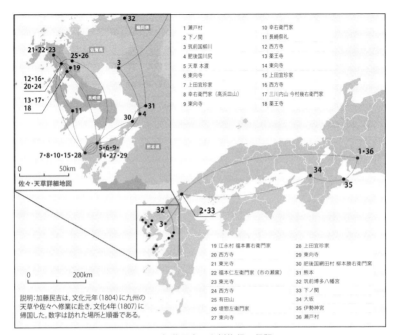

図4-6　加藤民吉の九州修行の行程
出典：加藤民吉生誕250年記念サイトのウェブ掲載資料（https://tamikichi.net/map）をもとに作成。

製造の糸口がつかめそうな気がした。しかし人別調べで他国者の滞在は許さないという決まりで拒まれ、薬王寺に舞い戻るしかなかった。薬王寺住職は民吉の窮状に同情し、江永村（佐世保市江永町）の福本喜右衛門を介して従兄弟の佐々村（北松浦郡佐々町）在住の窯元・福本仁左衛門のもとで修行する手はずを整えてくれた。佐々村は佐世保の北にあり、薬王寺からは北西へ20kmほどのところにある。仁左衛門は民吉の精勤ぶりを気に入り、胸襟を開いて釉薬その他の製法を詳しく伝授してくれた。藩窯・三川内皿山には入り込めなかったが、そこから少し離れた佐々村で本場の技術の一端を学ぶことができた。

　佐々村での1年間の修行中に釉薬の調合方法を会得した民吉は有田焼の上絵付技法を知ろうと思い、天草出身の振りをして有田の上絵付屋を訪れた。上絵付屋は佐賀藩の藩窯・皿山の南・赤絵町に軒を連ねており、皿山で焼かれた磁器に上絵付けをして完成させていた。しかしここでも佐賀藩の情報統

制は厳しく，天草出身者といえでも近づくことはできなかった。かろうじて皿山に近い泉山の築窯師・堤惣左衛門の家に寄寓することができた。泉山は，朝鮮人の陶工・李参平が有田で最初に磁器を製造したところである。民吉は惣左衛門の作業場で丸窯の構造や還元焔の焚き方などを熱心に見学した。しかし余りに真剣な態度が怪しまれていることに気づいた民吉は，慌てて薬王寺に帰った。

　瀬戸への帰途，民吉は長崎から天草を周って東向寺を訪れ，天中和尚に厚く礼を申し述べた。また上田家にも立ち寄り，先に理由も告げず立ち去った無礼を詫びて自分の素姓と目的を明かした。それを聞いた上田家は心を動かされ，自家秘伝の赤絵付けの技法を伝授した。民吉は肥後国八代の高田窯を見学したあと九州を離れ，1807年6月，3年ぶりに瀬戸へ帰着した。彼が磁器製造の技法を修得して無事帰国したことは，瀬戸はもちろんのこと熱田奉行の津金文左衛門の嫡男・津金元七胤貞にとっても嬉しいことであった。ただし，薬王寺第十三世の住職雄山泰賢は他国者を匿ったことが藩によって咎められ，国法に従い傘一本を持って国外へ追放されたという。

　加藤民吉が肥前から持ち帰った磁器製造の技術をもとに，瀬戸では本格的な磁器生産の取り組みが始められた。しかし有田や天草で豊富に産出する陶石が瀬戸の近在には存在しない点が大きな課題であった。当初は商人を介して肥前から原料を取り寄せて質の良い磁器を焼こうとする試みもあった。しかし余りにも高価で長続きしなかった。一部の高級品をつくるならそれでもよいが，庶民向けの磁器生産には向かなかった。東日本にまで磁器を送り込んで市場を広げている肥前に真正面から対抗するには，まずは原料の問題を解決しなければならない。最大の課題は原料であるが，良質な磁器は原料だけでなく釉薬，絵具，焼成などいくつかの要素がうまく噛み合わなければ製品に結びつかない。

　生地と釉薬がうまく絡み合って純白の磁器が誕生する。その実現をめざして瀬戸ではさまざまな試行錯誤が繰り返された。見つかりにくい陶石ではなく，焼いたら磁器になる原料を探すことに力を注いだ。1812年，新製焼取締役に就任した加藤唐左衛門が瀬戸村北隣の上半田川村で質の良い千倉石を発見した。石といってもこれは花崗岩の風化物で脆く，黒雲母や白雲母を含

んでいた。鉄分が少ない千倉石を生地として焼成すると青味を帯びた硬い焼き物になるが、白さに欠けた。そこで千倉石に長石を加えて焼いたところ、白さは増したが硬くならなかった。こうした相反する欠点を解決する方法は、1849年に三代目川本治兵衛が美濃伊岐津志村で良質の磁土・イギ土（カオリン）を発見したことでその糸口が見出された。

　一方、釉薬に関しては、当初は陶器に使われてきた木灰や、民吉が肥前から導入した柞灰（ゆすばい）が試された。しかしいずれも磁器に適さなかったり高価すぎたりして使い物にならなかった。長石とイギ土を混ぜで試してみたが、器の表面にひび割れ状の貫入が現れるためこれも駄目であった。しかし1845年、四代目川本半助が染付磁器の素地と釉薬にギヤマン（珪石）を加えたところ、品質の良い磁器が生まれた。珪石を混入すると器の透明度が高まり呉須の発色も良くなることが明らかになった。

　釉薬の品質向上と並んで見逃せないのが染付方法の改良である。庶民向けに量産するには手書きに代わって銅板を使った染付が有効である。肥前の背中を追う立場の瀬戸としては、大衆に受け入れられる値打ちな磁器を市場に供給していくしかなかった。銅版染付は陶磁器用絵具（主にはコバルト原料の呉須）を用いて銅版印刷し、紙に刷られた文様を器面に転写する絵付け方法である。1839年に三代目川本治兵衛が開発した銅版染付がそのさきがけとなった。嘉永年間（1848〜1854年）には三代目加藤新七が名古屋の川名で銅版染付専業窯を開いた。

　こうした努力が積み重ねられた結果、幾分呉須が滲みをともなっているとはいえ純白で発色もよい磁器が生産できるようになった。肥前の磁器と比べても見劣りしない水準にまで達していた。それどころか、高級品と普及品の間に大きな開きがある肥前の磁器に比べ、原料の質が安定している瀬戸では地元で安く手に入る原料を用いて廉価な雑器を生産することができた。肥前が原料とする陶石ではなく、瀬戸は地元産の花崗岩風化物の成分調整に工夫をこらすことで値打ちな磁器を生産することに成功した。磁器をつくるための原料・磁土は陶石だけでなく、複数の原料を調製することでもできることを証明したのである。

　磁器を焼成する登り窯は瀬戸では丸窯と呼ばれた。これもその基本構造は

162

名古屋の周辺地域を読み解く

肥前から導入された。しかし，素地を窯の中にどのように詰めるか，すなわち窯詰法について瀬戸は肥前とは違う方法を編み出した。朝鮮系の重ね積みや天秤積みが主流の肥前に対し，瀬戸は匣鉢に素地を詰める匣鉢詰法と棚板に支柱を組み合わせた棚積み法を考案した。匣鉢も棚板も素材は瀬戸で豊富に産出する耐火粘土である。棚積み法は窯の中に建物を構築するように広い空間をつくるため大量生産に適している。磁器生産で遅れをとった瀬戸は，原料や釉薬の開発ばかりでなく焼成法においても独自の道を切り拓いた。近代になって社会体制が変わり窯業技術の秘匿性は薄れた。有田の窯業関係者が瀬戸の棚積み法を知ったのは明治中期以降のことであった。

3. 焼き物の生産・流通統制による名古屋（尾張藩）と産地の関係

　自由主義経済の現代では考えにくいが，領国経済が基本の近世にあっては経済活動は藩の統制下で行われた。このことは，尾張藩支配下の瀬戸が藩の御用窯としての性格をもっていたことからもわかる。幕府領が多かった美濃は形式的には笠松代官所の支配下にあったが，焼き物の流通は瀬戸と同じように尾張藩のもとで行われていた（林，2022）。窯元の数や窯・轆轤の数さえ規制の対象で，自由な焼き物づくりのイメージからはほど遠かった。織田信長が瀬戸の窯元に朱印状を与えて保護したことが物語るように，権力者と生産者が利害をともにする関係は近世以前からあった。江戸期以降は藩や幕府の権力者が生産・流通に関与し税や運上などの方法で経済的利益の一部を吸い上げた。領内での生産・流通の増加は生産者，権力者ともに望む所であり，いかにその規模を大きくするか心を配った。利益を増やすには生産・流通面での進歩が不可欠で，そのために新たな方法が模索された。

　焼き物の分野では陶器から磁器への移行ばかりでなく，窯の構造や焼成方法でも進歩があった。戦国末期に登場した連房式登窯には改良が施され，焼き物生産の大規模化が進んだ。中世的な職能集団による生産から近世的な農村手工業生産への移行も進んだ。磁器の普及にともない，割れやすい焼き物から硬質な焼き物へと需要が変化した。磁器の生産で先行する肥前有田は，近世初頭の一時期，中国・景徳鎮窯の代役を果たした。しかし長くは続かず，国内市場を重視するようになった有田と，そのライバルともいえる瀬戸，美

濃が大坂・京都・江戸の市場で互いに競い合うようになる。国の経済が好調ならいくら競争が激しくても商品は売れる。しかし18世紀末からの経済不況で売れ行きは停滞し，産地から出荷しても不況を口実に消費地問屋からの荷代金は滞りがちであった。

　売れ行き不振に産地の違いはない。不況の中で打開策を思案していた瀬戸の窯元と名古屋の陶器商は，尾張藩の手を借りて売上を伸ばすことを考えた。この時代，瀬戸で焼かれた焼き物は瀬戸街道を通って名古屋へ出荷されていた。瀬戸街道は庄内川の支流である矢田川に沿うように西に向かって走り，瀬戸と名古屋を結んでいた。瀬戸からの荷物を受け取った名古屋の陶器商は，名古屋の城下を南に下る堀川の舟運を使って熱田湊まで運んだ。熱田湊には1690年に38艘，1716年には31艘の船があり，瀬戸物を積み込んで大坂，江戸へと運んだ。1838年には200石積以上の諸国廻船が143艘も出入りしており，名古屋と諸国との間の荷物輸送を担った。

　瀬戸の窯元と名古屋の陶器商は利害をともにする間柄であり，現状を打開するために尾張藩という公権力を利用しようと画策した。「尾張藩陶器専売制度」がその仕組みである（山形, 2008）。内容は，これまで窯元，陶器商が行っていた焼き物の売り捌きを藩が取り仕切ることで市場での信用度を高め，公的影響力の助けを借りて荷代金を円滑に回収しようというものである（図4-7）。尾張藩は焼き物を領内貨幣の藩札で買い上げ，それを中央市場で販売して正貨を得る。藩札と正貨の兌換で利鞘が稼げるため，たとえ焼き物の売

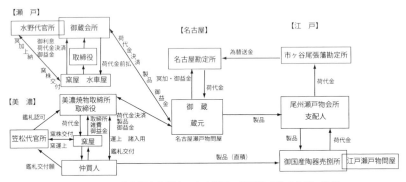

図4-7　尾張藩陶器専売制度による瀬戸・美濃焼き物の生産・流通
出典：山形, 2008, p 19をもとに作成。

上が捗々しくなくても藩は利益が得られる。窯元は藩へ冥加・御益金を上納する代わりに市場での販売を委託する。当時，瀬戸で焼かれた焼き物は尾張藩の許しがなければ領外では販売できなかったため，窯元には独占的な販売ルートが約束された。つまりこの仕組みは瀬戸の窯元，名古屋の陶器商，尾張藩のいずれにとっても都合のよいものであった。

　陶器専売制度を具体的に運営するために，陶器専売仕組という組織がつくられた。仕組みに組み込まれたのは尾張藩御用達商人20名の中の3名で，うち2名は清洲越し以来の高い家柄の商人であった。清洲越しとは，名古屋の城下が出来るときに，元の城下があった清洲から移住してきたことを意味する。つまり名古屋城下で最も古い家柄ということである。これら特権的商人が運営する陶器専売仕組に名古屋の陶器商16名が加盟し，大坂・京都・江戸で瀬戸の焼き物が安定的に売り捌かれるよう図った。

　かたちの上では瀬戸の窯元と名古屋の陶器商が考えた仕組みであったが，実際には運営に関わった藩御用達商人の意図がその裏ではたらいていた。というのも，蔵元・支配人と呼ばれたこれら藩御用達商人は，藩に高額の永納金を上納する代わりに，米札引換業務が担当できたからである。米札引換業務は藩財政の中枢に関わる業務であり，これを通して藩内で大きな影響力を発揮することができた。瀬戸の窯は尾張藩の御用窯として位置づけられ，藩による統制や保護のもとで発展することが約束された。いずれにしても尾張藩陶器専売制度の真の立案者は藩ではなく，藩御用達商人を背景として動いた名古屋の陶器商と瀬戸の窯元であったことは間違いない。

　蔵元・支配人に就任したのは，名古屋在住の藩御用達商人だけではなかった。名古屋の商人は蔵元の役回りを果たしたが，それとは別に大坂，江戸，京都にそれぞれ支配人がいた。1814年当時，支配人は大坂に1名しかいなかったが，1818年になると大坂5名，江戸4名，京都3名に増えた。これらの支配人はすべて藩に永納金を上納しており，市場ごとに永納金の総額を見れば，どの市場でどれくらい焼き物が取り扱われていたかがわかる。永納金総額は大坂1,500両，江戸3,000両，京都200両であり，江戸市場は大坂市場の2倍の規模があった（山形，2008）。

　大坂・江戸・京都には支配人が詰める尾州瀬戸物会所があり，ここで名古

屋の尾張藩御蔵から送られてきた焼き物は市場に集まる問屋仲間に売り捌かれた。一方，川上にあたる瀬戸では，窯元から出荷される焼き物は瀬戸の御蔵会所に集められた。その後は，先に述べたように瀬戸街道を通って名古屋の尾張藩御蔵へ運び込まれた。こうして商品が生産地から消費地へ流れるのに対し，荷代金は逆方向に流れる。江戸では市ヶ谷にあった尾張藩勘定所に，大坂と京都では藩の出先機関にそれぞれ荷代金が納められた。その後，為替送金で名古屋勘定所へ送られたのち，尾張藩御蔵を経て瀬戸の御蔵会所に届けられた。瀬戸の御蔵会所は，御益金（運上）相当の一割を差し引いたあとの荷代金を窯元（窯屋）に手渡した。なお，領外にあたる美濃の焼き物も尾張藩の販売ルートを経由していたので，荷代金は美濃産地の取締役をつとめていた西浦家を経由して窯元（窯屋）に渡された。

　藩という公権力の経済活動への介入は，流通経路の最上流部でも見られるようになった。窯元からの仕入れを自由取引から特定の仲買人による取引へと変えることで，許可の見返りに新たな収入が得られると尾張藩は考えたのである。1841 年以降，窯元からの仕入れは仲買人による直接仕入れに限られるようになった。「差し売り」と呼ばれるこの新しい方式で取引を行うには営業鑑札を持っていなければならない。これは鑑札を交付する尾張藩による仲買人の員数制限を介した流通統制にほかならない。仲買人は鑑札を得るために運上金を藩に納めなければならない。財政が慢性的に逼迫状態にあった尾張藩にとって運上金は徴税収入を補う財源であった。

　このとき鑑札を交付された仲買人は瀬戸・美濃合わせて 130 名を数えた。8 年後の 1849 年は瀬戸が 100 名，美濃は 220 名で，美濃は瀬戸の 2 倍以上と多かった（山形，2008）。このことから，当時すでに美濃は焼き物の生産と販売で瀬戸を大きく上回っており，美濃で独自に水揚会所を設立する構想が生まれるほどの勢いがあったことがわかる。美濃側の仲買鑑札は，1855 年以降は笠松代官所から交付されるようになる。この年は 127 名の美濃の仲買人に対して鑑札が交付されたので，6 年前に比べて仲買人は 100 名近くも減少した。背景として，景気の影響や西浦屋など有力仲買人の成長による業者の淘汰などが考えられる。

　仲買鑑札制度が始められた当初，仲買人は窯元から仕入れた陶器をどの市

場へどのような輸送手段で運ぶかに関して特段の規制は受けなかった。し
かしそれは形式上のことで，実際には①小仲買（信州，江州，伊勢へ小売り），
②大仲買（西国，四国，三河，遠州，箱根以西へ小売り），③窯元（鑑札持ちの
仲買および名古屋売り），④西浦円治（名古屋および江戸・大坂売り）というよ
うに，大枠は区別されていた。販売先が互いに重ならないように調整したう
えで，あらためて種類の異なる三つの仲買鑑札が定められた。それが大株，
中株，小株の3種類の株である。

　3種類の株ごとに焼き物の品質・販路・輸送手段の中身は異なっていた。
たとえば大株は，遠国向け荷造り・馬荷・船積みを前提とする鑑札であった。
これには陸路と舟運と海路を組み合わせた遠方の市場へ出荷する仲買人が想
定された。1849年の記録によると，瀬戸・美濃合わせて320名を数えた仲
買人の中で大株に該当したのは全体の1割強の38名に限られた。1855年に
鑑札が笠松代官所から交付されるようになって以降は内容が簡素化され，総
数127名のうち大株は船積み（36名），中株は馬荷（38名），小株は自分荷な
い（53名）であった。

　鑑札を受けて商いをする仲買人は自ら窯元に出向き，焼き物を仕入れる。
窯元で焼き物を生産するから仲買人が生まれるのであり，その逆ではない。
窯元の近くに待機していれば何かと都合がよく，仲買人は窯元の分布に応じ
て生まれると考えるのは自然である。実際，美濃焼産地では，窯のある村す
なわち窯元のいる村には大抵，仲買人もいた。1855年の時点で見ると，多
い順に笠原村31名，多治見村本郷22名，多治見村市之倉郷17名，下石村
8名，それに野中村，高山村，土岐口村，小里村に各5名であった（山形，
2008）。これだけで全体（108名）の90.7％を占める。仲買鑑札の対象となっ
た村は全部で25を数えたため，仲買人は上位8村に集まっていたことになる。
とくに多かった笠原，多治見，市之倉が焼き物の生産が盛んに行われた村で
あったことはいうまでもない。

　尾張藩が仲買鑑札制度を設けた大きなねらいは，統制の網をくぐって抜け
荷が生ずるのを防ぐことであった。焼き物の生産から流通まですべてに目を
光らせ，徴税機会を逃さないという為政者側の論理を貫くためである。この
ため，焼き物を窯元から仕入れる仲買人が本当に鑑札を所有しているかどう

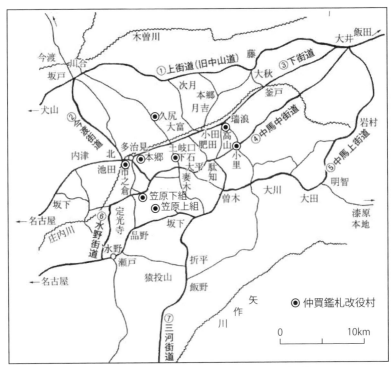

図 4-8　美濃焼産地における主な街道と仲買鑑札改役村
出典：山形，2008，p.273 をもとに作成。

かを日常的に監視し，制度維持を図ろうとした。監視役を担ったのは「仲買下改役」と呼ばれた人であり，村の庄屋がつとめた。ただしすべての庄屋にこれを任せるのは現実的ではない。そこで 25 の村を八つの組に分け，組ごとに監視役を決めた。25 の村を八つに分けるため，単純に考えれば三つの村で 1 組となる。ただし仲買人の多い笠原村は単独で二つの組をつくり，窯元の少ない東部では五つの村が一緒になって組をつくった（図 4-8）。こうして整えられていった制度や仕組みも，時間とともに所期の目的が果たせなくなっていく。焼き物の生産量が増え，それを私的に売り捌く者が現れてきたからである。末端まで目を光らせるには限界があり，制度と現実の間に乖離が生じてきた。

　以上で述べたように，濃尾北東部セクターでは織田信長の頃から尾張（名

古屋）の政治権力と深い関わりを維持しながら焼き物づくりが行われてきた。とくに近世になって尾張藩が成立すると御用窯の性格が強くなり，生産者は特権的庇護のもとに置かれる一方，生産・流通・販売面で規制を受けた。近世から近代に移行するとさすがこうした規制はなくなったが，名古屋の特権的商人の力は温存され影響力は維持された。庄内川流域の恵まれた窯業資源への依存と製品開発重視の方向性に変化はなかった。流通面では，名古屋を中心とする鉄道網が名古屋を経由して製品を産地から消費地へ送る体制を生み出した。とりわけ名古屋港の開港は輸出向け陶磁器の流通で産地と名古屋との結びつきを強めた。

第3節　愛岐丘陵の意義・役割と東側の諸都市

1．国境・県境としての愛岐丘陵の位置づけ

　東京圏，大阪圏，名古屋圏の範囲をどの大きさで考えるかにもよるが，いずれも日本を代表する大きな平野の上に形成された多くの都市の集まりからなる。しかし，この平野は一面の平地ではなく，周辺へいくと丘陵地によって遮られる。丘陵地の中には高度経済成長期に住宅地開発が行われ，ニュータウンや郊外住宅地などとして市街地化されたところが少なくない。ところが，丘陵地の標高があまりに高いため住宅地開発ができず，その丘陵地を飛び越えて市街地が広がっていたところがある。その典型は大阪圏における生駒山地であり，南北35㎞，東西5㎞の山地は大阪平野と京都盆地・奈良盆地を隔てている。主峰の生駒山（642m）をはじめ高安山（487m），信貴山（437m）など，標高300〜400mの山々が連なっている。西側（大阪府側）は東側（奈良県側）に比べて傾斜がきつく，傾動地塊の山地が昔は河内国と大和国を隔てていた。北方では山地が河内国と山城国の境をなしていた。

　これと似た構造が名古屋圏にもある。名古屋圏の場合は東方の愛岐丘陵がそれである。ただしその範囲は生駒山地ほど明確には定義できない。愛知県と岐阜県の境，昔風にいえば尾張国と美濃国を隔てるという意味でいうなら，北の犬山からはじまり小牧，春日井，瀬戸あたりに至る丘陵地である。山地

とはいわれていないが，北から犬山の本宮山（293m），小牧の大山（279m），春日井の弥勒山（437m）の山々が連なっている。南の瀬戸では豊田との境に猿投山（629m）がある。尾張，三河，美濃の三国にまたがる三国山の標高は猿投山より高い701mである。この丘陵地は瀬戸からさらに南へ続き尾張と三河を分けている。愛岐丘陵をこのように広く考えれば，この丘陵地は尾張と美濃，尾張と三河をそれぞれ隔てる山地だといえる。

大阪圏では地形的障害の生駒山地を越えて東側の奈良盆地で大阪へ通勤・通学・買い物のために移動する人々の住宅地が開発された。同じことは名古屋圏の愛岐丘陵でもあった。とくに愛知県と岐阜県の東部（東濃）・中部（中濃）を隔てる丘陵地を越え，名古屋への通勤・通学・買い物を目的に移動する人々を受け入れる住宅地が開発された。ちなみに平野の面積が大きく移動障害となる丘陵地が顕著でない東京圏では，丘陵地を回避して住宅地化を進めることはなかった。自然林の多い丘陵地もなく連続的に住宅地開発ができたことが，結果的に大量の人口が収容できる大都市圏を生むことにつながったともいえる。

大都市の郊外奥に丘陵地が横たわり，それを越えたさらに奥に新興住宅地が広がっているということは，大都市中心部からはその新興住宅地が見えないことを意味する。都心部に高層ビルが建設されている現在，そこから郊外を遠望するのは一般的である。遠くに山々が見えれば，普通はその手前まで市街地が広がっていると思う。しかし大阪圏では生駒山地に遮られ奈良盆地は見えない。同様に名古屋圏では愛岐丘陵に阻まれ，その東側に広がる多治見・土岐・瑞浪の盆地，あるいは美濃加茂・可児の盆地は見えない。これとは対照的に，北方に広がる岐阜や大垣の扇状地を手前で遮る障害物はない。西に目を転ずれば，養老山地の山麓まで見渡すことができる。標高400～900mの養老山地は壁のような存在であり，その奥すなわち西側に三重県のいなべや東員が広がっていることは，名古屋の都心部からはわからない。

北方の岐阜とその東隣の各務原のさらに北東には美濃，関，富加などの都市がある。実はこれらも愛岐丘陵の北西方向への延長部分により岐阜や各務原とは隔てられている。しかしその「隔離」の程度は東濃ほどではない。このあたりは平地と丘陵地の関係が複雑であるが，交通障害はそれほどひどく

はない。それでも小盆地が連なる地形が広がっているため，美濃加茂や可児と同じ中濃地域とされる。このように見てくると，愛岐丘陵はその南方への延長，北西への延伸を含め濃尾平野とそれを取り巻く盆地群を隔てるような役割を果たしていることがわかる。これを大阪圏の場合と比較すると，生駒山地の東側に奈良盆地があり，和泉山脈の南側に和歌山県の紀の川流域が広がっているのと似ている。むろん，規模や距離関係など状況に相違点は多いが，東京圏では見られない大都市圏構造が大阪と名古屋にともに存在するのは興味深い。

　さて，名古屋圏における愛岐丘陵の意義と位置づけを考えると，時代によってその内容が異なっていることがわかる。変わらないのは交通障害という点であるが，それも現代ではトンネルや高速道路により障害の度合いが低くなってきている。近世，名古屋から中山道への連絡路として木曽街道が開かれたことはすでに前章で述べた。小牧宿を経由して犬山の手前から善師野，土田，今渡へ抜ける道は，愛岐丘陵の鞍部を通る道でもあった。善師野宿の標高は100mほどであり，徒歩でもそれほどの苦痛はともなわなかった。古代・中世の東山道が善師野を経由したのは，通りやすさが評価されたのであろう。初期の中山道もここを通ったが，その後，木曽川右岸側のうとう峠（標高140m）を通るルートに変えられた。その場合でも40mほど高くなっただけであり，基本的に愛岐丘陵の北部側は大きな交通障害とはならなかった。

　一方，現在の春日井ー多治見間にあたる愛岐丘陵の中央部では，近世の人々は移動するのに苦労した。現在の国道19号の元になった下街道は内津峠を通っており，標高320mの高所を真っすぐ歩くのは難しかった。峠を間に挟んで西の坂下宿の標高は60m，東の池田宿は100mのため，200m以上の標高差を克服しなければならなかった。内津峠付近は曲道の連続で，舗装されていない道を歩いた近世の人々の苦労が偲ばれる。峠を夜間に越えるのは危険で，自然に坂下と池田に宿場が生まれた。坂下に近い神屋には農閑期に馬で荷物を運ぶ農間稼ぎの人々が暮らしていた。近代になっても内津峠を馬車で越えるのは難儀で，峠の手前で応援の馬を出し二頭立てで越えていったといわれる。

　下街道は中山道のような公道ではなく，地方交通の脇街道であった。尾張

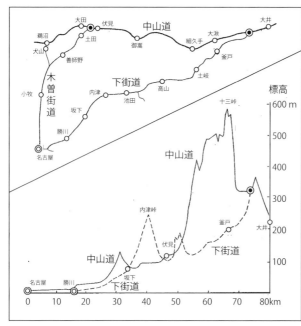

図4-9　木曽街道・中山道と下街道・中山道の比較
出典：桜井，1998をもとに作成．

藩は，下街道を商業目的で通る場合，移動は日常的なものに限った．しかし，藩が公道に定めた上街道を通るようにしたにもかかわらず庶民が下街道を利用したのは，上街道と連絡する中山道が標高500m以上の高いところを通っていたからである（図4-9）．名古屋から大井宿までの距離を比べた場合，下街道の方が短く内津峠の難所さえ越えればあとは土岐川沿いの平坦な道を進めばよかった．そのような点から考えると，木曽街道の善師野は下街道の内津峠に比べると高さでは有利であったが，それにつながる中山道で不利であった．このことは，中央本線の建設ルート決定のさいにも判断材料になった．

　愛岐丘陵を標高差に煩わされることなく移動できるのは，春日井東部の高蔵寺から庄内川沿いに多治見の池田まで行くルートである．この間，庄内川は蛇行箇所はあるもののなだらかに流れている．しかしこの部分は先行谷で川の両側は険しい崖であるため，道を通すようなスペースは見いだせない．左岸側の岩山を崩して道幅をどうにか確保し，1957年に有料の愛岐道路が開通するまで人を寄せ付けなかった．木曽川のように水量が豊かなら，たとえ川底が岩だらけでも舟を通すことができた．しかし高蔵寺－池田間ではそのような条件は整わず，庄内川を舟運利用することはできなかった．近代に

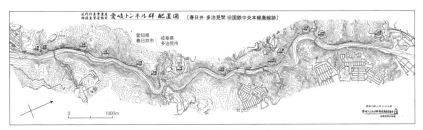

図4-10　使われなくなった愛岐トンネル群の配置
出典：保存再生委員会のウェブ掲載資料（https://aigi-tunnel.org/PDFBOX/index/AGT_LayoutDrawing2009.jpg）をもとに作成。

なって頑強な岩山にトンネルを開ける技術が利用できるようになり，庄内川右岸沿いに14のトンネルを設けることで線路を通すことができた。現在は並行して新たなトンネルが設けられており，かつてのトンネル群は近代化産業遺産に認定されている（図4-10）。

　愛岐丘陵の南側では，瀬戸から多治見に向かう道路の標高は高いところで260mほどである。瀬戸の中心部が100m，多治見の中心部も同じく100mほどで，内津峠を越えるときほどの苦労はない。しかしそれでも峠越えは楽ではなく，標高210mほどの峠を越えて尾張から美濃へ入る。近世，この峠の美濃側は多治見村市之倉郷であり，瀬戸から磁器の製法が最初に美濃へもたらされた国境の村である。現在，美濃焼は全国における陶磁器の総生産量の6割近くを占めるが，元々は戦国期に瀬戸の陶工たちがこのルートを通って美濃へ移住し，新たに窯場を開いたという歴史がある。瀬戸焼と美濃焼は兄弟姉妹の関係であり，焼き物に関する人・モノ・情報もこのルートを行き来した。

　瀬戸からはいま一つ美濃側へ通ずる別の道があった。現在の国道363号の元になる道であり，多治見・土岐・瑞浪の市街地から10kmほどの南側の標高が400～500mのところを通る。北の市街地に比べて300～400mも標高が高いのは，屏風山断層や笠原断層が東西に走り南北間に高低差があるからである。南側の高原上を東西に道路が延びており，瀬戸と美濃の間を結ぶ別路として機能してきた。近世，この道は三河，信州，甲斐の各方面と連絡する中馬街道としての役割を果たした（吉岡，1966）。近代にあっては，瀬戸や名古屋の洋食器メーカーが下請生産を瑞浪・陶すえの業者に依頼することもあっ

た。陶では自社で洋食器を生産するメーカーも生まれ，和食器の生産が多かった美濃焼産地の中にあって輸出向け陶磁器を生産する点に特徴があった。

　愛岐丘陵を越える交通路は時代とともに変わっていった。最大の変化は庄内川の先行谷の岩山にトンネルを掘って通した中央本線の開通である。現在は4本のトンネルであるが，当初は14本の短いトンネルが高蔵寺─多治見間に通された。1本のトンネルの長さが短いのは，庄内川に流入する小さな川を何箇所も横断しながら線路が敷かれたからである。近代初期の段階では長いトンネルを通すことはできなかった。そもそも高蔵寺─多治見間の川沿いルートが選ばれたのは，多治見から愛岐丘陵を越えて瀬戸へ向かうルートは実現困難だったからである。1,000分の25という傾斜は当時の土木技術では克服できなかった。このため中央本線が誘致できなかった瀬戸の窯元たちは，大曽根の人々と協力して自前の鉄道を瀬戸川・矢田川沿いに建設した。現在の名鉄瀬戸線の元になる鉄道であり，背景には近世，瀬戸が尾張藩の御用窯として名古屋との間で強い結びつきをもっていたことがある。

　中央本線の開通は沿線地域の交通にも刺激を与えた。多治見から東濃鉄道（のちの太多線）と東濃鉄道笠原線，土岐津（現在の土岐市）から東濃鉄道駄知線が，それぞれ中央本線の培養線として建設された。これらはいずれも愛岐丘陵の東側で近代以降の窯業産地と中央本線との間を結ぶ役割を果たした。愛岐丘陵の北東側では犬山と可児方面を連絡する名古屋鉄道広見線が開通した。これは近世に尾張藩が設けた木曽街道を元に建設された鉄道であるが，高度経済成長期に名古屋の郊外住宅地化が県境を越えて広がった時期，大きな輸送力を発揮した。同じことは中央本線沿いの多治見でも起こり，愛岐丘陵東側の山麓を造成して住宅団地が開発された。こうして膨れ上がっていく大都市・名古屋を中心とする都市圏化の勢いは愛岐丘陵の狭い谷間を抜けてその東側にまで広がっていった。

２．愛岐丘陵が与えたものと受け入れたもの

　瀬戸市の市街地南東部に萩殿町というところがある。町の中を南北に国道248号が走っており，西側一帯には愛知県住宅公社の菱野団地が広がっている。萩殿の「殿」は，のちに大正天皇になる皇太子が1910年にこの地域一

帯で行われていた植林事業を見学のため訪れたのを記念してつけられた。大規模な禿山復旧工事はめずらしく，多くの研究者や技術者が相次いで訪れていた。このため愛知県は，工事が一望できる場所を選びそこに建設資材として多く用いられるハギを使って「萩の茶屋」を設置した。工事見学を記念してアカマツを植栽した皇太子もこの茶屋に立ち寄った。萩殿町は鎌倉時代に瀬戸で生まれた古瀬戸を焼いた釜ケ洞窯にも近い。釜ケ洞窯をはじめ多くの窯が築かれ，一帯で産出する陶土を用いて焼き物づくりが盛んに行われた。燃料は周辺の林野を伐採して調達された。燃料がなくなると別のところへ移動しで窯を築くという焼畑農業のような焼き物づくりが行われていた。

　陶土や薪の燃料を一方的に収奪する近世から近代初期にかけての陶業は，さまざまな弊害をもたらした。景観的に誰の目にも見えるかたちで現れたのが，愛岐丘陵の西側にあたる瀬戸の北部から東部一帯にかけての禿山である。このあたりの地質は新第三紀鮮新世の堆積物で硬く固結していない。このため侵食を受けやすく，降雨のたびに山が削られ山肌が露出する痛ましい姿が町を取り囲んでいた(村西, 2016)。1905年の調査によれば，愛知県は荒廃地（主に禿山）の面積が 31,549ha で，全国の三大禿山県の一つとされた。その大半は瀬戸の窯業地帯であり，山崩れ，土砂崩れ，土砂の田畑や河川への流入など，禿山が原因と思われる災害が頻発していた。

　事態の重大性を認識した愛知県は，1905年に東京大学に禿山の復旧工事に関する調査を委託した。これを受けてアメリゴ・ホフマン教授が愛知県を訪れ，瀬戸町内で最先端の工事を試みた。愛知県が禿山問題に乗り出したのは，愛岐丘陵の多くがかつての尾張藩領地であり，維新後，皇室の御料林になったあと，愛知県に払い下げられたという経緯があったからである。現地を訪れたホフマンは山腹面への植栽はあまり行わず，土砂の侵食や崩壊はある程度自然に放置した。その上で，安定した勾配に導いた渓流と山裾を固める工法を施行した（図4-11）。当時，愛知県の禿山復旧工事は山腹面に階段を切りつけ，そこに苗木を植栽するという方法が主流であった。このためホフマンの工法は県側が予想したものとは異なっていた。しかしホフマンの工法は縦断面図を作成して渓流を安定化したり，土堰堤や放水路・水叩きなど各部の大きさを計算したりするなど近代科学の設計思想にもとづいていたと

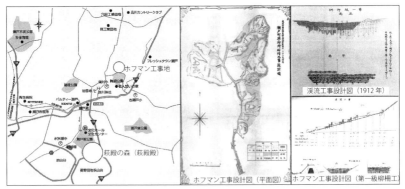

図4-11　瀬戸でホフマンが手がけた禿山復旧工事の場所と計画書
出典：林野庁のウェブ掲載資料（https://www.rinya.maff.go.jp/j/kouhou/archives/tisan/tisan.html）、愛知県のウェブ掲載資料（https://www.pref.aichi.jp/soshiki/shinrin/0000005365.html）をもとに作成。

いう点で大いに参考になった。

　この一件があって愛知県と東大とのつながりが始まり、1922年に東大農学部附属愛知演習林が発足した。東大は、瀬戸と同じような禿山問題を抱える信楽、備前など他の窯業地も含めて演習林候補地をあげ、その中から距離的に一番近い瀬戸を選んだ。同年10月1日に仮事務所を瀬戸町に置いて事務を開始し、翌年12月に北隣の水野村に庁舎を新築して移転した。1931年当時の演習林の面積は、水野地区477ha、東山地区123ha、白坂地区235ha、犬山地区508haであった。このことから演習林は瀬戸のほかに犬山にもあったことがわかる。

　瀬戸の演習林での主な研究課題は、どうしたら山に降った雨を下へ流さないようにできるかその方法を考えることであった。植栽は有力な方法であるが、その前提として山の地質、植生、保水の関係を科学的に究明する必要がある。演習林のある赤津地区一帯は花崗岩性の丘陵地であり、禿山状態のままでは保水は期待できない。山から水が流出するのを抑えるには、植栽した葉から水が蒸散していく量を増やすのが望ましい。そのためには、荒廃地を好んで自生するマツがまず育ち、続いて落葉性広葉樹（コナラ等）が生育し、さらに常緑の広葉樹が増えていくようにする。最終的にはあまり変化のない極相林の状態になる。

　瀬戸で演習林に指定された地区は、時代とともに変化していった。行政や

産業界からの要請を受け，当初の演習林は別の目的で利用されることになったからである。1963年に水野地区と東松山の事務所敷地約400haは演習林でなくなった。この土地の所有権は東海財務局を経て瀬戸市に移管され，工業団地，住宅地，運動公園になった。またこれとは別に，東大が所有していた粘土鉱山も大学の手を離れ，民間の鉱山会社の陶土採掘場になった。大学は代替地として名古屋営林局管理下の品野国有林392haを取得した。1965年には演習林の事務所が瀬戸市五位塚町に移転し，宿泊施設も瀬戸市北白坂町に移された。禿山問題が解決に向かう一方で，愛岐丘陵で資源活用や土地利用を進めようとする動きが新たに生まれた。

愛岐丘陵の近代から現代にかけての変貌を整理すると，大きくは自然地形の改変をともなうものと，地形を改変することなく利用を目的とするものに分けることができる。前者はさらに資源採掘と埋め立てに分かれる。資源採掘とは，具体的には瀬戸にその典型を見る陶土の採掘と，春日井・瀬戸・多治見で行われてきた砕石である。花崗岩が浸食作用を受けて二次的に堆積した長石・石英・雲母などを含む地層は窯業原料に適している。近世後期には，こうした堆積層から採掘した原土を水簸し，成分調整した胎土を用いて磁器が生産されるようになった（須藤・内藤，2000）。瀬戸での成功は北隣の美濃にも伝わり，地質条件が同一の愛岐丘陵東側の多治見・土岐・瑞浪などでも磁器生産用に陶土が採掘された。

埋め立てというと海岸部での埋め立て事業を思い浮かべやすいが，愛岐丘陵での埋め立てはすべて一般廃棄物と産業廃棄物の埋め立て事業である。都市部で発生したゴミを焼却したあとの残土を最終的に処分する場所として愛岐丘陵が選ばれた。自然状態の愛岐丘陵は，都市部に近い林野に覆われた貴重な空間である。そこに植生とは相容れそうにない残土を埋め立てることに対し割り切れない思いを抱く人は少なくない。しかし，愛岐丘陵周辺の都市はどこも市街地の近くに処分場を見出すことができなかった。埋め立ては山腹を削って造成した空間や谷間で行われるため，当然，自然地形は改変される。市民が生きていくために捨てたゴミはどこかで処分されなければならない。きれいごとでは済まされない課題をどの自治体も抱えている。

春日井市は1999年から市東部の内津の山中に期間50年の予定で埋め立

て処分場を設けた。ところが予定期間の50年を待たずに余裕がなくなり，2017年に同じく東部の内津北山に期間50年予定の埋め立て処分場を設けた。同様に，瀬戸市は西隣の尾張旭市と共同で2002年に瀬戸市北丘町に一般廃棄物最終処分場を設けた。ここは岐阜県との境に近い愛岐丘陵の上である。さらに愛岐丘陵の東側に目をやると，多治見市が1972年に一般廃棄物最終処分場として大畑センターを設けている。ここでは陶磁器，板ガラス，コンクリートガラ，レンガ，瓦など長期間にわたり性質が変化しないものを埋め立て処分している。場所は愛岐丘陵上で住宅地開発が行われた近くである。多治見市は，2003年に市内三の倉町に焼却場，2年後には隣接地にリサイクルプラザを設けた。春日井市と瀬戸・尾張旭市の焼却場は市街地の中もしくはその近くにある。しかし多治見の焼却場は愛岐丘陵の上にあり，ゴミ収集車は丘陵地上の山道を走っていく。

　春日井市，瀬戸・尾張旭市，多治見市の最終処分埋め立て地は愛岐丘陵上の自市域内にある。ところが，愛岐丘陵から離れた位置にある名古屋市もまたこの丘陵地上に処分場を設けている（図4-12）。名古屋市は1978年に処分用地を取得し，4年後から最終ゴミを搬入するようになった。場所は多治見市諏訪町で総敷地面積は109万㎡，埋め立て面積は25万㎡である。埋め立て容量は444万㎥とされ，埋め立て期間は1982年から埋め立て完了までとした。名古屋市は愛岐処分場の埋め立て容量が限界を迎えることを予測し，次の処分場として庄内川河口に近い藤前干潟を想定した。当時の年間ごみ排出量をもとに予測すれば，愛岐処分場の次を考えるのはもっともなように思われた（愛岐処分場10年のあゆみ編集委員会編，1989）。

　ところが，年々，減少していく貴重な干潟を埋め立て地にすることに対し反対の声が上がり大きな論争が巻き起こった。こうした声に押された名古屋市は1999年1月に藤前干潟の埋め立て計画の中止を決断し，あわせて緊急記者会見を行い「ごみ非常事態」を宣言した。内容は，市民に対してごみ処理量を20世紀中（2年間）に20%，20万t削減するため協力を願うというものであった。宣言前年の1998年の処理量は99.7万tであったが，市の本気度を受け止めた市民の意識改革の浸透で2000年には76.2万tと大幅な減少が達成された。以前は不燃ごみの大半はそのまま埋め立てていたが，大幅

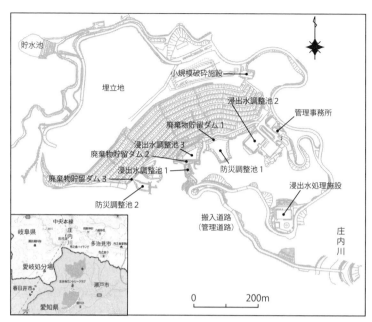

図4-12　名古屋市の愛岐処分場
出典：名古屋市のウェブ掲載資料（ https://www.city.nagoya.jp/kankyo/cmsfiles/contents/0000005/6000/sisetugaiyou.PDF）をもとに作成。

なごみ減量と破砕処理により埋め立て量は大幅に削減された。プラスチック製容器包装や紙製容器包装など新資源の収集も始まり，名古屋市の「分別文化」は定着していった。数年で限界を迎えるといわれた愛岐処分場では現在も埋め立てが継続されている。埋め立て計画が中止された藤前干潟は，2002年11月，世界的にも貴重な渡り鳥の飛来地として「ラムサール条約」の登録湿地になった。

　愛岐丘陵では自然地形を改変することなく利用を目的とする活動も行われている。主なものは農林業，リクリエーション，教育，ウォーキング，山登りなどである。林野面積は瀬戸市が6,263haで県内第7位，犬山市が3,395haで第11位，春日井市が1,697haで第15位である。県内には6.2万haの豊田市や4.1万haの新城市などがあり，それらと比べると専門的な林業経営ができるほどのレベルではない。農業も丘陵地上では規模が限られており，畑地での耕作が中心である。多治見市諏訪町には観光を兼ねたいちご農園を経

営する農家がある。体験学習を主目的に里山農業を実践するグループも愛岐丘陵では見かける。2005年の愛知万博の会場予定地であった瀬戸市の海上の森は反対運動で保全されることになり，むしろ見学者が増えた。

　ゴルフ場は若干の地形改変をともなうが，北は可児市から南は瀬戸市まで8か所を数える。とくに可児市に多く，愛岐丘陵以外の多治見市や土岐市との境に近い丘陵地も含めると全部で6か所ある。名古屋市中心部から20〜30kmの丘陵地はゴルフ場の適地とみなされており，愛岐丘陵はそうした条件を満たしている。愛岐丘陵北部の犬山での名鉄による観光開発については第3章で述べた。庄内川の先行谷部分を春日井市と瀬戸市の境界線が走っている。先行谷の入口付近の定光寺は尾張藩の菩提寺であり，昔から観光地として知られてきた。その定光寺の南側の丘陵地には定光寺自然休養林が広がっており，森林交流館や中小企業大学校瀬戸校がある。以前はキャンプ場もあったが現在は利用されておらず，代わりにオフロード・レーストラックのスラムパーク瀬戸が設けられた。スラムパークは会員制のオフロードバイクとMTB専用のライディングパークであり，土砂採掘場の法面を利用してコースがレイアウトされている。瀬戸の陶土採掘跡地は「瀬戸のグランドキャニオン」とも呼ばれてきた。愛岐丘陵は内蔵するさまざまな資源を周辺の人々に与えたり，また利用済み廃棄物を受け入れたりしながら時を過ごしてきた。

3．焼き物づくりで発展してきた土岐川流域の動向

　庄内川を下流側から遡り高蔵寺─多治見間の先行谷を抜けると多治見盆地に到着する。ここから上流は土岐川と呼ばれるが，この土岐は平安時代末期から戦国時代まで土岐氏が勢力をもち，南北朝時代から1552年まで美濃国守護として栄えたことに由来する。1552年に斎藤道三に追われて嫡流が衰退するまで，土岐川流域を勢力圏として繁栄した。土岐氏は現在の瑞浪市の一日市場や同じく現在の土岐市の浅野に館を設けた。近世になると幕府が分知政策をとったため，幕府，尾張藩，岩村藩，旗本などの領地が入り組んだ状態になった。現在の瑞浪市だけでも13の領主が統治するという有様で，どこかに城下町がありその周りに藩の領域が広がるというような状況ではなかった。

近代になると郡制度が敷かれ 1879 年に土岐郡が生まれた。これは現在の多治見市・土岐市・瑞浪市の原型である。ただし多治見市北部は可児郡に属し，同じく瑞浪市南部は恵那郡に属した。土岐郡役所が置かれた現在の土岐市高山は，近世は下街道の宿場で荷物を中継した。その後，土岐郡では町や村の間で合併が進み，1940 年の多治見市を皮切りに瑞浪市（1954 年），土岐市（1955 年）が発足していった。多治見が 1889 年にいち早く町制を施行したのは，翌年に中央本線の名古屋—多治見間の開業を控えていたからである。ただし表面的にはそのように思われるが，実際は多治見が土岐や瑞浪に比べて町としての実力を有していたからである。それまでの歴史的蓄積が他を上回っていた。

　近世以降，土岐郡に相当する地域すなわち土岐川流域では，農業を除けば焼き物生産が主な産業であった。その焼き物のルーツを遡ると，すでに前節で述べたように戦国時代に織田信長の美濃進出にともなって瀬戸から移住した陶工たちに至る。ただし，土岐川流域における焼き物の歴史それ自体はこれよりも古い。すなわち，中世に現在の多治見市池田に池田御厨と呼ばれる伊勢神宮の荘園があり，そこで神宮へ納める焼き物をすでに生産していたからである。陶工が瀬戸から移住したのは，近世に近い戦国期に隆盛した茶の湯文化の下で求められた焼き物をつくるためであった。陶工が最初に窯を開いたのは現在の可児市や土岐市で，その後，子孫が多治見市や瑞浪市に移り住んで開窯した。

　土岐市の久尻で瀬戸の陶工が窯を開いたのは天正間（1573 ～ 1592 年）で，そこで働いていた陶工の加藤景増が多治見へ移住したのは 1641 年のことであった。この間半世紀ほどの開きがある。その限りでは焼き物づくりは先に土岐市で始まり，そのつぎに多治見市でも始まった。ところが近世も時代が進み，文化文政の時代すなわち 1804 ～ 1830 年頃になると，多治見村で庄屋をしていた西浦円治が有力な産地仲買人として頭角を現すようになる。円治は尾張藩の流通経路で美濃産の焼き物が市場へ送られるのをやめ，美濃独自の流通経路を確立しようとした。しかし尾張藩の息のかかった名古屋の蔵元たちの分断工作で独立の望みを絶たれた。

　瀬戸物から独立して「美濃物」を市場で捌くという円治の望みは実現しな

181

第 4 章　濃尾北東部セクターの地域構造

かった。しかしかわりに尾張藩は，円治を1835年に美濃焼物取締会所の取締役に任命した。以後，美濃で生産された焼き物はすべて円治の統制のもとで尾張藩が扱うことになった。多治見の陶祖とされる加藤景増が久尻から移住したのが1641年であるため，円治の台頭まで200年近い時間が流れた。円治は焼き物の仲買業を始めるために，恵那郡大川村・水上村の窯株10通りのうち9通りを手に入れている。統制経済の当時，陶業は株保有によって制限されていた。このため大規模に商いをするには窯株を購入して増やさなければならない。円治は窯株を集中することで業界内での地位を高めることに成功した。恵那郡大川村・水上村は土岐川支流の小里川の上流に位置する。対して円治は土岐川の一番下流の多治見村の庄屋であった。

　こうした事実から近世も後期で幕末期に近いこの時期，多治見村は土岐川流域で生産される焼き物の集荷場所になっていたことがわかる。西浦円治は世襲の美濃焼物取締会所の取締役という地位を生かし，多治見の本店以外に大坂や江戸に西浦屋の支店を設けた。世間では瀬戸物と呼ばれるが実際には美濃で生産された焼き物を，西浦屋の本店や支店から全国各地に送り出していった。西浦屋は瀬戸産，美濃産に限らず，ライバルである有田のものも扱った。そして時代が近代に移行すると，尾張藩という看板は使えなくなった。しかし西浦屋はこれまでと変わることなく卸売業を経営したり独自に西浦焼を開発したりして存続した。むろん美濃の焼き物は多治見の西浦屋に集めて出荷するという近世の縛りはなくなった。しかし多治見の産地卸売業が流通経路の中枢を握る体制は維持された。

　中央本線の名古屋—多治見間の開業はこうした体制を強めるように作用した。11年後に名古屋—宮ノ越間が開通して中央本線は全線開業となる。全国市場へのアクセスが飛躍的に向上し，鉄道による焼き物の輸送が大幅に増加した。多治見より東側の土岐や瑞浪からも出荷されるようになったが，出荷は多治見からのもが多く多治見は集荷力を維持した。多治見は産地流通の拠点で，生産は主に東隣の土岐が担った。原料はその東の瑞浪や恵那が担うという土岐川流域での分業化で生産量は拡大した（図4-13）。

　戦国末期に土岐川流域で始まった焼き物づくりの最初の窯は土岐に築かれた。その後，西隣の多治見に伝播するが，以後の発展は多治見を中心とした

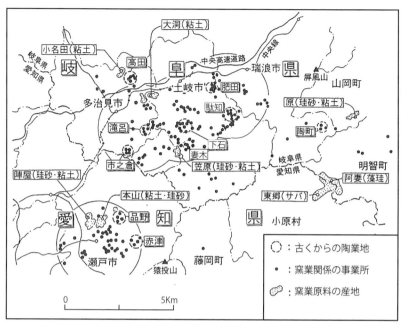

図4-13 美濃焼産地の盆地と窯業原料産地・窯業関係事業所
出典：須藤・内藤，2000，p.33をもとに作成。

ものになる。そのカギは焼き物づくりにおける分業化の進展である。とくに生産から流通が分化したことが大きく，流通で資本を蓄えた者が生産地全体に対して影響力を及ぼすようになった。近世も後期になると商品経済が浸透するようになり，市場の動向を把握できる立場にいる者が産地全体をとりまとめる力をもつことができた。先に述べた西浦屋だけでなく，近代以降はそれ以外の産地卸売業者も台頭し美濃焼の生産・流通を牽引するようになった。

　近世を通じて土岐川流域で進んだ生産・卸売の分業化による支配・依存関係には一般性があるように思われる。なぜなら，他の焼き物産地でも似たような構造がみとめられるからである。それは国内で初めて磁器の生産に成功した有田焼の産地構造である。有田焼は伊万里焼と呼ばれることが多い。これは有田で生産された焼き物を伊万里港から出荷したからである。伊万里でも近代には焼き物が生産されたので紛らわしいが，近世の有田焼は伊万里の卸売業者がほぼ一手に取り扱う状態が長く続いた。伊万里の産地卸売業者は

大坂市場に直接出荷するか，もしくは旅商人と呼ばれる仲買商に販売した。しかし1801年に佐賀藩は専売仕法という制度を定め，窯元からの仕入れは藩が指定した有田の商人に限るようにした（石川，2021）。

　佐賀藩は，大坂や江戸で消費地の仲買人に焼き物を売ることができるのは，藩が設けた蔵元に限るという制度も定めた。川上と川下の両方で佐賀藩が取引に関わる体制を設け，そのつど仲介料の名目で利益が藩に入るようにした。焼き物の取扱業務を制限された伊万里の産地卸売業者は，生き残るために対処法を考え実行していった。実行したのは，これまであまり相手にしなかった地方商人への販売や，これまで眼中になかった北陸東部・東北の市場開拓である。佐賀藩の有田優遇策は成功したように思われた。しかし実際は逆で，大坂・江戸への焼き物流通は滞りがちであった。このため佐賀藩は制度を見直し，伊万里商人も有田商人と同じように焼き物が扱えるようにした。

　若干，状況は異なるが，産地卸売業が産地全体の動向に影響を与える立場にあったことは美濃焼の場合と変わらない。こうした状況を制度変更で変えようと佐賀藩が動いた。藩が焼き物の生産・流通に関わるようになった経緯は尾張藩の場合とも似ている。有田焼の場合，産地卸売業の集積する伊万里，生産中心の有田，それにその奥に波佐見があった。厳密にいえば波佐見は大村藩に属しており，流域は有田川と背中合わせの川棚川であり異なる。このため波佐見焼の名は有田焼の影に隠れて知名度は低かった。近代になると焼き物は有田駅に集められ，ここから鉄道で出荷されるようになった。波佐見焼も有田駅から出荷されたため有田焼と混同もしくは同一視された。その後，原産地呼称が社会全体で重視されるようになり，有田で生産された焼き物だけを有田焼とすべきという声が叫ばれるようになった。

　こうした市場からのメッセージを受け，波佐見焼はこれまで有田焼のイメージの下で生産・流通してきた戦略を変えなければならなくなった。そこで打ち出されたのが，高級品指向の有田焼とは異なる現代的なデザインを重視したコストパフォーマンスのよい焼き物を市場に訴えるという戦略であった（古池，2019）。有田焼とは一線を画す独自性を強調することで，新しい市場世代を取り込もうとしている。伝統的な地場産業のイメージから脱し，ローカルな個性を強調して広く市場に訴えかけようとする動きは美濃焼産地にも

ある。これまで美濃焼産地の中ではマイナーな存在と思われてきた瑞浪で生まれた「瑞浪焼　MIZUNAMI」ブランドの登場がそれである。美濃焼＝安価な量産品という市場イメージを払拭し，世界市場も視野に入れた焼き物づくりへのチャレンジである（林，2010）。

　大きな背景として，バブル経済崩壊後の焼き物消費額の激減がある。これは日本全体の傾向であり，かつてのように焼き物を必要以上に買い揃えて使う生活スタイルが消えてしまった。長引くデフレ経済の下で選ばれるのは，精選したこだわりの一品か，もしくは100円ショップなどで手に入る廉価品である。もし前者をターゲットとするなら，選ばれるに値する品質がともなっていなければならない。焼き物の機能は単純であり陶磁器の大半は食器としての用が満たされていれば十分である。そのうえで消費者に選ばれるには，わかりやすい訴求力が焼き物にそなわっていなければならない。ブランドはその有力な要素であり，企業はブランド構築に向けて日夜努力を惜しまない。

　「瑞浪焼　MIZUNAMI」は中小企業集団が取り組んだブランドづくりのターゲットであり，世界的地名度の確立をめざす取り組みである。むろん製品それ自体がブランドに値する中身をそなえていることは当然であるが，それを市場で認められるためにはそれにふさわしい戦略がある。そこで選んだのが毎年，ドイツのフランクフルトで開かれるアンビエンテ（春）とテンデンス（秋）に出品し，欧米のバイヤーの評価を受けるという戦略であった。出展には事前に審査が行われ，それにパスしなければならない。出展を継続するには相応の費用がかかるため，それを負担しなければならない。立ち上げにさいしては瑞浪市から資金援助を受けることができ，事前の審査も通過した。見本市の出展ブースで行った来場者へのアンケートでは，「東洋的センスが欧米人向け食器に溶け込んでいる」と評価された。地場産業時代には考えられなかった，地場から直接海外市場に訴えるという行動が実現できる時代になった。

　焼き物それ自体に対する国内需要が低迷している現在，海外市場をめざす試みは今後も追求されていくであろう。その一方で，焼き物を歴史文化的な鑑賞品として展示し，内外から訪れる見学者を焼き物産地の歴史的，文化的風土へと誘う動きも進められる。土岐川流域にある三つの市と北隣の可児市

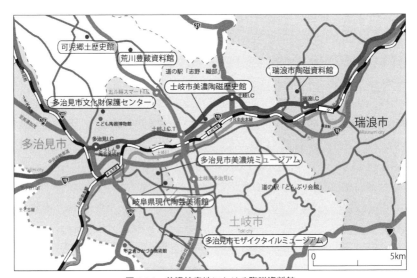

図4-14　美濃焼産地における陶磁資料館
出典：土岐市文化振興事業団のウェブ掲載資料（http://www.toki-bunka.or.jp/tokibunka/wp-content/uploads/2019/02/sutanpu.pdf）をもとに作成。

に設けられた陶磁資料館，陶芸美術館，ミュージアムなどは，そうした動きの拠点である（図4-14）。戦国末期から始まった各地の焼き物づくりにはそれぞれ固有の歴史がある。陶工が生産した普段使いの食器，陶芸家が思いを込めて作陶した作品，あるいは用と美を兼ね備えたデザイン性の高い食器に至るまで，焼き物世界の幅の広さと奥深さを，こうした資料館・美術館で感じ取ることができる。工業製品でありながら文化的，工芸的要素をそなえた焼き物は，単なる食器以上の何物かを内に秘めている。

第5章
東部丘陵セクターの地域構造

名古屋の東側に広がるこのセクターは，100 ～ 200 mの丘陵地と川が侵食
した谷間からなる。丘陵地は農業に適さず，斜面を利用して古くから焼き物
が生産されてきた。猿投古窯群がそれで，名古屋の東山から始まり，次第に
東や北へと広がっていった。戦国期に重要な戦いが繰り広げられた歴史も
ある。名古屋城下からは三河北部や信州南部へ向かうための街道が開かれ
た。この経路は近代には長距離バス路線として引き継がれ，さらに高速バス
へと変わっていった。名古屋の都市発展が勢いづいた高度経済成長期以降，
このセクターは郊外住宅地の開発や大規模な公園，それに国際博覧会の会場
として注目を浴びるようになった。会場への足を確保するため日本初のリニ
アモーターカーが導入され，博覧会終了後はテーマパークへのアクセスにも
なっている。東海道本線と中央本線を結ぶ鉄道もあり，企業・大学・住宅か
らの交通需要にうまく対応してきた。名古屋市営地下鉄と連絡する郊外鉄道
も建設され，丘陵地の開発を促すようになった。

第1節　東部丘陵線・リニモ沿い地域の今昔

1．時代とともに移動する「東部」と長久手の戦い

　名古屋市内をほぼ東西に走る地下鉄東山線の東の終点・藤が丘駅から東部
丘陵線(リニモ)に乗り継いで進むと，約17分で愛知環状鉄道の八草駅に至る。
地下鉄の「東山」もリニアモーターカーの「東部」も名古屋の中心部から見
て東側にあることから，そのように名づけられた。いたって自然なように思
われるが，その根底には旧城下町・名古屋こそがこの地域の中心であるとい
う意識がある。近世，城下町時代の名古屋の市街地は現在から見れば非常に
狭く，JR中央本線の西側あたりまでであった。東側の覚王山が当時は東山
と呼ばれる行楽地で月見の名所でもあった。広小路通は栄町（現在の栄）ま
でしかなく，近代になって中央本線が敷かれたさい千種駅を東側の玄関口と
して開設するのに合わせ，「東部道路」として延伸された。その後，覚王山
の東側に東山動物園が設けられ，さらに猪高村が名古屋市千種区に編入され
て名東区の誕生へとつづいていった。

千種区から名東区が分離するさい，区の名前は「名古屋市の東にある区」
という理由で自然に決まった。これは同じように名古屋市昭和区に編入され
た天白村が区として分離したさいに，天白村の名を引き継いだのとは対照的
である。こうして名古屋の市域は東へ東へと広がっていった。この東方への
発展を他の方向と比べると特徴的なことに気がつく。それは地形で，名古屋
の中心部から北，西，南に向かって移動する場合，地形的障害を感ずること
はほとんどない。しかし東に向かって移動する場合は，覚王山，東山，東部
丘陵というように山また山の連続である。これは千種区と名東区に南北方向
に丘陵地が列をなすように存在するからである。丘陵地と丘陵地の間には凹
状の谷間もしくは平地がある。

　最初に千種区の覚王山の手前では，栄と今池の間に低い平地がある。これ
は地質学的には大曽根面と呼ばれており，かつての矢田川が名古屋台地を侵
食した面である。この低地の東の端を走る中央本線が半地下構造をしている
のはこうした地形を利用して建設されたからである。覚王山を越えると南北
方向の田代本通と交わる。ここから本山あたりまでは北から南に向かう低地
であり，猫洞池を水源とする山崎川と新池から流れる支流が低地を形成した。
さらに東へ進み，東山動物園から星ヶ丘まで坂道を上っていく。道路は南側
の動物園の丘陵地と北側の平和公園の丘の間を抜けるように走る。星ヶ丘は
覚王山と同じように峠のような位置にある。

　星ヶ丘の東側は植田川流域であるが，川らしい川は見えず流域が変わった
という実感はない。植田川は天白川の支流であり，支流を下っていくと天白
区に至る。植田川を渡るのは名二環（名古屋第二環状自動車道）と交差するあ
たりで，地下鉄本郷駅の南に川の流れを見ることができる。さらに東へ進む
と東名高速道路の名古屋 IC の広い敷地の北側に至る。植田川はこの広い敷
地を取り囲むように流れており，その最上流部は名古屋市と長久手市の境界
付近である。名古屋 IC を過ぎると坂道になり，植田川が形成した谷間を抜
けて次の丘を上っていることに気づく。それほど傾斜のある丘ではないが，
雰囲気から名古屋市郊外の別の地域すなわち長久手市内に入っていることを
感じさせる。

　名古屋 IC は植田川の南にあって丘陵地を均したような場所に設けられた。

189

第5章　東部丘陵セクターの地域構造

これと対をなすような位置すなわち丘陵地の北側に地下鉄東山線の藤が丘駅と名古屋市交通局藤が丘工場がある。名古屋 IC は 1968 年，藤が丘工場は 1969 年に設けられた。ともに名古屋市東部で郊外開発が進められていた時期であり，高速道路や地下鉄が新たな役割を果たすべく交通インフラとして建設された。これらの施設は名古屋市域の最東端にあり，東側の長久手市と境を接する。ただし藤が丘工場の敷地の一部は長久手市に食い込んでいる。南北に長い藤が丘工場は，名古屋市と長久手市との間の交通を遮断している。同じように名古屋 IC も二つの市の境にあって移動を妨げている。このように地下鉄の車庫と高速道路のインターチェンジが北と南に構えるように位置し，その間を幹線道路の県道 60 号名古屋長久手線が走るため，ここがあたかも名古屋の内と外を分ける関門・ゲートウェイのようにも思われる。

　藤が丘が始発の東部丘陵線（リニモ）は，県道 60 号とその先の県道 6 号の上に設けられた高架軌道を走行する。すぐに長久手市域に入り，鴨田川（藤の木川）が形成した谷間の傾斜面を下るように走る。鴨田川が支流の香流川はこの川以外にいくつもの支流をもつ。これらの支流は長久手市内を南東―北西方向に列をなすように流れている。このため県道 60 号・6 号や東部丘陵線は，長久手市内ではいくつもの丘と川を越えながらの移動である。つまりアップダウンの繰り返しである。西から順に支流の香桶川，堀越川，本流の香流川とつづき，愛・地球博記念公園の前を通り過ぎてリニモは陶磁資料館南駅に至る。この駅の標高は地上からの 16.2 m を含む 176.3 m で，全部で九つの駅の中では最も高いところに位置する。これより東側は矢作川の流域である。

　藤が丘を発ったリニモが最初に停まる杁ケ池駅と 2 番目の古戦場駅はともに地形的に低く，その間が少し高くなっている。尾根のような部分であり，この尾根部分を南北方向に古戦場通りが走っている。1584 年 3 月から約 8 か月にわたって繰り広げられた小牧・長久手の戦いのうち 4 月 6 日から 10 日にかけて戦いの場になったのが，この付近一帯である（図5-1）。現在は古戦場通りの東側に古戦場公園が整備されており，長久手市郷土資料室でこの合戦に関する資料を見ることができる。戦いの発端は楽田（犬山）に着陣した秀吉軍と小牧山に陣を構えた家康軍の睨み合いが続いて膠着状態となり，

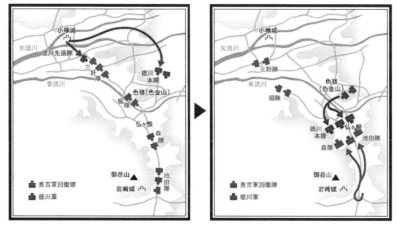

図5-1 長久手合戦における軍の動向(略図表示)
出典:長久手市のウェブ掲載資料 (https://www.furusato-tax.jp/gcf/1409) をもとに作成。

これを打ち破るため4月6日の夜半,秀吉軍の一部が岡崎城へ進軍したことである (内貴, 2023)。岡崎城は家康の居城であり,家康を小牧山城から誘い出し,秀吉軍の本隊とともに挟み撃ちする「中入り」の戦法をつかった。しかし,こうした秀吉の計略を見破った家康は中入りに向かう池田隊に奇襲を仕掛け,恒興らを討ち取ることになる。家康勝利の経緯はどのようなものであったのだろうか。

4月7日遅くとも8日には秀吉方の岡崎侵攻の動きを知った家康は,8日夜には自身小幡城 (名古屋市守山区) に進んだ。岩崎城主が道案内役となり4,500人の先発隊と9,300人の本隊が秀吉方の追撃に向かった (図5-1左)。9日早朝,岡崎侵攻隊の先鋒池田隊は岩崎城 (日進市) のそばを通りかかった。岩崎城は長久手から古戦場通りを南へ向かい,丘を越えて日進に入ったあたりにある。ここは岩崎川流域で南側には岩崎川が形成した低地が広がっている。池田隊は岡崎への道を急ぐため,岩崎城は攻めずに通過しようとした。ところが,通り過ぎる池田隊に対して岩崎城から鉄砲を撃ちかけてきたため,これを攻め落としてしまった。これが岩崎城の落城で,家康側にとっては思わぬ損失であった。

一方，岡崎侵攻に加わり最後尾にいた三好信吉（秀吉の甥）の軍勢は，9
日早朝，白山林（尾張旭市）で朝食をとっていた。そこへ徳川軍の先発隊が
背後から急襲し，不意を突かれて混乱した三好隊を打ち負かしてしまった。
大将の三好信吉は細ケ根（長久手市荒田）付近まで逃げたが，自分の馬も見
失い討死寸前にまで追い込まれた。それを見た信吉の武将・木下勘解由利匡
は，自らの馬を差し出し三好信吉を逃した。勘解由利匡は弟の助左衛門祐久
とともに追ってきた徳川軍と戦って戦死した。木下兄弟の塚は現在も荒田に
残されており，長久手市の指定史跡になっている。

　三好隊の敗走を知った秀吉方の第2隊は，長久手へ向けて南下する徳川隊
を桧ケ根（長久手中央図書館付近）に陣を構えて待った。白山林から桧ケ根
まではおよそ2km，徳川軍は矢田川左岸側の白山林から尾張旭の台地を越え，
香流川が形成した低地を横切って左岸側の桧ケ根に向けて坂を駆け上がって
くると予想された。案の定，坂を駆け上がってきた徳川の先鋒隊に対して鉄
砲のつるべ打ちをあびせた。隊列を乱した先鋒隊は多数の死者をだして大打
撃を受けた。しかしこのとき，家康の本隊はすでに東方に移動しており，こ
れを知った秀吉方は深追いするのは不利と判断し，自軍をまとめて北方へ引
き揚げていった。

　4月9日の朝，色金山（長久手市岩作色金）周辺に着いた家康の本隊は，香
流川を渡って午前10時頃，富士ケ根（長久手市富士浦）から仏ケ根（長久
手市武蔵塚の北），前山（長久手市城屋敷東）にかけて布陣した（図5-1右）。色
金山は長久手市の中央部に南北に横たわる小高い丘陵地で，すぐ南を香流川
が東西に流れる。家康はここで軍議を行ったと伝えられており，現在は色金
山歴史公園として整備されている。富士ケ根は色金山の南西13kmの地点に
位置しており，香流川の支流・香桶川の左岸側丘陵地である。ここに家康が
本陣を構えて指揮をしたことからこの丘陵地は御旗山と呼ばれ，のちに富士
浅間神社が建立された。御旗山の南500mに前山，同じく南東500mに仏ケ
根がある。これら三つの地点は香流川の支流である香桶川と藤の木川に挟ま
れた丘陵地の上にあり，日進の岩崎城方面から長久手へ丘を越えて北上する
秀吉方を迎え撃つには絶好の位置にあった。

　白山林で三好隊が徳川先鋒隊に急襲され大敗したことを知った秀吉先鋒隊

は，岩崎城を落としたのもつかのま，すぐに馬首を返し長久手方面に引き返した。すでに布陣を終えていた徳川軍に対し，三方から戦いを挑んだ。両軍は激しく戦ったが勝敗はなかなか決しなかった。しかし昼頃，徳川本営に突進した森長可が頭に銃弾を受けて戦死したのをきっかけに戦いは徳川軍の勝利へと傾いていった。秀吉方先鋒の指揮をとった池田恒興・元助父子はともに戦死した。こうして長久手の合戦の最後の仏ケ根の戦いは終わった。池田父子の塚は現在も国指定史跡として古戦場公園内に残されている。長久手の戦いで勝利をおさめた家康は小幡城を経て小牧に戻った。秀吉は9日昼頃，楽田の本営で岡崎侵攻隊の敗戦を知り，すぐに大軍を率いて救援に向かった。しかし，ときすでに遅く竜泉寺まで進んだものの，家康は小幡城まで兵を引いたあとであった。家康に戦う意志はなく，秀吉軍はなすすべもなく楽田に引き返した。

さて，長久手の古戦場公園は西側の主要道路（県道75号・古戦場通り）と東側の大型ショッピングセンターに挟まれるような位置にある。最寄りの東部丘陵線（リニモ）の駅名も長久手古戦場駅であり，駅の1日当たり平均乗降者数（2015年）は5,078人である。ただし古戦場公園への来場者は長久手市の資料によると年間32,858人（2015年）にとどまる。戦国末期の戦いとして重要な意義をもつこの戦跡を訪れる人は，歴史的に多くはなかったように思われる。しかしそうした中にあって，城下町名古屋との関係で尾張藩士が訪れたということが『岩作里誌』に記されている（浅井，1924）。ここは徳川御三家の元になる家康自らが戦った古跡として特別な意味があった。1771年，尾張藩士の人見弥右衛門と赤林孫七郎は古戦場を訪れ，先に藩士の福富親茂が立てた標木が朽ちて遺跡が滅失しつつあるのを目にして嘆いた。帰途，早速，石屋に石碑を発注し造立させたのが，勝入塚である。名古屋と長久手の関係はこんなところにもある。

2．愛・地球博の開催場所とテーマ決定までの道のり

「道」には歩いていく道路や街路の意味と，いま一つ目標に到達するまでのプロセスという意味がある。2005年3月25日に名古屋市郊外の東部丘陵で開会の日を迎えた日本国際博覧会（愛知万博）は，これら二つの道をどう

にか乗り越えてようやく実現した。国際博覧会を開催するのは国であり，日本での開催が決まるまえの国内予選では，愛知県のほかに複数の県が名乗りを上げた。オリンピックの誘致で韓国・ソウルに負けた名古屋・愛知県は今度こそはと意気込み，国内での誘致合戦を制した。国際博覧会事務局（BIE，本部パリ）の総会でも，強敵カナダのカルガリーに競り勝った。国内で旗を振ってきたのは愛知県の首脳陣。愛知県には第四次全国総合開発計画で指定を受けた「研究学園都市」を東部丘陵で実現するという構想があり，万博はその地ならしとして位置づけられた。当初は瀬戸市南部を中心とする地域を会場候補地とし，万博終了後は跡地を市街地化する考えであった。

　愛知県が描いた一連の構想は，高度経済成長期の開発方式に慣れ親しんできた人々にとっては，何ら違和感はなかった。しかし，都市に近い丘陵地をただ漫然と造成地に変えていくだけの開発方式に疑問を抱く人々も少なくなかった。二度の石油ショックや公害などが，従来型の地域開発を色褪せたものにしていた。愛知県自身も，もはや臨海部や内陸部を大規模に開発する時代ではないことを承知しており，これまでとは異なる先端技術開発中心の構想を描いていた。しかし，緑地や丘陵地を造成地に変える手法はこれまでとなんら変わらなかった。その結果，瀬戸市南部の通称「海上の森」を里山として親しんできた人々と愛知県の間に対立が生まれ，万博開催の行く手に黄信号がともった（松田，2000）。

　名古屋の西の尾張平野は地質時代を通して沈降し，逆に東側の台地・丘陵地は隆起している。「濃尾傾動地塊」と呼ばれるこの地形を生み出す濃尾傾動運動が名古屋周辺の郊外化の方向性に影響を与えていることは，意外に知られていない。近世に尾張藩が東部丘陵に所有していた林野は明治維新で国有林になり，その後，愛知県に払い下げられた。いくら県有林が多いとはいえ，県民や地域住民を無視した地域開発は不可能である。全国的論争にまで広がった里山をめぐる県と住民の対立を国際博覧会事務局も放置できず，最終的に愛知県は万博の主会場を長久手町（現在の長久手市）の県営青少年公園に変更し，瀬戸会場を縮小することで妥協をみた。万博跡地で住宅地開発をする構想は消え，開発と正反対の環境重視を前面に押し出す「愛・地球博」「環境万博」として開催されることになった。

当初，万博の会場予定候補地になった海上の森は，万博終了1年後に「あいち海上の森センター」として整備されることになる（愛知県編，2006）。広さ6km²の菱形のような丘陵地は，ふれあいの里，野鳥・古窯の森，循環の森，恵みの森，生態系保護区域の五つからなる（図5-2）。山口川の支流・海上川のさらに支流の吉田川，寺山川，篠田川などが丘陵地の中を流れ，海上防砂池，篠田防砂池，赤池などがこれらの川につながっている。中央付近のふれあいの里には多度神社や馬頭観音など歴史的な社や碑があり，里山サテライトという休憩所が設けられている。野鳥・古窯の森には平安時代中期の古窯跡・広久手第30号窯跡が保存されており，ここが猿投古窯群の一部であることがわかる。さらに，南東側の循環の森には標高327.9mの物見山があり，ここからは戦国期に尾張・美濃・三河にあった七つの城すべてが見えたので「七城ヶ峰」と呼ばれた。織田勢と対立した武田勢の偵察地として利用されたと伝わる。
　こうして愛知県が整備することになった里山の価値が万博会場をめぐる意

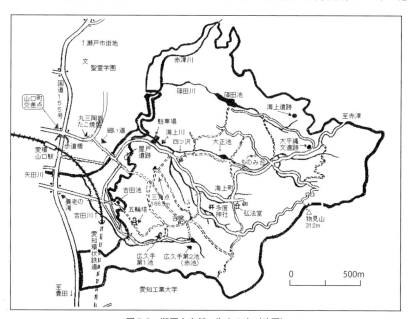

図5-2　瀬戸市南部・海上の森（略図）
出典：探足の会のウェブ掲載資料（http://www.tansokukai.com/index.htm）をもとに作成。

見対立を契機として評価されるようになったというのは皮肉である。地域開発をめぐる動きがマスメディアなどを通して広く報じられたがゆえにその存在がクローズアップされ，結果的に里山の保全・利用につながった。世の中がどのような方向に進んでいくのか，あらかじめ予測するのは簡単ではない。地域振興という目標を掲げることは同じでも，それを実現する手立てはさまざまである。次世代を見据えて現在の場所をどのように変えるか，あるいは変えないのか，立場が違えばときとしてぶつかり合うこともある。いずれにしても2000年9月，海上の森から愛知青少年公園へ万博の主会場を変更することが決まった。

　こうして万博の主会場に決まった愛知青少年公園へ主に名古屋方面から来場者をどのように輸送するか，次なる課題の解決に向けて早急に取り組まなければならなくなった。万博開催に向けて，もう一つの「道」の解決である。時代を振り返ると，名古屋（愛知）には明治から昭和にかけて万博（見本市）を開催しながら市街地を広げてきたという歴史がある。都心部から会場へ見学者を輸送するために交通手段を建設し，終了後はそれを活用して市街地化を進めるという戦略である。明治末期にのちに鶴舞公園になる場所で開催した第10回関西府県連合共進会（1910年），それに戦前の名古屋が最も輝いていた時期に名古屋港の近くで開催した汎太平洋平和博覧会（1937年）が，そのよい例である。路面電車の「公園線」や「博覧会線」が建設され都心部と会場の間を連絡した（林，2000）。

　戦前の二つの博覧会は，いずれも当時の市街地郊外で開かれた。愛知万博もまた郊外での開催であり，この点でも似ている。もっとも愛知県は，地下鉄東山線の東の終点・藤が丘からさらに先へ進む交通手段を，万博開催のためだけに必要としたわけではない。この方面には青少年公園，陶磁資料館，農業総合試験場，愛知県立芸術大学，愛知県立大学など県関係の施設が，すでにいくつか立地していた。愛知県経済の屋台骨を支える有力な自動車企業の研究所や博物館なども建っている。今後さらに研究学園都市を実現していくには現状の自動車道路だけでは不十分であり，公共輸送手段がなければ市街地化に弾みがつかない。日本の大都市圏では，東京も大阪もそうであるが，軌道系の公共交通手段が郊外発展の前提になっており，名古屋もその例外で

はない。

　ただし，すでに郊外化の勢いが鎮静化の方向に向かっていた1990年代に，新たに用地を取得して公共交通手段を建設するのは容易ではなかった。そこで愛知県は，既設道路（県道6号）の中央に支柱を設けその上の地盤上を車両が走る高架式の交通手段を建設することにした。これなら走行ルートを新規に確保する必要はなく，地下鉄藤が丘駅と愛知環状鉄道の八草駅の間を結ぶだけでよい。ただしこれも，海上の森での開催を考えていた当初は，東の終点は八草駅のさらに東側に想定されたが，会場の変更にともない八草までとなった。残る問題はいかなる方式の交通手段を採用するかである。この点について愛知県はかなり周到な計画を準備して取り組んできており，名古屋鉄道が技術面で全面的にバックアップした。

　名古屋は中央走行の基幹バスやガイドウエーバスなど，他都市では真似のできない新しい交通システムを導入してきたことで知られる。その極め付きともいえるのが，愛知万博で大勢の見学者を連日，輸送することになった東部丘陵線（リニモ）である（林，2004）。通称リニモ，正式名は常電導吸引型磁気浮上式リニアモーターカーと呼ばれるこの交通手段は，博覧会の開催が決まる10年も前から愛知県と名鉄が一緒になって開発を進めてきた。中国・上海でドイツが実用化したトランスラピッドには先を越されたが，愛知県と名鉄による研究開発が実を結び，万博開催に間に合わせることができた。この技術は当初は日本航空（JAL）が東京都心部から成田空港への移動手段として開発に着手したが，種々の経緯から開発拠点が名古屋へ移され，実用化を経て第三セクターの愛知高速鉄道が東部丘陵線で採用することになった。同社の社長は愛知県知事であり，地元の有力企業や関係自治体がこぞって出資をしている。

　「万博への道」，それは未来型地域開発のための露払い，あるいは起爆剤として構想したイベントの開催予定会場が予想外の反対にあい，やむなく方向転換を迫られた苦難のプロセスであった。このプロセスを通して開発側は，遅まきながら時代の風向きが変わったことを学んだ。地球環境の持続性を無視した開発が許されないことは，いまや常識である。イベント開催に付随する交通インフラの整備は今回も踏襲されたが，世界に誇る交通イノベーショ

ンの実用化を後押ししたという点は評価してよいであろう。東部丘陵線（リニモ）が走り始めてからおよそ20年になるが，その後にこのシステムを導入した事例はない。世界を見渡しても，ドイツのトランスラピッドは中国・上海の中心部と空港を結ぶ路線が2004年に誕生したのみである。本家のドイツ国内では建設反対のため実現できていない。同じリニアモーターカーでもシステムが異なるJR東海によるリニア中央新幹線は，当初予定の2027年開業は困難視されている。このようにリニアモーターカーをめぐる動きは内外ともにいま一つといった感じがするが，それだけに国内唯一のリニモ線として意義があるように思われる。

　万博終了後は乗降客数が予想を下回り経営を危惧する雰囲気もあった。しかし終了翌年の2006年の年間利用者数501.4万人は，2020年のコロナ流行直前までは順調に増加を続け2019年は922.5万人であった。1日平均でいえば，0.8万人から1.4万人への増加であり，うち18.0％は通勤目的，42.3％は通学目的である。地域別では33.3％が長久手市，26.1％が名古屋市の居住者によって占められた。40％近くが定期外での利用であることから，万博跡地に整備された愛・地球博記念公園（通称モリコロパーク）を訪れる観光客・レジャー客の足として利用されていることがわかる。東部丘陵に集まる愛知県関連の公共施設への移動手段として建設された未来型交通システムは民間のショッピングセンターや大型小売店の進出も促しており，変わりゆく東部丘陵への新たな「道」として先導役割を果たしてきた。

3．県営施設群の受け皿と都市・農村のバランス

　2022年11月1日，長久手市の愛・地球博記念公園の中にジブリパークが開園した。国内外で多くの人々に親しまれてきたスタジオジブリ作品の世界観を表現した公園施設は五つのエリアによって構成される。このうち第1期の開園時には「ジブリの大倉庫」「青春の丘」「どんどこ森」が入場できた。これにつづいて「もののけの里」が2023年11月，「魔女の谷」が2024年3月に開園された。「ジブリパークには大きなアトラクションや乗り物はなく，森や道をそのままに自分の足で歩き，風を感じながら秘密を発見する場所」とホームページに書かれている。たしかに森に囲まれた丘の多い園内は子供

の好奇心を刺激し，冒険心を掻き立てるような雰囲気に満ち溢れている。最寄りの東部丘陵線（リニモ）の愛・地球博記念公園駅の標高は152.7 m，地上から13.4mの高架駅でもあるため，ホームに立てば南側の公園を含め360度の風景が目に飛び込んでくる。

ところで，ジブリパークが開園した2022年11月1日から遡ること52年前の同じ11月1日，同じ場所で愛知県青少年公園が開園している。開園当日，祝のくす玉を割ったのは桑原幹根愛知県知事であった。桑原県知事を先頭に愛知県は自動車産業をはじめとする産業の振興に力を入れる一方，愛知県がんセンター（1964年），愛知県立芸術大学（1966年），愛知県コロニー（1970年）など県営の教育・福祉・医療施設の建設も進めてきた。愛知県青少年公園は，集団就職で愛知県に来た勤労青少年の健全育成を目的に開園された。2年前の1968年は「明治百年」にあたっており，それを記念するという意味もあった。さらにこの年の3月から9月にかけて大阪・千里丘陵で万国博覧会が開かれており，大都市近郊の丘陵地が大規模公園やイベント会場の場所として注目されるようになっていた。ちなみに愛知県青少年公園は，大阪万博のパビリオンとして建てられたロボット館を万博終了後に受け入れ1993年まで展示した。

愛知県青少年公園の建設場所が名古屋市の郊外，当時は長久手町の丘陵地に選ばれたのは，この地域一帯が県有地であったことがその大きな理由である。長久手市には先述した愛知県立芸術大学のほかに愛知県立大学，愛知県農業総合試験場があり，隣接する瀬戸市には愛知県陶磁美術館（2013年までは陶磁資料館），愛知県赤十字センターもある。これらに加え，瀬戸市との境に近い豊田市には知の拠点あいち（研究開発拠点）が2012年に開設された。これらはいずれも愛知県が運営する施設であり，とりわけ面積が194.2haと広い愛知県青少年公園はこれらの施設群の中でも存在感が大きい（図5-3）。

ところがこの大規模公園は，2002年に閉園することになった。30年余の短い期間であったが，高度経済成長期に青年期を過ごした若者や家族をもった人々にとって想い出深い場所であったゆえに残念に思われた。閉園の理由は，前項ですでに述べたように，万博開催の主会場がこの公園になるという予期せぬ事態が発生したことである。そもそものきっかけは，桑原知事の後

継者の中谷義明知事が掲げた「名古屋オリンピック」の誘致が叶わず，次の鈴木礼治知事が1988年11月に瀬戸市の海上の森を会場に万国博覧会を開催する構想を表明したことであった。当初，開催場所として予定した海上の森が反対運動のため大幅に縮小せざるを得なくなり，急遽，青少年公園を主会場として開催することになった。オリンピック誘致の失敗を教訓に周到な準備をして臨んだはずであったが，環境重視の国際的トレンドを十分に理解できていなかったことが会場変更騒動の根底にある。

2005年3月から9月までの半年間，当初に予想した1,500万人を大きく上回る約2,205万の人々が愛・地球博会場を訪れた。博覧会のテーマは，「新しい地球創造」から「新しい地球創造―自然の叡智」を経て「自然の叡智」へと変わっていった。開発イメージを思い起こさせる地球の創造から自然に学ぶというスタンスへの転換は，この博覧会の開催理念の推移を暗示している。サブテーマの一つとして「循環型社会」を掲げたのも，社会の中で広まりつつある環境志向を意識してのことである。博覧会終了後，跡地は愛・地

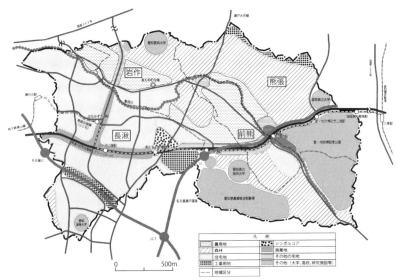

図5-3　長久手市における土地利用構想図
出典：長久手市のウェブサイト掲載資料(https://www.city.nagakute.lg.jp/keikaku/toshiseibi/documents/1genkyou.pdf)をもとに作成。

球博記念公園として整備され，2006年7月15日に開園した。1970年の青少年公園の開園から数えると，2022年のジブリパークの開園まで実に4度にわたりこの丘陵地は人の手が加えられ姿を変えていった。

愛・地球博記念公園は長久手市の市域の東端にある（図5-3）。ここへのアクセスは名古屋市中心部からなら，地下鉄東山線と東部丘陵線（リニモ）を利用する。自動車なら県道60号で長久手市の中心部・杁ケ池まで行き，さらに県道6号で東へ向かう。県道6号は豊田市八草町から東の豊田市力石町の間が有料の通称・猿投グリーンロードである。猿投グリーンロードは東名高速道路と豊田方面を結ぶために愛知県が建設し，名古屋IC—八草IC間は無料である。長久手から八草までの沿線には愛知県関係の施設が多く，厳密にはグリーンロードではないが，有料道路並みに整備された区間を無料で走れるのはドライバーにとってメリットが大きい。

東西に長く広がる長久手市の市域は，大きく西部の市街化区域，中央部の市街化調整区域，そして東部の都市公園（愛・地球博記念公園）の三つに分かれる。これら三つの特徴の異なる地域を東西に貫くように，先に述べた県道6号，60号が走っている。また鉄道系として東部丘陵線（リニモ）が愛・地球博への輸送力を確保するために建設された。通称・リニモは地下鉄東山線の藤が丘から愛知環状線八草までの間8.9kmを結んでおり，先に述べた県道の上に設けられた高架軌道上を走る。地上の道路と高架軌道が一体となった構造をしており，非常に効率的な交通システムといえる。藤が丘の標高は42m，愛・地球博の会場は150m，その東隣の陶磁資料館南駅は176.3mと高い。130mを超える標高差を考え，傾斜走行に強みを発揮するリニアモーターカーが採用された（図5-4）。

長久手市内をほぼ東西方向に貫く県道とリニモは，自動車社会以降の交通路である。県道と交差する南北方向の道路は市域の西側すなわち市街化区域に多い。県道と並行する主要道路も市の西側を中心に整備されている。長久手市の市街化はこうした道路の整備をもとに進んでおり，その急激な都市化により同市の性格は大きく変化した。1975年の市街化区域の人口は8,600人で，市の総人口の59.3%であった。それが1995年になると人口は30,166人で78.4%を占めるようになり，さらに2015年は49,698人で86.3%になった。

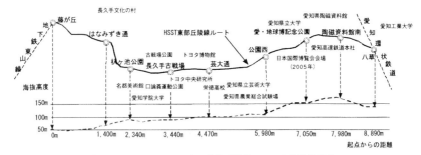

図5-4　リニアモーターカー東部丘陵線のルートと海抜高度
出典：林，2004, p.217 をもとに作成。

市街化区域の人口は40年間で5.8倍となり，市の総人口に占める割合も27ポイント上昇した。

　民間不動産会社が実施した「街の住みここちランキング」で長久手市は2021年，2022年ともに全国第1位であった。2020年の国勢調査の結果によれば市の平均年齢は40.2歳と若く，高齢化社会とは無縁の都市のように思われる。大都市名古屋の近郊で，通勤・通学・買い物の利便性が高い。市内には大型ショッピングセンターやモール，大型専門店もある。それにすでに述べた愛・地球博記念公園という大規模な緑地があり，さらにジブリパークも開園した。こうした居住環境が高く評価され，第1位に選ばれたと思われる。一般に大都市の郊外で住宅地開発が急速に進んだ地域では居住インフラの整備が進まず，課題を抱える事例が少なくない。そうした事例と比べると，長久手市では名古屋市寄りの市街化区域と中央部の市街化調整区域が明確に区別されており，土地利用をめぐる混乱は生じていないように思われる。

　長久手市における西側の市街化区域と中央から東側の市街化調整区域の対照性は，地域の歴史的発展の違いを反映している。中央から東側は基本的に香流川とその支流が形成した低地であり，古くからの集落が分布している。長久手市役所のある岩作は香流川の流れに沿うように北西から南東に広がっており，南に愛知県立芸術大学や愛知県農業総合試験場があるが全体としては田畑が多い。岩作ではかつて馬が暮らしの中で動力として使われていた頃の名残を物語る祭礼が現在も続けられている。神馬の背中に立てられた御幣の「馬の塔」が語源の「オマント」がそれで，首や胴部を豪華な馬具で飾っ

た飾り馬が献馬として地元の石作神社に奉納される。

　オマントは尾張や西三河で引き継がれてきた伝統行事である（小林，1977）。岩作では西切と東切と呼ばれる二つの地区の馬宿から隊列が出発し，途中の小学校で二つの隊が合流したあと石作神社へ向かう。隊列は多数の警固隊を伴いながら道を進み，途中で警固隊は鉄砲を放ち気勢を上げる。神社に到着した一隊は神職の案内で神殿に向かい，その広場で人馬一体となった駆け込みを行う。この神事の目的は豊作御礼であり，広場を取り囲む観衆は実り豊かな年であったことを皆で喜ぶ。警固隊が披露する棒の手の模範演技に観衆は万雷の拍手を送る。棒の手は地域ごとに異なる流派があり，愛知県内では10の流派が受け継がれている。このうち長久手には起倒流，目当流，鷹羽検藤流，藤牧検藤流の四つが残されている。

　長久手市では岩作のほかに長湫，上郷でも同様の祭りが行われている。長湫の場合も西切，東切の二つの馬宿から隊列が出発し，地元の景行天王社へ献馬を奉納する。上郷では熊野社，神明社，多度社への献馬の奉納である。現在，県内では長久手と北隣の尾張旭の2市，それに高浜市と東浦町にオマントの風習がよく残されているが，かつては地元の神社とは別に遠方の神社や寺へ献馬を奉納することも行われていた。猿投神社，熱田神宮，竜泉寺への奉納がとくに多く，10程度の村々が一緒になって隊列をつくり神社や寺に向かった。こうした集団は合宿もしくは合属と呼ばれた。とくに合宿の数が多かったのは猿投神社へ向かうもので，10村1合宿，全体では180の村が尾張・美濃・三河から猿投神社をめざした。

　こうした伝統的祭事は，都市化が著しく進んだ現在の長久手のイメージからは掛け離れているように思われる。しかし，普段は見ることのない飾り立てられた馬が多くの警固隊を伴いながら住宅地の中を進む姿は新鮮で印象深い。整備された川や用水路に沿って並んだ警固隊が一斉に放つ鉄砲の音と煙は，まさしく非日常性を感じさせる。地区ごとに異なる棒の手を立ち演ずる子供たちは，先祖代々引き継がれてきた風習を身を持って体現する。長久手市が「街の住みここちランキング」で高く評価されているのは，住宅・交通・緑地のバランスのよさである。その評価項目の中に伝統的行事が含まれているかどうかはわからない。しかし少なくとも，こうした伝統的行事が維持で

きる地域性が残されていることは明らかであり，単なる大都市郊外住宅地で
ないことは理解できる。

第2節　名古屋と伊那谷を結ぶ交通路の歴史

1．名古屋と伊那谷（飯田）を結ぶ近世の街道

　近世名古屋の城下町中心部は碁盤割と呼ばれ，東西南北方向に規則的な
格子状道路が広がっていた。道路と道路の間隔は1町（約109m）の長さで，
第二次世界大戦後の復興期に建設された百メートル道路（久屋大通，若宮大通）
はこの1町部分をすべて道路にしたものである。格子状道路の中心は高札場
のあった場所で，ここで南北方向の本町通と東西方向の伝馬町筋が交差して
いた。1660年の大火（万治の大火）の教訓から広小路通が火除け地として拡
幅されると，以後，中心は伝馬町筋から南の広小路通へと移動していく。し
かし伝馬町筋を東に向かい，さらに南東方向に向かっていく道路はこれまで
と変わらず，名古屋城下と周辺を結ぶ役割を果たした。この道路は現在もよ
く使われており，飯田街道という名で呼ばれている（堀江編，2022）。飯田街
道と呼ばれるようになったのは明治以降で，近世は駿河街道と呼ばれた。徳
川家康が晩年を過ごした駿府と家康の九男・義直が初代藩主であった名古屋
を結ぶ象徴的意味合いのある街道であった。

　同じ道路でありながら近世の駿河街道から近代の飯田街道へと，大きな変
わりようである。この変化の裏には何か特別な理由があるのだろうか。元々，
この道路は四角形格子状の碁盤割というイメージが強い中にあって，唯一，
東西ではなく北西―南東に延びる道路であった。話は飛ぶが，近世の名古屋
が発展を始めた頃，北アメリカではオランダが現在のニューヨークの元とな
るニューアムステルダムで植民地開発に取りかかろうとしていた。その後，
ここはイギリスの手にわたり，さらにアメリカ合衆国の一部となる。そして
19世紀初頭，ニューヨークではマンハッタン島の道路網を長方形格子状に
整える計画が立てられ，実現された。しかしその過程で唯一，長方形格子状
にならず斜め方向のまま残された道路があった。それがブロードウェイであ

る。ブロードウェイはマンハッタン島の中央部では南北方向に走っており，ほかのアベニューが島の地形の方向に合わせて整えられたのに対し，オランダ植民地時代から「広い道」と呼ばれていたこの道路だけは向きを変えることができなかった。この例にならえば，さしずめ駿府街道（飯田街道）は「名古屋のブロードウェイ」といえよう。

　清洲越しを経て新たに城下町を建設するさい，西の豊臣勢力に対する備えを重視し城は名古屋台地の北西端に築かれた。このため東海道の宿場・熱田から城までは7kmほどの距離があった。この遠さは当初からわかっていたが，いざ東国方面との間で連絡をとろうとすると熱田経由では不便であった。そこで徳川家康は，名古屋と岡崎の間をもっと短い距離で結ぶ街道をつくらせた。岡崎城は家康が誕生した城であり，1570年に浜松城に移るまで10年間を過ごした城でもある。これが名古屋から岡崎へ，さらに駿府へと通ずる駿河街道が開かれた背景事情である。

　名古屋城下の中心から岡崎をめざすには南東方向に向かうのが一番である。問題は名古屋城下の東側に南北方向に丘陵地が広がっていることで，どこかでこの丘陵地を越えなければならない。この丘陵地は北は矢田川と香流川の合流部付近から，南は瑞穂運動場の東あたりまで続いている。南の高まりは標高50〜80mの八事丘陵で，木の葉あるいはレモンの先のようなかたちをしている。その中から地形的に鞍部と思われる地点が見出され，丘陵地を横切るように川名，八事，植田，平針の集落を結ぶほぼ直線の街道が開かれた。

　八事丘陵の北側は東山丘陵で，さらに北へ進むと矢田川を渡って守山丘陵へと続く。つまり一連の丘陵地が名古屋城下から東への進出を阻むかのように連なっている。丘陵地は川で途切れるため，矢田川に沿って右岸側では水野街道（瀬戸街道），左岸側では山口街道がそれぞれ東に向かって延びている（図5-5）。東山丘陵を越えるのは高針街道で，これは城下中心部の広小路通を東に進んだ道路（東山通）の延長である（池田，2022）。東山丘陵を越えるのは現在の星ヶ丘あたりで，ここで二手に分かれ高針街道は南へ，北は猪高村，現在の名東区の一社から本郷を経て藤が丘へと至る。

　八事丘陵を八事で越える飯田街道（駿河街道）と東山丘陵を星ヶ丘で越え

205

第5章　東部丘陵セクターの地域構造

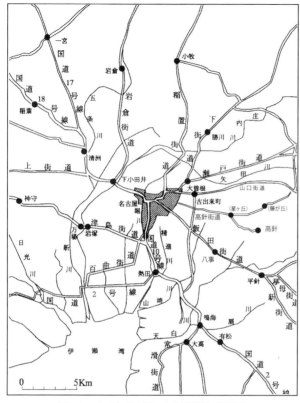

図5-5 1870年代中頃の名古屋周辺の道路網
出典：林，2000，p.42 をもとに作成。

る高針街道は並行するように走っている。つまり八事と星ヶ丘は峠越えの場所という点で互いに似ている。この類似性は昭和区と天白区の区境，同じく千種区と名東区の区境という点にもみとめられる。根底には，地形の境界（分水界）が行政区域の境界とされたという事情がある。現代の名古屋において星ヶ丘と八事は東部郊外の商業・サービス業中心地である。あえて副都心という用語を用いれば郊外副都心といってもよい。これらの郊外副都心からさらに東へ進むと藤が丘と平針に至る。藤が丘は名古屋市と長久手市の境界，平針は名古屋市と日進市の境界であり，ここでも類似性がみとめられる。

　藤が丘は地下鉄東山線のターミナル駅であり，名古屋市交通局の車両工場が併設されている。一方，平針は地下鉄鶴舞線のターミナル駅である赤池の1つ手前であるが，天白区の東の端の実質的な拠点である。藤が丘からは東部丘陵線（リニモ）がさらに東へ長久手・八草方面に向かう。平針では東隣の日進市の赤池から豊田線（1986年までは豊田新線）が鶴舞線と相互乗り入

れの直通運転で豊田方面に向かう。名東区はかつての猪高村，天白区は同じく天白村である。名古屋市域の拡大が東側でどこまで進んだか，あるいはどこまでが限度であったかを長久手，日進両市は示している。

　近世の名称でいえば，名古屋城下から八事の峠を越えてきた駿河街道は平針で別の街道と交わる。これはおおむね東西方向の街道であり，東方向は日進を経て平戸橋，力石，足助へ，西方向は平針西口から島田，中根，山崎へ向かう。前者が一般に言われる飯田街道であり，後者は平針街道である。駿河街道は名古屋から岡崎へ向かう道でもあるため，岡崎街道とも呼ばれた。なかにはこれを平針街道とするものもあり，紛らわしい。道路の定義や管理が十分でなかった時代のことゆえやむを得ないが，ここでは平針を中心に北西は駿河街道，南東は岡崎街道，東は飯田街道，西は平針街道として区別する。一般に街道は向かう方向を重視して呼ばれる傾向がある。明治以降に飯田街道と呼ばれるようになった街道も，以前は駿河街道あるいは岡崎街道と呼ばれた。その場合，駿河街道，岡崎街道はともに名古屋から駿河，岡崎への一本道であった。ところが飯田街道は名古屋の中心部から進んで平針で分岐し東へ向かう道路とされたため，余計にわかりにくい。

　いずれにしても，平針が名古屋の郊外にあって主要な交通結節点であることは歴史的に変わらない（浅井, 1983）。ここがそのような地点になったのは，東から西に向かって流れる天白川と北東から流れる植田川が合流する島田に広い低地が開けていたことが大きい。島田は「下の田」，植田は「上の田」が地名の由来ともいわれる。上下いずれも地名に田の字がつく沖積低地は，海と川の接点に形成された。すなわち，かつて海面が現在より高かった時期，あるいは天白川の土砂堆積が現在ほど進んでいなかった時期に，あゆち潟の海岸線がこの付近にまで入り込んでいたと考えられる。その頃，この沖積低地が生まれたが，平針はこの沖積低地を介して海側へ出られる位置にあった。

　近世，あゆち潟に沿うように鳴海から熱田へ向けて東海道が通っており，平針街道は山崎で東海道と連絡していた。平針街道は平針西口から天白川の左岸を下り，島田で右岸側に移ってさらに北西に向かう。途中の中根は八事丘陵の南の端であり，そこを横切りさらに瑞穂台地の先端をかすめるようにして山崎に至る。山崎は千種区，昭和区，瑞穂区，南区を流れて現在は名古

屋港に至る山崎川の山崎である。天白川も山崎川も，近世の河口は現在よりも内陸側にあった。その後の干拓や埋め立てで臨海部は陸地になり道路も新しく生まれた。しかし平針から天白川に沿って海側に向かう方向性は変わらなかった。

　こうして東海道筋から天白川に沿って内陸部の平針に至り，さらに天白川上流部を経て西三河北部（足助），伊那南部（飯田）に向かう街道が開かれた。要するに平針は海側と山側の交易を中継する場所であり，同時に北西の名古屋城下と南東の岡崎城下の間を往来する荷物の中継地でもあった。平針宿誕生のきっかけは徳川家康の命と伝わる。『尾張徇行記』によれば，1611年に家康がこの地を通過したさい，名古屋―岡崎間の交通の利便性をよくするため町並みを整えて伝馬役を担うように命じたという。それまでわずか16戸からなる集落でしかなかったが，命にしたがって場所を移し1612年に本陣のある宿場になった（大野，1980）。宿場を設けた見返りに6,000坪（約2万m²）の土地の租税が免除され，庄屋は村瀬という苗字と帯刀を許された。

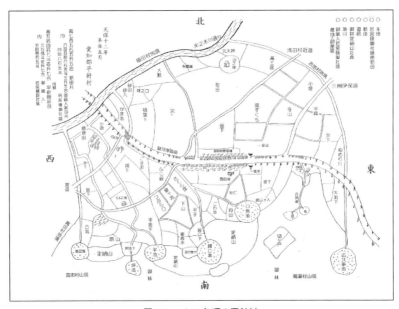

図5-6　1841年頃の平針村
出典：針名神社のウェブ掲載資料（https://www.harina3.or.jp/history）をもとに作成。

小さな宿場から出発した平針であったが，岡崎—名古屋間の近道だったので御用物の行き来はもちろんのこと旅客や諸荷物も頻繁に行き交い大いに繁盛した（図5-6）。宿場の近くの秀伝寺は，宿場が成立した折，村の寺が焼けて困っていたのを家康が代官に命じて建てさせたものである。平針宿は名古屋，岡崎（駿河），山崎，飯田に向かう四つの街道ばかりでなく，挙母街道との連絡にも好都合な位置にあった。厳密には東隣の赤池が飯田街道と挙母街道の分岐点であり，ここから東郷，三好を経て挙母城下に向かっていた。現在の国道153号がこれに相当しており，並行するバイパスは名古屋—豊田間の主要道路になっている。岡崎街道や挙母街道など脇街道が賑わったということは，岡崎・挙母方面から知立・鳴海・熱田を経由して名古屋城下に至る本来の東海道が，平針経由の街道に比べていかに遠回りであったかを物語る。

　こうして近世に入り賑わいを見せるようになった平針を中継地とし，西三河北部，伊那南部方面との交流を支えたのがかつての日進村，あるいはそれ以前の14の村である。日進では1889年に14の村が合併して香久山・白山村・岩崎村という三つの村が誕生した（日進市史編集委員会編，2015）。さらに1906年に3村が合併して日進村になったあと，1994年に現在の日進市に移行した。日進村の名前の由来は，1903年に進水して日露戦争で活躍し，翌年，建設中の名古屋港に入港した帝国軍艦「日進」によるといわれる。勇ましくもあり，未来を見据えたような村名，市名であるが，尾張藩が寛政の頃，村々に作成を命じた村絵図は山を背に集落の前を天白川が流れるのどかな風景を描いたものが多い。

　現在の天白川を下流側から遡っていくと，市域の中央西の本郷あたりで二方向に分かれる。本流は東へ進み，やがて丘陵部頂上の源流地点にあたる三ケ峯池に至る。ここは現在は名古屋商科大学日進キャンパスの一部になっている。一方，支流の岩崎川を北東方向に遡っていくと，途中で北新田川を分岐する。岩崎川の源流は岩藤新池，同じく北新田川の源流は林池である。つまり天白川の源流はいずれも溜池であり，天水を溜池に集め，限られた水を管理しながら農業や生活に利用されてきたことがわかる。ちなみに日進市には現在，溜池が34あり，これは愛知県尾張部では春日井市，瀬戸市，小牧

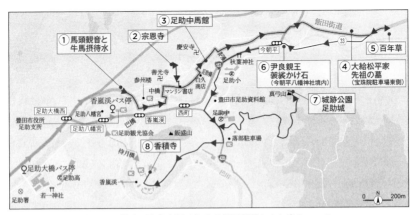

図5-7 足助の町中を通り抜ける飯田街道とまち歩きコース
出典：Aichi Now のウェブ掲載資料（https://www.aichi-now.jp/upload/guidebook_languages/c5068b8137b106cf2aa1dbf88f4d7376.pdf）をもとに作成。

市についで4番目に多い。

　本流の源流地点のあるあたりは三ケ峯と呼ばれる。名前から想像できるように，この峰（峯）は尾張の天白川と香流川，それに三河の伊保川（下流は矢作川）の三つの流域が境を接するところである。飯田街道は天白川源流の三ケ峯の峠を越え，伊保川の流域へと入っていく。その後は伊保川に沿って東へ進み，猿投の平田橋で矢作川を渡る。そこからは矢作川の左岸に沿いながら力石を経て足助に至る。足助手前の巴川で足助街道と合流するため，そこから足助までは二つの街道が重なる（図5-7）。こうして到着した足助は南信州と西三河北部の境界に位置する集落で，ここからいよいよ飯田方面へ山道を駆け上がっていく。この先は現在の国道153号でもかなり厳しい地形を越えていかなければならず，それを思うと近世の飯田街道の難儀さが想像できる。

2．名古屋と信州中南部を結ぶ二つのルートの対照性

　前項で述べた名古屋城下から南東に向かい八事の峠を越えたあと平針を経て南信州へ向かう街道は，なぜ飯田街道と呼ばれたのであろうか。飯田街道と呼ばれるようになったのは明治以降で，それまでは駿河街道，岡崎街道と呼ばれた。実はこれら以外に伊保街道，伊那街道，足助道と呼ばれることも

あった。伊保は現在の豊田市北西部の伊保のことであり，漢数字で「五百」を「イオ・イホ」と読むため多くの水田のある郷を「伊保郷」と呼んだのが語源といわれる。駿河と岡崎は平針から見て南東方向，伊保，伊那，足助は同じく東の方向である。こうしたことから，名古屋城下から平針までは，同じ街道をそれぞれ異なる名前で呼んでいたと思われる。それが1876年に県道三等飯田街道に名前が統一された。

　こうして飯田街道として名前は定着したように思われたが，1920年の道路法により「飯田街道」という道路名は消滅してしまう。少なくとも半世紀近くの間，飯田街道と呼び習わされた道路である。法律の上で名前はなくなっても，通称としての飯田街道はその後も使われ続け今日に至っている。伊保や足助はこの街道の途中にすぎず，最終的には南信の飯田，伊那へ名古屋から行く道，それが飯田街道という認識は変わらない。元々，「飯田」という地名は「結いの田」つまり共同で耕す田の意味から生まれたといわれる。文献に登場するのは鎌倉時代以降で，名古屋が生まれる400年以上もまえから使われてきた。また「伊那」は，6世紀頃に朝鮮半島から渡来した建築技術集団と思われる猪名氏が治めた地域を表す伊那部に由来するといわれる。

　伊那街道は三州街道ともいわれ，伊那谷と三河北部を結ぶ道の名である。この道は具体的には中山道の塩尻宿から分岐し，辰野，伊那，駒ヶ根，飯田へと南下する。そのあと西三河（足助方面）へ向かうものと東三河（新城方面）へ向かうものに分かれるが，いずれも伊那街道と呼ばれた。西三河へは阿智，浪合，平谷，根羽の各村を通り，杣路峠を経て足助に入ったあと岡崎で東海道に合流する。この西三河ルートがおおむね飯田街道の道筋と重なっている。飯田街道が伊那街道とも呼ばれたのはこのためである。さらに，足助から西は伊保川沿いを通るため飯田街道は伊保街道とも呼ばれた。このように，一部は他の道路と重なり合いながら，もしくはローカルな道路名で呼ばれていたのを統一し，1876年に県道三等飯田街道という名に整えられた。しかしその名も，1920年以降は法律の上では使われなくなった。

　名古屋と飯田あるいはその延長部分である伊那谷との間の交通をより広い視点から考えると，古代から現代に至るまで，さまざまなドラマがあったことがわかる。最初は東山道の歴史である。むろん名古屋が誕生する以前の歴

史であり，近世に公認される中山道とほぼ同じ道筋を西から中津（中津川）まで進み，そこから中央アルプス（木曽山脈）の神坂峠を越えた。鎌倉以前であるから飯田という名はまだなかったかもしれないが，東山道は天竜川の右岸沿いを北上した。近世に五街道が公認されると中山道が中津川から馬籠峠を越えて木曽谷へ下り，その後は木曽川に沿って北上した。鳥居峠を越えると奈良井川沿いの道となり塩尻に至る。こうして中山道は中央アルプスを回避し，南アルプスの北に連なる筑摩山地を和田峠で越えて佐久平に至った。中央アルプスを越えられなかったことが，結果的に伊那谷が外の世界から切り離されることにつながった。

　近代に入り街道から鉄道の時代になった。明治政府は東の都と西の都を鉄道で結ぶ「両京鉄道」の建設を進めようとした。列強が太平洋沖に軍艦を浮かべる当時の政治情勢から，国は当初，国防的見地を優先し中山道沿いに建設することを考えた。しかし地形条件や建設費用，所要時間などを考えると東海道沿いの方が勝っていることがわかり，建設ルートを変更した。海沿いの東海道本線が全通すると，つぎは内陸部を通る鉄道の建設である。その建設ルートをめぐって各地で綱引きが始まった。内陸にある木曽谷，伊那谷はその渦中に巻き込まれていった。

　中央日本の地形条件を考慮すると，長野県の中央すなわち塩尻盆地付近で東西に分けて建設するのが合理的という判断が下された。東の起点は当初案の御殿場が八王子に変更された。西の起点はすでに東海道本線の駅がある名古屋に決まった。幻となった「両京鉄道」あるいは「中山道鉄道」の建設ルートが名古屋経由の東海道ルートに変更されたさい，名古屋区長の吉田禄在は上京して変更を請願していた。名古屋が中央本線の西の起点になったのは，東海道本線の主要駅として認知されていたからである。結果として名古屋は旧東海道ばかりでなく旧中山道も鉄道によって引き寄せ，それらを結びつける役割を果たしたといえる。

　さて，塩尻から名古屋まで具体的にどこを通るか，これは長野，岐阜，愛知各県の政財界・地元民にとって大きな関心事であった。近世までの交通路の延長で考えれば，中央アルプスの東側と西側のいずれを通るかである。東側なら塩尻から南下し辰野を経て伊那谷を進むことになるが，塩尻―辰野間

は中央東線の建設部分である。一方，西側なら奈良井川と木曽川の谷間をつなぐように進み，中津川へ至ることになる。選ばれたのはこの西側を走るルートである。中津川からは大井（恵那）を経て槇ケ根トンネルを通り土岐川流域に入る。さらに多治見からは愛岐丘陵をトンネルで抜け，高蔵寺から名古屋まで庄内川沿いに進む。実現してしまえば，いかにも理にかなったルートのように思われる。しかし実際は，地形条件，鉄道建設技術，国の財政力，地元政財界の動向など多くのことがルート決定の背後にあったことは想像に難くない。

　あらためて近世の街道交通と比べながらこのルートを考えると，どのようなことがいえるであろうか。塩尻方面から見た場合，中央アルプスを挟んで西に中山道があり，東に伊那街道がある。西の中山道なら大井の先で下街道が分岐し，中山道の山道をそのまま歩くか，もしくは土岐川沿いに平坦地を歩くか二つのルートが考えられた。一方，伊那谷なら天竜川沿いに南下し，飯田から足助，日進，平針を経て名古屋に至る飯田街道である。中央本線の建設時に検討された木曽谷ルートと伊那谷ルートを比べて気づくのは，谷の出口から名古屋までの地形が大きく違うことである。木曽谷ルートなら，谷を出たあと木曽川支流の中津川，阿木川，それに土岐川，庄内川の平坦地が利用できる。対して伊那谷ルートでは，谷から抜け出るのに中央アルプスもしくはその先の三河山地を越えなければならない。このハンディキャップは大きい。

　二つのルートの違いは木曽川と天竜川の流れ方の違いによるところが大きい。木曽川の川幅は上流部では狭いが，八百津付近の中流部からは広くなる。実際は，中津川から先は木曽川より支流の中津川や阿木川の扇状地，それに庄内川の沖積低地が鉄道建設に適していたため，木曽川の地形は考えなくてもよかった。一方，天竜川の上流部はほぼ伊那盆地であるが，ここは木曽谷よりも谷幅が広く鉄道敷設の地形条件として問題はない。ところが盆地南端の飯田から南の中流部は深い峡谷地形の連続で，川沿いでもほとんど平地がない。峡谷を抜け下流部に至ってようやく扇状地性の浜松平野に至る。天竜川中流部はのちに飯田線のルートになるが，木曽川のように中流部あたりから谷が広がっていく川とは大きく異なる。

街道から鉄道への変化は，人や馬が歩く交通から蒸気機関車がレールの上を走る交通への変化でもあった。徒歩なら多少の坂道や峠道でも移動できる。東山道の時代なら中央アルプスの標高1,569mの神坂峠でも徒歩で越えられた。しかし近代の鉄道は，たとえ500〜800mの三河山地といえども越えるのは難しかった。近世は神坂峠を越える東山道ではなく，木曽谷を通る中山道が幕府公認の街道となった。神坂峠ほど高くはないが，それでも標高1,197mの鳥居峠を越えなければならなかった。

　中央本線が中山道に沿って建設されたことから，近世は中山道が名古屋と信州中南部を結ぶメインルートのように思われるかもしれない。しかし実際は，中山道より伊那街道（飯田街道）の方がよく利用された。江戸中期の記録によれば，名古屋と松本の間の物流量で伊那街道は中山道を大きく上回っていた。すなわち馬の背で運ばれた荷駄数を比較すると，名古屋発松本着の場合，中山道は1,863，伊那街道は5,455で，およそ1：3の割合であった（小出，1951）。つぎに松本発名古屋着の場合は中山道が1,105，伊那街道が6,600であり，これは1：6と大きな開きがあった。これらは名古屋と松本の間の物流であり，これに信州南部との物流も加えれば，この差はもっと大きくなる。こうしたことから，名古屋と信州の南部および中部との交流は木曽谷より伊那谷を通って行われることが多かったことがわかる。

　ここでいう伊那街道とは飯田街道のことであり，名古屋からは塩，綿，綿織物，塩干魚，茶，日常雑貨が送られた。松本からは米，たばこ，生地椀，生糸，酒などが運ばれてきた。中山道は幕府公認の街道であり，尾張藩は名古屋と中山道の間を結ぶ木曽街道を設けた。上街道とも呼ばれた木曽街道に対し，庶民がよく利用した下街道が名古屋―大井間を結んでいた。松本との交流にはこれらの街道も使われたが，伊那街道（飯田街道）と比べると物流量は多くなかった。それだけ名古屋と伊那谷との経済的つながりが強かったということであり，これは中央本線開通後の状況とはかなり異なる。近世の伊那谷は信州中南部と名古屋を結ぶルートで木曽谷を圧倒していた。

　中央本線が木曽谷を通るようになって100年以上が経過した。中津川の一部を除き，木曽谷全域を見渡しても市制を布く都市は見当たらない。一方，伊那谷では飯田，駒ヶ根，伊那の3市があり，人口や産業において木曽谷を

上回っている。こうした違いは地形条件によるところが大きく，木曽川上流部が狭い谷で平地が限られているのに対し，伊那谷は上流部においても扇状地や平地が広がっている。林業くらいしか主な産業がなかった近世の木曽谷に対し，伊那谷では果樹栽培を含む農林業や各種商品作物の生産が行われた。こうした状況は，中央本線が木曽谷を走るようになっても大きくは変らなかったように思われる。

　もともとポテンシャルのある伊那谷ではあったが，三河山地の交通障壁で鉄道を通すことができず，名古屋方面との交流は木曽谷ルートに道を譲らねばならなかった。しかしこのことはむしろ伊那谷において独自に鉄道を建設する動きを起こさせた。1908年に中央本線が中津まで延伸した前年の1907年に，早くも伊那電気軌道が設立された（山崎，2019）。当初は天竜水系の電力を利用して電車による鉄道敷設という極めて斬新な発想であった。しかし一時中断するなど紆余曲折があり，1909年に辰野―伊那松島間8.6kmが開通した。その後は資金不足などから小刻みに開業を重ね，1923年に飯田までの66.4kmが開通した。辰野―天竜峡間の全通が完了したのは1927年であった。しかし，これはあくまで伊那谷の中の軌道であり，谷の外へ出るには東三河からのアプローチを待たねばならなかった。1937年に国鉄飯田線が完成し，ようやく伊那谷から太平洋側の豊橋に出られるようになった。

3．名飯急行バスから中央高速バスへと進化

　三河北部を経由して名古屋と伊那谷との間を結ぶ交通は，伊那街道，伊保街道とも呼ばれた飯田街道の時代から続いてきた。前項で述べたように，伊那谷の人々は鉄道による近代交通の実現を願ったが叶わなかった。しかし中央本線が全線開通した1911年の26年後の1937年に飯田線が全通したことにより，豊橋経由で東海道本線を使えば大回りながら名古屋へ鉄道で行けるようになった。伊那谷の中でも北部なら塩尻経由の中央本線で名古屋に行けた。しかしいずれも大回りなルートである。近世のように三河山地を越えてでも名古屋に行きたいという要望が途絶えることはなかった。

　こうした要望に応えるため，1938年に名古屋―飯田間をバスで結ぶ事業が開始された。名鉄自動車，南信自動車，尾三自動車の3社が共同で名古屋

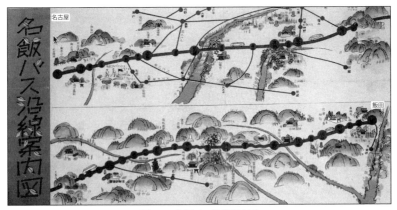

図5-8　名飯バス沿線案内図
出典：国際日本文化研究センターのウェブ掲載資料（https://iiif.nichibun.ac.jp/YSD/detail/005836317.html）をもとに作成。

と飯田の間に急行バスを走らせる事業である。ルートは名古屋側からいえば平針の東隣の赤池が起点で，米野木―四郷―平戸橋―追分―足助―新盛―明川―稲武―根羽を通り，最終目的地の飯田に至るバス道である。このバス道は飯田街道とほとんど同じルートである。起点と終点の名をとって名飯線と呼ばれたこの急行バスは，3社がそれぞれ毎日1往復したので全部で3便の運行であった。所要時間は6時間弱の長旅であった（図5-8）。

このうち飯田が本社の南信交通は1908年に設立された老舗のバス会社で，鉄道の恩恵に恵まれなかった伊那谷南部を中心に輸送網を広げていた。尾三自動車は1914年に設立されたバス会社で，本社は猿投村越戸（現在の豊田市平戸橋町）にあった。1930年には営業許可24路線（総延長距離720km），保有車両台数36輌を誇る愛知県下最大のバス会社となり，名古屋―挙母間，挙母―岡崎間のほか，瀬戸，小原，田口などに向けて路線を広げていた。その後，三河鉄道（のちの名鉄三河線）や愛知電気鉄道（のちの名古屋鉄道）の間で買収合戦が繰り広げられた結果，1937年2月に名古屋鉄道の傘下に入った。

名飯急行バス事業は開始から3年で戦時中の燃料統制のため，事業中断を余儀なくされた。戦後は1952年に名古屋鉄道と信南交通（以前の南信交通）によって再開された。1967年に名鉄バスセンターが開業するまで，バスは名古屋駅前発着で運行された。運行本数は戦前と同じ3往復（名鉄2，信南1）

であった。名鉄バスセンターの完成後は，名飯線のほかに足助線も運行された。足助線は名古屋―今池―八事―平針―米野木―猿投―平戸橋―香嵐渓―足助間の44.4km，名飯線はさらにその先の足助―平谷―駒場―飯田間も走ったため総距離は146.3kmであった。

　国鉄の飯田線と東海道本線を利用した場合，飯田―名古屋間の総距離は214.8kmである。名飯急行バスと比べると1.5倍と長く，所要時間は最短でも4時間であった。2023年の現在でも全線普通なら所要時間はおよそ5時間である。豊橋までならまだしも，名古屋まで鉄道で行こうという気にはなりにくい。これが戦前に引き続き戦後も名飯急行バスが運行された背景事情である。所要時間は戦前に比べると短くなったとはいえ長時間であることは変わらず，満足できるものではなかった。こうした状況が続く中，中央アルプスにトンネルを掘って飯田線と中央本線を連絡する構想が浮上してきた（阿智村誌編集委員会編，1984）。このアイディアは大正時代からすでにあり，1922年に飯田―三留野（南木曽）間鉄道として建設が予定された。それが1951年に長野県と岐阜県で建設運動が再燃した。名称は「中津川線」で，36kmの単線・電化路線が実現すれば，飯田―名古屋間は1時間40分で移動できると見込まれた（図5-9）。名古屋と短時間で連絡できれば，伊那谷に大きな経済効果がもたらされる。

　中津川線の建設工事は1967年11月から始まった。飯田市中村地区と隣の竹佐地区の間にある山を貫く「二ツ山トンネル」の建設が最初の工事であった。このトンネル工事は新線建設の中でいえばほんの入口にすぎず，長さも

図5-9　着工前に示された中津川線の計画図（1967年）
出典：NHK長野放送局のウェブ掲載資料（https://www.nhk.or.jp/nagano/lreport/article/000/15/）をもとに作成。

1.5 kmと短かった。この先に全長が10 kmを超える「神坂トンネル」の建設工区が控えていた。取っ掛かり工事は二ツ山トンネルとその前後4 km弱の区間で実施され，3年後に完了した。ところがその先の工事については，用地買収が捗らなかったため計画どおりには進まなかった。この頃，全国各地で計画されていた鉄道建設はすでに自動車普及が広まりつつあったこともあり見直す方向にあった。中津川線の建設を進めていた地元もその影響を受けたが，とくに工事開始3年前の1964年に中央自動車道が伊那谷を通る案で決まったことが新線建設の大きなブレーキになった。

　中央自動車道は，当初は南アルプスに東西方向の長大トンネルを貫くルートで構想されていた。しかしこのルートでは建設費が膨大になるため諏訪を経由して伊那谷を通すのが妥当という案に変更された。このルート変更には長野県を地盤とする有力国会議員の影響が大きかった。結果的に中津川線の建設ルートと同じ飯田—中津川間に中央自動車道のトンネルを掘ることが決まった。いずれにしても長大トンネルであり多くの苦労がともなったが1975年8月，全長8.5 kmの恵那山トンネルを通る中津川IC—駒ヶ根IC間が開通した。高速道路に先を越されてしまった鉄道（中津川線）をこのまま建設する意義は消え失せ，1980年に建設工事は正式に凍結された。建設された二ツ山トンネルは利用されることなく，トンネルに通ずる盛り土路盤のみ小学生の通学路として使われることになった（信濃毎日新聞社編集局編，2023）。

　幻となってしまった「中津川線」が残したのは，電車が通るはずだった盛り土路盤や二ツ山トンネルだけではなかった。神坂トンネルの建設のために試掘調査をしていたところ，温泉の出る場所に突き当たった。1973年1月のことで，早速，温泉を観光資源として利用する動きが地元で生まれた。場所は飯田市の西隣の阿智村で，阿智川の両岸にホテルや旅館が立ち並ぶ昼神温泉郷が誕生した。「名古屋の奥座敷」とまで呼ばれるようになった温泉郷は，風俗絡みのサインや出店に対して制限を厳しくした。その甲斐もあり，落ち着いた雰囲気の温泉郷として年間58万人（2019年）の観光客を受け入れるようになった。

　こうして飯田と名古屋の間は中央道特急バスにより2時間半で結ばれるよ

うになった。これにより人や物の流れが劇的に増加したが，変化はこれにとどまらなかった。1998年に飯田―中津川間の高速バス「いいなかライナー」が登場したのである。中津川からは中央本線の特急「しなの」や「セントラルライナー」に乗り換えて名古屋に向かう。これだと最速1時間40分で名古屋に到着できる。1枚あたりの運賃が中央道特急バスより安くなる回数券も発売された。所要時間が短く運賃も安くなれば，利用者も増えると思われた。

　しかし予想に反し，「いいなかライナー」は予想したほどの結果を出すことができなかった。中津川駅での乗り換えが嫌われたのか，中央道特急バスの1便あたり平均乗車人員が20人だったのに対し，「いいなかライナー」はわずか6人にとどまった。結局，このサービスは2004年に廃止された。わずか6年の間ではあったが，高速バスと中央本線の特急をつないで飯田と名古屋の間を短時間で結ぶ実験的サービスは続けられた。この区間を数日かけて歩き通した近世の旅人と比べれば長足の進歩である。乗り換えを煩わしいと思う気持ちは，わずかな時間短縮よりも切れ目のないサービスが求められていることを物語った。

　伊那谷から名古屋へ一刻も速く行きたいという要望に対しては，別のところでこれに応じようとする動きもあった。それは，中央アルプスを貫く権兵衛トンネルが2003年に完成したため，伊那―木曽福島間40kmを30分で結び，木曽福島からは中央本線で名古屋に向かうというバス・鉄道サービスである。2006年から走り始めた特急バス「ごんべい」は，これまで1時間30分かかっていたのを3分の1に短縮した。このバスで木曽福島へ行き，そこで特急「しなの」に乗り換えれば2時間30分で名古屋に到着できる。中央高速バスによる伊那―名古屋間の移動は3時間を要したため，やはり速さを売り物にするサービスであった。ところがこれもまた飯田―中津川のバス利用と同様に利用者が少なく，1年間で運行は終了した。一旦，バスに乗ればあとは終点まで何もすることはないという気楽さが，価格差や時間差に打ち勝った。

　中央自動車道の開業とともに始まった中央高速バスは，名飯急行バスを引き継いだものであった。これにより飯田―名古屋間の移動は5時間から2時間半へ半分近くも短縮された。運行はこれまでと同様，名鉄・信南交通によ

る共同運行である。高速道路の延伸にともない，1976 年に伊那—名古屋間，1988 年には松本—名古屋間の運行も始められた。松本線は名鉄・松本電気鉄道・JR 東海バスによる共同運行である。さらに 2002 年からは名鉄と京王バス東による共同運行で名古屋—新宿間のサービスも始まり，東京圏と名古屋圏が伊那谷経由で結ばれるようになった。

　飯田街道から始まった名古屋と飯田を結ぶ歴史は，近世，近代，現代へと推移した。しかしこの歴史にはまだ続編がある。2011 年に整備計画が決定され，2014 年から工事が始まった中央新幹線（通称リニア中央新幹線）の完成が控えている。品川—名古屋間を約 40 分で結ぶ超電導浮上式リニアモーターカーのうち，飯田付近に建設中の仮称・長野県駅に停まる便に乗れば名古屋まで約 21 分である。名古屋へはかつての東山道，中山道，下街道に沿うようなルートで建設される。大半が地下トンネルであるためどこを通っているかという感覚はないであろう。それでも中津川の近くに建設される車両基地へ行けば，地上に現れたリニアモーターカーは見られよう。

第 3 節　尾張と三河の国境付近の古窯と鉄道

1. 古代の尾張中心部と結びついていた猿投窯

　名古屋の東部郊外の日進市・東郷町からみよし市にかけてなだらかな丘陵地が広がっている。昔風にいえば尾張東部から三河西部への移行地帯であり，境川が境界線の役割を果たしてきた。北は長久手市，南は大府市も含むこのあたり一帯では古代に焼き物づくりが盛んに行われた。その窯跡すなわち古窯跡が広く分布しており，これらは一般には猿投古窯群（正式には猿投山西南麓古窯群）と呼ばれている。縄文土器や弥生土器は各地で出土しているが，それらは身近にある粘土をもとに成形してただ焼いただけの文字通りの土器であった。これに対し古代の焼き物は，それまでの野焼きや野積み状態での焼成ではなく，地中に穴を掘り抜いた穴窯で焼かれた（林，2022）。このため，猿投古窯群では 1,000 近い数の穴窯の跡が見つかっている。どのような人々がこうした穴窯で焼き物を焼いたのであろうか。

古代の窯が野焼きや野積み状態で焼く形態から地中に穴を掘り抜いた穴窯へ移行していったのは，日本も中国や朝鮮と同じである。しかし古墳時代の後期から平安時代にかかる4～5世紀になると，軟質素焼きの土器とともに硬質な須恵器が焼かれるようになる。日本で焼かれた須恵器の器形は中国特有の灰青色土器すなわち灰陶が源流と考えられるため，すでに大陸方面から焼き物を焼く技術が日本に導入されていたと思われる。これまでとは異なる高度焼成が可能な窯が，中国の沿海部や江南地方から朝鮮半島南部を経て日本に伝えられた。伝えられた窯で須恵器を盛んに焼いたのは，牛頸（福岡県），陶邑（大阪府），猿投（愛知県）である。これら三つの窯業地に共通しているのは，地盤が耐火性の地質であったという点である。耐火性地盤であれば，地中を掘り抜いただけの窯でも天井が崩れるおそれはなく継続的に焼き物を焼くことができた。

　北九州の牛頸は大陸と交易のあった博多津に近く，また古代において西海道（九州）全域を行政下に置き，外寇の防衛と外交の衝にあたる権限を与えられた大宰府とは至近距離である。陶邑は畿内に位置し，都を中心に須恵器需要に応えるために盛んに生産を行った。猿投は尾張東部すなわち現在の名古屋・長久手・日進・みよし・東郷の丘陵地一帯で，古代尾張氏の拠点から距離的に近い。つまりこれらの須恵器産地は，生産条件で耐火性地盤という特性に恵まれ，また市場条件では古代の政治中枢に近いという有利性を有していた。古代尾張氏が現在の名古屋市熱田区あたりに拠点を置いていたことは，近くに断夫山古墳や熱田神宮があることから明らかである。当時はこのあたりが海岸線で，海と陸の交通が交わり畿内の中央政権ともつながりがあった（梅村編，1996）。

　断夫山古墳は6世紀初頭に築かれた東海地方で最大の前方後円墳であり，尾張国造尾張氏の首長墓だといわれる。その南にはのちに尾張氏が代々大宮司をつとめた熱田神宮がある。熱田台地は尾張氏と深い関係をもつ土地であり，その北への延長は名古屋台地であり，現代にまで続く政治中枢軸が走る。中世から戦国にかけては沖積平野上の稲沢や清洲に移るが，これらもこの政治中枢軸の上に位置した。その古代尾張氏が求めた須恵器を生産する場所として選ばれたのが熱田台地の東方に広がる丘陵地である。まずは現在の

名古屋市千種区の東山丘陵で須恵器が生産され、その後、東へ、さらに南へと広がっていった（丸山ほか、2003）。こうして広がった古代の窯業群が猿投古窯という名で呼ばれるようになったのは近年のことである。全体の分布域が明らかになったのをふまえ、それを表すのに適切な名前として猿投山西南麓が選ばれた。

東山での須恵器生産から始まった焼き物づくりは鎌倉時代まで続いた。室町期から戦国期を経て江戸期になると猿投窯より北に位置する瀬戸が焼き物生産の中心になることは、本書の第4章ですでに述べた。猿投窯の歴史はそれ以前の出来事であり、近世の瀬戸窯とは時間も場所も異なる。むろん瀬戸窯は猿投窯の延長線上にあるが、瀬戸が焼き物生産の中心になる以前、地理的に南西方向にあたる東山丘陵一帯で盛んに焼き物づくりが行われた。その後、焼き物生産の条件が緩かった時代からより専門的条件が求められる時代へと移行するのにともない、その条件を満たすことができた瀬戸が近世以降も焼き物を生産し続けるようになる。

5～6世紀に国造であった尾張氏は、現在の名古屋市から東側の日進市、長久手市、豊明市、瀬戸市に続く地域を支配していた。これが猿投古窯跡がこの地域に広く分布している理由である。一方、名古屋市の北側の尾張平野には弥生時代前期から古墳時代前期にかけて栄えた集落群の跡（朝日遺跡）があり、ここからは多くの弥生土器が出土している（原田、2013）。野焼きや覆い焼きで焼成された弥生土器と、穴窯で焼かれた須恵器には技術的に大きな違いがある。尾張平野で弥生文化が栄えた時代から熱田台から東山を経て東に続く台地・丘陵地の古墳時代へ歴史が移り変わっていったことが遺跡の分布からわかる。

ところで、北九州で須恵器を盛んに焼いた牛頸は、ここにある吉田山の山容が牛の首のように見えたためこのような名前がついたということが『筑前国続風土記』に記されている（つくし青年会議所編、1986）。畿内の陶邑は、焼き物（中国語では陶という）をつくる人々が住んでいた村だと考えれば納得しやすい。では猿投はどうであろうか。ここも牛頸と同じように猿投山という山の名に由来する。猿投という少し変わった名前は、景行天皇が伊勢国へ赴いたさい、かわいがっていた猿が不吉なことを行ったので海へ投げ捨

た，という故事に因む。真偽のほどは不明であるが，山麓の猿投神社の社蔵文書にはそのように記されているという。

　しかしすでに述べたように猿投窯の命名は比較的最近のことである。古窯群全体の分布を表すのにふさわしい名前として猿投山西南麓が選ばれた。注意すべきは，焼き物づくりが猿投山から始まったわけではなく，ましてや中心であったわけでもないということである。標高629mの猿投山の南西方面に窯跡が広く分布しているという意味でしかない。ただし，猿投山が花崗岩質の山で窯業原料の産出に恵まれていることが，のちの時代に明らかになっていく。その点では，古窯群の名前として相性が良かったといえる。

　猿投山の南西方面で平安時代から室町時代にかけて大規模に陶器が生産されてきたことは以前から知られていた。ところが，これより時代的に古い古墳時代からすでに須恵器が生産されていたことが，1950年代に行われた愛

図5−10　猿投山西南麓古窯群の分布
出典：長久手市のウェブ掲載資料（https://www.city.nagakute.lg.jp/material/files/group/14/hotogiomote.pdf）をもとに作成。

知用水の工事にともなって明らかになった。図5-10は，愛知県尾張地方の東部から西三河地方の西部に至る地域における古窯群の分布を示したものである。先に述べた愛知用水は図中北の尾張旭市方面から図中南の東郷町方面へ向けて南北に流れており，まさしく古窯群を貫くような方向である。愛知用水の工事中に発見された窯跡を含めて，この地域一帯には5世紀後半から11世紀後半までの古代に須恵器を焼いた窯が1,000基ほどあることがわかっている。

　活動した期間は600年と長く，大きく五つの時期に分けることができる。Ⅰ期〜Ⅱ期の100年余は名古屋市の東山以西に限られるが，7世紀後半からのⅢ期〜Ⅳ期の300年間は東山から日進市，東郷町，みよし市にかけて広範囲にわたる。この時期に猿投窯は大きく発展した。10世紀後半からのⅤ期の100年間は数が少なく，現在の瀬戸市南部に限られる。全体として祭器・仏具・香炉・各種硯・飲食器などが焼かれたことから，古代にあたるこの時期，猿投窯は主として寺社・官衙・豪族など支配層向けの需要を満たしていたと考えられる。熱田に拠点を置く尾張氏や畿内の都とのつながりのある窯業地だったのである。

　ところが院政が始まる中世すなわち11世紀末期以降は窯の数は少なくなり，山茶碗と呼ばれる無釉の庶民向け雑器が焼かれるようになる。場所は名古屋市の東山からその南にかけての植田川右岸，天白川左岸の丘陵地一帯，および尾張旭市・名古屋市守山区の丘陵地帯である。焼き物が支配層向けから庶民向けに変わっていったのは，10世紀から始まった日宋貿易により中国から磁器が大量に輸入されるようになったからである。中国製磁器に目が向かうようになった支配層からの需要を失った猿投窯は，やむなく釉薬をかけない安価な碗や皿の生産へと品目を転換していった。無釉の焼き物は粗悪品・不良品も多く山中に大量に廃棄されたため山茶碗と蔑称された。しかしすべての焼き物が無釉というわけではなく，焼成中に灰をかぶって釉薬をかけたようになるものや，あらかじめ釉薬を施して焼いた灰釉陶器もあった。

　古代の三大古窯といわれる牛頸，陶邑，猿投の中で猿投が他の二つと異なるのは，中世以降も古代の窯と重なるような地域で焼き物の生産が続けられた点である（斎藤，1988）。12世紀後半以降，猿投窯ではそれ以前にも増し

て山茶碗を焼く窯の数が増えたことが図からもわかる。日進市やみよし市では古代のⅢ期〜Ⅳ期の窯と重なるような分布である。これら以外に，瀬戸市南部の赤津川周辺の丘陵地にも広がった。古代に山茶碗を焼いた窯を引き継ぎながら，さらに東側へと拡大したのである。畿内の陶邑の須恵器窯では燃料不足で焼き物の持続が困難になった。その点，猿投窯は周辺に広大な森林が広がっており，中世に入っても窯業は引き継がれていった。

猿投古窯の後半期にあたる鎌倉から室町にかけて，生産の中心は古瀬戸を生み出した瀬戸方面へと移っていった。それまでの東山・日進・東郷・みよしから瀬戸への移動は，流域間の移動にほぼ対応している。東山が山崎川，日進が天白川，東郷・みよしが境川のそれぞれ流域であるのに対し，長久手・瀬戸は庄内川の流域にある。また標高は瀬戸が100mを超えるのに対し，それ以外は50m前後である。つまり，標高30mほどの東山から始まり，名古屋東部の標高50mほどの丘陵地を経て，最終的には庄内川支流の瀬戸川流域，標高100mほどのところへ窯業生産の中心は移動していった。江戸期の瀬戸窯は名古屋を拠点とする尾張藩の統制のもとで市場を全国に広げていく。熱田が拠点の尾張氏の勢力下で焼き物を生産した古代の猿投窯はこれほど広くには供給できなかった。しかし，政治勢力がその支配力や需要を通して焼き物生産に関わっていたという点では共通性がみとめられる。

2．幹線鉄道を横方向に連絡する愛知環状鉄道

猿投山は花崗岩の塊のような山で，山麓には花崗岩が風化した土砂が堆積している。その中には焼き物の原料となる粘土やガラス原料の硅砂が層をなすように含まれる。花崗岩は猿投山を中心として北は岐阜県の多治見・土岐方面，南は愛知県の豊田・岡崎方面に分布する。つまり南北方向に広がるような分布であり，地域名でいえば美濃地方南部，尾張地方東部，三河地方西部にまたがっている。猿投山は三つの旧国の境界をなすような山でどこから見ても目立つため，地域のシンボル的存在である。このことは，前項で述べた猿投山西南麓古窯の名としてこの山の名前が用いられていることからもわかる。南北に走る山の峰・分水嶺は美濃・尾張と三河を分ける。峰の西側は庄内川流域，東側は矢作川流域である。ただし西側は南へ下ると，天白川流

域，境川流域にかかるようになる。

　猿投山は犬山・小牧・春日井の東部を南北に走る丘陵とも連なっている。愛知県では尾張丘陵と呼ばれるが，岐阜県とも境を接しているため愛岐丘陵と呼ぶのが一般的である。愛岐丘陵では砕石が採掘されていることは第4章で述べた。そこでは中・古生代の砂岩，頁岩，チャートからなる地層を崩し建設・土木用の砕石を採掘している。しかし同じ石でも猿投山南方の岡崎では花崗岩を石材として切り出す石材業が室町時代後期から続いてきた。徳川家康が生まれた岡崎城の石垣も地元岡崎の花崗岩から切り出された。

　美濃の多治見・土岐，尾張の瀬戸，三河の豊田・岡崎は，猿投山を中心とする南北方向の花崗岩の山塊とその風化堆積物を資源として活用してきた。それが近世から近代を経て現代に至るまで続けられてきた窯業や石材業である。しかし時代とともに産業構造が変化し，伝統的な産業だけで新たな時代を乗り越えていくのは難しくなった。挙母から豊田へ市名まで変更させた自動車工業が典型的に示すように，内陸型の工業がこの地域一帯で存在感を示すようになった。内陸型工業は猿投山の南方から北に向かって広がってきた。この方向は1988年に開業した愛知環状鉄道の走る向きでもある。

　現在でこそ愛知環状鉄道と呼ばれるが，この路線が最初に構想された1930年代，この鉄道は岡崎と多治見を結ぶ岡多線，瀬戸と稲沢を結ぶ瀬戸線と呼ばれた（日本鉄道建設公団名古屋支社編，1988）。瀬戸で分岐する二つの路線が想定された。この構想に先行し，岡崎と多治見の間を結ぶ鉄道省営バスが1930年から走り始めた。省営バスはその後，国鉄バスに名を変えたが，東海道本線の岡崎駅と中央本線の多治見駅の間65.8kmを走る経路は変わらなかった。途中の主な経由地は瀬戸で，バスは三河と尾張，尾張と美濃の旧国を分ける峠を越えて走った。

　こうして省営（国鉄）バスを運行しながら，それに合わせて新線の建設計画が練られていった。しかし時代は戦前から戦後へと大きく変化した。戦後も1950年代から1960年代にかけての社会情勢変化や国鉄内部の体制変化などがあり，それまでの計画は大きく変えられていった。当初は岡崎—瀬戸間，瀬戸—多治見間を想定した岡多線は，岡崎—瀬戸間のみを建設することになった。短縮された計画にしたがい，1965年に岡崎—豊田間で工事が開始

され，2年後には豊田—瀬戸間でも工事が始められた。岡崎を起点とする国鉄岡多線が営業を開始したのは1970年10月で，岡崎—北野桝塚間の8.7kmが単線・貨物営業のみで開業した。

戦後，瀬戸と多治見の間は国鉄バスが走り，いずれこの区間を鉄道が走ることを見越して沿線に大学も誘致されたが，実現することはなかった。思い起こせば明治中期，中央本線の名古屋—多治見間のルートを決めるさい，春日井ルート，瀬戸ルート，小牧ルートが検討されたことがあった。しかし瀬戸を経由するルートは採用されなかった。愛岐丘陵を越えるには技術的・予算的に難しいという理由であった。かりに岡多線の瀬戸—多治見間が建設されていたら，雪辱は果たされたであろう。しかし今回も採算性と瀬戸—稲沢間の瀬戸線を優先的に開業させたい愛知県の意向がはたらき実現には至らなかった。その瀬戸線も，当初は東海道本線の貨物輸送のバイパスという役割が想定されたが，自動車社会への移行から瀬戸—高蔵寺間のみ建設する短縮ルートへと計画が変更された。瀬戸—高蔵寺間の建設工事は1973年に開始された。

先行して工事が進んだ岡崎—新豊田間では1976年に19.5kmで旅客輸送が始まった。これも当初は猿投山の花崗岩とその風化堆積物を原料とする工業生産に対して鉄道が大いに貢献するという建設理由が掲げられていた。しかし実際は，1970年から1984年までの14年間，岡崎—北野桝塚間でトヨタ製の自動車を輸送するのに利用された程度であった。鉄道建設が構想された頃の社会状況がいかに変化していくか，あらかじめ予測するのは簡単ではない。

開始された旅客輸送の採算がとれないまま国鉄は，1984年に沿線自治体に対して岡多・瀬戸線を第三セクター方式で運営するよう要請した。この当時，全国で廃止もしくは第三セクター方式への移行が打ち出された路線はすべて地方交通線であった。「岡多・瀬戸線」は「幹線」区分として建設されたため，こうした路線に対して第三セクター化が提案されたのは異例であった。「岡多・瀬戸線」（岡崎—高蔵寺間）の運営主体が決定するまで，新豊田—高蔵寺間の工事は一時中断することになった。

国鉄側から第三セクター方式での運営を提示された沿線自治体は，国鉄に

よる早期実現を要望した。しかしそれは受け入れられなかった。そこで方針を転換し第三セクター方式による運営で進めることにし，1986年に「愛知環状鉄道」を設立した。岡多線（新豊田―瀬戸市間）と瀬戸線（瀬戸市―高蔵寺間）は鉄道公団によって建設されることになり，すでに開通していた岡多線の既存区間とともに愛知環状鉄道によって運営することになった（図5-11）。

こうして愛知県側で新たな鉄道が建設・運営されることが決まっていく一方，岐阜県側では岡多線の瀬戸―多治見間の建設中止を受け入れた。関係市町がこれまで行ってきた建設推進のための総会・陳情活動を見合わせることを1985年に正式に決めた。国鉄バスとして先行開業し，その後はJR東海バスが運行してきた瀬戸市―多治見駅前間の瀬戸北線のうち下半田川―多治見駅前間は，2002年に東濃鉄道（東鉄バス）に譲渡された。下半田川―品野間は廃止され，残る区間は名鉄バスが代替運行することになった。

こうして営業が開始された愛

図5-11　愛知環状鉄道線
出典：鉄道・運輸機構のウェブ掲載資料（https://www.jrtt.go.jp/construction/achievement/aichi-loop.html）をもとに作成。

知環状鉄道は沿線の自治体や企業，大学などからの出資を受け，地域の足としての役割を果たすようになっていく。学生数の増加に対応するため郊外にキャンパスを設けた大学にとって新線は通学の利便性を高めるものであった。1978年開業の2年後の年間乗客数は500万人を超え，2003年には800万人を突破した。乗客数はその後も増加し，2008年に1,200万人，2014年には1,500万人をも超えるようになった。この間，増資が繰り返し行われ，新駅の設置，既存駅のバリアフリー化，運転本数の増加，一部区間の複線化などが積極的に実施された。

　こうした輸送力の強化は年間乗客数の増加につながった。とくに2005年に開催された愛・地球博への輸送を担うため八草駅を設けたことが大きかった。八草駅で東部丘陵線（リニモ）と連絡することにより，中央本線や東海道本線を利用して万博会場を訪れる来場者を円滑に輸送することができた。愛・地球博との関連で愛環梅坪駅も開設された。これは500m南に豊田線・三河線の梅坪駅があるため，それとの連絡を考え，地元からの要請を受けて設けられたものである。地域に溶け込む大都市圏郊外のローカル鉄道として存在感が次第に高まっていった。

　一部区間の複線化に関しては，2008年に新豊田と三河豊田の間が複線で運転されるようになったことが大きい。これは三河豊田駅の近くにトヨタ自動車の本社や本社工場など多くの企業施設があり，鉄道利用者が多いことに対応するためである。自動車通勤は交通渋滞が起こると思うように移動できない。このため公共交通による通勤が奨励された結果，愛知環状鉄道の通勤利用が増加した。ただし，これによって朝夕ラッシュアワーの混雑がひどくなり，大きな問題となった。このため新豊田―三河豊田間を複線化し，2008年から両駅の間をシャトルのように輸送する「あさシャトル」が始まった（図5-12）。2015年からは夕方のラッシュアワー混雑を緩和するため「ゆうシャトル」の運行も始まった。高蔵寺―瀬戸間，中岡崎―北岡崎間，北野桝塚―三河上郷間は複線化されたが，これらを除く区間は単線である。

　列車が円環を一周する環状線とは異なり，愛知環状鉄道の実態は東海道本線と中央本線の間を南北に結ぶ連絡線である。しかし，路線の途中では東西方向に走る名鉄瀬戸線，東部丘陵線（リニモ），名鉄豊田線と連絡しており，

図5-12　愛知環状鉄道線の「あさシャトル号」運転区間
出典：とれみっけのウェブ掲載資料（https://toremikke.com/train/180300/）をもとに作成。

豊田市では名鉄三河線とも連絡する。こうした路線と組み合わせれば，いくつかの環状ルートによる移動も可能である。名古屋を中心に放射状に延びる鉄道を横方向に結ぶことで，都心―郊外間のほかに郊外―郊外間の移動や関係が生まれた意義は大きい。こうした結果は，この鉄道が当初，構想されたときに唱えられた窯業資源の搬出という産業目的とは異なる。社会経済環境の移り変わりに応じるように，建設路線ルート，建設主体，運営体制も変えられてきた。各地で第三セクター方式による鉄道経営が苦境に陥っている中，ほとんど例外的に成功を収めているのは，発展を続ける名古屋圏の中を走る「環状線」であったことがやはり大きい。

3．名古屋と直接結ばれない豊田のハンディキャップの克服

　名古屋圏には中核市が六つある。名古屋からの直線距離でいえば近い順に一宮（17.5km），豊田（24.1km），岐阜（31.3km），岡崎（33.6km），四日市（34.8km），豊橋（61.8km）の6都市である。中核市は人口20万人以上の都市で，都道府県が行う業務の一部を担うことができる。業務は保健衛生や福祉の分野をは

じめ 2,000 以上にも及ぶ。それぞれの地域で中心的機能を果たしている都市といったイメージがある。そのような中核市へ名古屋駅からどれくらいの時間で行けるか調べると，鉄道（新幹線を除く）を利用した場合，一宮（11分），岐阜（20分），四日市（33分），岡崎（34分），豊田（53分），豊橋（57分）である。豊田は直線距離では一宮についで二番目に近いにもかかわらず，所要時間では岡崎よりも遠く豊橋と同じくらいである。

　豊田が直線距離では近いにもかかわらず名古屋駅からの時間距離が長いのは，名古屋駅から直通で行ける鉄道がないからである。名古屋市内を通っていく場合は地下鉄を利用し，途中で乗り換える必要がある。豊田以外なら名古屋駅から乗り換えなしで快速や特急が利用できる。豊田へは相互直通運転の地下鉄鶴舞線・豊田線が利用できるが，すべて普通である。豊田を除く五つの中核市では東海道本線，関西本線，名鉄名古屋本線，近鉄名古屋線のうちいずれか2路線が競合しながら走っている。時間短縮を競い合う競合路線をもたない豊田の利用者は，スピードアップというサービスは享受できない。

　歴史を遡って考えれば，上で述べた四つの鉄道路線は，旧東海道や岐阜街道（御鮨街道）に沿うようにして建設された。このため，これらの街道で結ばれていた宿場や町は鉄道の開通で新たに発展する機会を得た。街道や鉄道が都市発展のもとになっていることは，昔も今も変わらない。人やモノが交通路を移動することで，その結節点上の都市は経済的な富を生み出すことができる。とくに近代以降の工業化で工業製品が都市で生産されるようになると，原材料の搬入や製品の生産，搬出に携わる人々が都市に集まるようになった。人口が増えればそれにともなって商業やサービス業も必要となり，都市は益々発展していく。累積的な経済発展が現在のような都市を生み出した。

　近代の工業化は原材料や製品の輸送を鉄道に大きく依存しながら進められた。臨海部では水上交通の役割も無視できないが，上で述べた中核市の中でこれに該当するのは四日市と豊橋くらいである。近代末期から現代へと時代が移ると，鉄道に代わって自動車が移動や輸送の面でウエートを高めるようになる。とくに既成市街地での工場の新規立地が困難になった高度経済成長期は，都市の郊外で自動車による移動や輸送を前提とする生産活動が一般的になった。中核市の中でも豊田の場合は，工業化の当初から既成市街地から

離れたところに工場を設けて生産が始められた。しかも通常とは少し異なり，既成市街地からその郊外へという工場移転ではなく，工場誘致による他都市からの新規立地である。豊田の前身の挙母は近世の城下町兼湊町がその起源であるが，衰退傾向にあった養蚕・製糸業に代わる産業として刈谷から自動車工業が誘致された。

　1937年に豊田自動車工業の元町工場で自動車生産が開始されたのが，今日につづく一大自動車工業地域形成の始まりである。当時の挙母町が矢作川右岸側の論地ヶ原台地に工場を誘致したのがきっかけとなり，以後は日本社会の発展とともに自動車の生産台数は増大していった。挙母町は1951年に人口3.2万人で挙母市になるが，8年後に市名を豊田市に変えるほど自動車産業の存在が大きくなった。1964年から1970年にかけて上郷町，高岡町，猿投町，松平町が豊田市に編入され，それに合わせて工場の新設が続いた。市域は広がったが労働力が足りず，全国各地から就業者が集められた。とくに九州地方はエネルギー革命で石炭産業からの離職者が多く，有力な労働力供給地であった。人口の社会増加につづいて自然増加が起こり，住宅地開発や商業・サービス業の立地がつづいた。矢作川右岸側の碧海台地は小河川沿いの農地を除き，ほかはなだらかな丘陵地である。こうした丘陵地が造成され大規模な工場が次々に建設されていった。

　自動車産業は裾野が広い。多くの部品を組み合わせて製品がつくられるため，下請けやそのまた下請けといった階層組織に組み込まれた多数の工場が集積立地する（図5-13）。海外市場も広がり生産の拡大を豊田市内の工場だけでこなすのは難しくなった。豊田市の周辺地域に工場用地を確保する動きはさらに進んだ。やがて西三河一帯が自動車生産地域に変貌するまでになり，その中心として豊田は地域拠点としての性格を強めていった。平成の市町村合併（2005年）で西三河山間部も組み入れた豊田市の面積は県内最大となり，都市から山間農村に至るまで多様な特徴をもつ自治体になった。

　上で述べた六つの中核市の中で，豊田市は都市化の歴史が浅く，しかも工業化が都市発展を強く牽引したという点に特徴がある。歴史的な核は近世城下町であるが，近代から現代にかけて文字通り「企業城下町」を築いてきた。他の五つの中核市とは異なり，豊田は近世の主要街道からは外れた場所で工

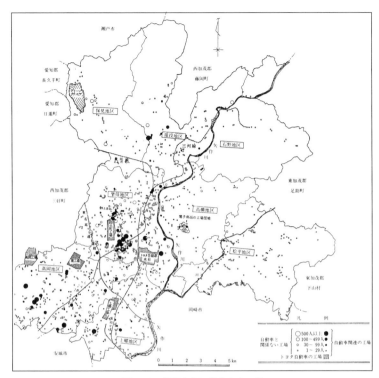

図5-13 豊田市内に分布する工場
出典：豊田市総務部編，1982をもとに作成。

業主導型の市街地を形成してきた。これは，企業活動の拠点を創業地の名古屋から刈谷へ移し，その後，誘致に応じて1937年に当時の挙母町に工場を設けたという経緯によるものである。それ以来，1979年に豊田線（当初は豊田新線）が開通するまで，豊田と名古屋を直接連絡する鉄道は存在しなかった。わずかに名鉄バスが1時間半かけて走っていた程度で，鉄道なら名鉄の名古屋本線と三河線を知立駅で乗り換えて利用するほかなかった。

バス交通や鉄道の乗り換えでしか名古屋―豊田間が移動できない不便さを解消するには，二つの都市の間を直接連絡する鉄道を建設するしかない。実はこうした考えは古くは大正末期の頃からあり，1926年に挙母町の外山市太郎などが名古屋の千種から挙母を経て松平に至る鉄道敷設を計画した。この計画に三河鉄道が加わり，1927年に挙母町で新三河鉄道の設立総会が開

かれた。翌年の12月に取得した挙母—八事間の鉄道敷設免許は，その後，三河鉄道に渡り，さらに名鉄へと引き継がれた。それから40年ほどの月日が経過し，名古屋市の南東部郊外で住宅地開発を進めるために公共交通を整備する必要性が高まってきた。広がる郊外とそこへのアクセスをどのようにして実現するかについては，さまざまな要素を考慮して方向性を決めなければならない。

　その要素の中にいかなる主体がどのようなかたちで交通サービスを提供するかという点が含まれる。具体的には名古屋市と名鉄がどのように分担し合って鉄道を建設するかという問題である。こうした問題を大所高所から議論する場として都市交通審議会が設けられていた。審議会は1961年の時点で，名古屋市の北部と南東部の郊外発展を考えると上小田井—天白間を地下鉄で建設するのが望ましいという見解を示していた。この場合の天白とは平針付近のことである。平針より中心部に近い八事と豊田（旧挙母）の間を結ぶ鉄道が建設できる敷設免許は名鉄が所有し，施工許可も得ていた。このため名古屋市は上前津と八事の間に地下鉄を建設することにし，1969年に敷設免許を国に申請した。

　このままであれば，名古屋中心部から郊外出入口の八事までは名古屋市が建設し，八事から名古屋市を抜けて豊田までは名鉄が建設する方向で進む。しかしそのようにならなかったのは，名古屋市と名鉄の間で交換条件が取り交わされたからである。それは，瀬戸と名古屋北東部との間を結んでいた瀬戸線を都心部の栄に直接乗り入れたい名鉄の計画を名古屋市が認める代わりに，名鉄が八事—赤池間の敷設免許を名古屋市に譲渡するという交渉が成立したことである。名鉄が希望する栄乗り入れ路線は名古屋市の名城線の近くを並行して走るため，名古屋市は競合するのを懸念していた。互いの希望を話し合いによる交渉で実現することができた。

　こうして名古屋市は1978年10月に地下鉄を南東部の天白区まで延ばすことができた。厳密にいえば終点は翌年に市制施行を控えた日進町の赤池であったため，路線の一部は市外であった。しかしこれで鶴舞線の問題がすべて解決されたわけではない。それは地下鉄車両の検査・整備を行う工場の確保である。鶴舞線はこれまでの地下鉄車両と比べると軌道幅がやや狭く，検

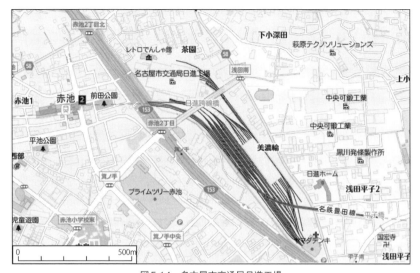

図5-14　名古屋市交通局日進工場
出典：Mapionのウェブ掲載資料（https://www.mapion.co.jp/m2/35.21917524,136.91025626,16/
poi=L0373480）をもとに作成。

査・整備工場を別に設ける必要があった。市街地内に工場用の適地はなく，東山線の藤が丘工場や名城線の名港工場と同様，地下鉄の末端付近に土地を求めるほかなかった。北の下小田井や南東の日進付近の候補地を検討した結果赤池が選ばれ，八事―赤池間の開通に先立ち1978年3月に検査・整備工場が設けられた（図5-14）。名古屋市と名鉄による相互乗り入れは，1972年2月に都市交通審議会で了承されていたため，赤池は鶴舞線の末端駅であると同時に豊田線（当初は豊田新線）との連絡駅になった。1979年7月に名鉄による赤池―梅坪間の豊田線も完成し，豊田の中心部から名古屋へ直接乗り入れる電車が走り始めた（図5-15）。

　名古屋市の地下鉄と名鉄の新線による相互乗り入れ直通運転は，利用者にとっては非常に好都合である。1993年には同じ地下鉄鶴舞線と名鉄犬山線が上小田井でつながり，やはり相互直通運転を開始した。これにより，名古屋都心部を経由して豊田と犬山が直接結ばれることになった。名鉄にとっては名古屋都心部へ直接乗り入れるという長年の念願が叶えられたことになる。名古屋駅を経由して岐阜と豊橋を直通で結ぶ名鉄名古屋本線に加え，新

図5-15 名鉄豊田線の路線
出典：あきひこゆめてつどうのウェブ掲載資料（https://cdn-ak.f.st-hatena.com/images/fotolife/i/iwase_akihiko/20171024/20171024112624_original.png）をもとに作成。

たな幹線が実現したともいえる。むろん輸送力の点では名古屋本線には到底かなわない。これは豊田線の東側の実質的なターミナルが豊田市駅で、それより東に鉄道が延びていないことが関係している。市街地の東側には三河山地が広がっており、ここから多くの鉄道需要を期待することは難しい。

ところで豊田線が開業する以前、豊田の市街地は三河湾沿いの碧南と内陸部の猿投を連絡する名鉄三河線によって結ばれていた。名鉄三河線は、東海道本線・名鉄名古屋本線（当初は愛知電気鉄道豊橋線）と西三河地域を南北方向に連絡する目的で建設された。1914年の大浜港―刈谷新間が最初で、翌年に刈谷新―知立間が開通、その後も建設が続けられ1924年に碧南と猿投の間が全通した。西三河の海側方面と連絡するのは刈谷であり、山側方面と連絡するのは知立である。西三河の海側西部と連絡する刈谷に加え、1926年からは新安城が西尾線（当初は碧海電気鉄道）と結んで海側東部との連絡を担うようになった。新安城は名鉄の前身の一つである愛知電気鉄道豊橋線の今村が元の駅名で、碧海台地の東側一帯の交通結節点になった。こうして刈谷、知立、新安城は、鉄道によって名古屋と直接連絡できるようになった。しかし豊田（旧挙母）はこれらの鉄道の上にはなかった。そのようなハンディキャップを克服するために、すでに述べたように半世紀近くの時間を要したのである。

このハンディキャップには地形的要素が関係しているように思われる。それは以下の通りである。すなわち，近世までは国が異なる尾張と三河は近代になり鉄道によって結ばれるようになった。急傾斜でもさほど苦にならない街道とは異なり，鉄道は傾斜が苦手である。境川・逢妻川流域と矢作川流域を分ける分水界を越えて走る東海道本線，名鉄名古屋本線（当初は愛知電気鉄道豊橋線）では，傾斜はあまり問題にならなかった。しかし標高は北へいくほど高くなり，分水界両側の傾斜はきつさをます。豊田線は東海道本線，名鉄名古屋本線より 10〜15km ほど内陸側に建設されたため，この点を考慮する必要があった。

豊田線で標高が最も高いのは三好ヶ丘付近で 100m である。赤池は 30m，梅坪は 40m ほどなので，その差は 60〜70m ほどである。日本における鉄道勾配の限界は，新幹線・JR 在来線・私鉄ともに 35 パーミル（‰）とされる。豊田線には「山岳線並みの勾配（34.5‰）」箇所があり，運転には細心の注意が求められる。上りの苦労もさることながら下りでブレーキをかけるさいは注意が必要で，とくに雨や雪，霜のときには滑走しないよう気をつけなければならない。

豊田線には傾斜地形のほかに従来線とは異なる点がある。一つは鉄道の建設時期で，いま一つは地下鉄との相互乗り入れの問題である。東海道本線，名鉄名古屋本線のように近代に建設された鉄道とは違い，豊田線は自動車社会の現代に建設された。このためすでに開発された郊外住宅地や農地の中に線路用地を求める必要があり，トンネルや半地下などの構造で対応しなければならなかった。たとえば，戦争中に海軍の飛行場として使用されていた伊保原台地では，当初は駅付近を含め約 2km にわたって盛土構造にする予定であった。しかし，地元から「畑を横切られると農作業に支障が出るため地下鉄にして欲しい」と要望があり，豊田市が地元との調整を行い折衷案の「掘割式」が採用された。

地下鉄との相互乗り入れについては，豊田線と地下鉄鶴舞線の駅間距離が大きく異なる点である。地下鉄鶴舞線は駅間距離が短く「力行」と「ブレーキ」を繰り返す必要があり，抵抗器はフル稼働する。ちなみに力行とは，電車のモーターやエンジンの動力を車輪に伝えて加速したり，上り勾配で均衡速度

を保ったりすることである。停車時にドアが開くと抵抗器から出る熱い空気が車内に入ってしまい，「夏に暖房を入れているのか」と乗客からは苦情がでる。「遅れてきた郊外電車」というイメージもある豊田線であるが，この鉄道が実現した背後には，三河（豊田）と尾張（名古屋）を直結する鉄道を望む長年の強い願望があった。ただし単なる願望だけでは鉄道は実現しない。自動車産業を中心とする地域発展という大きな経済要因があったればこそ，地形的障壁を乗り越えて鉄道が実現した。

第6章
東海道セクターの地域構造

名古屋から見て東側のかつての東海道あるいは三河湾岸に沿って広がるセクターである。碧海台地，岡崎平野，豊橋平野など平坦な土地に恵まれており，農業はいうまでもなく綿織物業，醸造業，茶業，瓦製造業などが行われてきた。城下町起源の都市が多い中にあって，岡崎と豊橋（旧吉田）は宿場町も兼ねていた。刈谷も城下町から始まり，近代は鉄道敷設に引かれて町の中心が移動した。西尾も城下町が起源で碾茶生産を発展させた。水の乏しい碧海台地では用水が引かれ鉄道が通されたことで安城が生まれた。矢作川流域は，刈谷発祥の自動織機生産が自動車生産に移行するのにともない，工業地域としての性格を色濃くしていった。豊川は矢作川と同様，舟運利用の面で重要なはたらきをし，穂の国の経済発展に貢献した。三河湾・衣浦湾沿いには多くの港があり，地元で産する木綿・瓦などを出荷したり，他地域から生活物資を受け入れたりした。こうした伝統は今日の三河港や衣浦港につながっていく。

第1節　碧海台地・岡崎平野に生まれた都市

1. 刈谷城下町から街道・鉄道・高速道路へと発展

　名古屋から南東方向のセクターは，歴史的に見ると西日本と東日本を結ぶ太平洋側の主要回廊の一部に相当してきた。古くは鎌倉街道が熱田―鳴海―八橋―矢作―山中―赤坂を結ぶルートを走っていたが，道筋は消滅している箇所が多く再現することは難しい。近世に江戸幕府によって五街道が制定されると，その中でも最も重要な東海道が鎌倉街道と同じようなルートを通るようになる。熱田―鳴海―池鯉鮒―岡崎―藤川―赤坂を結ぶルートであり，八橋は池鯉鮒へ，矢作は岡崎へ，そして山中は藤川へ，それぞれ宿駅の位置が移動した。現在の地名（駅名）でいえば，名鉄三河線の三河八橋から三河知立へ，名鉄名古屋本線の矢作橋から岡崎公園前へ，同じく名鉄名古屋本線の名電山中から藤川への移動と考えればわかりやすい。

　現在の刈谷・知立付近では，東海道は鎌倉街道より南側を通った。これは鎌倉街道が山道や峠道を進む起伏のある道であり，とくに現在の豊明と名古

屋の市境の二村山は盗賊が出没する危険な場所だと認識されたためである。在原業平が東国へ下る途中に湿原に咲くカキツバタを見て都を偲ぶ歌を詠んだといわれる八橋も，明応8年（1499年）頃には荒れ果てていたと記す旅日記（『富士歴覧記』）が残されている（鳴神，1943）。池鯉鮒が東海道の宿駅として発足したのは，関ヶ原の戦いの翌年にあたる1601年である。合戦後，徳川家康の命で東海道を巡視した彦坂小刑部（こぎょうぶ）・大久保十兵衛らは，池鯉鮒を通る道が平坦で市も開かれていたことを宿場成立の条件として評価した。池鯉鮒では，20余村の氏子が信仰する格式の高い知立神社が鎮座し，盛大な馬市・木綿市が開催されていた。こうして池鯉鮒は東海道五十三次の江戸から39番目の宿駅として発足した。

鎌倉街道から東海道へと引き継がれた東西日本を結ぶ回廊は，近代になり国道1号や名鉄名古屋本線（当初は愛知電気鉄道豊橋線）により新たな時代の交通路としての役割を担うようになる。しかし現在の刈谷市の市域全体から考えると，これらの交通軸はやや北に偏っている

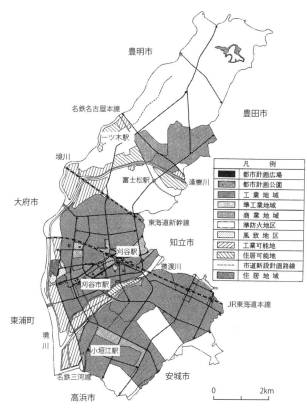

図6-1　刈谷市の都市構造
出典：刈谷市史編纂編集委員会編，1990, p.376をもとに作成．

ように思われる。刈谷市は，北部，中部，南部の三つの地域としてとらえることができるが，これらの交通軸は北部と中部の境界付近を通る（図6-1）。ちなみに三つの地域の境目は河川であり，北部と中部が逢妻川，中部と南部が猿渡川である。市域の西の境界線は境川で，大府市，豊明市と接する。市域は南北14km，東西3～5kmで細長く，全体的に平坦な地形である。たとえば北部の刈谷ハイウェイオアシス（新東名高速道路のサービスエリア）の標高は20m，南部の名鉄三河線小垣江駅で7mほどである。細長い市域の北側に歴史的に古い東西方向の回廊が走っている。

　こうした東西方向の回廊とは別に，刈谷には中部の南端近くから始まる城下町の歴史がある。その起源は，水野貞守が衣浦湾を挟んで対岸に位置する緒川にあった古くからの土塁を修築した時代にまで遡る。貞守は1475年に菩提寺の乾坤院を創建した。その四代目にあたる忠政は水野家のなかで中興の祖と呼ばれた人物であるが，1533年に尾張と三河を結ぶ要衝であり緒川の対岸にあたる刈谷に新たな城を築いた。城は逢妻川に面して築かれ亀城と呼ばれた。現在は亀城公園や刈谷球場として利用されている一帯である。城の南側は緒川町（現在の司町）と呼ばれ家臣団が居住した（図6-2）。忠政の死後，息子の信元は今川氏を離れ織田氏についたが，武田方への内通を疑われ徳川家康に殺害されてしまった。その後，信元の末弟が城主となって水野氏の領有を復した。さらに五代百年におよぶ水野氏の居城を経たのち，1632年に深溝松平家が入城した。以後，久松松平家，稲垣氏，阿部氏，本田氏，三浦氏と頻繁に城主が交代した。1747年に土井氏が入封して九代を経たのち，1871年に廃藩を迎えた。

　近世の刈谷には衣浦湾を臨む緒川や刈谷といった海手から市街地が広がっていった歴史がある。舟運利用の面では都合がよいが，内陸部とくに東海道方面と連絡するためには街道を必要とした。その役割を果たしたのが大浜街道である。鎌倉時代に開かれたこの街道は，現在の碧南の大浜から衣浦湾の東岸沿いに北上して刈谷城下に至り，ここから北東に向けて一路，東海道の池鯉鮒宿をめざした。三河湾でとれた海産物を遠くは信州にまで運ぶ重要な街道であった。刈谷市内では猿渡川の北側を川と並行するように走る。城下町・刈谷と東海道筋あるいはのちの東海道本線を結ぶ都市軸の元になった交

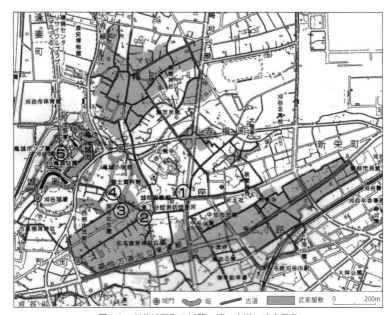

図6-2 刈谷城下町の城門・堀・古道・武家屋敷
出典：刈谷市教育委員会編，2022，p.16をもとに作成。

通路である。

　近代初期，東京と京都・大阪を結ぶ鉄道は，名古屋周辺ではすでに開業していた武豊線のルートを一部転用して建設することになった。衣浦湾の西岸を北上する武豊線は，境川支流の石ヶ瀬川が形成した谷に沿って名古屋方面に向かう。武豊線のこの谷沿いの区間が東海道本線に転用された。ここから浜松あるいは東京へ向かう建設ルートは碧海台地を東西方向に横断するルートでもある。武豊線との分岐点として大府駅が設けられた。大府と岡崎の間の碧海台地は遮るものがほとんどない一面の平坦地である。1881年に完成した明治用水の西井筋により碧海台地は農業地として変貌していくが，その台地を東西に横切る鉄道の用地取得に大きな障害はなかった。

　新たに建設される鉄道ルート上のどこに駅を設けるかは，沿線住民にとって他人事ではなかった。当初，駅は大府と岡崎の中間地点の安城（箕輪村）に開設される予定であった。これを不満とする刈谷の人々は駅の誘致運動を繰り広げ，猿渡川と鉄道が交わる地点での開設を求めた。当時は舟運利用が

盛んであったため，鉄道との連絡で荷物輸送に都合がよいと考えられたのである。その実現のため愛知県知事に対して停車場設置願書が提出された。しかし県は猿渡川周辺の低湿地性を理由に駅設置の適地ではないと判断し，話はそれ以上進まなかった。最終的に刈谷駅の設置場所が決まったのは，刈谷町の商業者とりわけ太田平右衛門が商店街との連絡性を当局に訴えたことが功を奏したためである。舟運より商業の利便性を優先する方へと時代は変わっていたのである。

　新駅は大浜街道と東海道本線が交わる地点のやや東側に設けられた。しかし当時は商店街から離れた場所でなにもない単なる原っぱであった。このため刈谷町は急遽，刈谷貨物運搬会社を興して刈谷駅に倉庫を設けたり，駅前旅館や寿司屋を急造させたりして駅前整備に努めた。しかし2年後の1891年に安城駅が新設された影響で，刈谷に集積していた物資が安城へ流れるようになった。こうした事態を打開するため，刈谷町出身の衆議院議員であった三浦逸平が碧海南部から刈谷を経て知立に至る軽便鉄道の建設計画を打ち上げた。才賀藤吉などの実業家や沿線町村有力者の協賛を得た三浦は，1910年に碧海軽便鉄道の名で大浜—刈谷—知立間の免許を出願した。交付後に社名を三河鉄道と改め，1914年に大浜—刈谷新間，翌年に刈谷新—知立間を開業させた（三河鉄道株式会社編，1914）（図6-3）。

　当初は刈谷駅への乗入れを予定したが，鉄道院組織改革の影響を受けて協議が進まず，やむなく刈谷駅南100 m付近に刈谷新駅を設け徒歩連絡で対応することになった。その後，刈谷新駅を移設して刈谷駅に統合する運動に刈谷町も協賛し，1927年にようやく移設が実現した。このとき刈谷駅は鉄道省と三河鉄道の共同使用駅となり，駅南口が設置された。三河鉄道が開業したのにともない刈谷駅は東西南北に鉄路を延ばす交通結節点となった。また交通面で優位な条件をもつようになったため，工場が刈谷駅に近くに進出してきた。たとえば，三河鉄道の延伸で枝下付近の木節粘土を入手した神谷傳兵衛が木節粘土を三河鉄道で刈谷へ運び工場で煉瓦を製造するようになったのは，そのよい例である。東洋耐火煉瓦（のちの東海炉材，現・クアーズテック）で製造された煉瓦は，東海道本線で全国へ出荷された。

　刈谷駅周辺の交通利便性に引かれて工場を設け，その後の刈谷の経済発展

に大きく貢献した最大の事例は，豊田自動織機の刈谷進出である（椙西，1962）。それまで名古屋を拠点に活動してきた豊田自動織機は，1923年に刈谷駅の西側直近に自動織機試験工場を設けた。これには刈谷町民による積極的な誘致運動があり，町民大会を開催するなどして刈谷への進出を要請した。町民による熱心な

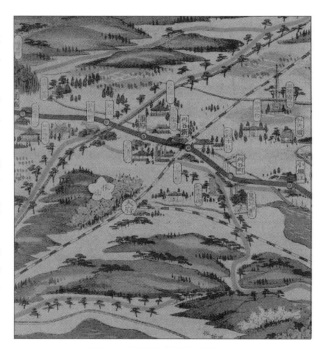

図6-3　三河鉄道名勝図絵（1924年）
出典：刈谷市教育委員会，2022，p.64をもとに作成。

誘致運動と名古屋に比べて安価な地価が功を奏し，豊田自動織機をはじめ豊田系の工場が刈谷駅周辺に生まれていった。刈谷駅は三河鉄道で衣浦湾方面とも連絡しているため，その利便性に引かれて工場を設ける事例もあった。1925年に常滑から刈谷駅前に工場を移転させた日本陶管がそのような例である。進出した工場は高浜港駅付近にあった高浜第一工場と三河鉄道で通じていたため，高浜港駅から刈谷駅に運ばれた燃料を専用線で工場内に引き込んで操業した。

　こうして刈谷駅周辺では工場が集積するようになり，旧城下町を起源として北に延びてきた市街地と，新たに駅前を中心として広がっていく市街地が繋がりをもつようになった。鉄道結節点でいえば，東海道本線刈谷駅・三河線刈谷駅の北のターミナルと，1941年に三河鉄道から名古屋鉄道になり名鉄三河線の刈谷市駅となった南の鉄道ターミナルの二つの核からなる市街地

構造である。しかしより最近では市北部で新たな動きがあり，市街地構造も
いまだ過渡期にある。2004年に開業した新東名高速道路のサービスエリア
として刈谷ハイウェイオアシスが誕生したからである。名古屋圏の中ではナ
ガシマリゾートについで多くの集客数があり，2022年度は736.8万人を記録
した。刈谷市周辺はもとより東名高速道路の利用客をターゲットとする観光
施設であり，市域北部を通過する観光客を逃さず吸引する地域戦略は見事で
ある。

２．明治用水で広がった農地で先進的農業を実現

　1997年4月の開園から四半世紀を迎えた2022年9月の時点で入園者数が
1,400万人を達成した「安城産業文化公園デンパーク」は，安城市のほぼ中
央部に位置する。この施設は安城市の市立公園であり，安城都市農業振興協
会が指定管理者として管理運営を行っている。一般公募によって決められた
愛称「デンパーク」は，戦前，市制施行前の安城町が「日本デンマーク」と
呼ばれたのをふまえ，それと公園を意味するパークを合わせたネーミングで
ある。「デン」には「田園」や「伝統」の意も込められているというから，
結構奥深い名前である。ただし，なぜ安城が日本デンマークと呼ばれるよ
うになったのか，その経緯は判然としない。1926年5月発行の『農政研究』
が特集「日本の丁抹号」で安城を含む碧海郡の農業を広く紹介しており，こ
の頃には「日本のデンマーク」という言葉が定着していたと思われる（古瀬，
1926）。この言葉の背景には，日本の農業問題・農業振興を考えるさいに理
想とされたデンマーク式農業が碧海郡で実践されようとしているという認識
があった。

　デンパークの西側を北東から南西に向けて流れている半場川の水源は明治
用水である。1881年に明治用水と命名されたこの用水を水源とする川はほ
かにもある。デンパークの500mほど東側では明治用水の東井筋が南北に流
れている。安城市内には東井筋のほかに鹿乗井筋，中井筋もあり，中井筋は
西隣りの刈谷市との境界をなしている（図6-4）。東井筋を遡っていくと中井
筋との分岐点があり，さらに進むと西井筋との分岐点に至る。安城市内を流
れる東井筋や中井筋は分岐を繰り返しながら南へ向かって流れ，広大な農

地に水を供給している。明治用水が誕生する以前は無数の溜池が唯一の水源で低い生産性の農業に甘んじていた。それが灌漑用水網の実現で状況が一変し，デンマークをモデルとする先進的な農業が試みられるようになった。その前提となる明治用水はどのように建設され，また完成した用水は安城を中心とする碧海台地の農業をどのように変えたのであろうか。

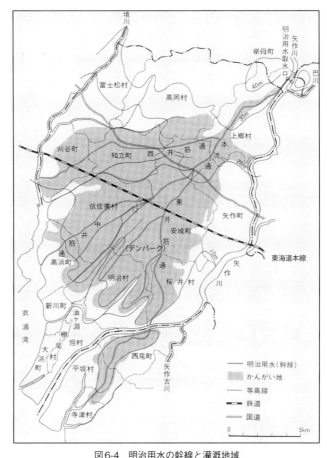

図6-4　明治用水の幹線と灌漑地域
出典：水土の礎のウエブ掲載資料（https://suido-ishizue.jp/daichi/part2/03/10.html）をもとに作成。

　明治用水は，1820年代から1830年代にかけて都築弥厚と石川喜平が取り組んだ事業を受けて，1870年代に岡本兵松と伊豫田与八郎が始めた開削工事がスタートラインである（碧南市教育委員会編，1971）。水源は矢作川で，川の中に丸太で杭を打ち込みそこに割石を積み上げて導水堤とした。しかし漏水が多く破損を繰り返したので，1901年から当時の最新技術を駆使した堰提の築造を試みることにした。工事を請け負ったのは現在の碧南市西山町

247
第6章　東海道セクターの地域構造

で土木関係の業務に携わっていた服部長七である。服部は宇品港，四日市港，名古屋港をはじめ各地で土木工事を引き受け全国的に活躍した土木技術者で，伝統的なたたき手法を改良し自ら編み出した人造石工法（服部人造石）を治水や用水の分野で広めていた（碧南市教育委員会編，2010）。

その服部が明治用水の堰提の構築を手掛け，舟運に配慮した舟通閘門を備えた近代的な堤を矢作川に築いた。舟運に気を使ったのは，当時，矢作川は物資輸送の大動脈であり，多くの川舟が海産物，板類，薪炭などを運んでいたからである。また丸太は筏に組まれて送られていた。明治用水の取水が多い時期は堰を締め切るため，川の中央部に船通しが設けられた。さらに，重い筏や力の弱い舟は左岸側の閘門を通った。服部人造石はコンクリートが登場するまえのコンクリートの代用品のようなものであった。その後しばらくするとコンクリートが普及するようになったため，明治用水でも 1932 年に県営事業としてコンクリートによる水路の護岸工事が行われた。しかしその後は戦時体制下で用水設備を改良するのが難しくなり，ようやく戦後の 1958 年になって現在の頭首工が建設された。

このように明治用水では，完成後も設備の維持・補修あるいは改造に絶えず気が配られてきた。そうした永続的努力の成果は，碧海台地の変貌ぶりによく現れている。かつては安城ヶ原と呼ばれた原野に水路が網の目のように設けられた（天野，1990）。一般に原野といえば原っぱや野山のことであるが，野山が耕作に適さない丘陵であるのに対し，原っぱは水さえあればすぐにでも田畑に変わる土地である。明治用水の完成により，野山は平らにされ，原っぱは耕作地に姿を変えられた。その結果，用水開削前はおよそ 2,300ha であった碧海台地の水田は，通水 3 年後の 1883 年には 1.9 倍の 4,370ha に増加した。その後も毎年約 150ha の割合で増え続け，1910 年には 8,000ha 近くにまで広がった。そのほとんどは水田である。

水の乏しかった台地も，水路の水で潤せば豊かな水田に変貌する。水田は水を止めれば乾いた畑になる。こうした台地の長所を生かし，冬季に麦，菜種，レンゲなどを栽培する二毛作が行われるようになった。ただし，もともと有機質に乏しい痩せた台地を農作物の栽培に適した農地にするには，肥料の投入や土地の改良などのために時間をかけねばならない。地力向上のため

にごみや下肥が集められ，ワラや緑肥が施された。そうした努力は徐々に成果につながるようになり，昔からの農地と新規の農地との間にあった収益率の差は徐々に縮まっていった。二毛作で所得が倍増した農家は，さらに進んで多角経営へと進んでいく。これには1920年代初頭から始まる先進的農業経営への取り組みが背景にあった。碧海台地を含む三河地方では，1890年代まで三河木綿の産地として綿花が盛んに栽培されていた。しかし海外から安い綿花が輸入されるようになり，農家は綿花栽培から養蚕へ切り替えた。また綿畑は水田に転換され，農地は一面に水田の広がる単作地域へと変貌していった。ところが時代は第一次世界大戦後の不況で，米作中心の農業は先行きが見通せなくなった。

　そんな折り，碧海台地では1901年に愛知県立農林学校が現在の安城市池浦町に開校され，初代校長として山崎延吉が着任した。校長職を20年近く務めた山崎は，1923年頃，自然災害や農産物価格の変動による危険を分散させ，労働力を適切に配分するために多角農業を説いて回った。米と養鶏を組み合わせた平行線農業，これに養蚕を加えた三角形農業，さらに野菜栽培を加えた四角形農業など，農業形態の多角化の利点を強調して回った（稲垣，2000）。1920年には愛知県立農林学校と同じ安城市池浦町に愛知県農事試験場が開設されている。これ以外にも農業関係の指導機関が安城に集まるようになり，農業技術や農業経営で先進的な取り組みを行う雰囲気が醸成されていった。

　1898年に成立した農会法のもとで各地に設けられた農会の中でも安城農会は規模が大きく，組織面も整備されていた。先に述べた愛知県立農林学校の校長・山崎延吉は農業の多角化を熱心に説いたが，そのモデルはデンマークにあった。19世紀半ばの農業不況やドイツ・オーストリアとの戦争敗北が，デンマークの農業を大きく変えた。1870年代に麦中心の耕作農業から畜産農業への転換を図る農業革命が起こり，同時に農民の自発的運動として農民組織の設立があいついだ。こうした動きを安城農会に集う人々は手本として学び，米作中心から脱却して高収益農業を実現する道を探し始めた（久野，2001）。

　山崎が唱えた多角経営は米の単作に比べれば優れていることは確かであっ

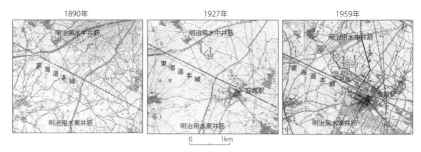

図6-5 東海道本線安城駅周辺の発展過程
出典：安城メモリアル写真館－安城図書情報館のウェブ掲載資料（https://www.library.city.anjo.aichi.jp/book/shiryo/documents/syasin.pdf）をもとに作成。

た。しかし，農家単位で多角経営をすれば労働過重になることも明らかであったため，集落を単位とする適地適作の方向へ軌道修正が行われた。たとえば，安城の里地区ではスイカ，赤松地区では養鶏，横山・箕輪地区では梨を栽培するといった具合である。地区ごとに適した農業経営を行い，収穫物は共同出荷で効率性を高める近代化が進められた。こうして安城を中心とする碧海台地は農村不況に耐えられる体質をそなえるようになり，いつしか「日本のデンマーク」と呼ばれるようになった。東海道本線の開業2年後の1891年に開業した安城駅の駅前には御幸通りを中心に店が立ち並び，1920年代後半には駅前商業を核とする市街地が姿を現すようになった（図6-5）。

安城における先進的農業の取り組みが全国的に知られるようになり，各地から視察のために安城駅に降り立つ人の姿が見られるようになったのも，この頃のことである。視察者は最初に安城町農会館（農民館）を訪れ，つぎに模範的な多角形農業とされた板倉農場に向かい，さらに農事試験場，農林学校，農業補習学校などの指導研究機関を見て回った。板倉農場は，米以外に梨，スイカ，キャベツ，養豚，養鶏などを一か所で多角的に経営しており，耕地面積は4町歩（約4ha）で裏作を含めると6町歩（約6ha）にものぼった。農場主の板倉源太郎は，「大面積の経営」「肥料の自給と地力増進」「経営の複式化」「技術の研究」を4大方針として掲げていた。視察者をまえに，自らの農場には特段の独創性はなく，農業に関する個々の要素と工夫，それにアイデアと勤勉さをもって追求した結果が現在の農場経営につながったと謙虚に語った。

板倉農場をはじめとして，農業の多角化をめざす碧海台地では，米麦主体の農業から養鶏や蔬菜・果樹などの園芸作物に比重をおいたものへと変化していった。1920年の米麦の生産額が1931年にはその3分の1にまで減少したのに対し，鶏卵の生産額は3倍にも増加した。1920年に農業生産額全体の52％を占めた米麦は，以後，その割合を低下させる。急激に増加した鶏卵は，当初，個人販売と各集落の養鶏組合による共同販売の両方で行われていた。しかし，代金回収の円滑化を図るために碧海郡購買販売組合連合会（略称丸碧）が設立され，これが鶏卵を一手に売り捌くようになった。丸碧は農家から鶏卵を集めて選別し，商標入の箱に詰めて安城駅から毎日，東京市場へ送り出した。

　こうした鶏卵におけるブランド化と同じ試みは，梨やスイカでも行われた。横山地区で栽培が始められた梨は，熱心な研究と努力の成果が実を結び安城市の全域へと広がった。1914年に設立された安城梨業組合の手によって共同出荷，販路拡大，品質統一が進められ，安城梨や三河梨の商標で各地に出荷された。農村不況を乗り切るために導入されたスイカも，安城園芸組合によって共同販売された。三河スイカの商標と大黒印のレッテルが目印で，東京をはじめ全国に出荷された。ほかに1929年には碧海郡内の園芸組合や農家を株主として農産加工の三河食品株式会社が設けられた。ただしこの会社は，トマトやスイカなどを原料とした加工食品や沢庵漬けなどの製造を始めたが経営がうまくいかず，1936年に大手資本に買収された。

　碧海郡における多角的農業や農家の共同・協調による産業組合発展の背景には，数多くの有能な指導者・研究者を輩出した農林学校があった。農事試験場，町村農会，郡農会など農業指導機関の存在も大きかった。このうち安城農会は，全国でも珍しい町農会経営の図書館として安城農業図書館を1931年に設立している（岡田，1933）。1928年には仏教会と共同で町内16か所に農繁期託児所を設けるなど，多方面で活動を行なった。1935年には丸碧の経営による更生病院が創立され，郡内唯一の総合病院として農民の健康と社会福祉の向上に大きな役割を果たした。この更生病院は1961年に総合病院になり，2002年に安城更生病院に改称された。

　こうして順調に発展していった安城の農業も，1931年に満州事変が勃発

して以降，思うような活動ができなくなった。国の方針で食糧増産が強力に推し進められ，労働力不足も重なり，多角形農業を支えた商品作物の栽培が制限されるようになったからである。それに追い打ちをかけたのが戦争末期に突然襲った二度の大地震である。1944年12月の東南海地震と翌年1月の三河地震により，安城市南部の桜井・明治地区を中心に壊滅的な被害を受け，その復旧のめどがたたないうちに終戦を迎えることになった（安城市歴史博物館編，2006）。

　明治用水という名の用水が碧海台地を潤すようになっておよそ1世紀半の時間が経過した。その前半は日本全体が食糧生産に邁進した時代であったが，そのような中にあって安城ヶ原は米麦だけでなく畜産，そ菜，園芸などを組み合わせた多角的農業を積極的に実践する地域へと変貌していった。しかし後半の1950，60年代以降は高度経済成長期から低成長期へと社会が変わっていき，農業一辺倒の時代ではなくなった。矢作川中流部で生まれた自動車工業が急成長の道を歩むようになり，その影響が下流部方面へも広がってきた。労働力はもとより生産のための工業用地が求められ，明治用水の受給地域でも大きな工場が次々に設けられた。工業の発展とともに市街地や交通インフラの整備も進み，かつてののどかな田園風景の気配は失われつつある。冒頭で述べた「デンパーク」は，先人が開削した用水をもとに沃野へ変貌していった台地がさらに新たな方向へ変わろうとする，まさにそのような時代を象徴している。

3．岡崎城下町の曲がりくねった街道と矢作川舟運

　城下町の道路が防衛目的でＴ字路や鉤型道路になっていたことはよく知られている。しかし，城下町の中を街道が通っており，平常時ならできるだけ早く通り抜けたいような場合，こうした道路はあまり歓迎されないであろう。町の防衛と経済の両方が折り合える折衷型の道路はあるのだろうか。ただし同じ経済でも通行のしやすさを優先するか，あるいは商いのための接触の機会を優先するかで，考え方は異なる。城下町を通り抜ける街道の長さが長ければ通りに面して商売ができる商人の数は多くなるため，経済振興にとっては好ましい。効率性を真っ先に考えやすい現代とは異なる時代がかつ

てあった。そのような時代の道路はどのような意図にもとづいて設けられたか，興味深いテーマである。

「五万石でも岡崎様はお城下まで舟が着く…」と謡われた岡崎は，かつて曲がりくねった道が延々と続く城下町であった（黒田，2024）。舟運と並んで物資や人の移動で重要な役割を果たした東海道が，城下町の中を東西方向に通っていた。しかし道路は鉤型に次ぐ鉤型で，とても真っ直ぐに通り抜けられるようなものではなかった。これは，城下が整備されたさい川沿いを通っていた道路が城下の内側に取り込まれたからである。目的は防衛と経済の両立で，外敵から城下を守りつつ商いが盛んに行われるようにした。しかし近代になり，城下の鉤型道路は直線化され，かつての面影は消えてしまった。それでもその痕跡は現在でも町の各所に見出すことができ，往時の様子を垣間見ることができる（図6-6）。

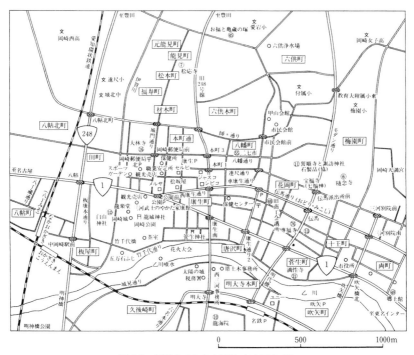

図6-6　岡崎市の中心市街地（1990年代）
出典：岡崎市・岡崎市観光協会編，1991をもとに作成．

第6章　東海道セクターの地域構造

岡崎城は，矢作川の支流の中でも最大の乙川（菅生川）とその支流である
伊賀川が合流する地点の崖の上に築かれた。1455年に築城を手掛けたのは
三河の守護代西郷稠頼で，その後は松平氏の居城となり，1542年に松平竹
千代（のちの徳川家康）が城内で生まれた。松平氏は岡崎の北方を流れる巴
川の中流域・松平郷の出で，1421年に岡崎の北の岩津城に拠点を構えた。
その後，西方の安祥城を攻略してそこを拠点とする一方，岡崎やその東の中
山にも一族を配した。対立関係にあった安祥と岡崎の松平氏は和睦を果たし
たが，岡崎松平氏の当主が殺されたことで和睦にヒビが入った。しかし最終
的に当主の息子が岡崎城を拠点とすることでまとまった。そこで誕生したの
が幼名・千代丸，のちの徳川家康である。

　家康誕生に至るまで複雑な経過を辿ったが，こうして岡崎松平氏は岡崎城
を拠点に三河一円に勢力を示すようになった。しかし家康が東国に移封され
る時代を迎え，1590年に岡崎城は豊臣秀吉の家臣・田中吉政の居城となった。
吉政は，東国の家康に備える重要拠点として岡崎城を支える城郭の整備・拡
張を進めた。かつて家康の城であった岡崎城を家康の西上を想定してこれか
ら守るというのは皮肉なめぐり合わせである。城の東・北・西の外周には後
世に田中堀と呼ばれる総構えの堀を巡らせ，土塁も築いて城の範囲を画定し
た。また，沼地を埋め立てて松葉・板屋・材木・肴・田町などの町人地を造
成し，旧来からの六地蔵・横・連尺・榎町と連なる一大城下町を建設した。
吉政はまた，先に述べたように，菅生川の南を通っていた東海道を城下の内
側へ引き入れた。東の欠町から伝馬通，材木町，八帖町，矢作橋へとつなが
る鉤型道路の誕生であり，後世，「岡崎二十七曲り」と呼ばれた街道の原型
ができた。

　江戸期に入ると，1601年に藩主となった本多康重とこれに続く三代の城
主は，田中吉政による城下町整備を引き継いだ。矢作川に堤を築き乱流する
流路を一本にした吉政のあとを受け，矢作川に初めて橋を架けるなど東海道
の整備にも努めた。移住を促された住民は城下に住むようになり，伝馬制の
制度で宿駅機能も整えられた。徳川の平和な時代，街道を防衛目的で鉤型状
にした意味は薄れていった。しかし長く続く街道は，通りに沿って商いをし
たい商人にとっては好都合であった。西三河一の商業中心として岡崎が栄え

254
名古屋の周辺地域を読み解く

た背景がここにある。水野忠善が岡崎藩主になった1645年頃には城下町の整備はほぼ完了した。城下を通る鉤型の東海道に沿って「岡崎城下町廻り」あるいは「岡崎宿廻り十九か町」と呼ばれる町が生まれた。

　城下を東西に通る東海道に対し，南北の矢作川は舟運機能で岡崎の経済発展を支えた。大量の物資を安い費用で輸送する矢作川の舟運が本格的に機能するようになるのは，江戸中期から後期にかけてである（新編岩津町誌編集委員会編，1985）。経済活動を担ったのは職業別に決められた居住地で仕事に励んだ職人や商人たちである。鍛冶屋や大工などの職人が住んだ材木町，魚問屋が集まっていた魚町，塩や海産物を扱う商人がいた田町など，現在もその名が残る町人地である。なかでも城の大手門近くで開かれた市場をもとに形成された連尺町は，近世を通して城下町の中心であった。ちなみに連尺は行商人の「背負い子」に由来する地名であり，酒，油，穀物などの日常品を扱う大きな商家が軒を連ねる地区であった。

　江戸の中期から後期は，岡崎の産業が多様化・成熟化していった時代でもある。石材加工，八丁味噌，綿作（三河木綿）など特徴のある産業が生まれ定着していった。旅籠屋，鍛冶屋，桶屋，荒物屋，指物屋，穀屋，煙草屋，大工，左官，道具屋，茶屋などを営む者も増え，城下は活気に満ち溢れた。特徴的なのは，城郭整備などに携わった石工たちが岡崎の良質な花崗岩を用いて鳥居や燈籠などの石材加工を行うようになったことである。これが現在の岡崎石工品へと連なっていくきっかけとなった。また，戦国時代に携行食として重宝された味噌が生産地の八町村（八帖町）の名から八丁味噌と呼ばれるようになり，矢作川の舟運によって全国に広められた（早川，2021）。さらに，矢作川の洪水によって土砂が積もった畑では綿作が盛んに行われ，三河木綿として名が定着していった。

　矢作川の舟運機能の始まりは，1605年に矢作新川が開削され，1635年に幕府代官の鳥山牛之助・鈴木八右衛門によって河口の鷲塚・平坂の両湊が大浜（碧南市）・犬飼（蒲郡市）・御馬（宝飯郡御津町）の湊とともに「三河五箇所湊」に指定されたのがきっかけである。古来，矢作川は巴川との合流点以南では乱流が激しく岡崎付近では田中吉政が堤を築いて一本にまとめた。しかし下流部では乱流状態が続き，1605年に徳川家康の命で水害対策を目的

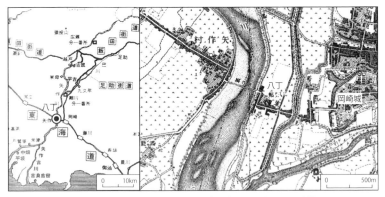

図6-7　八丁味噌の原料や製品の積み降ろしが行われた土場
出典：矢作川界隈記のウェブ掲載資料（http://dakiyo.web.fc2.com/sub28_yahagibasi_oyabasira.html）、愛知県河川整備計画流域委員会のウェブ掲載資料（https://aichi-river.jp/acrobat/54yahagi_jyoryu_02-2.pdf）をもとに作成。

として新川が開削され，これが新たに矢作川の本流となった。それまでの流路はおおむね矢作古川として現在の西尾市の中央部を流れ三河湾に注ぐ。鷲塚は矢作新川の右岸側，平坂は同じく左岸側に位置する。

　矢作川の川沿いには土場と呼ばれる荷物の積み降ろし地点がいくつもあった（岡崎の文化財編集委員会編，1977）。なかでも現在の岡崎市域内では下流から順に合歓木（ねむのき），佐々木，赤渋，福島，新田，八町，上ノ里，岩津の八つの土場が賑わった。このうち八町土場は城の西方にあり，八丁味噌の原料や製品の積み降ろしが行われた（図6-7）。また岩津は土場であるだけでなく，岡崎城下の能見口で東海道と分かれ松平を経て足助へ向かう足助街道の途中の集落であった。矢作川は，岡崎の土場を経由して陸路，足助へ向かい，さらに中馬街道で信州に至るルートのほかに，岡崎より北の土場で同じように信州に向かうルートをもっていた。一つは古鼠（ふっそ）・越戸（豊田市）まで船で上り，そこから陸路を北上し中金を経て飯田街道に入るもの，いま一つは矢作川支流の巴川に入り，九久平（くぎゅうだいら）で陸揚げし足助街道を経て飯田街道に至るものであった。これらはいずれも三河湾と信州の間を結んでおり，岡崎はその中継地として重要な役割を果たした。

　岡崎を代表する味噌の製造には原料の大豆，塩のほかに燃料の薪，それに仕込みに用いる味噌石を必要とした。これらはいずれも矢作川の舟運を使っ

て岡崎に運ばれた。大豆，塩は下流から，薪と味噌石は上流から輸送された。さらに製品の味噌も舟運で河口まで運ばれ，そこで海船に積み替えられた。大豆は吾妻川流域などで産する上州大豆が全体の4割，吉田（豊橋）など三河からのものが3割弱を占めた。塩は三河湾沿いの冨吉外新田（旧吉良町）でつくられた饗庭塩が多いが，播州の赤穂塩を混ぜて製造する場合もあった。岡崎へ運ばれてきた塩は矢作橋で止められたあと，城下の伝馬町と田町にあった塩座で改めを受けなければならなかった（松岡編，1982）。信州方面へは塩座で改めを受けた饗庭塩が足助街道を足助まで運ばれた。足助へは岡崎のほか名古屋から飯田街道で赤穂塩が運ばれた。

　燃料の薪は，矢作川本流の小峯，古鼠，越戸，百々にあった問屋，あるいは支流の巴川の平古，九久平，中垣内，平藪，六ツ木にあった問屋から川船で運ばれてきた。さらに味噌石は，古鼠の問屋から自前の舟を使って運んだという記録が残されている。味噌の送り出し先は，1830～40年代の記録によると，江戸が全体の4分の1ほどを占めた。江戸では伊勢屋を名乗る味噌販売先への割合が大きかった。ほかに名古屋，大坂，京都への出荷や，地元三河の平坂，新堀，土呂，九久平，中村へも出荷された。

　冒頭で述べた旧東海道の「岡崎二十七曲り」は，いまは岡崎城下町の観光要素の一つとして知られる。現在は旧東海道と菅生川の間を国道1号が直線状に走り抜けている。鉤型から直線への変化は近世と現代という時代の違いを象徴する。ところが岡崎市内を東西に縦貫するこの国道1号は，1日4万台と交通量が多いうえに深夜における大型車の交通量がとくに多いことで知られる。このため沿道の住宅密集地区において騒音や振動などの自動車公害が長年，問題とされてきた。

　深夜に大型車が多く通るのは，東名高速道路の岡崎インターチェンジを下りた車にとって，ここが名古屋，四日市，関西方面に向かうのに最短経路にあたるからである。岡崎インターから高速道路のルートは北に向かうため，ドライバーとしては無料の国道を短い距離で走りたくなる。これは，東国・関東方面から西三河・尾張方面へ向かう場合，現代においても岡崎がそのゲートウェイであることを物語る。しかしながら，旧城下町で安らかな暮らしをしたいと願う住民にとって深夜の騒音・振動は迷惑な公害以外なにものでも

ない。

第2節　三河湾西部の海岸沿いに並ぶ都市

1．都市の建物に欠かせない瓦屋根と三州瓦産地

　屋根と聞くだけで瓦屋根をすぐに思い浮かべてしまうほど，日本では屋根は瓦で葺くものだと一般には思われている。しかし，屋根の材料には藁材，木材，石材，銅板なども考えられるし，近代的なビルではコンクリート造りの屋上などもあり，そもそも屋根のない建物も多い。粘土が原料の瓦はタイルのように単体のパーツをつなぎ合わせることで屋根全体を覆うため，コンクリートのような連続的構造体ではない。日本では古くから寺院や城の屋根に使われ，ある時期から民家でも使われるようになった（坪井，2014）。中国から伝わった瓦は奈良時代に国府，国分寺，国分尼寺の建設ブームが起こると地方にも広がったが，平安時代になると一転して檜皮葺の寺院が優勢となる。これは，この時代に盛んになった最澄や空海による密教の寺院が山奥にあったため，重い瓦を運ぶよりも近くで伐れるヒノキの皮を利用する方が好都合だったからである。これによって寺院は檜皮葺というイメージが広まり，さらにその後，台頭してきた鎌倉の武士は質実剛健を尊んだため，値の張る瓦は遠ざけられた。

　安土桃山時代から江戸時代初期まで，瓦の使用は寺院や城郭に限られてきた。当時の瓦葺は平瓦と丸瓦を組み合わせた本瓦葺といわれるものであった。重量があるため建物自体がよほど頑丈でなければ耐えられない。1674年に近江・三井寺の用人であった西村半兵衛が桟木に引っ掛けて固定する桟瓦を発明した。桟瓦は軽くて安価に生産できたため一般家屋向けの瓦屋根が普及するようになった。ただし，これだけでは瓦生産が地場産業として発展していくためには条件として十分ではなかった。瓦は陶器と同様，粘土が原料であるため，原料産地の近くで生産するのが理にかなっている。このため当初は，近くで手に入る粘土を用いて瓦をつくる産地が各地に生まれた。それらの中から有力産地が浮かび上がっていったのは，高まる瓦需要に対し重くて

嵩張る製品を供給できる産地が限られたからである。

　三州瓦の名前で全国的知名度の高い高浜市はこうした条件を満たしていた。高浜市内にある春日神社に奉納された狛犬に「享保八年，三州高浜村瓦屋甚六……」という文字が彫られていることから，1723年には瓦をつくる専門業者が当地にいたことがわかる(宮川,1995)。高浜は衣浦湾に面しており，矢作川にも近い。衣浦湾には知多海運の名で広く知られる多くの港がある。これらの港からは，幕府が開かれ人口も集まって建物需要が急増した江戸方面へ向けて，瓦のほかに米，木綿，酒などが海上輸送された。瓦の原料となる粘土は瀬戸方面から続く堆積層の中に含まれる。多くは地表面から比較的浅い部分に分布しているため，採掘するのにまったく問題はない。この粘土層は知多半島の常滑で焼き物を生み出したものと基本的に同じである。農業にあまり適した地層ではないため，土地を耕地としてではなく原料採取地として活用した方がより多くの利益が得られた。

　高浜から多くの瓦が送り出された江戸も，最初から大市場としての条件を満たしていたわけではない。1657年に俗に振袖火事と呼ばれる大火があり，多くの犠牲者を出した。それまで瓦屋根は武家屋敷に限られており，庶民が暮らす屋根は草葺きか板葺きが普通であった。大火後，幕府は瓦屋根を奨励すると思われたが，実際はそれとはまったく逆の土蔵以外の瓦葺きを禁止するというお触れを出した。理由は，火事を消化するさいに瓦が落ちてくる危険性があるというものであった（南・北島，1975）。しかしいかにも説得力に欠ける理由であり，60年後にこの禁止令は解かれた。これにともない瓦屋根は奨励される方向に進んだが，重い瓦屋根を支えるには家の構造を強くしなければならない。それには費用がかかるため，建物を所有する町名主たちは簡単には同意しなかった。最終的には大岡裁きで有名な大岡越前守が町名主衆の説得に当たり，了解を取り付けて江戸で瓦屋根が広まっていった。

　江戸やその後の東京でいくら瓦屋根の需要が多かったといっても，すべてが三州瓦で葺かれたわけではない。関東にも現在の埼玉県，群馬県，茨城県などに瓦産地はあり競争は激しかった。なかでも埼玉県には，児玉瓦（児玉郡），深谷瓦（深谷市，大里郡），秩父瓦（秩父市周辺），武州瓦（比企郡，坂戸市周辺），埼玉瓦（羽生市，行田市）など起源が奈良時代の国分寺建立にまで

遡る産地があった。三州瓦が島根県の石見瓦，兵庫県の淡路瓦とともに今日
見るように大きく発展していったのは，近代以降，国内市場ばかりでなく輸
出向け瓦の生産に取り組んだことが大きかった。これは，瀬戸の陶磁器産地
で明治期以降に輸出用陶磁器が増えていったのと似ている。内陸部に位置す
る瀬戸と比べると高浜は海に面しており，海上輸送の点で恵まれていた。

　南に隣接する碧南も含めて高浜の三州瓦産地における輸出はフランス瓦の
輸出から始まった。日本瓦とは様子が異なるためフランス人技師のロベール・
フック，アメデー兄弟を招いて生産指導を受けた。1917 年に高須金之助が「日
本洋瓦」という会社を設立した。高須は現在の西尾市一色町の出身で若い頃
は船員をしていた経験があり，当時，フランスから東南アジアに大量に輸出
されていたマルセイユ瓦のことを知っていた。衣浦湾周辺に知多海運の歴史
があることはすでに述べたが，高須も含めて外の世界にふれる機会が少なか
らずあった。こうした土地の気風が日本瓦とは異なる洋瓦の生産にいち早く
目を向けさせた。

　フランス人技師の指導があったとはいえ当初は試行錯誤の連続であった。
ようやく 3 年後に輸出ができるレベルにまで達した。高須の会社の成功にな
らい，近隣にフランス瓦をつくる窯元が増えていった。フランス瓦に続いて
登場したのがスパニッシュ瓦である。日本に輸入されたスペイン産の瓦はモ
ダンな印象を与え好評だったので，早速，三州でも生産が始められた。時期
は大正末期頃で，日本の風土に合うように改良が施されS型瓦と呼ばれる
瓦が大量に生産された。ちなみにフランス瓦は，瓦の山が大きく波型の「美
しい軒先のライン」「豊かな色彩」に特徴がある。スパニッシュ瓦もフラン
ス瓦と同様にカラフルで，粘土の生地そのままの色を出しているため同じ色
の瓦は一つとしてないともいわれる。同じ色で統一された日本の瓦とは大き
く違っていた。

　三州の瓦産地の知名度が高まっていったのは，伝統的な日本瓦にとどまら
ず，新しい瓦の開発に取り組んだことが大きかった（駒井，1977）。フランス
瓦やスパニッシュ瓦のほかに塩焼き瓦が 1928 年に製品化された。塩焼き瓦
は焼成途中に塩を投入して瓦を焼くもので，熱分解によって塩はガス状にな
り水蒸気と反応して酸化ナトリウムと塩化水素に分解される。この酸化ナト

リウムが粘土中の珪酸とアルミナと化合して珪酸ナトリウムとなり，これが赤褐色のガラス状の皮膜をつくる。こうした作用によって瓦は堅く焼き締り表面の光沢も増す。

　この製法は常滑の土管製造の技術にヒントを得たもので，類似の地場産業が近くにあったことが有利にはたらいた良い事例である。塩焼き瓦は丈夫なうえに含水率が小さく凍害に強い。このため寒冷地への出荷量が拡大した。伝統的な燻瓦(いぶしがわら)に比べると一度に焼成できる量が多いのも塩焼き瓦の特徴である。その結果，1953 年には燻瓦の出荷量を上回るようになった。塩焼き瓦は三州の粘土でないと独特の美しい小豆色を出すことができない。その焼成法の難しさもあり，塩焼き瓦といえば三州瓦といわれるほどである。こうして三州瓦は全国的名声を不動のものにしていった。

　順調に発展していった三州瓦の全国シェアは 1965 年の 24.5％から 1970 年には 34.4％に上昇し，1990 年には 47.9％，つまり半分近くを占めるようになった。当初は高浜を中心に半径 10km くらいの範囲で原料の粘土を調達することができた。多くは田んぼの下に堆積している粘土で，瀬戸と同じように花崗岩が風化して流出したカオリンを主体とする粘土鉱物である。他産地と比べると粘土のキメが細かく，「三州瓦は肌がきれいだ」というのが瓦業界の常識とされる。ところが高浜や碧南でも都

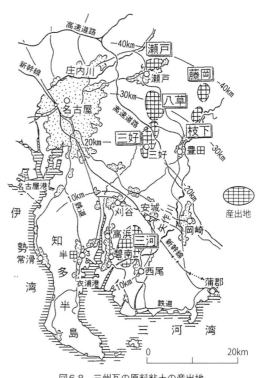

図6-8　三州瓦の原料粘土の産出地
出典：須藤，1999，p.49をもとに作成。

261

第 6 章　東海道セクターの地域構造

市化が進み，粘土が堆積している地域で住宅地が広がっていった。このため，1990年代末の時点で年間50～60万t必要とした粘土のうち地元で採掘できたのはそのうちの4分の1程度であった。残りは瀬戸，藤岡，八草，枝下，三好など瀬戸川・境川・矢作川流域で産出する粘土に依存するようになった（図6-8）。

　瀬戸川流域では昔から焼き物とくに陶磁器が生産されてきた。瓦も焼き物の一種であるが，原料の種類と焼成方法，それに製品のために使用する原料の重量に違いがある。瓦は陶器と磁器の中間にあたる炻器であり，焼き締められているため硬くて透水性がない。気孔性がない点で陶器とは異なっており，素地が不透明で有色である点で磁器と区別される。最も大きな違いは用途で，器ではなく風雨に対する防護材であるため平板状で重量がある。このため一つの製品をつくるのに必要な原料粘土の量が多い。陶器や磁器と比べると大量の原料を確保しなければならない。1枚の瓦はおよそ3kg，全国では年間15億枚（2000年頃）が生産されるため，450万tもの粘土が消費され

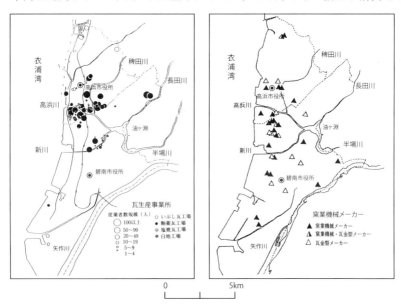

図6-9　高浜市・碧南市における瓦生産事業所と窯業機械メーカーの分布
出典：宮川，1995，p.42,43，九州大学リポジトリーのウェブ掲載資料（https://catalog.lib.kyushu-u.ac.jp/opac_download_md/8559/scs01p029.pdf）をもとに作成。

る。瓦を生産する事業所は昔から変わってはおらず，高浜市役所南側の高浜川，稗田川の両側に集積している。碧南市の油ヶ淵西の新川沿いにも瓦生産の事業所がある。河川沿いは鉄道導入以前は原料・製品の舟運輸送に好都合であった。

　高浜市では「かわら美術館」が有名である。瓦は基本的には建築用の部材であるが，鬼瓦に代表されるように美的な彫刻にも匹敵する審美性が求められるという側面もある。美術館はそのようなコンセプトを意識して設けられた（高浜市やきものの里かわら美術館，2003）。高浜市内には瓦生産に関するモニュメント・彫刻類が各所に置かれ，ウォーキングコースも設定されている。南側に隣接する碧南市では，瓦生産に欠かせない窯業機械や瓦金型のメーカーが高浜市との市境から碧南市役所にかけて分布している。焼成用の窯や粘土製造の真空土練機などの機械がなければ瓦生産が不可能であることを考えると，高浜，碧南の両市は互いに助け合いながら三州瓦の発展を支えてきたことがわかる（図6-9）。

２．衣浦湾・矢作川・油ヶ淵に囲まれた碧南の地形

　衣浦湾の東岸には北から順に刈谷市，高浜市，碧南市が位置する。このうち碧南市はその名のように旧碧海郡の南端にあり，南北に長いかたちをしている。あえて形容すれば長めの三角形のようなかたちで，二つの長い辺は衣浦湾の海岸と矢作川の河岸，そして短い辺は油ヶ淵によってそれぞれ画される。つまり三方を海，川，沼によって囲まれた形状であり，このような都市は名古屋圏ではほかに見当たらない。水の上に浮かぶようにして形成された都市の標高は０〜10mで，矢作川と油ヶ淵に沿う地域は２mにも満たない低地である。南海トラフなどの地震にともなう津波や液状化が危惧される昨今，市をはじめ地域一帯では防災意識に対する関心が高い（碧南市市民協働部防災課編，2017）。

　刈谷，高浜などを含む旧碧海郡一帯は矢作川を中心とする河川が北から土砂を堆積して形成した西三河平野に属する。碧南はその北西部で海寄りに位置しており，基本的には自然が生み出した低地形の上にある。一口に低地形といっても，実際にこうした地形をつくったのは自然ばかりではない。人の

力が加わり歴史的に形成されてきた側面も見落とせない。地形形成に関わった力を類型的にとらえると，①自然の力，②人が手を加えたあとの自然の力，③人の力，に分けることができる。碧南の場合，内陸側の平地は①の自然の力によるもので，河川による堆積作用の結果である。こうした自然状態に近い平地上の微高地を選んで人が住むようになり，その上に碧南の古い歴史的集落が形成されていった。

②の人が手を加えたあとの自然の力は，具体的には矢作川の流路が人為的に変えられた結果，その後，河川による堆積が進んで陸地が広がった事例がその典型である。矢作川は古代から中世にかけて氾濫を繰り返してきた。このため，1594年に豊臣秀吉の命を受けた岡崎城主の田中吉政が矢作川の中流域西部と南部の河道を一本化した。ところがこの工事で遊水地（妙覚池）が消失したため，かえって水害が増えてしまった。そこで徳川家康が1603年に西尾城主の本田康俊に矢作川の流路を変えるように命じ，これを受けて幕府代官の米津清右衛門が奉行として事業を取り仕切った（碧南市史編纂会編，1958）。

この工事は1604年から始まり，八ツ面山（西尾市）の東を南方向（三河湾）に向かって流れていた矢作川を碧南方向へ付け替えるための流路が開削された。これにより大浜村，棚尾村，西端村など海辺の村々の様子は激変した。工事は幕府による直轄事業であり，三河の領主（武士）は100石につき二人，農民は100石につき一人が労働力として駆り出された。開削工事の起点は碧海郡の藤井村と米津村で，開削工事後，これらの村は二つに分けられた。これ以後，矢作川の流路が碧海郡と幡豆郡の新たな境界になった。新しく矢作川になった川は以前の川（矢作古川）と比べると直線的で傾斜が大きく，このため強い流れによって大量の土砂が海側へ運ばれ広い三角州が形成された。人の力によって流れを変えられた川が予想を上回る勢いで土地を広げたのである。

流路が変えられた矢作川はその後も洪水を起こしやすく，そのたびに川から水が溢れ出た。このため1644年に米津から鷲塚までの間に堤防が築かれた。その結果，川から水は溢れなくなったが，今度は海が陸地に入り込んだ場所すなわち入海が堤防によって塞がれてしまった。堤防の背後に生まれ

た汽水性の湖，これが油ヶ淵である。つまり油ヶ淵は，②の人の力が加えられた結果，自然がそれを受けて形状や性質を変えた事例である（松岡編，2017）。油ヶ淵は新川や高浜川を通じて衣浦湾に注いでいる。一般に油ヶ淵は愛知県内で唯一の汽水性の天然湖といわれるが，その成因を考えると人の力が作用した結果，生まれた湖といえる（図6-10）。

　三つ目の③すなわち人の力による地形とは，1960年代中頃から進められた衣浦湾臨海部での埋め立てによる人工地形のことである。対岸の半田市や東浦町を含む衣浦湾では，一帯の工業化を進めるため港湾整備とともに臨海部の埋め立て事業が積極的に進められた。その結果，碧南市では埋め立て地が市域面積の4割近くを占めるまでになった。埋め立て地には自動車，金属，石油，製糖などに関わる工場のほかに大規模な火力発電所も立地した。現在，市の産業全体に占めるこれらの企業・事業所のウエートはきわめて大きい。埋め立ては衣浦湾臨海部に元からある沖積砂層の上に堆積している沖積粘土層の上に海底から浚渫した土砂を積み上げる方法で行われた。元々，軟弱な

図6-10　油ヶ淵一帯における開削・築堤・排水過程
出典：身近な地域スポットのウェブ掲載資料（https://www.chubu-geo.org/pdf/spot29.pdf）をもとに作成。

沖積粘土層上での埋め立てであり，地震などに対しては十分な対策が講じられなければならない。

　③の人の力による地形を少し広く考えるなら，流路変更後の矢作川が形成した三角州の上で行われた近世の新田開発もこのタイプに含まれよう。三角州がいかに広かったかは，それまで沖合の島であった鷲塚が土砂堆積のため陸続きなったことからもわかる。油ヶ淵が形成されて10年ほどが経過し，矢作川沿いの湿地帯で稲生平七が干拓を試みた。平七は1655年から本格的な調査と金策に取り掛かり，1657年に18町3反（約18.3ha）余の新田を開いた。平七新田の名がつく耕作地であり，当初は13名が地割に参加し，新田の北端に神明社を勧請した。これをきっかけに新田開発を試みる者が現れるようになった。江戸の商人・伏見屋又兵衛は，油ヶ淵周辺と矢作川沿いの砂州を干拓して新田とした（碧南市企画室編，1954）。これが現在，伏見屋新田と呼ばれている耕作地である。

　18世紀に入り，すでに開かれていた伏見屋新田を水害から守るようなかたちで新たな新田が生まれた。1746年に江戸の商人・加田屋藤五郎が開いた伏見屋外新田がそれである。その後も新田開発は続けられ，1791年に亥新田が完成した。以上は矢作川河口部の上流に近い方であるが，新田開発は矢作川の流末部分でも進められた。1828年に開かれた前浜新田がそれである。開発に取り組んだのは，平七村の中根又左衛門，伏見屋新田の藤次郎，それに大浜村・棚尾村である。前浜新田の開発では棚尾村の庄屋であった齋藤倭助が周辺地域の利害調整に奔走した。倭助は人だけでなく開発の犠牲になった海浜の生き物にまで心を配り，供養のために平等寺を建立した。

　以上のように，現在の碧南の地形はその歴史的過程をふまえて考えると，大きく三つの類型としてとらえることができる。人が手を加える地形は，その時代の環境状況の中で求められる方向に沿って変えられていく。そのため，新たな地形変化がそれ以前の地形の特徴を大きく変えてしまうことも珍しくない。碧南の場合，とくに変化が大きかったのは，近代から現代にかけて変貌が著しかった衣浦湾臨海部である。それ以前の近世にまで歴史を遡ると，近世から近代にかけて土地利用の変化があった。しかしそれは自然による堆積作用などを利用した地形改変であり，人工的な埋め立て地の出現による変

化と比べると性格が異なる。

　近世，衣浦湾東岸に位置する大浜湊は，幕府の年貢米を積み出す三河「五箇所湊」の一つであった。他の四湊は，鷲塚湊（碧南市），平坂湊（西尾市），犬飼湊（蒲郡市），御馬湊（宝飯郡御津町）である。ただし大浜湊は幕府が正式に認めた湊ではなかった。1768年に大浜村が幕府領から1万4,000石の水野領になったため翌年に水野氏を通じて幕府公認の湊に認めるよう願いを出したところ，1773年に認められた。ちなみに水野氏とは水野忠友のことである。忠友は1777年に沼津藩へ国替えとなったため，大浜藩はわずか9年で廃藩となった。しかし水野家は明治期まで三河に所領を有しており，大浜には陣屋が置かれた。

　念願かなった大浜湊は18世紀半ばには江戸廻船を30艘ほどかかえるほどになった。幕米を出荷し帰り荷として綿花栽培に欠かせない干鰯を運び入れた（碧南市史編纂会編, 1958）。西三河平野一帯で三河木綿の生産が盛んになった陰には大浜湊からの干鰯移入と，白木綿や繰り綿の移出があった。西三河の農家は副業として綿花の栽培と木綿の生産に励んだ。これによって農家の暮らしも良くなり，海運業で賑わう大浜湊も大いに発展した。大浜湊を基地とする江戸廻船の主な積み荷はむしろ酒で，18世紀初めの頃から酒造制限を受けなくなった酒づくりが盛んに行われるようになった。当時，江戸へ送られる酒の主産地は灘・伏見で，ついで知多半島両岸と西三河の高浜，泉，大浜，棚尾，平坂などであった。これらは湊の近くにあり，酒造地と湊は深く結びついていた。

　大浜湊が幕府公認の湊と認められた前年の1772年，廻船問屋を営んでいた石川八郎右衛門信敦は味醂の製造を始めた。味醂は，もち米を蒸して米こうじをつくり，もろみにして熟成させたあとに絞った本味醂を半年から1年かけて貯蔵熟成させたものである。味醂は当初，甘さのある飲料酒として主に女性のためにつくられたが，外食産業の発展にともない鰻や蕎麦などの調味料として使われるようになった。八郎右衛門信敦は1787年に鳴海の酒造所・千代倉にあった大蔵を移築して味醂づくりに専念した。現在も大浜湊の近くには木造2階建て瓦葺の土蔵が残されており，ここで味醂のもとになる酒造りが行われた。

近世から近代へと時代が移行し，衣浦湾に面する碧南の都市の姿も変化していった。大浜から北へ高浜を経て刈谷に至る大浜街道に沿うように1914年に三河鉄道（のちの名鉄三河線）が開通したのをきっかけに，この年の7月に新須磨海水浴場が開設された。新須磨の名は当地の景観が兵庫県の須磨海岸を想起させることに由来しており，海水浴場の名称も兵庫の須磨海水浴場になぞらえて命名された（石川，2015）。場所は，大浜上の熊野神社西から産業道路の碧南インターへ至る陸橋までの天王の森と呼ばれた一帯である。近くには夏期のみ営業の臨時停車場が設けられ，のちには常設の新須磨駅（現在の碧南駅）になった。

　新須磨海水浴場が開設された翌年には大浜熊野大神社西の海岸一帯に玉津浦海水浴場が開設された。現在は鬱蒼とした松林の中に裸身のヴィーナス像が東を向いて立っており，ここがかつて海水浴場として賑わいを見せたことを物語る。さらに，1921年には新明石海水浴場が鶴ヶ崎の山神社裏の海岸線を新たに整備して開設された。場所は現在の名鉄三河線新川町駅に近い。新須磨海水浴場が本家の須磨海岸にちなんだのに対し，新明石海水浴場は兵庫県明石市の明石海岸から名を借用した。大正末期には新明石遊園という子供向けの遊園を併設し，巨大なブランコなど人気を集めた。1960年代から始まった臨海埋め立て造成により新明石海水浴場もまた閉鎖を余儀なくされた。かつて海岸線であった堤防跡には子どもたちが描いた絵が残されているが，人々の良き思い出として記憶に残る海水浴場の面影はどこにも見当たらない。

3．高付加価値・ブランド化を追求する西尾の茶業

　全国には茶（チャ）の産地が数多くある。北は青森県の黒石茶から南は沖縄県の沖縄茶まで，ほとんどの都道府県で茶は栽培されている。茶の栽培に適さない北海道でも小樽に近い古平町（ふるびらちょう）の禅源寺の境内に茶の木があり，これが茶が生育する最北端といわれる。茶の原産地は中国の雲南省・貴州省・四川省の三省にまたがる山岳部であり，寒冷地での生育は難しい。チャを原料とする茶は発祥の地である中国の言葉を起源とした名称で呼ばれる。伝承経路ごとに陸路（モンゴル・チベット方面）は広東語系のチャ（Cha），海路（ヨーロッ

パ方面）は貿易港だった廈門で話されていた福建語系のテ（Te）がその呼称である。ヨーロッパではイギリスを中心に紅茶が広がるが，今日の紅茶を意味する英語の「ティー（Tea）」も「テ」が起源といわれる。

　国際的に広まったチャという植物から製造されたものが「茶」であるが，大きくは不発酵茶（緑茶），半発酵（烏龍茶），発酵（紅茶）の三つに分けられる（森竹，2009）。日本で栽培されているのは不発酵茶で，摘採した茶葉を荒茶工場に運びできるだけ速やかに蒸してつくる。同じ不発酵茶でも中国では蒸熱処理は行われない。熱した釜に茶葉を入れ，炒って酵素活性を不活性化させる。不発酵処理を行うのは，苦渋味成分のカテキンが酸化するのを防ぐためである。蒸熱や釜炒りの処理を行わない紅茶はカテキン類の多くが酸化するため，苦渋味をやわらげることができる。ウーロン茶は紅茶と同様，製造の第一段階で酵素活性化が進むが，製造途中で炒り葉処理を行って酵素活性化を止めるため半発酵茶になる。

　製造過程で蒸熱処理が行われる日本の不発酵茶は，煎茶・玉露・かぶせ茶・番茶・玉緑茶・碾茶などになっていく。栽培方法，摘み取り後の処理方法，利用する葉の部分の違いなどにより，多様な茶が生まれる。これらのうち生産量が最も多いのが煎茶で，全国における総生産量 75,164 t（2022 年）のうち 52.6％を占める。番茶が 2 番目に多く 31.4％，以下は碾茶（5.1％），その他の緑茶（4.0％）である。生産量が最も多い煎茶の 43.0％は静岡県，38.2％は鹿児島県であり，これら 2 県で全体の 80％を超える。番茶の生産量も静岡県（46.1％）と鹿児島県（39.0％）を合わせると 85.1％にも達する。圧倒的な生産割合であり，他の都道府県を寄せ付けない。

　ところが，茶の種類別生産量で第 3 位を占める碾茶の生産状況はこれとは異なる。鹿児島県（36.5％）がやはり多いが，京都府（23.6％），静岡県（11.4％），愛知県（10.4％）のように京都と愛知が食い込む。京都府と愛知県が上位にくる碾茶とは，そもそもどのような茶なのだろうか。碾茶は抹茶の原料になる茶のことであり，茶葉を蒸したあと揉まずにそのまま乾燥させ，茎や葉脈などを除いたあとに残る細片である。この細片を臼で細かく挽くと抹茶になる。茶葉の抽出液を飲むのが煎茶を飲むことであるのに対し，抹茶を飲むとは茶葉をまるごと食べることにほかならない。なお抹茶と一見間違えそうな

ものに粉茶がある。これは煎茶をつくる過程でできた粉を集めたもので，抹茶とはまったく別ものである。

碾茶の生産量で全国の約1割を占める愛知県の中にあって，西尾市はその大半を占める。西尾市は平成の大合併で吉良町や幡豆町などと合併したが，碾茶の生産は合併前の西尾市と吉良町，それに西尾市の北側で隣り合う安城市で行われている。これら三つの市と町は特許庁が2009年に地域ブランド「西尾の抹茶」として指定した産地であり，これら以外の地域はこのブランドを名乗ることができない（坂口，2009）。西尾市を中心として栽培されてきた碾茶が本格的に生産されるようになったのは大正末期であり，それまでは玉露など高級な茶が栽培されていた。1930年代に三河式トンネル碾茶機と呼ばれる製造機が考案されたことで，西尾の抹茶生産は飛躍的な発展を遂げるようになった。この製造機はベルトコンベアの上に散布した茶葉を移動させながら乾燥させる方式であり，これによって効率化が進み大量生産が可能になった。

戦後は1950年代に食糧増産が叫ばれるようになり，茶畑が全国的規模で拡大し茶が大量に生産されるようになった。茶樹は5～8年で収穫期を迎える多年草であるため，1950年頃からの拡大路線が1960年代の大増産につながった。価格は一気に暴落し，西尾茶は地場産業として生き残れるかどうか危機的状況に陥った。品質はどの産地にも負けないという自信はあった。しかし，増産不況の中で大きく浮かび上がってきたブランド力の弱さに対して妙案はなかった。文化的要素がものをいう茶道の路線をめざすと，宇治や静岡といったブランド力の大きな産地には刃が立たない。そこで考えられたのが，茶道用の抹茶ではなく食品加工の原料となる抹茶の市場を広げていくことであった。抹茶にそなわる効能すなわち老化防止や血圧上昇の抑制などの成分効果が食品加工の分野で期待できるのではという思いがあった。

当時，抹茶団子や抹茶ようかんなど和菓子の分野では活用はすでに行われていた。しかし，抹茶クレープ，抹茶ラテ，抹茶アイス，抹茶チョコレートなど洋物分野で活用するという事例はほとんどなかった。このため，これはまさにその先駆者としてのチャレンジであった。しかし案の定，この挑戦には想像以上の困難が待ち受けていた。食品メーカーからの反応は芳しくな

く，「抹茶味？」と問い返されることが多かった。今ならベストマッチといえるミルクと抹茶の組み合わせも，当時の食品メーカーにとっては非常に大きな冒険であった。それでも抹茶味のアイスクリームを皮切りに，10年がかりのチャレンジは次第に実を結ぶようになった。現在では国内だけでなく，欧米やアジアなど海外市場に向けて抹茶の販路を広げている企業も珍しくない。

　茶の栽培方法は製造される茶の種類ごとに異なる。碾茶用に茶を栽培する場合，茶樹は成長の過程で一定期間，日光を浴びないように覆い隠す必要がある。こうすることで葉は大きくなり，緑色も一層深まる。葉に含まれる渋み成分（タンニン）が抑制され，甘味成分（テアニン）が増えるという効果も期待できる。西尾の茶栽培にはその覆い方に特徴があり，茶園に吊るした棚に被覆資材をかぶせて日光を遮る「棚下生産」と呼ばれる方法で栽培している。覆いを茶樹に直接かぶせるよりも品質の高い碾茶が得られるからである。近年は省力化とコストダウンを図るため，棚下でも作業ができる棚下用乗用型摘採機が導入されるようになった。西尾市と吉良町の計200haのうち約2割で，刈り取る高さがミリ単位で調節できる乗用型摘採機が稼働している。

　西尾市の中で茶の栽培が行われているのは，市の北部の稲荷山と呼ばれる地域一帯である（図6-11）。合併で面積が広くなった西尾市全体で地形を考えると，南北に流れる矢作古川を境に東側は平地と丘陵地，西側は平野と台地という構造である。稲荷山は矢作古川と矢作川が二手に分かれる分岐点にあり，台地にのるようなかたちで丘をつくっている。茶の栽培には水捌けのよい台地や傾斜地が適しているといわれるが，まさにそのような地形の上に茶園が広がっている。矢作川左岸沿いの低地は水田で，そこから一段高い東側と南側にかけて茶畑が広がる。近くには茶の栽培の始まりと縁の深い実相寺と茶業を営む農家の集落がある。

　全国25か所の茶産地の地形を類型化した研究（荒井・植田，2010）によれば，茶産地の地形は，大きくは①源流部，②両側山地上流部，③両側山地中流部，④河川近接部の4タイプに分けられる。西尾はこのうちのタイプ④であり，河川はまさしく矢作川のことである。信楽（滋賀），八女（福岡），嬉野（佐賀），

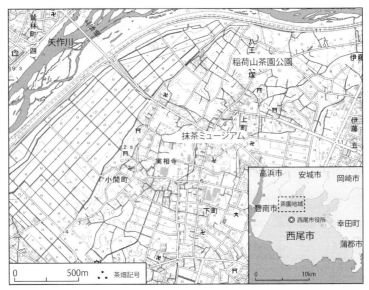

図6-11 西尾市における茶園地域

知覧(鹿児島)は①、奥久慈(佐賀)、矢部(熊本)、相良(熊本)は②、土山(滋賀)、古内(茨木)は③で、④には西尾のほか狭山(埼玉)、伊集院(鹿児島)が含まれる。宇治(京都)や川根(静岡)など栽培地が複数にまたがるものは、①②あるいは②③というように複数のタイプに及んでいる。いずれにしても、両側に山地のない比較的平坦な台地の上で茶が栽培されている産地は全国的には多くない。

上述の研究では茶産地の起源や茶業を促した主体などについても調べられている。それによると、西尾は信楽、宇治田原、知覧(手篭地区)、狭山とともに平安・鎌倉時代を起源としており、国内では最も古くから栽培されてきた茶産地といえる。このうち信楽と宇治田原では茶業が産業として成り立つのが早かった。西尾は江戸時代、1600年代中頃になって茶業が専門的に営まれるようになった。都に近かった信楽・宇治田原では平安・鎌倉期にすでに専業化する兆しがあった。嬉野・八女・矢部・知覧(仁之野地区)など西日本の茶産地は室町・安土桃山期が起源であるが、産地形成は西尾と同じように1600年代中期であった。

茶（チャ）の原産地は中国であり，中国に渡った僧侶が日本に茶の栽培法を伝えたという産地は少なからずある。西尾でも鎌倉時代の中期，1271年に西条（のちの西尾城）城主であった吉良満氏が実相寺を創建した折に，開祖として招いた聖一国師が宋から持ち帰った茶の種を境内に蒔いたのが始まりといわれる。しかし茶業が産業として盛んになっていったのは，江戸期になり西尾藩が商品作物として茶の栽培を奨励するようになって以降である。藩主導による産地育成は西尾のほか相良，嬉野，伊集院にも例を見る。興味深いのは藩の庇護のもとで僧侶が栽培に関わったり，僧侶の指導のもとで農家が茶を栽培したりした事例が珍しくないことである。前者は知覧・土山（前野地区），後者は宇治田原・土山（頓宮地区）であり，茶の栽培と仏教との関わりの深さを物語る。

　近世から近代へと時代は移り，全国の茶産地は新たな時代環境の中におかれるようになった。一つは明治政府による富国強兵政策のもと，外貨を稼ぐ貴重な輸出品として茶に注目が集まり，横浜港を中心に海外に向けて茶が送り出されるようになったことである。西尾では茶の海外輸出を好機ととらえ，上町の紅樹院の住職・足立順道と，寄近村の神官・高橋下登見爾が新たな茶栽培に取り組んだ（西尾市史編纂委員会編，1978）。順道は寺の北側に40aほどの畑を開墾し，宇治から取り寄せた茶種を蒔いた。宇治から技術員と技術を導入したことが，稲荷山一帯の今日の茶園につながった。

　紅樹院の檀家であった高橋下登見爾は順道から影響を受け，1875年頃から寄近村と新古田村に茶園を開いた。伊勢から取り寄せた何種類もの茶種を矢作古川の河川敷約40aの畑に蒔いて栽培した。河川敷は水害に遭うことが多くのちには桑畑に変えられたが，足立順道とともに近代以降の西尾茶業の先駆者となった。こうした先駆者につづき，明治中期頃から西尾の茶業振興に力を注いだのが杉田鶴吉である。鶴吉が中心となって1904年に幡豆郡製茶同志会が組織され，品評会の開催や先進地への研究生派遣などが行われるようになった。栽培・加工する茶が碾茶に切り替えられたのはこの頃である。1930年代半ばには碾茶が生産の8割を占めるようになった。いかに付加価値の高い茶を生産し，なおかつブランド力を高めていくか，これこそが西尾茶が追求してきた道であった。

第3節　三河湾東部の海岸沿いに並ぶ都市

1. 三河湾の恵みを受けて発展した蒲郡の海洋観光

　蒲郡，ちょっと読みにくい地名の由来は「明治の合併」といわれる明治初年の 1876 年に蒲形村と西之郡村が合併したときにまで遡る。両村から一字ずつとって名付けた合成地名である。さらに「昭和の合併」のときに，蒲郡町，三谷町，塩津村が一緒になって蒲郡市が誕生した。1954 年のことで，それから半世紀後に持ち上がった「平成の合併」では岡崎につくか，豊橋につくか，あるいは蒲郡としていくか議論がなされた。結局，合併は行われなかった。

　人口 8 万人の小都市として微妙な大きさといえるが，地形条件からいって岡崎，豊橋のいずれかと一緒になるのは現実的でないように思われる。というのも，蒲郡市の北にあって岡崎市に隣接する幸田町でも，岡崎との合併は議論されたが実現しなかった。蒲郡と幸田・岡崎の間には三ヶ根山という山塊があり，流域圏はまったく異なる。豊橋との関係においても，狭い臨海部の回廊によってつながってはいるが，やはり途中に丘陵がある。何よりも豊橋の手前には豊川があり，豊川も巻き込まなければ豊橋とは一緒になれない。豊川と蒲郡はもともと宝飯郡に属していた時代があった。当時，蒲郡は西宝地区と呼ばれていたが，豊川がいち早く宝飯郡から抜けて 1943 年に市制を敷いたという経緯がある。

　このように蒲郡は，西と東そして北の山地・丘陵地に囲まれた一種，閉鎖的な空間をなしている。とくに北側から迫るように延びている山地は三河山地の南端部であり，古来より東西方向の交通を妨げてきた。かろうじて通過できるのは蒲郡の北側の山地を越えていくルートであり，旧東海道はここを通る。いま一つは先に述べた蒲郡の西側を幸田・岡崎へと抜けるルートである。1888 年に開業した蒲郡駅を通る東海道本線は，建設しやすいこの南側のルートに沿って敷設された。敬遠された北側の旧東海道沿いのルートは，愛知電気鉄道豊橋線（現在は名古屋鉄道の名古屋本線）のルートになった。

　東海道本線が旧東海道ではなく三河湾沿いの蒲郡を通ることになり，蒲郡

は東京，名古屋，大阪方面と結びつくチャンスを得た。三河湾に浮かぶ竹島と陸との間を結ぶ竹島橋（378m）が1932年に完成し，蒲郡の観光地化が始まった（斎藤，1988）。竹島には平安時代に三河国司を務めた藤原俊成が勧請したと伝えられる八百富神社があり，宗教心に篤い戦前の老若男女にとっては信仰の対象であった。陸側の橋の近くにあった古くからの料理旅館「常磐館」が当時，有名な文豪たちにとってお気に入りの場所であったことも，蒲郡の知名度向上に寄与した。さらに，竹島橋竣工の2年後に，竹島と向かい合う丘陵地上に蒲郡ホテルが建設された。城郭風の建築で，当時の鉄道省国際観光局が国際観光ホテルの建設計画を発表したさい，全国から名乗りをあげた40の候補地の中から横浜，雲仙，大津とともに選ばれた。これらはすべて東海道本線が蒲郡を通ったことが幸いした。

　平坦地に恵まれない蒲郡では水田耕作は向かず，綿作による木綿・織物の生産や果樹栽培が行われてきた。三河は律令時代に都へ高品質の白絹布を納めたと伝えられるほど，絹糸・絹布の産地としての歴史が古い。木綿は8世紀末に崑崙人が幡豆郡天竺村（現在の西尾市）に伝えて以降，三河地方に広まった。江戸時代には産地問屋を経て海運で江戸方面へ送られていった。近代になり，三谷（蒲郡市三谷町）の小田時蔵が自宅2階を工場にして20台の織機を使って生産を行ったのが，蒲郡での織物業の始まりである。やはりここでも 東海道本線開通の影響が大きく，全国に三河織物の名が知られるようになった（蒲郡郷土史研究会 編，1979）。

　戦後は輸出が急増し，国内では衣類不足が続いたため織物は飛ぶように売れるガチャマン景気に恵まれた。しかし石油ショック以降は長期の繊維不況が続き，業界は新たな活路を見出さなければならなくなった。その努力の結果が今日，ロープ生産で全国一の地位を占めるようになった新たな分野への進出である（柴田，1983）。 伝統ある繊維産業は製造業事業所の半分近くを占めており，ロープ以外にインテリア製品・寝装寝具・衣料・資材など多様な製品を生産している。精密機器・輸送用機器・一般機械・電気機器・金属製品・鉄鋼業なども戦前からあるが，近年はその半数近くが自動車関連の製品に関わっている。これは，蒲郡が東三河にあるとはいえ，自動車産業が集積する西三河にも地理的に近いことによる。

ロープ，テニスやバレーのネット，ラケット用ネットなどは，三河湾の漁網から生まれた新製品分野と考えると納得しやすい。自動車関連部品の事業所が多いことは，西三河地方に展開する大手自動車メーカーとの関連から説明することができる。蒲郡港は三河港の一部を構成しており，ここから輸出される品目の中で最も多いのは岡崎にある自動車メーカーが生産する自動車である。対して輸入品の中で最も多いのは木材である。三河湾に突き出るように埋め立てられた工業用地の一角には貯木場があり，東南アジアなどからの輸入材が保管されている。埋め立て地には木材加工を手がける企業の工場もあり，床材，建具，家具，建材などが生産されている。近くには医療機器の開発・製造・販売を手がけている企業の本社・工場もある。この企業はレンズ，光学部品フィルター類のコーティング加工および人工視覚システムの開発にも取り組んでおり，雇用機会の創出に貢献している。

　すでに戦前から観光地として知られてきた蒲郡の魅力は，やはり三河湾に面した海沿いの景観であろう。蒲郡には1960年代後半まで大塚海岸海水浴場があり賑わっていた。しかし，伊勢湾台風，国道23号バイパスの開通，周辺の宅地化などにより海水浴客は減少してしまった。そこで地元有志と蒲郡市が「海の軽井沢構想」を提唱し，1987年に成立した「総合保養地域整備法（通称リゾート法)」を背景に開発が開始された。1991年から海浜約120haの埋め立てが始まり，マリーナやウォータースポーツパーク，フェスティバルマーケット，リゾートマンション，戸建別荘の建設が進んだ（岡田，2003)。事業主体は愛知県・蒲郡市・JR東海・トヨタ自動車・ヤマハ発動機などが出資した第3セクターの蒲郡海洋開発である。2001年には中部地区最大規模のマリーナ「ラグナマリーナ」が開業，翌年4月にテーマパークの「ラグナシア」,同年5月に「フェスティバルマーケット」が開業したことで，ラグーナ蒲郡の主要施設が完成した（図6-12)。2006年にはリゾート内に全寮制中高一貫校の海陽学園も開校された。しかしその後，蒲郡海洋開発は業績低迷に陥ったため,事業は2014年8月からHISが設立した株式会社ラグーナテンボスによって引き継がれることになり，施設名称も「ラグーナテンボス」へ変更された。これにより，長崎県佐世保市にあるテーマパーク「ハウステンボス」の姉妹施設となった。

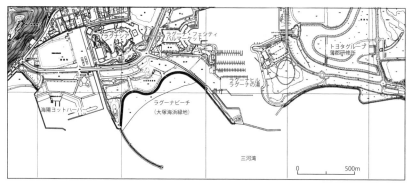

図6-12 蒲郡臨海部の観光施設
出典：蒲郡市のウェブ掲載資料（http://www.city.gmagori.lg.jp/uploaded/attachment/21344.pdf）をもとに作成。

　地元の資本を中心に立ち上げられた海洋レジャー施設が外部からの手助けで再出発する事例がある一方で，歴史はこれより古い海洋施設が低迷状態から脱しようとしている事例もある。それはラグーナテンボスの西北西3.5kmというより，八百富神社のある竹島と向かい合う海岸に位置する蒲郡水族館である。1956年に設けられた市立水族館は日本で4番目に小さいという「自虐的」紹介でも知られる目立たない施設であった（小林，2020）。「古い」「狭い」「ショボい」で来場者は右肩下がり，赤字だけが増え続け廃館寸前までいった。水槽を見て回るだけなら10分程しかかからない小規模さで，当然，大型の水槽が必要なペンギンやイルカなどの人気動物を飼う場所も予算もなかった。唯一，アシカショーがメインのコンテンツであった。

　現在の館長が飼育員として働き始めた2004年当時，館内はいつもガラガラで寝そべっていても平気なくらいであったという。夏は涼しく冬は暖かい水族館に来て昼寝をしている外回りのサラリーマンの姿も珍しくなかった。メインのアシカショーの時間になっても見る人はおらず，昼寝をしている人を起こして頼み込んで見てもらうということもあったという。信じられないような光景であったが，そのような状況を変えるべくその飼育員は危機感を抱きながら先輩の飼育員に相談をもちかけた。しかし返事はつれなく，「そんなことを考える暇があったら，もっと魚の飼い方を覚えろ」と言われるばかりであった。

一般に飼育員は生き物が大好きで，できれば1日中生き物と接していたいと思っている人が多い。人間を相手にするより生き物をうまく育てて増やすのが自分の仕事であり，それで給料をもらっているという意識が強い。要するに，来館者を楽しませるという視点がまるでなかったのが，当時の水族館であった。来館者数も年々減少し，2010年にはついに過去最低の12万5,000人に落ち込んだ。市立水族館であるため市議会は「税金の無駄遣いだ」と問題視し，蒲郡市も廃館の検討に入った。

　こうした状況の中，危機感を一層募らせた件の飼育員は主任に昇進し，現場を仕切る立場になった。折しもその頃，蒲郡市は水族館の運営を民間に委託する「指定管理者制度」を採用する方向で動いていた。これを知った主任は，「民間の有力企業が参入してきたら自分たちはクビになるかも」と危機感を抱いた。そこで覚悟を決め，会社を設立して指定管理者に名乗りを上げることにした。幸か不幸か老朽化した小さな水族館を経営しようという企業はほかに現れなかった。しかし指定管理者に選ばれたものの，水族館を再生する妙案はすぐには思い浮かばなかった。

　愛知県内には日本最大の水量と延床面積を誇る名古屋港水族館がある。規模は竹島水族館の約40倍と桁違いであり，スケールで勝負しても太刀打ちできないことは明らかだった。そこで発想を逆転させ，大きな水族館ではできないことや，地元の利点を生かすことに徹することにした。水槽は深ければ深いほど水圧に耐えるために厚いガラスが必要で値段も上がる。そこで保育園の子どもたちが触れるくらいの浅い水槽にした。また，高価な生き物は買えないため地元の深海漁師から譲り受けた食べられない生き物を集めることにした。しかしそれだけでは華やかさに欠けるため，深海に棲む世界最大のカニ「タカアシガニ」を目玉に据えることにした。

　「さわりんぷーる」と名づけられた子どもたちが触れるくらい浅い水槽の後ろに小さな水槽を20個並べ深海生物の展示スペースにした。こうした水槽と展示スペースを目玉に据え，これらを売りにして来場者を迎えることにした。2011年3月のリニューアルで年間来館者数を16万人と見込み，それが達成できなければその飼育職員は丸坊主にすると宣言した。蓋を開けたらその年は20万人の来館者が水族館を訪れ，丸坊主にならずにすんだ。「お金

には限りがあるがアイデアには限りがないから何もないことはむしろ武器ですらある」という館長に昇進した前飼育員の言葉に，あらゆる中小企業が大企業を向こうに回して闘うときの手本を見出すことができる。

2．暴れ川・稲荷信仰・宿場・国府で知られる豊川

古代に穂国と呼ばれた現在の豊橋市を中心とする平野部は，設楽郡設楽町の段戸山（標高1,152 m）を源流とする豊川とその支流によって形成された。この平野の最も大きな特色は，右岸側すなわち西側と左岸側すなわち東側で地形の特徴が異なるという点にある。右岸下流部では豊川市，中流部では新城市の市街地がそれぞれ形成され，左岸の海寄りの地域に豊橋市の市街地が形成された。右岸側と左岸側の地形が大きく異なっているのは，豊川が日本列島を1,000km以上にわたって縦断する国内最大の断層線すなわち中央構造線に沿うように流れているからである（池田編，1986）。豊川市・新城市側を内帯，豊橋側を外帯と呼んでいるのは，日本列島の主要部（内帯）とは別の部分（外帯）があり，両者が衝突して段階的に断層運動が繰り返されたと考えられるからである。中央構造線に沿う河川による平野形成は四国の吉野川や和歌山県の紀の川が有名であるが，豊川もその仲間に入る。

豊川両岸の地形を海の波にたとえると，右岸側は波長の短い高い波，左岸側は波長の長い低い波として表すことができる。花崗岩や花崗岩が変成した領家変成岩，あるいは流紋岩などの火山岩からなる右岸側は断層が複雑に走る不規則な地形である。これに対し左岸側では，三波系結晶片岩や古生層が北東から南西にかけて帯状に整然と配列している。なお三波系結晶片岩の三波とは群馬県を流れる三波川のことで，ここで産出した結晶片岩をこのように呼んだことによる。三波川変成帯は中央構造線の外帯に接する国内最大の変成帯であり，豊川左岸もその中に含まれる。豊川左岸の三波系結晶片岩は，南東側にいくにつれて地層年代が新しくなる。

豊川の右岸側では境川，野田川，半場川，大宮川など支流が多いが，どれも長さは短く流域面積も広くない。流れは急勾配で，流れの勢いが変化する遷急点も多い。これに対し左岸側では大入川，宇利川，神田川など距離の長い支流が多く流域面積も広い。右岸側にはかつて霞堤が5か所あったが，

現在は締め切られている。対して左岸側では牛川，下条，賀茂，金沢などが霞堤として機能している。河岸段丘は右岸と左岸のいずれにも形成されているが，右岸の方がより発達している。豊川市や新城市の市街地は中位段丘上にあり，海成層中に含まれる貝による年代測定から3万年前頃に形成された。豊川市付近は，縄文時代前期（紀元前4000年頃）には西側の小坂井台地と東側の牛川・豊橋段丘に挟まれた入海であったとされる（豊川市史編纂委員会編，1973）。

　豊川は全長が77kmで長い河川とはいえない。しかし傾斜がきつく流量も多いので洪水を頻発し，しばしば流路を変えてきたことが知られている。とくに流量の最大と最小の間に大きな開きがあり，河況係数（最大流量／最小流量）8.1は国内主要河川の中でも最大級である。西三河の矢作川では花崗岩が風化してできた礫は途中の盆地に堆積し，下流へは砂だけが運ばれた。ところが豊川では流れが急なため礫も下流まで運ばれ，途中で扇状地を形成することもない。これには両岸に河岸段丘が発達していることも関係している。流れが速い豊川では中流部から下流部にかけて霞堤を利用して洪

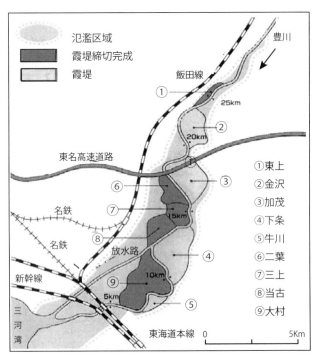

図6-13　豊川の霞堤と豊川放水路
出典：国土交通省　中部地方整備局のウェブ掲載資料(http://www.cbr.mlit.go.jp/toyohashi/journalist/h27/20150416/shi03.pdf)をもとに作成。

水に対応してきた（藤田，2022）。河川が堆積した自然堤防でもある霞堤は，あえて連続させることなく洪水時に水を遊水地に誘導するように先人が考えた工夫の産物である。沖積低地上の自然堤防にも右岸と左岸で違いがあり，右岸は 2m，左岸は 1m ほどである。

　霞堤は，“暴れ川”の異名をとる豊川の洪水から難を逃れるために利用されてきた（図 6-13）。これは真正面から川に向かって対処するような制御法ではない。洪水の恐れのない段丘上と比べると，低地の自然堤防上に暮らす人々の水への恐怖心は想像を絶する。霞堤を連続堤にすれば低地でも住めるが破堤の可能性がなくなったわけではない。このため豊川下流部では放水路を設け，洪水が起こったらいち早く水を海側へ流し，豊川本流の勢いを抑える事業が大正時代から構想されてきた。この構想は戦後になってようやく実現し，全長 6.6km の放水路が 1965 年に完成した。中流部では連続堤の建設も進められてきたが，依然として霞堤も残る。

　放水路が完成した 3 年後の 1968 年には豊川用水も誕生した。もともと水量の多い豊川の水を生かすために計画されたこの用水の完成により，渥美半島の農業生産は飛躍的に発展した（三好，1971）。矢作川の明治用水，枝下用水の後を追うように，東三河でも地形条件を克服し天与の川の恵みを最大限利用する事業が行われた。ただし，尾張地方で 1961 年に完成した愛知用水の構想時（1947 年）と比べると豊川用水の建設構想の方がずっと早く 1920 年代には計画案が出されていた。4 年足らずで完成した愛知用水に比べ，豊川用水は 19 年の歳月を要した。

　豊川の中心市街地は豊川による洪水を避けるように，川の西方に広がる台地の上に形成されてきた。名鉄豊川線の豊川稲荷駅と JR 飯田線の豊川駅が台地と低地の境目にあり，ここから西側と北側に向かって市街地が広がっている。名鉄豊川線は名鉄名古屋本線の国府駅と豊川稲荷駅を結ぶわずか 7.2 km の路線であり，これは戦時中に諏訪駅付近に豊川海軍工廠が設けられたため，軍需物資輸送と通勤客輸送を目的に建設された。終戦後，豊川市によっていち早く路線延長の計画が進められたが用地取得が捗らず中断された。1954 年に豊川稲荷駅まで延伸されたため，それまで伊奈駅と小坂井駅を経て小坂井支線で豊川駅に向かっていたルートはなくなった。

名鉄名古屋本線の伊奈駅から分岐してまで名古屋・岡崎方面から豊川稲荷駅（以前は豊川駅）へアクセスしようとしたのは，江戸時代からつづく豊川稲荷への参拝客の足を確保するためであった。豊川稲荷が多くの参拝者を集めるようになったのは，江戸時代に大岡忠相や渡辺崋山などからの信仰を受け，立身出世や盗難避けの神として江戸の庶民からも信仰されるようになったからである。1828年には大岡邸の一角を借りて江戸参詣所（のちの東京別院）が創建された。すでに戦国時代には三河の領主であった今川義元や徳川家康から加護を受けていた（鈴木，1973）。さらに，志摩国を拠点に活動した九鬼水軍を率いた九鬼嘉隆などの武将からも帰依を受けた。海上交通の守護神は四国の金毘羅宮が知られるが，毛利水軍の勢力下にあったため，嘉隆は家康の領内にあり容易に祈願できる豊川稲荷を信仰した。

　ところで稲荷といえば，狐や油揚げを連想する人も多いと思われる。豊川稲荷でも境内に赤い前かけをかけた狐が山のように置かれており，参拝者を迎える。しかしこの狐は，通常の稲荷神社にあって稲荷大神の使者として置かれているものとは異なる。豊川稲荷は正式名を「妙嚴寺」といい，山号を圓福山とする曹洞宗の寺院である。この寺で祀っているのは豊川吒枳尼眞天という霊神で，これは1243年に寒巌禅師が「時世を救う」の大信念を抱いて宋へ渡った出来事に由来する。二度目の入宋から帰国のために船に乗って海上に出たとき霊神が空中に姿を現したという。帰国後，寒巌禅師は各地に寺を創建したが，その六代目の弟子の東海義易禅師が1441年に豊川に妙嚴寺を開創した。霊神が白い狐に跨っていたことから，この霊神を本尊として祀る妙嚴寺はいつしか「豊川稲荷」と呼ばれるようになった。

　江戸時代から庶民の信仰を集めた妙嚴寺（豊川稲荷）も，1871年の神仏分離令によって厳しく取り調べられた。幸い翌年には稲荷堂をそのまま寺院鎮守として祀ることが認められた。しかしそれまで境内の参道に立ち並んでいた鳥居は撤去され，「豊川稲荷」や「豊川大明神」の呼称も使えなくなった。以降は「豊川吒枳尼眞天」と号するようになるが，間もなく通称の「豊川稲荷」が復活したのは当然のことであったかもしれない。戦後，現在の場所に鳥居が建てられたが，これは江戸末期に東海道にあった鳥居を撤去し敷地内に移転・保管していたものを再び建てたものである。江戸末期に東海道に「豊

川稲荷」の鳥居が建てられたのは，東海道を旅行く人も遠くから参拝できるように便宜を図ったからである。

　ではなぜ妙嚴寺（豊川稲荷）は東海道筋ではなく，その北を通る街道沿いにあったのであろうか。このことを考えるには，豊川とその東側の豊橋（元は吉田）さらにその東の浜松との間の陸上交通路の変遷について理解する必要がある。近世の東海道は，それより古い旧東海道のルートをおおむね踏襲して整備された。岡崎方面から東海道を東に向かい藤川，赤坂，御油，そして吉田へと進む。ここで気づくのは赤坂と御油の間が16町すなわち1.7kmしかなく，東海道の平均的な宿場間距離である2里（約8km）を大幅に下回っていることである。これは，徳川家康が1601年に各宿場に対して伝馬朱印状などを発したさい，赤坂・御油宿については一通の伝馬朱印状に両宿の名を記したことによる。当時，人や荷物の継送りは宿場を通り越すことが禁止されていたが，御油・赤坂宿においては下り（江戸方面）が藤川から赤坂を通り越して御油まで行き，また上り（京都方面）は吉田から御油を通り越して赤坂まで行くように決められていた。上りと下りで役割を分担していたのである。これが赤坂と御油の間が16町と短かった理由である。

　その御油では東海道から二見の道が分岐していた。姫街道とも呼ばれた二見の道は豊川から東に進んで本坂峠を越え，浜名湖の北の気賀関所を経て東海道の見付で再び合流した（豊川市桜ヶ丘ミュージアム編，2008）。江戸も後期になると幕藩体制が緩み，お蔭参りなどをする女性が比較的監視の緩い脇道を通り抜けることが多かったことが，その名の由来といわれる。東海道の今切関所で渡しを通るのが「今切」で，これは縁起が悪いと敬遠する女性が多かったともいわれる。いずれにしてもこの二見の道（姫街道）あるいは本坂峠を越えたことから本坂通りと呼ばれた街道に沿って妙嚴寺（豊川稲荷）は創建された。しかし幹線の街道はあくまで東海道であるため，そこを通る旅人が豊川稲荷のご利益に預かろうとする気持ちを考え，東海道沿いに石の鳥居が立てられた。

　東海道と二見の道の分岐点である御油は，三河の国府がかつてあった場所に近い。名鉄名古屋本線の御油駅の東隣は国府駅で，ここから豊川稲荷駅へ向かう豊川線が分岐する。国府の近くに国分寺と国分尼寺が置かれるという

283

第6章　東海道セクターの地域構造

決まりはここでも守られており，跡地は整備されている。豊川や豊橋などを含む東三河は大化の改新以前は穂国と呼ばれた。その後，大宝律令が定められ西三河と東三河が統合して三河国になるが，国府と対抗できる勢力が存在していた西三河を避けるようにこの地に国府が置かれた。東側では暴れ川に悩まされたが，西側の台地上には古代から交通の要衝と政治・行政の拠点があり，また近世以降は「稲荷」信仰の拠り所もあった。それが豊川である。

3. 宿場町・城下町・湊町を兼ねて発展した豊橋

　東海道吉田宿は江戸から数えて34番目の宿場で，吉田城の南側を東西に貫く街道に沿って形成されていた。吉田が現在の豊橋に名を改めたのは，1869年に明治政府が伊予国に同名の吉田藩があるため改名するように命じたからである。1871年に行われる廃藩置県のまえのことで，候補としてあげられた今橋，関屋，豊橋の中から豊橋が選ばれた（豊田，1974）。今橋は吉田の旧称で，関屋は吉田城西側の地名，豊橋は豊川に架かる橋の名であった。名を変えた豊橋藩はその後，豊橋県となり，さらに額田県の一部となっていく。吉田宿は東海道だけでなくこれと南北に交わる街道の要衝でもあった。吉田から北へは八名郡を経て信州飯田に向かう別所街道が，また南へは渥美半島の田原に向かう田原街道があった。このほか，吉田の北西の小坂井を起点として北に向かう伊那街道もあった。

　吉田宿は東海道に面する表側の12の町とその南側（裏側といった）の同じく12の町の，全部で24の町によって構成されていた（豊橋市史編集委員会編，1975）。表町の中心にあるのが札木町で，これは吉田城に通ずる大手門の前に高札場があったことが町名の由来である（図6-14）。高札場のすぐ西には人馬継立を行う問屋場があった。東海道では通常，人馬は人足百人，馬百疋と定められていた。その供出方法は宿場ごとに異なるが，吉田宿の場合は24の町を伝馬役町・平役町・船役町・無役町に分け，伝馬役町と平役町がこれを担った。伝馬役とは人馬を供出する役のことで，田町・上伝馬町・本町・札木町・呉服町・曲尺手町の6町から担い手をだした。平役は人足役のことで，24町のうちの14町の中から選んだ。こうした役を務めた家は，屋敷地に対する税が免除されるという特権を得た。伝馬役の家数は1684年に

図6-14　近世吉田城下町の構造
出典：戎光祥出版のウェブ掲載資料（https://www.ebisukosyo.co.jp/item/505/）をもとに作成。

は228軒を数えたが1802年には182軒となり，減少した分の負担は各町に上乗せされた。

　人馬継立の種類には，①無料，②公定賃銭である御定賃銭，③双方で値を決める雇上（相対賃銭）の三つがあった。無料だったのは将軍が許可した御朱印，老中・京都所司代などが発行した御証文，道中奉行の触書などである。御定賃銭は一般より安く公用通行者に限られた。雇上は御定賃銭の2倍ほどで，庶民はすべて相対賃銭であった。1858年の資料によれば，無賃の人馬は上り下り合わせて人足の28％，馬の2％を占めた。幕府からの助成があったとはいえ，吉田宿の負担は少なくなかった。時代とともに交通量は増加し，それに応じて人馬の需要も多くなった。吉田宿の人足使用数は年々増え続け，1723年の1万6,000人余が，1858年には7万5,000人余に増加した。吉田宿で負担しきれない分は近隣の村々に助郷のかたちで転化されたため，宿場の人々や農民たちは疲弊した。

　吉田宿の問屋場のすぐ西の街道北側には本陣が2軒，また南側には脇本陣が1軒あった。本陣は清須屋と江戸屋が営み，とくに中西与右衛門が経営し

た清須屋の建坪は 327 坪余（1,080㎡）でその広さを誇った。本陣には大名・幕府役人・公家などが宿泊し，本陣で対応できない場合は脇本陣が使用された。65 軒あった旅籠屋は主に一般庶民や公用でない武士などが宿泊した。吉田宿では旅籠屋には飯盛女を置くことが許されていた。飯盛女の人数は制限されたが，旅籠屋の規模などにより一律ではなかった。吉田宿では 1815 年以降は，旅籠屋 1 軒につき二人と定められた。1802 年に都に上る途中，吉田宿を訪れた滝沢馬琴の本によれば，吉田宿の飯盛女は 100 余人であった。

　飯盛女の大部分は近郷出身の貧農の子女であり，貧困のため 10 ～ 15 年の年季質入れのかたちで身売りされた。彼女たちは普段は粥や雑炊を口にするしかなかったため，つねに空腹であった。そこで客にテンコ盛りの飯をだして多くを残させ，お流れで飢えをしのいだことから飯盛女と呼ばれた。吉田宿の飯盛女は東海道の宿場の中でも有名で，「吉田通れば二階から招くしかも鹿の子の振り袖が」などと俗謡に歌われた。江戸時代中期から幕末まで，ほぼ毎年刊行されていた川柳の句集『誹風柳多留』にもこの俗謡を材料にして，「吉田宿皆あをむいて通るなり」という川柳が収められている。

　吉田宿の北にあった吉田城は豊川左岸に沿って築かれており，防衛と水運を考慮してこの場所が選ばれた。またこの城は，国宝姫路城を築いたことで名高い池田輝政が以前からあった城を大幅に改修したものである。1590 年に輝政が入城した頃の城は，1505 年に牧野古白が築城して 85 年が経過しており，規模も小さく関東にいた家康の存在を考えると貧弱に過ぎた。急務は豊臣秀吉の戦略構想に応え得る吉田城の改修であり，輝政は大いに力を入れた。輝政は改修中の吉田城において徳川家康の娘の督姫（良正院）と結婚している。婚姻を斡旋したのは秀吉で，東三河に配した腹心の輝政に督姫を嫁がせることにより，家康との融和をはかる意味があったと推測される。督姫は豊臣方に差し出された人質であったともいえるが，夫婦仲は円満でこれが家康の信任にもつながり，輝政が近世大名として生き残る素地にもなった。

　1600 年の関ヶ原の戦いで池田輝政は徳川方に与した。このため戦後は論功行賞で播磨国姫路 52 万石を与えられ，輝政は同年に吉田を去った。以後，一族の所領を合わせると池田家は 92 万石となり，輝政は姫路宰相，西国将軍などと呼ばれた。輝政が去ったあとの吉田城は未完であった。徳川家康

は豊臣方の勢力が残る大坂に対する拠点として名古屋に堅牢な城を築いたため，吉田に堅固な城を築く必要性は薄れた。東三河地方は幕府直轄領，譜代大名領，旗本領に分割され，有力な藩の形成が抑えられた。輝政は吉田城の改修後の姿を見ることなく姫路へ転封されたが，その遺構として 鉄 櫓 下の北側と西側の石垣が知られる。鉄櫓は本丸の北西にあった櫓で，現在は復興櫓が建てられている。鉄櫓の西側に掘られた内堀に面する高さ 14 m，幅 38 mにわたる石垣は，自然石をそのまま利用する野面積の手法で築かれた。

1612 年，深溝松平氏の松平忠利が吉田藩主になった。忠利は幕府の命令によって吉田大橋（豊橋）の架け替えを行った（浅井，1967）。吉田大橋は吉田宿の西の端の関屋口から吉田川（豊川）を渡り対岸の下地に向かう場所にあった。東海道では武蔵の六郷，三河の矢作，近江の瀬田とともに重要な橋であったため，幕府は直轄工事として 30 回にもわたり架橋・修理を行った。松平忠利の時代は吉田藩としても初期の重要な時期であり，農村部では中原・大崎・船渡新田が開発された。中原新田ではいくつかの村が一緒になって荒地を開拓したあと，新たな村が形成された。船渡新田は旗本・中島与五郎による自領の梅田河口付近の開発で，開発はその後も継続された。大規模な新田開発が寛文期（1661 ～ 1673 年）に集中して行われたのは，この時期に豊川河口周辺で干潟が広くなったためである。1657 年の芦原新田，1666 年の石塚新田が刺激となり開発の波が広がった。

吉田藩の武士はみな城下に集められ，城の外郭に形成された武家地の中に家屋敷を与えられた。武家屋敷はいわば主君からあてがわれた官舎である。武家屋敷は三の丸からは土塁と堀で隔てられ，東・西・南の三方から城を取り囲むように配置された。武家屋敷の外縁は土塁と外堀が巡っており，その外側に町人地が広がっていた。武家屋敷の広さは，15 万 2 千石であった池田輝政の家臣団の人数にあわせて設計された。しかし輝政以後の藩主は 3 万石から 8 万石の規模であったため，結果的に石高に比べて必要以上に広い武家屋敷地であった。1697 年の記録によれば，禄高 700 石の家老は，実に 3,095坪（10,214㎡）の屋敷地を持っており，禄高 100 石の目付でさえ 807 坪（2,663㎡）の屋敷地であった。武家屋敷としては必要以上に広く，池田輝政時代の屋敷割の影響があることがわかる。また所有する屋敷の数も多く，1632 年の記

録では禄高1,000石の家老は27戸を所有いていた。禄高300石の家老も13戸を所有し，藩士143人のうち110人が2戸以上の家を持っていた。

　宿場町と城下町を兼ねる吉田は，さらに湊町としての役割を果たしていた（豊橋市教育委員会編，1981）。川湊があった船町は，古くは四ッ家といった。当初は河原同然の土地で，姉川の戦いに敗れた浅井長政の一族である浅井与次右衛門が天正年間（1573～1592年）に一族郎党83人を引き連れてこの地に移り住みついたといわれる。その後，1590年に池田輝政が吉田城主となって城下町を拡張整備したさい，四ッ家は船町と改められ浅井氏が庄屋に任じられた。1689年に作成された庄屋与次右衛門の口上書によれば，関ヶ原の合戦にさいして延べ80艘ほどの船を出して協力したことが認められ，池田輝政から船役を命じられ地子が免除されたとされる。船町を預かる者として，船の建造費や修築費をまかなうために上前銭を徴収する特権も得た。上前銭は，江戸に送る廻米の取り扱いや荷物の積み出し，あるいは船を利用する旅人から徴収した。

　1712年の「吉田惣町差出帳」によれば，船町が所有していた船は江戸廻船が4艘，伊勢尾張通船が17艘であった。船町のある吉田湊は，鵜飼船が上下する吉田川舟運の終点として，また伊勢をはじめ遠くは江戸まで行く航路の起点として繁盛をきわめた。伊勢へ向かう者がとくに多く，年間3,000～4,000人を数えた。御蔭参のあった1730年は，5月上旬から8月上旬までに実に3万4,800余人が吉田－伊勢間を往来した。「ええじゃないか」で知られる御蔭参の起源については諸説あるが，1867年7月に三河国渥美郡牟呂村（現在の豊橋市）に伊勢神宮外宮・内宮と伊雑宮のお札が降ったことから始まったという説が有力である（豊橋市美術博物館編，2003）。吉田城下では投餅・投銭や異性の装束で着飾った男女のにぎわしい練り歩き，お札が降下した屋敷への巡拝などが行われた。藩から騒動停止の通達が出るほどの騒乱になった。

　船町が船役を命じられたさいに船番組が組織され，上前銭を徴収する権利を得た。1798年の文書によれば，船の運賃は百石積で銭6貫200文であり，このうち2割が上前銭として徴収された。1682年の船番組構成者は29人で，口数は50口であった。その筆頭は7口をもつ庄屋与次右衛門であり，口数

に応じて上前銭が分配された。この船番組の特権をめぐって他の村としばしば紛争が起きた。1670年に船番組から領主に対し，対岸の下地村が九郎八郎方の前に船着場をつくり勝手に荷物と旅人の取り扱いをしていると訴えた。船番組の上前銭徴収の権利を無視しているだけでなく，船役の任務を侵していると主張した。裁決の結果，船町の特権を侵害したとして九郎八郎は牢舎入りなり，下地村の船着場は取り除かれた。

　豊川は江戸時代の約260年にわたり，奥三河と吉田とを結ぶ物資の唯一の輸送路として人々の生活を守り続けた。その物資の多くは，吉田湊・前芝湊で廻船に積み換えられて遠く江戸をはじめ各地に輸送された。吉田川（豊川）の上流八名郡乗本村（鳳来町）や設楽郡長篠村から下流の吉田・下地・前芝に貨物を積み送る川舟をとくに鵜飼舟と呼んだ。

　豊川を上下する鵜飼舟は，長さ7.5間（13.64 m），幅4尺5寸（1.3 m）で，急な流れにも適するように細長くつくられていた。鵜飼舟には舟人が二人乗り込んで荷物を運んだ。上流から吉田・下地・前芝までのおよそ11里（約44km）の距離を下るのに，通常は9時間から10時間かかった。上りは奥三河への日用雑貨などを積んだ。できるだけ帆を利用するようにしたが，風のない時は一人が櫂や竿を使い，もう一人は川べりへ上って舟を綱で引っ張った。1747年の「鵜飼舟掟証文之事」によれば，2日間か3日間で1往復し，舟人一人の賃金は2日がかりの場合は白米4升と銭40文，3日の場合は白米4升6合と銭72文であった。

　鵜飼舟の使用は幕府の許可を必要とした。勝手に増やすことは許されなかったが，権利の売買は許されていた。このため舟は売買されたが，売りに出された舟は乗本村の大舟主・為屋八左衛門が買い取ることが多かった。乗本村と長篠村が所有していた舟の合計数は26艘であった。鵜飼舟は，1年間に吉田湊や豊川河口部右岸の前芝村にあった前芝湊へ80回前後往復した。このため26艘がすべて操業したとすると，2,000回余り往復したことになり，豊川に白い帆を張った鵜飼舟の姿を見ない日はなかった。

第7章
知多半島セクターの
地域構造

名古屋の南にあり南北に細長い知多半島は，近世は尾張藩に属した。半島の付け根の大府は，北から南にかけて標高を下げ衣浦湾に沈み込んでいくような地形である。そこから東浦を経て南に下ると，近世から酒造業で栄えた半田に至る。近代にはビール生産を行うなど時代変化への適応は柔軟で，それは現在も変わらない。半田の南の武豊がこの地方で最初の武豊線の始発駅に選ばれたのは，西洋式の大型船が入港できる港があったからである。名古屋は武豊線の途中駅として開業した。尾州廻船は東海岸の半田・亀崎，西海岸の常滑・大野・内海を根拠地とし，特産品や必需品を江戸などの消費地へ運んだ。尾張藩主は西海岸の海浜を好み別邸を設けた。「知多木綿」の名が残るほど綿織物業も盛んであった。こうした近世の諸相は，近代を経て現代に至ると大きく変貌する。両岸とも臨海工業化が著しく，とりわけ製鉄業の立地は自動車・金属・機械工業などの発展にとって決定的であった。中世から続く常滑焼産地は土管や衛生陶器など時代変化に柔軟に対応して生き残った。

第１節　衣浦湾に面する都市がたどった歴史

１．大府駅北の大倉公園からたどる大府の歴史

　東海道本線大府駅の北東 500 m に大倉公園という小高い丘陵地がある。広さが 1.7ha ほどのこの小さな公園は現在は大府市が管理しているが，春になると約 2,800 本のつつじが園内を美しく彩り，４月末には「つつじまつり」が行われる。つつじのほか桜やアジサイ，モミジなど四季折々の花木を楽しむことができる手頃な公園である。公園の名は，日本陶器合名会社（現在の株式会社ノリタケカンパニーリミテド）の初代社長となった大倉和親が 1911 年に御料林の払い下げ受けて購入し，別荘を設けたことに由来する。和親は大正末から昭和初期にかけて切り妻造りの茅葺門を建設し，また 1921 年には別邸の母屋を設けた。母屋は修復されて現在は休憩棟になっているが，これらの建物は 2015 年に登録有形文化財に登録された。別邸は大倉が名古屋を訪れたさいに仮住まいとして使用したほか，迎賓館としても使われた。

日本陶器合名会社は1904年に当時の愛知郡鷹場村大字則武を本社所在地として設立された。大倉和親の父・孫兵衛も日本陶器合名会社の立ち上げに加わっており，当時は桃畑が広がり「ガンジ山」と呼ばれていた御料林を手に入れたのは，ここに陶管工場を設けるためであった。陶管は下水管や電話線を地下に通す筒として需要の見込みがあった。1889年に開業した東海道本線の大府駅にも近く，工場建設の適地と思われた。しかし，ここに工場が建設されることはなかった。日本陶器は衛生陶器をつくるために1916年に九州の小倉に工場を建設し，のちに東洋陶器株式会社として発足させた。3年後の1919年には芝浦製作所（現在の東芝）の依頼で生産していた高圧電線用の碍子製造部門を独立させて「日本碍子株式会社」を設立した（藤井，2009）。

　大倉孫兵衛は大府で陶管を生産することはなかったが，大府に近い常滑で建築用の内外装タイルと陶管を生産する企業の立ち上げに関わっている。それは，日本陶器が以前から常滑の窯元から陶磁器を仕入れていたことと関係がある。18世紀から続くこの窯元の五代目にあたる伊奈初之烝は進取の気性に富んだ人物で，孫兵衛が海外から取り寄せたモザイクタイルを見て早速生産に取り組んだ。長男の長三郎には窯業を学ばせ，土管の成型機械を発明して特許を公開させるまでになった。伊奈父子は家業を近代化し建築用の内外装タイルや陶管を大量生産しようと考え，取引のあった大倉孫兵衛に相談した。孫兵衛は資金面のみならず人材も派遣し，自ら会長まで引き受け会社を応援した（中部産業遺産研究会編，2024）。これがいまやTOTOと並ぶ衛生陶器の代表的企業となったLIXIL，すなわち旧INAX・伊奈製陶である。

　大倉孫兵衛は1924年に設立された伊奈製陶の会長になる一方，子の和親とともに1919年に東京・蒲田に大倉陶園を創立している。「良きが上にも良きものを」がモットーで，工場内には大家の額皿や絵画などの美術品，それに古今東西の見本が並べられた。さながらアトリエのような閑静な空間が生み出された。敷地の周りでは季節の花々が咲き誇り，孫兵衛が夢に描いた理想が具現化された。冒頭で述べた大倉公園が元は大倉和親の別荘であり，大倉孫兵衛・和親父子が名古屋にいるときに使用したというのは，彼らが名古屋と東京に焼き物生産の拠点を構えて活動していたからである。大府は名古

屋と東京の中間とはいえないが、東海道本線を使って移動するには好都合な位置にあった。

さて、大倉父子が別荘を設けた「ガンジ山」一帯では桃が栽培され、これも大倉父子が管理に当たった。「大府の桃山」とも呼ばれた大倉農園の一角に建てられた別荘が使われたのは、1921年から1944年までの間である。桃は連作には不向きなため、桃畑はしだいに衰退に向かった。先のことを考えた大倉農園は「桃山園芸住宅」という分譲住宅会社を設け、1936年から土地の分譲を開始した。分譲するにあたっては農園の頂上に給水塔を設置し、大府で最初となる自然流下による簡易水道を整備した。大府駅に近く名古屋との連絡に恵まれた位置にあるため、「高級園芸住宅地」という触れ込みで分譲された。道路脇に植樹された桜や紅葉の並木が良好な住宅環境を演出するのに寄与した。1928年10月に名古屋で「名古屋土地博覧会」が開かれたように、当時、名古屋近郊では住宅地開発が盛んに行われていた（井澤、2023）。すでにこの頃から大府は名古屋郊外の都市として意識されるようになった。

大府と名古屋の距離は東海道本線なら19.5kmで、現在なら快速で大府からは共和、金山、名古屋というように3駅、18分で到着できる。大府市と名古屋市の境界付近に分水嶺があり、近くの共和駅の標高は16mである。1886年に武豊線が開通し翌年に大府駅も開業するが、武豊線の名古屋駅周辺は低湿地であったため土盛りする必要があった。このため、当時は開業していなかった金山駅の台地（熱田台地）が削られ、土盛りに使われた。同じことが大府の「ガンジ山」でも行われ、ここから名古屋駅方面に向けて土砂が運ばれていった。名古屋から見て土盛りの土砂が得られそうなところを探した結果、武豊線の大府駅として予定されていた場所の近くに手頃な土砂採掘場があったということであろう。

かつて大倉孫兵衛が陶管工場を設けるために現在は大倉公園である場所を選んだ理由の中に原料となる粘土が含まれていたかどうかははっきりしない。しかし、大倉公園を含む大府市域一帯では5世紀後半頃から須恵器の生産が盛んに行われてきた（大府市教育委員会編、2000）。猿投山西南麓古窯跡群（猿投窯）として知られる焼き物生産地域の南西端に位置しており、無釉

の須恵器ばかりでなく草木の灰を釉薬として用いた灰釉陶器が生産された。中国から国産よりも質の高い焼き物が輸入されるようになると，灰釉陶器よりも粗い土を用いて焼いた中世の山茶碗へと移行していった。海外品に太刀打ちできず，安価な焼き物へ変わっていかざるを得なかったのである。

　現在，わかっているだけでも市域内に約100か所の古窯跡がある。推定を含めると，およそ200か所以上で焼き物が焼かれていたと考えられる。猿投窯全体では1,000か所はあったといわれるため，少なくともその1割以上を占める窯が大府市域に広がっていたと考えられる。代表的なものとしては，中世山茶碗窯の初期と思われる高根山古窯群（北崎町），瓦を焼いた吉田第1号窯・吉田第2号窯（吉田町），広口長頸壺を焼いた神明古窯群（半月町），それに市内最大の窯数を誇る羽根山古窯群（横根町）などである。このうち吉田第1号窯・吉田第2号窯（吉田町）からは，鳥羽上皇（1103～1156年）が住んだ宮殿の鳥羽離宮東殿（京都市）で使用した瓦を焼いたことが発掘調査で確認されている。ここで生産された瓦は，大府市の西隣の東海市で見つかった社山古窯の瓦と同じ鋳型を用いてつくられた。東海市には輪田古窯・権現山古窯など瓦を生産した窯が集まっており，尾張の国司を通じて中央の都と関係していたと考えられる（白菊古文化研究所編，1965）。

　東海市の南隣は知多市，さらに南は常滑市である。大府市の北東20kmには瀬戸市がある。常滑も瀬戸も現在に至るまで焼き物の産地として続いてきた。対して大府では鎌倉期頃をもって焼き物は生産されなくなった。これは，伊勢湾に面した常滑では地元で産する粘土を用いて生産した焼き物を海上交通で各地へ輸送することで生産が維持できたことが大きい。炻器粘土と呼ばれる粘り気があり焼き締めると固くて割れにくい炻器，いわゆる常滑焼が各地で受け入れられた。常滑焼を手本に越前焼や備前焼が生まれたほどである。もう一方の瀬戸では鎌倉期に，先進地の中国の焼き物を参考にして焼いた古瀬戸の生産に成功した。これを契機に猿投窯の中心は瀬戸近辺に定まっていった。つまり大府で焼き物を続けていくことはなかった。

　再び大倉公園，それ以前は大倉農園のあった話に戻るが，この大倉農園が「大府の桃山」と呼ばれたのは示唆的である。なぜなら，大倉公園のある一帯に限らず大府市域では昔から果樹栽培が盛んに行われてきたからである。

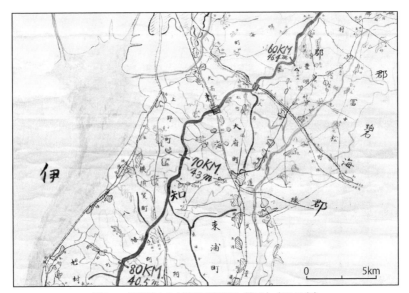

図7-1　愛知用水の水路計画概要図（部分）（1948年）
出典：ミツカン水の文化センターのウェブ掲載資料（https://www.mizu.gr.jp/kikanshi/no36/06.html）を
もとに作成。

　桃，ぶどう，ブルーベリーなどの果樹栽培に適した水捌けのよいなだらかな南斜面の丘陵地が広がっていることが幸いした。果樹の出荷先として大都市・名古屋に近く，新鮮な果物がすばやく届けられることが有利な条件であった（大府市誌編纂刊行委員会編，1986）。しかしこうした長所がある一方，市域内に大きな河川のない大府は農業用の水源に恵まれない地域でもあった。これは知多半島が歴史的に悩み抜いてきた課題であり，半島の付け根にあたる大府もまたこの問題を共有してきた。しかし1961年に長野県の牧尾ダムを水源とする愛知用水の水が知多半島まで延々112kmに及ぶ幹線水路を通して届くようになり，状況は大きく変化した。市域北部を通る丘陵の尾根付近を幹線水路が東から西に向けて走っており，そこから南や東に向けて支線水路が延びている（図7-1）。

　愛知用水の支線水路が南や東に向かっているのは，市域の南東端の標高が最も低く，ここに河川が集まるからである。西から石ヶ瀬川が支流の鞍流瀬川（くらながせがわ）と合流し，北から流れてくる境川と一緒になって衣浦湾に注ぎ込む。刈谷

市との境界線でもある境川は中流で皆瀬川を支流とする。こうした河川は農地からの排水を受け入れて下流へ送る役割を果たしている。下流部では境川が排水をすべて受け止めているが，それと並行するように川幅の狭い川が流れている。五個村川と呼ばれるこの川は低地部農地から集まってきた排水をまとめて流す役割を担う。名前からわかるように，かつてあった五つの村の排水を流すために開削された人工の排水路であり，標高の高い丘陵地からの排水路と一緒にならないように立体交差でつくられている。現存する立体交差の明神樋門は，碧南出身の服部長七が考案した「服部人造石（長七たたき）」を用い1901年に建設された（愛知県教育委員会生涯学習課文化財保護室編, 2005）。

農業が盛んに行われてきた大府には，かつて「日本家禽研究所」という養鶏に関する研究を行う施設があった。これは，名古屋コーチンの産地として知られる愛知県を養鶏王国に育て上げた高橋広治が愛知県立農事試験場を退職したあとに創設した研究所である（廣江, 2014）。1923年に旧横根字梶田（現在

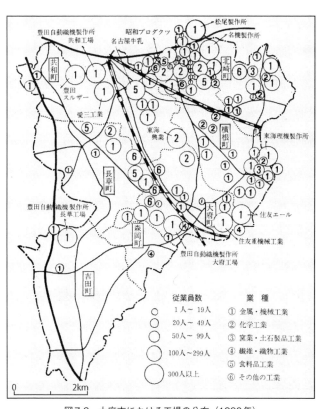

図7-2　大府市における工場の分布（1990年）
出典：大府市資料をもとに作成。

の梶田町）に32,000坪（約10.6ha）の土地を確保し，鶏種改良や配合飼料法の研究に取り組んだ。とくに高橋は雌雄鑑別技術の実用化やケージ養鶏法の普及等で大きな業績をあげた。彼の業績を記念して1975年に高橋養鶏賞財団が設立され，鶏業に功績のあった人を対象に賞を授与している。

　日本家禽研究所は戦時中に三菱大江工場の軍需工場に転用された。このことが示唆するように，名古屋に隣接する大府は名古屋にあった工場が移転したり，新たに建設されたりする場所として位置づけられてきた。こうした動きは戦後も続き，機械・金属工業や化学工業を中心に工場が市域内に設けられていった。多いのは東海道本線沿いと，東海道新幹線と伊勢湾岸自動車道・第二東海自動車道に挟まれた地域である（図7-2）。その中の一つである名機製作所は1933年の創立で，1942年に国産初のプラスチック射出成形機8AH型を開発したことで知られる。冒頭で紹介した戦前に大倉孫兵衛・和親父子がつくった別荘は1944年に売却されたが，それを購入したのが名機製作所の創業者である加藤慶之助であった。ガンジ山・大府の桃山・大倉公園と呼ばれてきた場所一つ取り上げただけでも，大府が辿ってきた歴史の軌跡が見えてくる。

2．醸造業と海運業が結びついて発展した半田

　半田市の市街地中心部にはJR武豊線の半田駅と，名鉄河和線の知多半田駅がある。半田駅が東側，知多半田駅が西側で，二つの駅は400mほど離れている。開業は半田駅が1886年，知多半田駅が1931年で，歴史的には半田駅が古く，知多半田駅が開業する半世紀ほどまえにすでにあった。現在の1日当たりの利用者数は半田駅が約3,000人，知多半田駅が約6,000人で，知多半田駅は半田駅の2倍と多い。歴史では半田駅，利用者数では知多半田駅というまとめ方ができる。二つの駅は鉄道による半田への玄関口としての役割を果たしてきたが，それはいずれも近代以降のことであり，それよりまえ，すなわち近世以前においては半田と外の世界を結ぶ役割はこれとは異なる方法で行われた。

　その方法のうち主たるものは，衣浦湾の港を拠点に海上交通で他地域と連絡するものである。半田地方で湊づくりが始まったのは室町期の天文年

間（1532〜1555年）といわれるが，御用貨物を運ぶ千石船（弁才船）が活躍するようになるのは1690年頃からである。しかしそれよりまえは半田ではなく，知多半島の反対側つまり伊勢湾に面する大野湊を出入りする千石船に頼っていた。半田には十分な湊がなく，尾州海運の中心であった大野湊へ陸路，荷物を運んでいかねばならなかった。半田からは紺屋街（海）道を通って半島を横断していった。紺屋は一般にはコウヤと発音するが，半田ではコンヤというのが普通である。街道名の由来は千石船の帆を染める紺屋が数軒立ち並んでいたことによると伝わるが，具体的にどこに紺屋があったかを明確に示す古文書などは見つかっていない。

　近代以降に新しく道路が設けられ昔の道はその影響を受けているため，歴史的に利用された紺屋街道を連続的に辿るのは簡単ではない。しかし，いくつかの痕跡を手がかりにして街道を歩くことはできる。半田駅の北300 m付近を紺屋街道の起点と想定し，ここから北に向けて歩き始める（図7-3）。300mほど進むと，「紺屋海道講中」「秋葉神社」と刻まれた石柱が秋葉神社

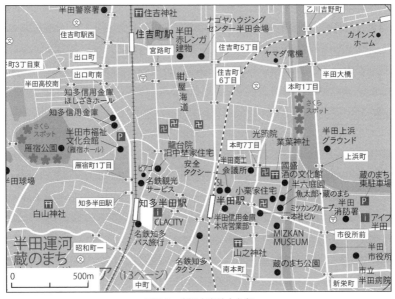

図7-3　半田市街地中心部

出典：半田市観光ガイドのウェブ掲載資料（https://www.handa-kankou.com/cms/wp-content/uploads/2018/10/page-7.pdf）をもとに作成。

（紺屋海道講）と常夜灯を囲んでいる場所が見えてくる。秋葉神社は静岡県周智郡春野町にある秋葉山の社を分祀したもので、常夜灯と社を組合せ地域防火の守護として信仰を集める。祭神は火防の神として知られる火之迦具土神である。

　紺屋海道講中の「講」とは神仏を祀ったり参詣したりする同行者の集まりで、秋葉講のほかには庚申講、金毘羅講、豊川講などがある。紺屋海道講は上半田地域に現存する四つの秋葉講のうちの一つで、ほかに北講、南講、西条講がある。ほかの四つの講と合わせて全部で八つの講が摂取院という名の寺院の下に結成された（半田市編、1977）。摂取院は上半田地域にある寺院の一つで、ほかに摂取院の西側に龍台寺、東側に順正寺がある。講は10戸前後の家による地縁的組織で、葬式や仏事などを共同で行う。分家が行われても講の一員であることに変わりはなく、地縁を超えた血縁にも似た強い結束力をもっていた。

　自動車が1台通れるかどうかという狭くて曲がりくねった道をさらに北へ170mほど歩くと、別の秋葉神社に出会う。これが先に述べた現存する四つの秋葉神社のうちの一つ北講である。秋葉神社の文字が刻まれた常夜灯は三面を赤レンガの壁で囲まれており、さきほど通ってきた秋葉神社とは様相がかなり異なる。神社を護るのになぜレンガを用いるのかといぶかしげに思われるが、その答えは横断歩道橋を挟んで北側にある建物を見ればわかる。横断歩道橋を渡るのは、紺屋街道が国道247号で南北に分断されているからである。紺屋街道は半田から北上し、途中から北西に曲がって一路、大野湊を目指す。国道247号は衣浦湾を取り巻くように走る湾岸部の主要国道であり、ここで新旧の交通路が交差している。

　その国道247号に沿って「半田赤レンガ建物」と呼ばれる観光施設が建っている。いまでこそ観光対象の建物であるが、元は1898年から1943年にかけてビールを生産していた工場である（伊藤、2016）。時は日本のビール黎明期、地方都市・半田から一流ブランドのビールづくりをめざして果敢に挑んだ起業家たちの精神をいまに伝える建物でもある。明治期に建てられたレンガ建造物としては日本で五本の指に入るといわれており、2004年に国の登録有形文化財として登録され、2009年には近代化産業遺産に指定された。

元々「丸三ビール」の名で別の場所で生産していたのをドイツから機械技師と醸造技師を迎え，この建物で本格的なドイツビールを醸造，「加武登麦酒」として売り出した。

　丸三ビールが誕生したのは，西欧文化の流入にともなう新たな飲み物としてビールを待ち望む声があったからだけではない。江戸時代から酒造業が盛んであった半田は，明治政府の酒造業への増税政策に対応しなければならなかった。一時は 100 前後を数えた酒蔵のうち体力のないものは廃業に追い込まれていった。逆に余力のある酒蔵は新たな酒づくりに生き残りの道を求めた。これがビール製造の起業化につながった。しかし，すでに国内のビール市場はサッポロ，エビス，アサヒ，キリンの 4 大ビール・メーカーが押さえており，新規参入は容易ではなかった。

　当初の「丸三ビール」から「カブトビール」へ名を改めたのも，そのような困難を乗り越えようとする決意の表れであった。開業後まもない武豊線の名古屋駅前に「カブトビール」と書いた大きな広告塔を立てるなど巧みな広報戦略を駆使した。しかし，富国強兵政策の下，順調に見えた経営は国の政策に振り回されるようになり，大手 3 社との合併や資本の譲渡などの道を歩まざるを得なくなった。最後は政府の方針で赤レンガ建物は戦闘機を生産する中島飛行機製作所の倉庫として使われることになった。半田でのビール生産の歴史は半世紀を超えることはなかった。

　紺屋街道を歩く小さな旅はさらに続く。赤レンガ建物から 250 mほど北へ進むと左側に池（宮池）があり入水神社と刻まれた石柱と大きな石の鳥居が見えてくる。これを見ればここは入水神社と思うが，実際には住吉神社だという。この関係は複雑で，もともと入水天神だったのがのちに住吉天神といわれるようになり，さらに 1838 年に入水神社に戻された。しかしまた 1952 年に改称され住吉神社になった。

　祭神は海の神である底筒男命・中筒男命・表筒男命の住吉三神と仲哀天皇・神功皇后である。仲哀天皇と一緒に九州の熊襲征伐に向かった神功皇后は，天皇亡きあとも単独で九州を平定し朝鮮半島をも勢力下においたという。神功皇后は守り神として住吉神社を建て，以後，住吉神社は海の神，航海の神，お祓いの神とされ，家内安全，交通安全，開運，厄除け，安産，商売繁

盛などでも御利益があるとされるようになった。

　住吉神社では春の例大祭として「ちんとろ祭」が開催される（愛知県教育委員会編，2014）。住吉神社境内の宮池に2隻の「まきわら舟」を浮かべ，そこで子供が三番叟の舞を奉納する。そのさい舟上に多数飾られる提灯が「珍灯籠」であり，奏でられるお囃子がチントロ，チントロと聞こえるため，「ちんとろ祭」と呼ばれるようになった。津島神社の「天王祭」の「まきわら舟」が文化・文政の頃（1804～1830年）に半田に伝わったとされる。三番叟の舞は五穀豊穣を寿ぐといわれ，農事にかかわる地固めの所作や種まきを思わせる所作が豊作祈願の舞の中にある。伝統芸能の三番叟を舞うには稽古をつける師匠，お囃子，移動などの世話人が必要で，地域総出の体制が揃っていなければならない。

　先にも述べたように，半田から大野湊へ紺屋街道を通って貨物を運んでいたのは1690年頃までで，それ以降は半田の湊から送り出されるようになった。紺屋街道の起点は半田の中でも上半田と呼ばれる地域の東の端にあった。南北に走る武豊線を境にして西側が上半田で，東側が下半田である。上半田にある「前崎」や「堀崎」という地名は，1600年頃はまだこの辺りが海側に突き出た地形であったことを物語る。下半田はこの頃から始められた干潟の干拓によって陸地になり，湊の役割を果たすようになった。半田湊は大坂の陣（1614～1615年）の折に，徳川家康が利用したり軍船の新造を命じたりした湊である。その経緯もあって幕府は，通常は出港する船の右側に立てる澪標を半田では左に立てることを認めた。航路を示す「左棒杭」は半田湊が特別な湊であったことを物語っていた。また幕府は，家康ゆかりの湊として半田湊に浚渫のための資金を貸与している。

　下半田の湊の東側では陸地化がさらに進められ，広さは35haの山方新田が開かれた（図7-4）。新田も水が得られなければ米も収穫できない。そこで，山方新田から西へ6kmほどの丘陵地に半田池が設けられ，そこから水を引くことにした。これによって半田の米の生産量は増え，1650年頃から1800年頃にかけて収穫量は1.5倍に増えた。上半田と下半田の間で等分された山方新田は，東側の阿久比川と西側の十ヶ川に挟まれた三角州のようなかたちをしていた。知多半島で最大の阿久比川は天井川で，洪水で山方新田に被害を

もたらすことがあった。このため阿久比川には標高の高い地域からの水を流すようにし，下半田と山方新田の間を流れる十ヶ川には低地部の排水機能を果たすようにした。上流部では，十ヶ川は阿久比川支流の前田川や矢勝川を伏越（サイフォン）で流れている。

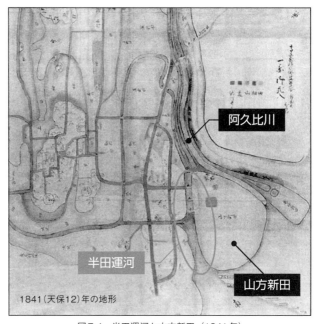

図7-4　半田運河と山方新田（1841年）
出典：フジクリーンのウェブ掲載資料（https://www.fujiclean.co.jp/water/area/pdf/183/183_03.pdf）をもとに作成。

　十ヶ川の河口近くが半田運河と呼ばれているのは，ここが18世紀頃から発展するようになった醸造業でつくられた醸造品を江戸，大坂，遠江などへ出荷する拠点になったからである（石川・石川，2002）。当時，江戸では灘や伊丹など上方の酒が圧倒的なシェアを誇っていた。しかし，知多半島の地下水はカルシウム・マグネシウム・塩分などのミネラル分を適度に含む良質な硬水であり，これで醸造した辛口の香り高い酒は江戸で人気を呼んだ。「中国銘酒」と高い評価を受けた半田の酒は，生産した目の前の半田運河に係留された弁才船に積み込まれた。弁才船は肥料・大豆・魚油などを積んで帰ってきただけでなく，江戸や大坂の文化も持ち帰った。運河周辺には大きな屋敷や蔵が立ち並び，船大工や水主たちも町の一角に集住するようになった。

　江戸時代の酒づくりは幕府によって統制されており，飢饉などで米が不足ぎみになると生産は制限された。尾張藩は飢饉の影響は少なかったため他地域に比べると制約はゆるく，これが18世紀から19世紀にかけて半田の酒造

業が大きく発展できた一因でもあった。しかし，19世紀前半頃から江戸市場では供給過剰な状況に陥り，苦戦を強いられるようになった。こうした苦境を乗り切るために生み出されたのが，大量の酒粕を有効利用した粕酢つくりである（車，2020）。酢をつくる酢酸菌は酒を駄目にするため，酢と酒は同じ蔵に同居させることはなかった。酒造家が粕酢をつくることは，一種の賭けであった。

　この賭けに挑戦して見事成功したのが，今日に続く日本を代表する食酢メーカーである。当時，江戸では飯に酢と塩を加えて酢飯をつくり，これとネタを合わせて握る「早鮨」が流行していた。これによく合ったのが，旨味や甘味のある粕酢であった。それまで主流だった米酢よりも安価で美味しい半田の粕酢は瞬く間に人気を博し，江戸市場で販路を広げていった。寿司の普及は江戸だけでなく全国に広がり，それにともない粕酢の市場も拡大した。半田では粕酢づくりに転業する酒造家が増える一方，酒粕から味醂をつくったり，酒蔵で使われていた木桶や甕を再利用して味噌をつくったりする者も現れた（愛知県史編纂委員会編，2019）。酒蔵家もさらに高品質な酒づくりを目指すなど，半田を中心に醸造業は大きく発展していった。

3．武豊線が東海道本線の支線になるまでの経緯

　東海道本線は，その名前からすると近世までの旧東海道に沿って建設されたかのようにみえる。たしかに，名古屋以東はおおむね旧東海道のルートを踏襲している。しかし，名古屋の西側はそのようにはなっていない。この違いはこの鉄道が誕生した経緯を調べることで明らかになる。工事は東西両側から進められ，1872年に新橋（のちの汐留貨物駅）—横浜（現在の桜木町）間，1874年に神戸—大阪間がそれぞれ開通した。1883年8月，国はこの国家的幹線鉄道を旧中山道に沿うようなルートで建設することを内定した。この時点で名古屋（熱田）から伊勢湾沿いを通り鈴鹿山脈を越える旧東海道ルートは想定されなかった。

　国の内定の3年前すなわち1880年6月には京都—大津間に鉄道が敷かれており，これはその3年前の1877年に開業していた大阪—京都間とつなげられた。当時は畿内と日本海側との間で連絡路の近代化を進めようとする意

識があった。それは近世を通して琵琶湖を経由し塩津街道（五里半越）によって畿内と日本海側を結ぶルートが重要な役割を果たしてきたからである（相馬，1985）。そこで1884年4月に長浜―敦賀間が鉄道で結ばれ，長浜―大津間は太湖汽船（のちの琵琶湖汽船）が琵琶湖を航行して連絡することになった。琵琶湖を船で連絡するのは近世の輸送ルートを踏襲したもので，琵琶湖の水上交通はその後も5年間，人や貨物を運んだ。

　長浜―敦賀間の鉄道が完成する1年前の1883年5月には長浜―関ヶ原間にすでに鉄道が敷かれていた。このため長浜は，日本海側ばかりでなく太平洋側にも向かう足がかりを得た。この足がかりは，1884年5月に長浜―関ヶ原間の鉄道が大垣まで延長されたことで，さらに明確になった。1883年8月に国が国家的幹線鉄道（中山道鉄道）を中山道沿いに建設するのを内定して1年も経たないうちに大阪・京都方面から大垣までのルートは完成した。近代初期の鉄道建設の草創期，近世までの交通をある程度意識しながら，新しい国づくりに向けて望ましい鉄道ルートを模索する努力が続けられた。

　当時，政府内にあって鉄道建設のルート決定に深く関わっていたのは井上勝鉄道局長であった（小谷，2020）。中山道鉄道敷設の資金的裏付けを確保した井上は大垣―加納（のちの岐阜）間9.5kmの測量を1884年5月に開始し，工事を着工させた。中山道鉄道が西側と東側の両方から建設が進められたことはすでに述べた。そのさい，西側からの工事は神戸港で陸揚げした建設資材を既設の鉄道で運搬するのを原則としていた。しかし，大津―長浜間は琵琶湖を船で横断していたためその積み下ろしに時間がかかり，工事現場に建設資材が届くまでに手間を要した。

　このため井上は，建設資材を神戸港ではなく伊勢湾のどこかの港湾から陸揚げする方が得策と考えた。1884年5月にその荷揚港として選んだのは四日市港であった。背景には四日市から北上して大垣北西の垂井まで鉄道を敷けば，将来は太平洋側（四日市）と日本海側（敦賀）を連絡する「日本列島横断」の交通路が実現するという目論見があった。しかし実際に測量を実施すると，木曽三川とその支流が複雑に流れる地域を横断するのに大小の橋梁を建設しなければならないことが判明した。ヨハネス・デ・レーケによる木曽三川分流工事が始まるのは1887年であり，現在われわれが知る木曽三川

の状況とは異なっていた。

　井上鉄道局長は1884年5月に大垣―加納間の測量を始めさせたが，加納から先の建設ルートをどうするか，また建設資材の荷揚港として四日市港に代わる別の港をどこにするか，判断を迫られていた。前者については，仮に当初の計画通りに進めるなら旧中山道沿いに加納―鵜沼―太田を通り，さらに木曽川左岸沿いの険しい山地を通って木曽谷へ入っていくことになる。しかしこのルートは地形条件の難しさから再考の余地があった。また当時，すでに人口が15万人を超えていた名古屋やその周辺の都市を素通りしてしまう。ちなみに当時の名古屋は市制を施行するまえの名古屋区で，その最高責任者であった吉田禄在区長は井上鉄道局長に名古屋を通る案に変更するよう陳情していた。

　そのような状況下で井上鉄道局長は中山道鉄道の当初ルートに修正を加え，加納から南下して名古屋に至り，そこからは庄内川沿いに北東に進んで木曽谷に向かうルートを提案した。加納―名古屋間については，1883年に長浜―関ヶ原間が完成した時点で，井上は中山道鉄道の支線として「尾張線」の敷設を考えていた。一方，後者の四日市港の代わりの港をどこにするかについては，名古屋から見て南東の知多半島中部東岸にある半田港（のちに武豊港に変更）を選んだ（名古屋駅編，1967）。加納から南下して名古屋に至る路線をさらに半田まで延ばし，半田―名古屋間に建設資材の輸送線を敷設するという案である（図7-5）。当初，「半田線」と呼ばれたこの鉄道は，「四日市線」と比べると距離は5分の3の32km，工費は5分の2の200円，工期にいたっては3分の1の7〜8か月で済むという良案に思われた。井上が下したこの決定は，その後の東海道本線の建設などのことを考えると極めて大きな方向転換につながった。

　井上鉄道局長が中山道鉄道の支線として考えていた尾張線は，すでに1874年12月から翌年にかけてイギリス人の技師たちによって調査が行われていた。彼らは米原から先のルートを探る調査の一環として加納から名古屋方面に南下するルートも調べていたのである。こうした事前の調査結果をもとに，井上は尾張線とともに半田線の建設を提案した。ところが半田線については内部から反対の意見が出された。理由は鉄道資材の陸揚げに半田港は

向いておらず，むしろ名古屋に近い熱田港から陸揚げをするのがよいというものであった。反対者は中山道鉄道のルートは当初のまま変えず熱田港から建設資材を陸揚げし，尾張線で北へ運ぶことを主張した。

　こうした異論に対して井上鉄道局長は，熱田港は遠浅のため大型船の接岸が難しく荷揚港としての役目が果たせないと反論した。実際，熱田港は遠浅のた

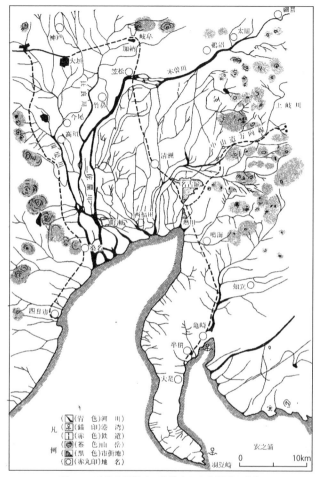

図7-5　武豊線建設時に検討された敷設計画路線
出典：武豊町，1984，p.485をもとに作成．

め近代港として十分機能しないことは地元では周知の事実であった。そのために，1890年代中頃から熱田港の改修を名目に伊勢湾沖で名古屋港が建設されることになる（名古屋港史編集委員会編，1990a）。また井上は，仮に中山道鉄道を引き続き建設するとすれば，名古屋を経由して北東方向に向かうルートの方が工事は容易だとした。この北東ルートは1930年に建設されることになる中央本線のルートでもあり，すでにこの頃から工事がしやすいと

307
第7章　知多半島セクターの地域構造

認識されていた。

　井上鉄道局長は 1885 年 3 月に，加納―名古屋間を建設しさらに名古屋―半田間を延長する旨の上申書を佐々木高行工部卿に提出した。工部卿とは明治政府が官営事業を統轄推進させるために設けた中央官庁・工部省の長のことで，井上は佐々木に仕える工部大輔の職にあった。井上の上申書に対し太政官（明治政府の最高官庁）は 6 月に，加納―名古屋間を建設し名古屋―半田間（半田線）は建設資材の輸送線として敷設すべきという指令を下した。同じ頃，陸軍と協議するために添付された「近国見取り図」には中山道鉄道が加納から名古屋へ南下し，さらに名古屋を迂回して木曽方面に向かうルートで描かれていた。つまりこの時点では，あくまでも中山道鉄道を引き続き建設する方針が堅持されていた。

　こうして半田港は鉄道建設資材の陸揚げ港に決定されたが，実際に港の状況を調査すると阿久比川が衣浦湾に排出する土砂量が非常に多く，半田港では対応できないことがわかった。このため資材の陸揚げは半田港より南側にあり水深が深く波穏やかな武豊港に変更された（河合，2009）。新線の建設に先立って実施することになった測量を担当したのは，当時 35 歳のイギリス人技師のウィリアム・ピッツであった。明治政府に雇われた外国人は総勢で1,364 人（1868 ～ 1889 年）に上ったが，うちイギリス人は 626 人で最も多く45.9％を占めた。省庁別では工部省の 475 人が最多で，うち 370 名（77. 9 ％）はイギリス人あった。

　ピッツもまた工部省で雇われた技師として半田線の測量に従事した。建設工事の皮切りは，武豊村道仙田の地先に長さ 80 間（約 140m），幅 3 間（約 5.5m）の木製の桟橋を新設することであった。半田線は中山道鉄道の建設を続けるために鉄道建設資材を輸送することが目的であった。このため役目を終えたら廃線になることが想定されていたため，橋梁は基本的に木製で建設された。しかし実際は廃線になることはなかったため，のちには補強工事が行われることになる。

　神戸から鉄道建設資材を運んできた弁才船などの輸送船は沖合に停泊し，瀬取船が資材を桟橋まで運ぶか，あるいは潮時を見計らいながら船が直接桟橋に横付けするなどした。主な資材はイギリスから輸入した大量のレール，

機関車，貨車，客車などで，ほかに建設用の砂利や枕木なども運ばれてきた。これらの資材は平田船などに積み替えられ，細い河川を通って建設現場近くまで運ばれていった。半田線全線にわたり一斉に工事が進められたため，武豊港駅—熱田間は7か月という短期間で完成した。1886年3月1日に開業した当時の始発駅は武豊港駅で，現在の武豊駅から見ると南東へ1kmの地点にあった（図7-6）。始発駅は1892年6月に現在地に変更され，以後，武豊—武豊港間は武豊駅から分岐された海岸支線となる。この区間では貸切り扱い貨物が取り扱われた。

　半田線の開業を間近に控えた1886年2月，井上鉄道局長は内閣総理大臣伊藤博文に「名古屋—武豊間は単に資材運搬の機能を果たすだけに終わらず，知多半島の町村と名古屋を直結することで今後は沿線地帯の発展が期待される」として一般運輸営業の認可を上申した。伊藤博文はすぐにこれを認めたため，半田線は開業当初から建設資材運搬のみならず地域交通のために一般運輸営業も行うことになった。2か月後，半田線は武豊線と名称を改めた。駅は武豊港・武豊・半田・亀崎・緒川・大高で熱田まで1時間45分を要した。運転は1日2往復で，貨物と客車の混合列車の表定速度は時速18.9kmであった。開業から3か月後の1886年6月からは武豊—木曽川間で営業が行われるようになり，列車は1日3往復した。

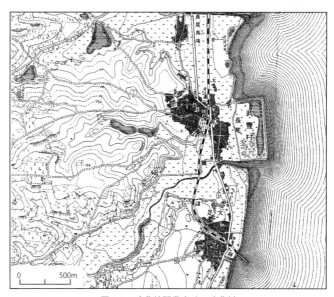

図7-6　武豊線開業当時の武豊村
出典：1：20000地形図（陸地測量部明治23年測量26年製版図）をもとに作成。

309
第7章　知多半島セクターの地域構造

1886年3月に武豊—熱田間が開業したのにつづき，4月には熱田—枇杷島間が開業し，5月には名護屋駅（のちの名古屋駅）が開設された。名護屋駅は，吉田禄在名古屋区長がその位置の決定を先導し，広小路通を西に延長した場所に決まった（大野・林，1986）。翌年には大垣—岐阜間，岐阜—木曽川間がそれぞれ完成し，最終的に日本海側の金ヶ崎（敦賀の港）まで列島を横断する鉄道路線が誕生した。こうして武豊線を完成させていく一方で，井上鉄道局長は中山道鉄道をこのまま建設していってよいか疑問に思っていた。当初，東海道沿いに幹線鉄道を建設しないとしたのは，太平洋を航行する海運との競合を避けたいという思いがあったからである。また，中山道沿いのルートを調べさせたリチャード・ビカース・ボイルの調査結果から，内陸側での建設は可能と考えていた。しかし精査してみると，ボイルは平野部や多少勾配のある部分は実に克明に記していたが，碓氷，木曽地方の険峻な山地部分については表面的な調査しか行っていなかった。このため井上は自らこの地方に出かけ実情を確認することにした。

　井上鉄道局長が現地調査を行ったのは1884年の5月から7月にかけてである（沢，1977）。そのときの記録から，彼がどのルートに関心をもっていたかがわかる。碓氷峠から伊那谷を経て御油へ移動したのは伊那谷ルートを探るためであったと思われる。また名古屋から多治見に向かったのは，名古屋を経由して多治見方面から木曽谷に入っていくルートの可能性を検討するためと思われる。彼は長野や新潟にも足を伸ばしており，のちに実現する信越本線や上越本線のルートの見当をつけていたのかもしれない。いずれにしても，ボイルの不十分な調査結果に惑わされず，自分自身の目で確かめた結果をもとに幹線鉄道として中山道鉄道を当初案のまま建設していいものかどうか決断を下そうとした。

　井上鉄道局長は自ら碓氷，木曽地方に出かけ地勢状況を知ることで中山道鉄道建設の妥当性を確認しようとした。彼はさらに部下の松本荘一郎に対し，中山道ルートと東海道ルートの比較検討を命じた。松本は井上の後任として鉄道局長になる人物であるが，その松本の調査によれば，橋梁部分を除いて距離，勾配，所要時間，営業収入などすべての点において東海道ルートが勝っていることがわかった。これでもう中山道鉄道を当初通りに建設する

ことは取りやめるべきという方向に向かうと思われたが，さらに翌年つまり
1885年に，この流れを決定づける見解が示された。それは，アメリカに留
学し，卒業後はペンシルベニア鉄道で技師として働いた経験のある原口要が，
帰国後，中山道鉄道のルートを独自に調べてその困難さを公表したことであ
る（老川，2014）。ここに至り井上は，確信をもって幹線連絡鉄道を名古屋か
ら東海道沿いに延長していくことを決意した。それは，半田線が武豊線と名
を改めた1886年5月の2か月後のことであった。これにより武豊線は，以後，
建設が進められていく東海道本線の支線として存続することが決まった。

第2節　知多半島西岸の都市がたどった歴史

1.　東海製鉄・横須賀御殿・トマト加工業の歴史

　知多半島西側の付け根のような位置にある東海市の市の名前は，いまは日
本製鉄名古屋工場と呼ばれるかつての東海製鉄に由来するのでは，と思われ
やすい。しかし東海市のホームページには，「東海地方を代表するようなス
ケールの大きい名」として「東海市」を公募案の中から選んだと書かれてい
る。事実関係を調べると，1969年に愛知郡上野町と横須賀町が合併して新
市が誕生する11年前の1958年に東海製鉄が上野町の誘致に応じて進出を決
定した。このとき製鉄所の所在地は企業名にちなんで東海町とされた。1964
年に銑鋼一貫体制が確立した3年後の1967年に富士製鉄と合併したため富
士製鉄名古屋製鉄所になった。新市誕生はその2年後であり，その時点では
企業名はすでに東海製鉄ではなかった。しかし，新市の名前を付けるのに創
業時の企業名に思い入れのある人も少なくなかったと想像される。町名は企
業名由来だが市名は企業名ではなく東海地方に由来するという公式見解にど
れくらい説得力があるかはわからない。

　市名の由来は別に置くとして，合併当時の上野町の人口は30,637人，横
須賀町は26,432人で，上野町が4,200人ほど上回っていた。しかし町の賑わ
いという点では横須賀町が上で，交通や都市施設でリードしていた。たとえ
ば鉄道では名鉄の駅が横須賀町に五つあったのに対し，上野町は三つであっ

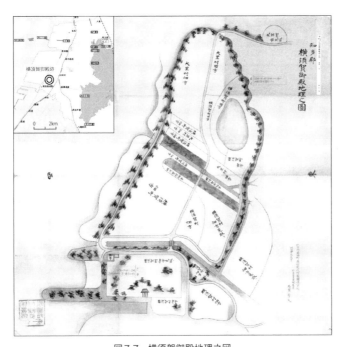

図7-7 横須賀御殿地理之図
出典：名古屋市図書館デジタルアーカイブのウェブ掲載資料（http://e-library2.gprime.jp/lib_city_nagoya/da/detail?tilcod=0000000006-00002123）をもとに作成。

た。これは，横須賀町に名鉄常滑線と河和線が走っていたのに対し，上野町は常滑線のみであったことによる。これら名鉄の二つの路線は横須賀町の太田川駅で連絡しており，交通要衝という点で横須賀町に賑わいが生まれる条件があった。ちなみに，2024年3月に河和線の高横須賀駅と南加木屋駅の間に加木屋中ノ池駅が誕生した。これで横須賀町と上野町の駅数は6対3になり両者の差はさらに開いた。

歴史を遡ると，横須賀町は尾張藩の「横須賀御殿」の建設をきっかけに町場を形成していったことがわかる（図7-7）。1666年に御殿をつくらせたのは尾張藩二代目藩主の徳川光友で，目的は潮湯治で保養するためであった（知多郡役所編，1971）。御殿の敷地は東西100間（約180 m），南北70間（約126 m）の長方形をしており，その中に「臨江亭」と呼ばれた数寄屋造りの建物が建っていた。またこれとは別に，敷地の北側には150間（約270 m）四方の回遊式庭園「御洲浜」も設けられた。光友は1666年から1690年までの間に27回も横須賀を訪れ，長いときは1か月間も滞在した。横須賀へは陸路を通らず，名古屋城下堀川の堀留から御座船で御舟入から直接御殿に入った

という。これは民百姓（領民）に気を使わせないためであったと伝えられる。横須賀御殿は単なる別邸ではなく，軍事面での対応もなされており，別邸の周囲に堀を巡らすとともに町割りの工事も行われた。つまり小規模ながら城下町のような基盤割の町方が整備された。このあたりでは海浜干拓による新田づくりが盛んに行われていた。しかし町方前面に広がる海では新田開発は許されず，自然な海浜状態が保たれた。

　横須賀御殿が造営される以前，このあたりは馬走瀬と呼ばれる小さな集落で横須賀村に属していた。しかし御殿の造営をきっかけに町方が成立すると横須賀村から切り離された。名前も馬走瀬から横須賀へ変えられた。変更の理由は，馬走瀬では文字面が悪いからということであった。これにともない，元々本郷であった横須賀村の名が高横須賀村に変えられた。横須賀という昔からの名前を枝郷に譲り，本郷を高横須賀に改めることで二つの村を区別しようとしたのである。

　徳川光友は横須賀御殿の造営とは別に，隠居してから過ごすために1695年に大曽根屋敷を設けている。実際，この屋敷で晩年を過ごし1700年に亡くなった。光友の死去から15年後の1715年に，横須賀御殿は取り壊された。取り壊しの理由は御殿に軍事的性格があったからだとされる。1783年にその跡地に横須賀代官所が置かれた。町方が成立して人家も増えていた状況をふまえ，知多半島西側の73か村を取りまとめる場所になった（柴田，1990）。代官所が設置されたさい一部再興された御殿は，藩主が知多半島を巡見する折の休息場所として使われた。

　横須賀代官所は1805年から1811年までの間，鳴海代官所が役目を代行する時期もあったが，再び代官所としての役割を取り戻した。横須賀代官所は明治維新まで続き，版籍奉還後は名古屋県の出張所となった。1889年の町村制施行にともなって横須賀町が発足し，近隣の村々との合併によって町域は広がっていった。その後，天宝新田地区の干拓や扇島地区の埋め立てなどにより町域はさらに拡大した。戦後も元浜地区の埋め立てが行われるなど町の面積は大きくなり，1969年4月1日に上野町と合併する日を迎えた。

　ここまでは東海市のうち旧横須賀町が近世から近代までどのように歩んできたかという話であった。これ以降は，上野町との合併で成立した東海市が

313
第7章　知多半島セクターの地域構造

いかに変貌していったかという現代の話になる。東海製鉄の誘致以降，海浜部では工業用地化と企業立地が進み，近代までの様相は大きく変化していく。続く変化の結果，市域は伊勢湾に沿って南北に帯状に広がる工業地域，その東側のやはり帯状の伝統的地域，そしてその東側の緩やかな傾斜をもつ農地・丘陵地とそこを造成して建設された新興住宅地域の三つの地域によって構成されるようになった（図7-8）。

知多半島は昔から水に恵まれない土地が多かったが，1961年に完成した愛知用水のおかげで農業の生産性は大きく伸びた。臨海部で工業化が進んだため工業的イメージを持たれるようになったとはいえ，元々，盛んであった農業の存在感は失われなかった。ただし，1980年代中頃の時点で第2次産業の労働力割合は50.4％，第3次産業は44.5％と高率で，大都市近郊都市としての性格は拭えなかった（北村，1989）。しかしそれでも専業農家率は21.7％で全国平均の14.3％より高く，農業を専業とする農家は依然として少なくなかった。

時期をやや遡って1960年時点の農業を概観すると，1農家あたりの経営耕地面積は0.83haで全国的に見ても規模は小さくなかった。耕地全体に占める稲作の割合は50.7％で，主に海側すなわち標高の低い西側に広がっていた。東側の丘陵部には比較的規模の大きな果樹園が分布していた。稲作につぐ畑作では野菜類・麦類・豆類・イモ類が主に栽培された。農業粗

図7-8　東海市の土地利用パターン
出典：愛知地域学習会編，1989,p.225をもとに作成。

生産額は水稲30.5%，野菜20.3%，畜産16.6%，麦類・雑穀・豆類・イモ類14.9%の順で多く，これらで全体の82.3%を占めた。この頃の専業農家率は37.1%で，1農家あたりの農産物販売金額は全国平均を上回っていた。

　こうした状況は時間とともに変化していく。それはとくに農地面積の減少にはっきりと現れた。稲作面積は1960年の649haから1970年には507haになり，1985年には282haまで減少した。これには農家の離農化や兼業化がともなっており，第2種兼業農家率は48.2%，農業専業者のいない農家率は34.0%になった。市全体で離農化や兼業化が進む一方で，農業に主体的に取り組む人々は少なくなかった。こうした人々は，農業経営の改善を進めたり，農地を集約化したりすることで経営規模を広げていった。工業化や都市化が迫ってくる中でどうしたら農業が続けられるか，生き残りの道が模索された。

　こうした動きは果樹や野菜の栽培あるいは施設園芸部門においてとくに顕著であった。この結果，1950年に134haだった果樹園面積は1960年には215haとなり，さらに1970年の297haから1985年の319haへと確実に広がった。1985年の農業収入のうち果樹の割合が最大という農家は，全体の28.4%を占めた。野菜がこれについで多く27.4%であった。つまり，市内の農家の半数以上は果樹あるいは野菜の栽培で収入の多くを得ていた。このうち野菜農家が多かったのは，市の北部と南西部，具体的には南柴田，北脇，南脇，高根，太田，高横須賀，養父の各地区である。北脇と高根は旧名和村，現在の名和町である。名和村といえば，トマトジュースやケチャップのメーカーとして知られるカゴメの創業者・蟹江一太郎の出身地である（カゴメ，1978）。

　蟹江一太郎は1895年に徴兵されて名古屋六連隊で3年間を過ごした。兵役を終えて除隊する直前に上官から西洋野菜の栽培を勧められた。実家で農業を営んでいた蟹江は，農家がみな同じ作物をつくっていては生産過剰で価格が下ると考えていたので，この上官の助言を重く受け止めた。帰郷後，いろいろな西洋野菜を栽培して販売したが，トマトだけは売れ行きが悪く多くの在庫を残した。当時のトマトは青臭く食用に向かなかった。しかし加工してソース（現在のトマトピューレ）にすれば売れるのではと考えた。蟹江は，

315

第7章　知多半島セクターの地域構造

名古屋のホテルから舶来のトマトソースの缶詰を分けてもらい研究に取り組んだ。そして1903年にトマトソースの製造に着手した。

　1904年，蟹江は日露戦争の勃発にともない再度，徴兵された。満州各地を転戦し，途中で脚気を患い，野戦病院で生死の境をさまよったが奇跡的に命は助かった。翌年，日露戦争の終結とともに除隊して帰国した蟹江はトマトの栽培を他の農家に委託し，自らは加工に専念することにした。除隊したときに国から渡された一時金と義父の蟹江甚之助の蓄えを原資に充て，1906年に名和村の自宅敷地内に加工工場を建設した。トマトのソースとケチャップは，トマトピューレに砂糖・塩・酢・香辛料・野菜などを加え味付けしている点で共通点が多い。しかしソースは酢の味が強いのに対し，ケチャップは少し甘くトロッとしている。ケチャップの生産には様々な材料が必要で，中には輸入しなければ手に入らないものもあった。

　幸い蟹江は懇意にしていた名古屋市東区の梅沢商店を通してシナモン，ナツメグ，胡椒といった材料を取り寄せることができた。その頃はトマト加工業の参入障壁は低く，蟹江の工場で製造ノウハウを学んで自らトマト加工を始める人が少なくなかった。愛知県内ではトマト加工業者が乱立し，生産が過剰になったため販売価格が暴落した。折しも不況の波も押し寄せたため，蟹江は1911年にトマトソースの在庫1,000箱を抱え経営不振に陥った。しかしこれも，1914年に成田源太郎，蟹江友太郎と共同出資し愛知トマトソース製造（資）を設立することで乗り越えることができた（カゴメ編，1978）。

　トマト加工用の副原料として玉ねぎは欠かせないが，愛知県では1892年に初めて横須賀町で作付けられた。これは蟹江一太郎がトマトの栽培を始めようとしていた数年前である。それが1915年には愛知県内における玉ねぎの作付面積49haの31％を横須賀町が占めるようになった。これは蟹江がトマトの加工を本格化した時期に重なっており，愛知トマトソース製造による量産化が進んでいったことを物語る。不況が底をついたと判断された1916年には資本金を10倍の3万円まで増やした。工場を拡張するとともに農商務省から技官の関虎雄を顧問に招き，製品の品質改良と工場設備の近代化に着手した。

　蟹江は自社の存在をアッピールするために商標登録を考えた。当初は丸に

星をつけたものを希望したが，当時，星は陸軍を象徴していたため許可がおりず，仕方なく星に近い籠目の形を採用した。この印から「カゴメ」という呼称が生まれた。1919年，蟹江は蟹江家の田畑・家屋敷の大半を担保に銀行から資金を借り入れ，700坪（約2,310㎡）の新工場建設に踏み切るという勝負に出た。当時，トマトの裏ごしは工具が足でペダルを踏んで行っており，半自動化していた。しかしこれをさらに進めて近代的な生産をめざし，動力源を完全に機械に切り替えることにした。1923年に愛知トマトソース製造（資）を愛知トマト製造（株）に改組したが，これには既に業界のリーダーとして盤石であった経営基盤をさらに固める狙いがあった。

戦後，1949年に関連する5社を統合して愛知トマト（株）を設立し，本社を名古屋市中区に移した（新泉社編，1958）。1957年に渡米してトマト加工産業の本家の実情を視察した蟹江は，組織体制や工場の一切を改革するように命じた。この年に小坂井工場を完成させ，1962年には名古屋本社新社屋と茨城工場を完成させた。1961年，88歳になった蟹江は50年もの長きにわたり務めた社長職を後進に譲った。1968年に富士見工場を完成させ，1971年には本社部門の一部（総合企画室，宣伝部門など）東京移転を見届けた蟹江は，この年の12月20日，96年の長きに渡る生涯を閉じた。

2009年3月，蟹江が初めてトマトなどの西洋野菜を栽培した東海市荒尾町に「一太郎翁とまと記念館」がオープンした。館内には蟹江の業績に関する資料や遺品などの展示のほか，トマトを使った健康メニューを提供するレストランや，パン工房などもある。外部から誘致した鉄鋼企業とは対照的に，トマト加工企業は地元から全国，世界へと羽ばたいていった。横須賀御殿を含め，東海市には近世から現代にかけて歴史を探る材料が揃っている。

2．白木綿の織物業が隆盛した頃の知多・岡田

知多市の真ん中あたりに岡田という地区がある。県道252号（大府・常滑線）の「登り」という交差点から西に向かって文字通り坂を登り始めると，すぐ左手に古そうな土蔵が見えてくる（図7-9）。「なまこ壁の蔵」と書かれた案内板には「この蔵は1920年に完成するまで数年を要した手間のかかった建物である。壁を繰り返し重ね塗りしている途中で左官職人が出征しなければ

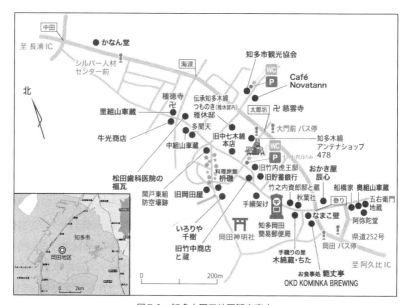

図7-9　知多市岡田地区観光案内
知多市観光協会のウェブ掲載資料（https://chita-kanko.com/areaguide/okada/）をもとに作成。

ならなくなり，帰還後ようやく完成した。」と記されている。それを読み終えあらためて蔵から外に向けて開かれている小窓を見ると，たしかに扉の厚さは漆喰づくりの三重構造で頑丈そうなことがわかる。こんなに頑丈な蔵を大正時代に建てたのはどんな人かと思う。この蔵のかつての持ち主は竹内康裕という人で，岡田地区で山本綿布という綿織物業を営んでいたという。蔵全体が黒く煤けているのは戦時中に黒く色が塗られたからである。岡田地区にはこうした蔵がいまも 90 ほど残されている。

　この印象的ななまこ壁の蔵の隣には「手織りの里　木綿蔵・ちた」というこれまた長い年月を経てきたと思われる建物が建っている。いまは木綿と機織りを後世に伝えるために機織り体験ができる施設として利用されているが，元は竹内虎王商店の木綿蔵であった。竹内虎王とは，1898 年に「竹内式力織機」を発明し，3 年後の 1901 年に竹内木綿工場を創業した人物である。竹内はこの織機を発明したとき岡田に伝わる「山車からくり」からヒントを得た。岡田では 3 台の山車からくりが代々受け継がれてきた。そのうちの一

つ奥組の幸福木偶は何本もの糸を使って人形を操り，倒立や文字書きをさせた。また確証はないが，1891年に「豊田式木製織機」の特許を取得した豊田佐吉が，岡田の織布工場を訪れていたという。豊田佐吉が「豊田式木鉄混製力織機」の特許を取得した1898年8月から遅れること半年，竹内虎王も「竹内式力織機」の特許を取得している。

　さて，竹内虎王商店の木綿蔵として使われたこの建物は，2階建，切妻造り，桟瓦葺きのつくりである。木綿を収納する土蔵として建てられたため，梱包したり梱包を解いたりする作業空間が蔵前の庇下に広く設けてある。床下から湿気が上昇するのを避けるため，床をやや高くする工夫も凝らされている。この木綿蔵はその後，丸登織布の工場として使用された。しかし織布工場は1987年に閉鎖され，隣接して建っていた丸登織布の従業員宿舎は取り壊されてしまった。この様子を見て残念に思った地元の人々は，せめて木綿蔵だけは残せないものかと考えた。そこで立ち上げた保存活用運動の成果が実り，この建物は1995年から展示体験施設「手織りの里 木綿蔵・ちた」として活用されることになった。2014年には登録有形文化財に登録された。

　木綿蔵・ちたのさらに西隣には「知多岡田簡易郵便局」という年代物の建物が建っている。これは，1899年に横須賀郵便局（知多郡横須賀町）の郵便受所として伊井又兵衛なる人物が建てたのを，1902年にこの場所に移築したものである。その当時は地元の名望家が自らの手で局舎を建てたり自宅の一部を利用したりして郵便事業を担うのが普通であった。岡田の場合，伊井又兵衛がどのような人物であったかわからないが，一般には旧名主，旧本陣，問屋，酒蔵，質屋などが郵便事業を担った。伊井又兵衛も地元の有力者の一人であったのであろう。

　戦後，1955年に知多郵便局と名前を変え，郵便業務は継続された。しかし岡田の町の様子も変わり，1966年にここから600mほど北西の向田に局舎は移された。これでこの地区での役目は終わったと思われたが，再び時代は変わり，1993年からは岡田地区の歴史的な町並み保存のシンボルとしてこの場所で郵便業務を担うことになった。現在1階は半分が簡易郵便局で，残りは観光案内所を兼ねた岡田街並保存会事務局として使われている。一世紀をゆうに超える知多岡田簡易郵便局は，現役の局舎としては愛知県内で最

古といわれる。現在の建物は初代局長を務めた伊井家の所有であるが，1970～80年代には家具店や八百屋の倉庫として使われたという。簡易郵便局とはいえ元の郵便局に戻り，万事めでたしというところであろう。

　この郵便局は，隣の木綿蔵・ちたが登録有形文化財に登録された1年前の2013年に同じ登録有形文化財の指定を受けている。理由は単に建物の歴史が古いということだけではない。長い歴史の中に岡田地区を中心として木綿織物業で栄えた頃の記憶が残されているからである。この地には江戸時代から貧しい農家の収入源として農作業の合間に婦女子が家で機織りを行ってきた歴史がある。それが1870年代後半から問屋を中心とする手工業的な生産体制に変わり，それまで出機・貸機として各農家で織っていた手機が工場に集められ農家の女性が工場で働くようになった。

　戦後，「ガチャマン景気」といわれた1950年代からは県外出身の女子従業員が寮生活をするようになった。その数2,000～3,000人ということであるから，細い路地が続く岡田の商店街は女性客でさぞかし賑わったことであろう。女子従業員の出身地は九州が多かったが，長野，秋田，四国などの出身者もいた。5年勤めると会社から簞笥が1棹もらえたという。彼女たちが故郷への仕送りのために利用したのが，この郵便局であった。当時，知多半島で生産された木綿の7割はこの地区で占められた。いかにその活気がすごかったかが想像される。しかし知多木綿業はこの頃がピークで，やがて長期的かつ慢性的な繊維不況の時代になり，かつての繁栄を取り戻すことはなかった。1959年の伊勢湾台風による被害が衰退の動きを早めた。

　ところで，そもそも知多半島で最初に綿の苗を植えたのは，三河武士の平野萬右衛門である。萬右衛門は知多郡大野村（現在の常滑市大野）で手広く木綿業を商い財を成した綿屋六兵衛の祖先である。戦国期，1575年に織田・徳川勢と武田勢が長篠で戦ったさい大量の鉄砲が使われた。鉄砲の火縄として木綿が使われたことが物語るように，戦国から江戸にかけて木綿に対する需要は大きくなっていった。こうした動きの中で，知多（岡田）からは慶長年間（1596～1615年）に晒しが施されていない木綿が伊勢の白子（鈴鹿市白子）に送られ，そこで積み替えられて江戸へ運ばれるようになった（知多市誌編纂委員会編，1984）。木綿を晒すとは，木綿から天然の色素を抜いて純白に仕

320
名古屋の周辺地域を読み解く

上げることである。繊維に含まれる蝋質・脂肪質・蛋白質などの雑物が石鹸化して取り除かれる。その頃の岡田は日長郷の中にあって奥・中・里の三つの村に分かれていたが、1606年に一緒になり岡田村になった。村の人口は700人、戸数146戸、石高は689石であった。

岡田から木綿を送り出したのは竹之内源助と中島七右衛門で、竹之内は江戸の白子組、中島は同じく大伝馬町組にそれぞれ納めた（林、1961）。当時、岡田は周辺で生産された木綿の集荷地で、郷中の石垣には木綿を運んできた牛や馬を止めておく金具が設えられ、それはいまでも残されている。しかし18世紀中頃の岡田の木綿は江戸市場では高く評価されず、値段も安かった。このため中島七右衛門は松阪で木綿の晒技術を習得し、岡田に伝えた。しかしすぐに品質を向上させることはできず、1833年の時点でこれまで品質レベルが8〜10番だったのが4〜6番くらいにしかならなかった。名古屋の平野喜兵衛や三河の深谷半左衛門などは2〜3番の白木綿を送り出しており、それらと比べると見劣りした（三重県編、1998）。

品質水準では名古屋や三河の後塵を拝したが、幕末期に行われた天保の改革（1841〜1843年）で売上を伸ばすことができた。物価上昇を抑えるために江戸の問屋組合が解散になり、白木綿が自由に販売できるようになったからである。1838年に約20万反であった販売量が1850年には約40〜50万反に増加した。体制が変わり明治期に入ると、知多（岡田）の白木綿の出荷量はさらに増えていった。1886年の約40万反から1889年の約200万反へと5倍増の増え方である。これには、これまで三河から綿花を仕入れていたのを綿糸の仕入れへと変えたことが影響したと思われる。1897年になると出荷量はおよそ1,000万反にも達した。晒技術のさらなる向上で品質が高く評価されるようになり、販売量が増大したと考えられる。

1907年に名古屋港が開港すると海外への輸出が本格化するようになった。これにともない、知多半島で生産される白木綿のうち岡田を含む西側産地のものは輸出向けに、東側産地のものは国内向けに出荷されるようになった。輸出向けは広幅がメインであり、国内向けは小幅が主流であった。ちなみに、広幅は織物の幅が45cmを超えるもので、小幅は45cm未満のものをいう。その後は、すでに述べたように岡田の竹内虎王の「竹内式力織機」や豊田佐吉

の「豊田式木鉄混製力織機」が導入され，手織りから機械織りへと目覚ましい発展が見られるようになった（浦長瀬，2008）。

1914年の時点で，知多郡における力織機率は99.1％であり，全国平均の19.3％とは比べものにならなかった。岡田に限って見ると，1909年の織布工場は4軒で，職工は158人，晒工場は6軒，職人97人であった。なかでも1898年に織機4台で創業した岡徳織布は，1939年には2,698台にまで織機を増やした。岡徳織布についで織機数が多かった中七木綿会社の1934年の綿糸布販売額はおよそ320万円，同じ年の山形県の工業生産額は約3,600万円であった。1社でこれだけの販売額であったことを考えると，「岡田村の工業生産額が山形県のそれと同じであった」という言説は，まんざらオーバーともいえない。いまは静かな知多半島・岡田の里で近世から近代にかけて活気に満ち溢れた木綿づくりが繰り広げられていたことが不思議にさえ思われる。

3．「土管坂」からたどる常滑産の土管の物語

知多半島西岸の常滑には「やきもの散歩道」と呼ばれる小径がある。これはかつて常滑焼が生産されていた地区を観光目的で歩くために整備された細い街路である（図7-10）。その街路の途中に「土管坂」と呼ばれる切り通しの坂道がある。坂道の両側の崖は不要になった土管を積み上げて崩れないようにしてある。土管は濃い褐色で光沢があり，ほかではお目にかかれない一種独特な光景に観光客は驚く。本来なら地中に埋まっているはずの物が地表それも側面に積み上がり，自らの存在を主張しているようにも思われる。ここを通る人に土管が使われていた頃のことを思い起こさせたいのであろうか。あるいは，本来なら人の目に触れないものが実はこれほど「美しい」存在であることを示そうとしているのか，その意図の解釈は鑑賞者によって異なるであろう。

常滑焼の歴史は古く，平安時代末期（1,100年頃）から始まる焼き物づくりはいわゆる「六古窯」の中でも最も長い歴史をもつ（常滑市誌編纂委員会，1976）。常滑焼は現在に至るまで進化を続けており，ここで生産されてきた焼き物の種類は実に多様で他の産地には見られない特徴をもつ（図7-11）。

かつては常滑を中心とする多半島全域に3,000基を超える穴窯が築かれ，製品は海上輸送で全国各地へ送り出されていった。近隣はもとより遠くは平泉，鎌倉，京都，堺，広島，博多，大宰府などでも常滑焼製品は出土しており，供給圏がいかに広範囲に及んでいたかがわかる。常滑焼を手本に焼

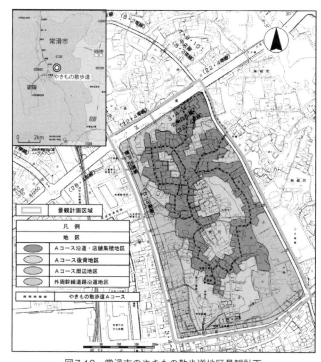

図7-10　常滑市のやきもの散歩道地区景観計画
出典：常滑市のウェブ掲載資料（https://www.city.tokoname.aichi.jp/_res/projects/default_project/_page_/001/001/521/3shou.pdf）をもとに作成。

き物生産を始めたところも多く，技術伝播でも重要な役割を果たした。胎土に釉薬をかけて焼く陶器や陶石が原料の磁器とは異なり，粘土を成形し高温で焼き締める炻器が常滑焼である。土管に求められる強度と廉価性を兼ね備えた焼き物である点に常滑焼の真骨頂がある。

　そもそも「土管」という用語は，いつ頃から使われるようになったのだろうか。土管は焼き物と同じように中国，朝鮮を経て日本に伝えられたといわれる（柿田，1992）。そこで日本でいう土管を中国語ではどのようにいうのか調べると，缸管(gāngguǎn)，陶管(táoguǎn)という答えが返ってくる。缸は「かめ」を意味する。材質は水がめと同じとはいえ，かめに底はあるが，缸管に底はなく管になっているということであろう。陶管は陶器のように土を原料に焼成してつくった管と考えれば，納得できる。確証はできないが，土管は英語

323
第7章　知多半島セクターの地域構造

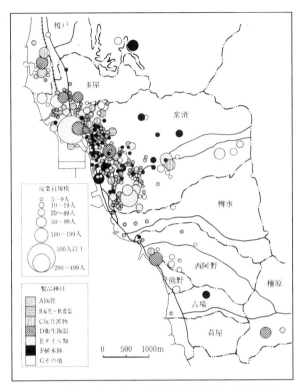

図7-11　常滑市内に分布する窯業関連の事業所（1970年代）
出典：常滑市誌編纂委員会編,1976, p.443をもとに作成。

の earthenware pipe を日本語に直訳した言葉という説が有力である。この説が正しいとすれば，文明開化の時代すなわち明治期に西洋からもたらされ，以後一般的に使われるようになったといえる。

　実際，日本で標準化された土管が使われ始めたのは，西洋から導入された鉄道の敷設と，いま一つは横浜を始めとする居留地の建設が契機であった(坂上・青木,2007)。田んぼの上にそのまま線路を敷くと，農業用水が遮断されてしまう。それを避けるには，線路地盤の下に土管を通して水がいままで通り流れるようにしなければならない。しかも重い蒸気機関車の重量に十分耐える土管でなければならない。居留地の場合は，一足先に上下水道が普及していた西洋の土管と同じレベルの品質が求められた。それまで日本でも焼き物の管すなわち土管に類する物はつくられていた。しかし長い距離を連続的に繋いだり曲げたりできる標準化された土管ではなかった。こうした要求に応えるには技術的改良・進歩が必要であった。

　日本の土管は西洋文化の流入とともに工業製品としての品質を高めていった。しかしそれよりずっと以前に日本が土管の製造技術を受け入れた中国では，4,000年以上もまえから土管がつくられてきた。まだ屋根瓦がなかった

頃である。瓦の時代より土管の時代の方が古いというのは興味深い。なぜなら，たとえば丸瓦をつくる場合，粘土を紐状に積み上げるか，もしくは板状にして円筒をつくるであろう。できた円筒を縦方向に四つに割れば丸瓦になる。つまり，丸く反った瓦より丸い筒状の土管の方がつくりやすい。これが瓦より土管の方がつくられた時期が早かったと推測される理由である。

　中国の製造技術は百済を経て日本に伝わり，それをもとにつくられた土管が596年に蘇我馬子が建立した飛鳥寺で使われた（小野木，2006）。これが日本における最古の土管といわれる。発掘された土管の内径は10cmほどで，用途を考えると上水用の土管であったと考えられる。飛鳥寺に近い川原寺（現・弘福寺）でも土管が出土したが，口径が50cmであったためこれは下水用の土管と思われる。大和以外では太宰府の観世音寺や信楽の紫香楽宮跡から土管が出土している。平安京では大掛かりな都市建設が行われたが，飲料水は井戸，排水は開溝が主で土管はあまり使われなかった。室町時代になると土管と土管をつなぐためのソケットを付けたものが奈良地方で使われた。

　戦国から江戸期になると治山治水，灌漑用水，さらには城下町建設のために土管に類するものに対する需要が大きくなっていく。類するものと書いたのは，実際に使われたのは木樋，石樋，竹管が多かったからである。幹線は石樋で，枝管として竹樋，土管が使われた。ただし木製や竹製の管は寿命が限られており，改修時に土管に切り替えることも少なくなかった。灌漑用の土管は播磨，讃岐，和泉など溜池の多い地域で使用された。その場合も導水路は主に木樋で，土管は補助的に使われた。備前焼の土管が1714年と1716年に，また信楽焼の土管が1741年につくられたことが，土管に記された紀年銘から明らかになっている。

　2020年11月，奈良県大和郡山市の郡山城を囲う外堀の土塁から「土樋」と呼ばれる常滑焼の土管を継ぎ合わせた排水施設が出土した，と大和郡山市が発表した。江戸時代後期に敷設され，現在まで約170年にわたって使われ続けてきた土管で，市の担当者は「現代の水道管と比べても驚異的な耐久性だ」と驚いた。土樋は郡山城の城下町の一角「鍛冶町」の生活排水を外堀に流すため，土塁に細い溝を掘って埋設されたと考えられる。この土管は明治以降も使われ，1994年に下水道が整備されてからは雨水を流し浸水を防ぐ

役割も果たしてきた。常滑焼の専門家は，江戸期の常滑焼の土樋が関西以西で見つかった例はこれまでなく，流通の実態を知る上でも興味深い，とコメントした。

　常滑焼の土管は，2019年に行われた名古屋城の二の丸の発掘調査でも見つかっている。形状は底が狭い逆台形の角形半径土管で，マンガン釉が薄くかかっていた。熱田台地の上に築かれた名古屋城下では深さ10mほどの井戸を掘れば飲料に適した地下水が得られた。しかし熱田台地の西側は低湿地で井戸水の水質が悪かったので1663年に二代目藩主の徳川光友は，現在の庄内川から取水し名古屋城の御深井堀まで通す用水を開削させた。翌年からは城下西部に上水が流れるようにした。これが「幅下水道」で，城の西側や堀川両岸に並ぶ藩の御蔵をはじめ舟運を頼みとする商人らは上水の恩恵に預かることができた。幅下水道は明治期に進められた近代上水道の整備にともない使用されなくなり，地中に埋もれたまま忘れ去られていた。1980年に旧幅下小学校敷地で行われた工事のさいに複数の木樋が出土したが，土管は見つからなかった。

　上水道は名古屋より規模の大きい江戸の神田・玉川・亀有・青山・三田・千川でも設けられた。しかし水を流すのに使われたのは木樋や石樋で，土管は使用されなかった。ただし私設として美濃国高須候の邸へ玉川上水から導くために使われたのは土管で，しかも常滑でつくられた土管であった。納めたのは常滑の鯉江方寿で，これまで使われてきた赤焼土管ではなく真焼土管であった。赤焼は赤物とも呼ばれる柔らかな素焼の製品のことで，甕，火消壺，蛸壺，焜炉，蚊遣などの製品が多かった。これに対し真焼は硬く焼き締まった焼き物で，甕，壺，急須，置物などが中心であった。当時，常滑で使われていた大窯（鉄砲窯とも呼ばれた）は窯の中が不均一になりやすく，高温で焼ける部分と温度が上がらない部分があった。赤物は低温になるところに窯詰めされた。天保年間（1831～1845年）に瀬戸から常滑へ連房式登窯を導入したのが鯉江方寿の父親の鯉江方救で，方寿は連房式登窯で高温焼成による土管づくりを確立した。

　鯉江方寿は1821年に尾張国知多郡常滑村に生まれた。当時の常滑村は現在の常滑市保示・市場・山方・奥条地区で，名鉄常滑駅の東側，伊勢湾に面

する地域であった。常滑村の北にある瀬木村（瀬木地区），北条村（北条地区）とともに，これら三つの村で生産される焼き物を常滑焼と呼んだ。鯉江の生家は窯業を生業とする素封家で，方寿が経営した窯は尾張藩の御用窯とされ，「御小納戸御用」という高札を掲げていた（吉田，1987）。家業の窯業だけでなく，天保年間には「鯉江新開」と呼ばれた新田開発も手がけた。現在，鯉江本町や新開町と呼ばれる常滑市の中心部一帯がそれにあたる。

　常滑焼が他の焼き物産地と大きく異なるのは，海上輸送に便利な海岸に近いという点である。瀬木から北条にかけての沿岸が湊になり，ここから多くの常滑焼が積み出された。湊には焼物置場があり瓶仲買衆が流通を取り仕切ったが，鯉江家など有力な窯元は手船を持っており自ら販売できた。海上交通による常滑焼の輸送は室町の時代から行われており，江戸を中心とする関東地方と伊勢湾周辺が大きな消費地であった（高部，2012）。これには，常滑焼と性質の似た炻器の越前焼や備前焼が競争相手として日本海や西日本を市場としていたことが背景にある。湊は燃料の薪を運び入れるのにも適しており，知多半島では不足する薪は三河や熊野から輸送された。

　鯉江方寿が確立した土管の原料となる粘土は地元で調達できた。常滑頁岩粘土と総称されるが採取地区ごとに粘土の性質が異なっており，富貴粘土，板山粘土，河和粘土，野間粘土などのように採取地区の名を冠して区別された。当初は原料を丘陵部に求めたが，次第に採掘と製土が容易な平野部に移動し，田や畑の下に堆積する田土・畑土と呼ばれる粘土を用いた生産が明治末期まで続けられた。同じ粘土を用いて土管を成形しても，焼き方次第で製品の品質に優劣が生ずる。鯉江方寿は求められる品質を十分満たす真焼土管を連房式登窯で焼成することに成功したが，それは容易なことではなかった。

　きっかけは，横浜港の居留地で使用する土管の製造依頼が1872年に神奈川県から鯉江にあったことである。県は籾山頼三郎を介して注文したが，それを受けて請負業の竹内萬次郎が瓦製の実物見本を持って鯉江のもとを訪れた。内径15cmと23cmの長さはともに61cmの土管を真焼水甕のような硬さで各1万本製造してほしいということであった。鯉江はこれまでとは異なる真焼の近代土管を製造し，その年のうちに納めた。ところが排水管の配置を計画したリチャード・ヘンリー・ブライトンは納入された土管が注文品とは違

うという理由で受け取ってくれなかった。そこで鯉江は木型を使う成形法を
あみだし，それで改良品を製造して再度，横浜へ送った。この改良品が西洋
式土管として居留地で採用されたことで，常滑の土管は他産地を圧倒する地
位を得ることができた。

　常滑の土管の競争力の強さは，1877年の京都―大阪間の鉄道建設のさい
にも遺憾なく発揮された。新橋―横浜間，大阪―神戸間につづいて建設され
たこの鉄道では，これまでの区間とは異なり建設費捻出の困難さを理由に予
算が抑えられる土管が求められた。鉄道寮京都出張所は，京都・伊賀・淡路・
備前・長崎・常滑の各製陶地から見本を取り寄せ比較検討を行った。その結
果，最高品質であった常滑真焼土管が作用されることになり，内径の異なる
3種類の長さ61cmの土管数万本を鯉江が製造することになった。常滑の土管
の採用はその後も続き，1884年の宮城県の古川水道や1890年の神奈川県秦
野町の曽屋水道などで採用された。コレラ発生が契機で始められた古川水道
では，それまでの土管が破損しやすかったので丈夫な常滑の土管が採用され
た。総延長5kmの曽屋水道では常滑土管の経費のやすさが評価され，簡易水
道の模範といわれた。

　鯉江方寿は1901年5月に享年80歳で生涯を閉じた。しかし跡を継いで
常滑の土管製造をさらに発展させていく動きはその後もつづいた。とくに
1909年に国内で製造される土管の規格が常滑で決められたことが大きかっ
た。これは1908年から1923年にわたって行われた名古屋市の下水道敷設事
業において，顧問の中島鋭治と専任技師の茂庭忠次郎が土管の寸法や形態の
規格を定めたことと関係する。茂庭は常滑の土管の強度試験を繰り返し，そ
の結果をもとに製造業者に対して学術的見地から指導を行った。当時，常滑
陶器同業組合会長であった伊那初之烝らは，その指導のもとで製造法に改良
を重ねた。その結果，同業者の一部に反発はあったが，1909年に品質を保
証する「名古屋規格」が決められた。これが国内における土管規格の基本と
なり，「土管の町・常滑」の名は名実ともに全国に知れ渡っていった。こう
した歴史を知って「やきもの散歩道」の「土管坂」を登ると，積み上げられ
た土管一つ一つが何事か語りかけてくるように思われる。

第8章
伊勢湾岸セクターの
地域構造

名古屋の南西，伊勢湾に沿うように広がっていくセクターである。尾張藩は米の増産をめざし伊勢湾沖の遠浅で干拓事業を積極的に進めた。干拓地は，名古屋市域の熱田，港，中川，南各区の一部から市域外の十四山，飛島，鍋田にかけて広がる。内陸部の新田開発も含めると，尾張藩の新田石高は全体で30万石にものぼった。干拓地は海水面より標高が低く，伊勢湾台風では甚大な高潮被害を被った。その後，名古屋港の埠頭が干拓地の前面を埋め立てて建設されたため，飛島と弥富では南北間で対照的な景観が見られるようになった。伊勢神宮へ年貢米や木材を運び出す役割を果たしてきた桑名は，中世の自由都市時代を経て近世初頭には，名古屋城とともに西国勢力に備える城を構えるようになった。伊勢と尾張を水上交通で結ぶ役割は，木曽三川を跨ぐ鉄道の完成で低下した。かわって四日市が名古屋港開港以前の名古屋に対して中継港としての役割を果たした。四日市港は名古屋港とともに伊勢湾沿岸地域の産業に欠かせない存在である。

第1節　伊勢湾岸の新田開発と飛島・弥富

1．新田開発から港湾埠頭へとつづく飛島の歴史

　自治体の財政力を示す財政力指数は，基準財政収入額を基準財政需要額で除して得た数値の過去3年間の平均値で表される。2021年の場合，愛知県の0.885は都道府県の中では東京都の1.073についで2番目に高く，全国的に見て財政的に余裕のある自治体である。財政力指数を全国の市町村別に見ると，ベスト10の中に愛知県の自治体が三つランクインしている。トップは海部郡飛島村で2.21，豊田市とみよし市がともに第9位で1.47である。飛島村の2.21と第2位の青森県六ケ所村の1.81の間には明確な差があり，いかに飛島村が財政面で恵まれた状況にあるかがわかる。六ヶ所村は，石油備蓄基地，原子燃料サイクル施設，国際核融合エネルギー研究センター，風力発電施設などエネルギーに関する施設が集積しており，それによる固定資産税の収入が大きい。対して飛島村は名古屋港の飛島埠頭という港湾設備からの固定資産税が主で，人口が1.02万人の六ヶ所村の半分にも満たない0.46

図8-1 飛島村の位置と土地利用
iezo.netのウェブ掲載資料（https://www.iezo.net/tiikinavi/aichi/tobishima/），飛島村のウェブ掲載資料（https://www.vill.tobishima.aichi.jp/sonsei/torikumi/pdf/toshimasu_kanzenban.pdf），中日新聞のウェブ掲載資料（https://www.chunichi.co.jp/article/161554）をもとに作成。

万人の飛島村は財政需要を満たして余りあるほどの財政収入がある。

　飛島村の位置を確認すると，東は日光川を挟んで名古屋市港区と隣り合っており，北と西は弥富市と接する（図8-1）。南北に長い村内は北側の農地・一部住宅区域と南側の名古屋港区域で二分されており，まったく対照的な地域構成である。こうした対照的な地域の成り立ちは西隣の弥富市も同じで，弥富市では南側の伊勢湾岸沿いに弥富埠頭と鍋田埠頭がある。ただし弥富市の人口は飛島村の約10倍の4.6万人であり，北側には農地のほかにまとまった市街地が形成されている。飛島村が名古屋港に組み込まれていなかった頃，弥富市に合併を持ちかけたことがあった。しかしそのときは断られた。その後，飛島村が名古屋港の一部となって財政が豊かになると，逆に合併を申し

込まれる立場になった。しかし飛島村は財政収入の流出をおそれ断ったという。

　現在，愛知県内にある二つの村のうちの一つが飛島村である。もう一つの豊根村は東三河の山間部にあり面積は155.9㎢で，飛島村の22.4㎢の7倍と広い。大都市・名古屋の西隣にあって現在も村として存在する自治体は，ときとして好奇な目で見られやすい。とくに18歳まで子供の医療費は無料で中学生を対象とした海外研修もあり，高齢者へのサービスも手厚い点などは，羨望の的である。しかし反面，人口が4千人ほどで一向に増える気配が見られないのはなぜかという疑問も抱かれやすい。これは，村の北側が市街化調整区域に指定されているため，特別な事情がなければ一般の住宅が建てられないからである。北アメリカに例を見るように，都市計画の地域地区制やゾーニングは，ときとして部外者を排除する手法として用いられることがある。飛島村の人口は2008年からの15年間，4,500〜4,800人で推移しており，大きな変化はない。これに市街化調整区域の指定がどれほど関わっているか明らかではないが，人口の少なさが基準財政需要額を抑えていることは確かである。

　飛島村の北半分は江戸時代以降の干拓による新田開発で生まれ，南半分は現代の港湾埋め立てによって生まれた（図8-2）。一番北側が最も古い新田と考えてよく，時代とともに新田は南へ南へと広がってきた（飛島村史編纂委員会編，2000）。最古の新田は大宝新田で，これは長尾家三代目の長尾重幸が1659年，1665年，1681年の三度にわたり新田開発を尾張藩に願い出たのが発端である。ようやく1692年になり，二代目藩主の徳川光友は安福寺に20町歩を寄進することを条件に開発を許した。新田は翌年夏に完成したが1693年秋の暴風雨によって破堤したため，折角，開かれた新田も荒廃してしまった。その後も受難は続き，1727年と1762年の洪水で排水が困難になったため排水路の改修を余儀なくされた。

　受難はこれで終わらず，その後も地震などによる地盤沈下で自然排水が困難になり，村民は大いに苦しめられた。こうした窮状の解決は近代に持ち越され，1906年に大宝家十代目の大宝陣の尽力により最終的に解決された。当時としては最新鋭のドイツ製ポンプ2台を大宝家が個人資金で購入し排水

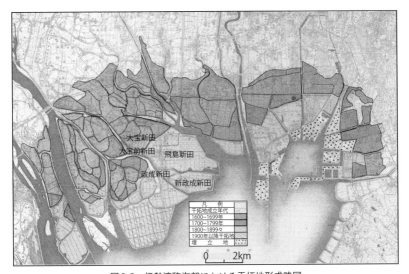

図8-2 伊勢湾臨海部における干拓地形成略図
独立行政法人・防災科学技術研究室・自然災害情報室のウェブ掲載資料（https://dil.bosai.go.jp/disaster/1959isewan/material/images/fuzu/fuzu_003.jpg）をもとに作成。

機場に設置したのである。このポンプは，現存する日本最古の大型渦巻ポンプとされる。これにより長い間湛水の被害に苦しめられてきた飛島村の住民の生命と生活が守られ，米の収穫量も増加した（立松，1989）。現在は村の大宝排水機場に保存されている。

　1707年に大宝前新田として開かれたのがそのつぎの新田である。名前からわかるように大宝新田の前すなわち南側にあり，神戸分左衛門の手によって行われた。神戸は犬山屋という屋号で尾張藩の保護のもと名古屋で木材業を商っていた。晩年は新田開発に励み井筒屋平兵衛らとともに大宝前新田の開発に着手したが，生まれた新田は洪水によって荒廃した。総経費2万7,600両をかけて開かれた100町歩（約100ha）の新田は，開発者の姓を冠して神戸新田とも呼ばれた。場所としては，弥富市の旧十四山村に属する。

　大宝前新田の南東側では1801年に大宝前新田を再開発し，さらに広げるかたちで飛島新田が開かれた。取り組んだのは，北方ですでに完成していた鳥ケ地新田の庄屋をつとめていた佐野周平と同じく鎌島新田の庄屋だった木村徳右衛門である。両者が発起人となり，援助者6人を加えて事業を進めた。

飛島新田の干拓事業では，尾張藩の熱田奉行で船奉行を兼ねた津金文左衛門（胤臣）が事業全体を指揮した（愛知県小中学校長会編，1957）。津金の祖先は甲斐武田の家臣であったが，武田家が滅んだため尾張藩に仕えるようになった。漢学や和歌の才があり，学問に親しむとともに武術にも秀で，経済・土木など実学にも長けていた。勘定奉行や錦織奉行の要職を経たのち飛島新田の開発に携わるようになった。

　津金が取り組んだ飛島新田の開発は，これまでの新田と比べると規模が大きかった。大きく見れば木曽川の三角洲，細かく見れば日光，善太，蟹江，戸田などの諸川が土砂を運び，文字通り飛び島になっていた。計画は外側に提を築き，川の泥でかさ上げをして耕地をつくるというものであった。工事は予想通り困難を極め，暴風雨で堤防が決壊すると最初からやり直すこともたびたびあった。1801年に767町歩（約767ha）の大規模な飛島新田が完成した。

　新田開発はさらにつづく。寛延新田の庄屋の大河内庄兵衛が1819年に尾張藩に願い出をしたが，開発予定地は御用筏師が風待ちや潮待ちに利用する基地として使われていたために許可が出なかった。当時は尾張領の裏木曽から木曽川を下ってきた筏が海岸沿いに熱田をめざして移動していた。4年後，開発許可が下り，1824年に着工して1826年に政成新田として完成した（永井，2006）。名前の由来は，新田が文政年間に生まれたことによる。1857年には洪水で荒廃していた朝日新田を編入した。その後，荒廃と再開発を繰り返したのち，1889年に飛島村大字政成新田として整備された。1934年に一部が新政成，1975年にも一部が古政成となった。

　こうして飛島村の北側半分が近世から近代初期にかけて行われた新田開発によって誕生した。戦後の食糧難時代，村民は必死になって稲作に励んだ。一面の耕作地は米づくりに適しており，生産額の約70%（1975年）は米作によって得られた。しかし海抜ゼロメートルという低地であるがゆえの悩みもあり，とくに伊勢湾台風（1959年9月）による犠牲は大きかった。村内で132名の尊い命が失われ，犠牲者の霊を弔う「伊勢湾台風殉難之碑」が当時は最も海岸に近い位置にあった筏川河口部に建てられた（小林，1984）。その後，この河口部から南側にかけて名古屋港の埠頭建設のための埋め立てが行

われていった。近世から続けられた新田干拓地と，戦後の高度経済成長期以降の埋め立て地のまさに境目のような場所であり，空間と時間をともに区切る象徴的場所である。

飛島村の地先で名古屋港の埋め立てが計画された1970年当時，名古屋港全体の港湾計画では臨海工業用地としての利用が想定された。1907年の開港以降，名古屋港では，現在，ガーデン埠頭と呼ばれている場所を中心に，おおむね時計回りの方向で埋め立てが行われた。埋め立て地や埠頭の利用は貿易構造の変化とともに変わっていく。戦後は加工貿易体制の下で，東側の埋め立て地は製鉄，石油・ガスのエネルギー，飼料穀物など海外から輸入した原材料を加工・貯蔵する基地として利用されるようになる。一方，港の中央部は名古屋圏で生産された製品を輸出する機能に当てられ，加工貿易体制を東と中央で役割分担するような状況であった。

飛島村の地先は港湾計画では西4区と位置づけられた。まだ土地はなく，いずれ東側の臨海工業地区が用地不足になればそれを西側で用意するという考えであった。ところが1960年代頃から世界の港湾ではコンテナ形式の物流が一般的になっていった。日本はこうした流れにやや遅れたが，名古屋港でも1968年に金城埠頭から最初のコンテナ船が出航した（近藤，1987）。名古屋港では戦前，埠頭に番号をつけて呼ぶ習わしがあり，金城埠頭は13号地に相当した。しかし戦後は埠頭に固有名詞が付けられ，13号地は金城埠頭と呼ばれるようになる。しかし金城埠頭はコンテナ貨物の取り扱いを想定した埠頭ではなかったため，予想される本格的なコンテナ時代に対応するためコンテナ専用埠頭を設ける必要に迫られた。

庄内川が伊勢湾に流れ込む区域を挟んで東側に既設の金城埠頭があり，その西側に新たに飛島埠頭が1970年に設けられた。2年後の1972年から早くも飛島埠頭東側の2バースが供用開始になった。その4年後にはコンテ貨物用の公共岸壁でも取り扱いが始まった。飛島埠頭がコンテナ貨物専用になったのは，1991年に埠頭の南側もコンテナターミナルとして整備されたからである。これで四角い飛島埠頭の東側と南側でコンテナが取り扱われるようになった。

それまでこの南側では完成自動車の積み込みが行われていた。積み込みを

行っていた自動車メーカーは，将来のことを考え完成車の取扱業務を港湾東側の自社専用の埠頭で集約して行うことにした。これはどの埠頭にも共通するが，埠頭は海面をただ埋め立てただけで完成するものではない。大きくは背後圏の貿易構造の変化を考慮しながら，港湾全体として用地や埠頭が果たすべき機能の適正な配置を考える。一旦，埠頭の利用内容が定まっても，時間とともに港湾全体の稼働状況をにらみながら手直しが行われる。飛島埠頭も例外ではなく，1970年の埋め立て後も拡張が行われ2008年にようやく最終形に至った。

飛島埠頭の総面積は528.3haと広く，金城埠頭（191.0ha）の2.8倍もある（図8-3）。この巨大な面積が物語るように，名古屋港における製品貿易の取り扱いはコンテナ形態に完全に移行した。岸壁に接岸した船に人力で製品を積み込んでいた以前の状況と比べると今昔の感がある。飛島埠頭の完成以降も，名古屋港の

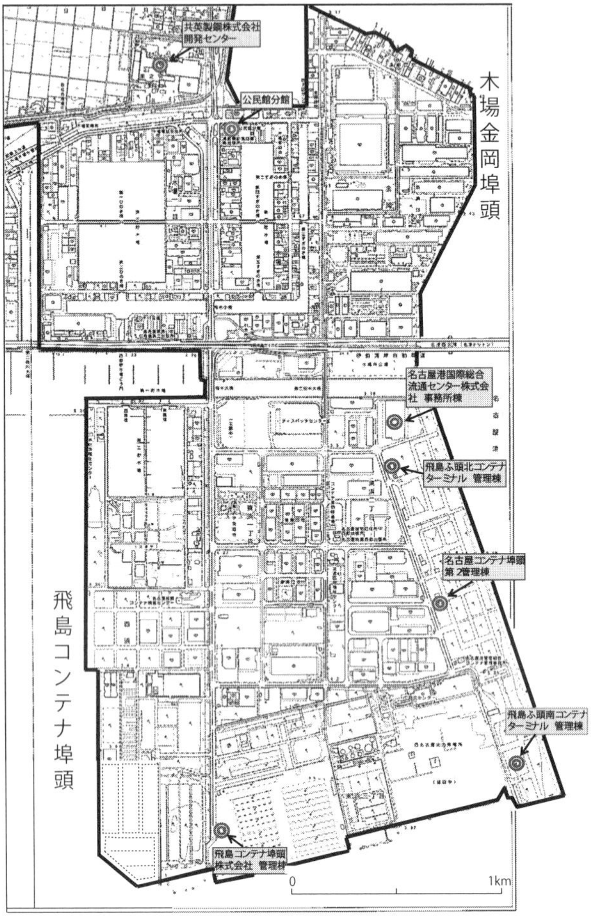

図8-3　名古屋港飛島コンテナ埠頭・木場金岡埠頭
出典：飛島村のウェブ掲載資料（https://vill.tobishima.aichi.jp/bousai/pdf/hinanjonanbu_r410.pdf）をもとに作成。

336
名古屋の周辺地域を読み解く

西側では弥富埠頭や鍋島埠頭が建設されていった。弥富埠頭には窯業原材料の流通センター，鋼材メーカー，航空機器製造工場などが立地した。鍋島埠頭では中国や韓国などから運ばれてきた輸入貨物が主に取り扱われている。名古屋港は，輸出額から輸入額を差し引いた貿易収支の黒字額が20年以上にわたって全国一である。輸出額の60～70％は完成自動車と自動車部品が占めるが，自動車部品はコンテナで運ばれる。すべて飛島埠頭で取り扱われている。

　飛島埠頭におけるコンテナ貨物の取り扱いは埠頭の東側と南側で行われているが，その経営方式は東側と南側で異なる。東側には北から順に飛島埠頭北CT（コンテナターミナル），名古屋港飛島CT，飛島埠頭南CTがあり，これらは名古屋埠頭株式会社によって運営されている。一方，南側には飛島埠頭南側CTの第1バース（TS1）と同じく第2バース（TS2）があり，これらは飛島コンテナ埠頭株式会社（TCB）によって運営されている。設備は公営でも，それを動かすのは民間という港湾の民営化は世界の潮流である（林，2017）。

　前述のTCBは船社，港運，荷主系物流会社10社からなる民間ターミナル運営会社であり，コンテナターミナルの運営はもとよりガントリークレーンなど一部の施設整備も行っている。特筆すべきはその先進性であり，遠隔自動RTG（ラバータイヤ式ガントリークレーン）を世界で最初に導入した。RTGはモニター映像によって遠隔操作されている。またRTGと荷さばき地との間のコンテナ輸送は，国内では名古屋港にしかない自動搬送台車（AGV）によって行われている。これらの導入により，コンテナ貨物の積み降ろしの作業効率は飛躍的に向上した。

　飛島埠頭に隠れるように，その北側には木場・金岡埠頭と木材港がある。このうち木場と木材港は，伊勢湾台風のとき流出した木材が市街地で大きな被害をもたらしたことを教訓に，かつて港の東側に分散していた貯木場をここに集約するかたちで設けられた（林，2016）。しかし石油ショックで住宅建設の需要が激減したり，他港での木材輸入が増えたりしたため，当初に計画したようには木材関係の企業が進出しなかった。きっかけが伊勢湾台風であったという点では，飛島村が被った過去の歴史と重なる部分がある。新田

干拓から港湾埋め立てへと引き継がれてきた飛島村の歴史を遡ることで，伊勢湾臨海部の地域変貌の一端が見えてくる。

2．新田開発と木曽川の渡河地点としての弥富

いま人々が生活している平野の中でも，そこが原始から古代まで人間がいなかったところなら，当然のことながらその時代の歴史的遺跡は見つからない。身の回りでそのような遺跡が見つかるのが当たり前と思っている人にとっては，そうした平野は思い浮かばないかもしれない。名古屋圏でいえば，伊勢湾や三河湾の臨海部で近世以降，新田開発が盛んに行われ，人々が入植して生まれた地域がこれに相当する。かつて海であったところが陸になり，それ以来，今日に至るまで歴史が刻まれてきた。臨海低地というハンディキャップを負っているがゆえに自然との闘いを余儀なくされた歴史をもつ地域である。

愛知県の西端に近く市域の多くが新田開発で生まれた弥富市は，そのような地域である。南北にやや長いかたちをした弥富市が海面上に現れた，あるいは歴史上に登場したのは，平安末期のことである。現在の津島市と弥富市北部にかかる市江島と呼ばれた土地が切り拓かれた（佐屋町史編集委員会編，1996）。現在の弥富市で五之三，荷之上，鯏浦と呼ばれる地区が市江島に相当する。開発は室町時代に本格化し，東の尾張と西の伊勢の両方から入植が行われた。河口部に近いため地形は定まりにくく，尾張と伊勢の境界は明確でなかった。しかし伊勢長島方面からの入植者が多かったので，市江島は一般には伊勢国の一部とされてきた。

戦国時代に市江島一帯を支配したのは，鯏浦に拠点を置いた豪族・服部党であった。服部党は長島一向一揆の一翼を担ったが，1574年の織田信長の侵攻により滅ぼされてしまった（青木，1988）。その殲滅戦は苛烈をきわめ，「市江島以南，猫一匹とて生けるものなし」といわれたほどである。無人の荒野となった市江島に宇佐美・服部・佐藤・伊藤の四家が入植し，農民を集めて復興につとめた。この四家は，信長による侵攻以前に市江島が津島祭に出していた車楽舟を再興したことから「車屋」と呼ばれた。このうちの一人，服部正友が1576年に建てた屋敷はいまも残されており，国の重要文化財に指

定されている。荷之上にある服部邸である。

　戦乱が収まり尾張藩が成立すると，藩の普請奉行，勘定奉行，野方奉行などが伊勢湾沿岸部での新田造成を奨励した。方法は，新田の開発を希望する富商・豪農に目論見書を出させ，それが妥当であれば申請を認めて敷金を徴収するというものであった。敷金を元に奉行所は堤防・圦・橋などをつくる。新田が完成したら，藩は出資者を期限付きの年貢免除の地主としたり，新田の一部を年貢免除地として与えたりした。土地が広がり収入も増えるため，富商・豪農や藩にとって新田開発は魅力的な事業であった。しかし17世紀も末になると藩の財政が悪化するようになり，新田開発はもっぱら町人に任せる方式に変更された。希望者は敷金を納めて開発の権利を取得し，自ら開発事業を行うことで長期（10～15年）の鍬下年季を得るようになった。

　江戸時代初期，現在の弥富市の中で主だった土地は市江島の一部，それに木曽川と海老江川に囲まれた五明輪中であった（図8-4）。東名阪自動車道の木曽川橋のたもとに近い木曽川左岸沿いの五明公園にその名が残る。当時，市江島も五明輪中も伊勢国長島藩領であった。しかしその後，市江島が尾張藩領になったため，国境が市江島と五明輪中の間を流れる海老江川に定められた。五明輪中は伊勢国に属したが，支配は幕府直轄の笠松代官所が行い，1880年になって愛知県に編入された。木曽川流路の直線化のためかつて輪中であった痕跡は見当たらない。しかし，弥富市発祥地の一部として記憶さ

図8-4　弥富発祥の地・五明の江戸期と現在の対比
草部神明社のウェブ掲載資料（http://kusakabeshinmei.blog9.fc2.com/blog-entry-66.html），iezo.netのウェブ掲載資料（https://www.iezo.net/tiikinavi/aichi/yatomi/）をもとに作成。

れてよいであろう。

　五明輪中が 1880 年に愛知県に編入されたのは，この年に愛知県と三重県
の県境が鍋田川に定められたためである。1887 年から始まる木曽川河口付
近での改修事業により，木曽川派流の筏川は締め切られた。筏川はその名が
示すように，尾張藩領の木曽谷から筏を組んで木曽川・佐屋川を流れてきた
筏を南東方向に流すさいに利用された。しかしそのような必要はなくなった
ため一旦は締め切られた。ところが上流部の立田輪中の悪水を排水しなけれ
ばならなくなったため，1906 年に再び利用されるようになった。

　一方，同じく木曽川派流の鍋田川は立田輪中の悪水の排出先とされ，その
ため立田輪中の堤防の下に水が流れるように樋門が設けられた。干潮時に鍋
田川の水位が低下したら扉を開けて悪水を流す仕組みである。ところが実際
は悪水を流すより鍋田川から立田輪中へ水が流れる方が多かった。このため
発想を逆転し，鍋田川から立田輪中へ水を取り込み，それを筏川に導いて排
出するようにした。通常，樋門は上流から水を取り込むが，ここでは下流か
ら水を取り込んだため，この樋門は全国的にも珍しい逆潮用水樋門と呼ばれ
るようになった（新沢，1955）。しかしその後，鍋田川の河床が高まったり，
川の水が塩分を含むようになったりしたので樋門は閉じられた。

　江戸期に盛んに行われた新田開発により伊勢湾沿岸部ではまるで魚の鱗を
描くように土地が広がっていった（図 8-5）。広がったのはもっぱら伊勢湾に
面する南側で，西側は木曽川が流れているため先へ進むことはなかった。現
在でこそ木曽，長良，揖斐の三川は分かれて流れているが，江戸時代は流路
が互いに絡まっていた。このため移動は川から川への船による移動である。
古くは古代東海道の時代から伊勢と尾張の間を川伝いで移動した。その場合，
伊勢からは朝明（四日市市朝明町）を起点に北へ向かい，尾津（桑名市多度町）
に近い榎撫の駅から川を渡り始めた。尾津浜がその場所で，近くの尾津神社
には多度神社への参詣者のために「すぐ多度道　右つしま　左ミの道」と記し
た道標が立っていた。

　この「右つしま」の道標を頼りに西から川を渡り終えた旅人は，津島の手
前の馬津駅に着いた。ただしこの馬津駅が具体的にどこにあったか，その場
所は明確になっていない（三渡，1987）。有力な説は，現在の津島駅から北東

340
名古屋の周辺地域を読み解く

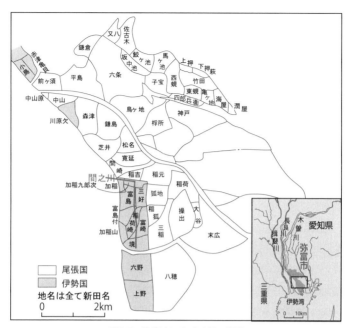

図8-5 弥富市における新田開発
出典：国土交通省中部地方整備局木曽川下流河川事務所調査課のウェブ掲載資料（https://www.cbr.mlit.go.jp/kisokaryu/KISSO/pdf/kisso-VOL73.pdf）をもとに作成。

へ3kmほど行った愛西市方町の「松川」ではないかという。その根拠は以下の三つである。①ウマツと松川の音が符合する。②隣に東馬，西馬という地名がある。③付近一帯が自然堤防になっている。これが正しいとして，ここから南東へ下って津島に着いたら，その後は一路，街道を東へ向かう。その先に新溝駅が待っているが，それは現在の名古屋市中区金山に近い古渡ではないかと考えられる。

時代は江戸期に入り1601年に東海道に伝馬制が実施されたさい，尾張と伊勢の間は熱田（宮）宿と桑名宿の間を海路「七里の渡し」で結ばれることになった。しかし海路は天候次第で船が出ない日もあり，船が出ても安全とはいえない場合もあった。実際，徳川家康は1615年の大坂夏の陣の折，海路ではなく佐屋から船に乗って川を渡り伊勢に向かった。熱田と佐屋の間を陸路で行くようになったきっかけは，三代将軍徳川家光の上洛にともない尾張藩が佐屋路を整備したことである。1623年に初めて上洛した折，家光は

341
第8章 伊勢湾岸セクターの地域構造

1616 年に伝馬制が布かれた美濃路を通ったが，1626 年の 2 回目の上洛のさいはその帰途，佐屋路を通って熱田へ向かった。1634 年の 3 回目の上洛のときもこの陸路を選んだのは，家光が船酔いしやすい性分だったからといわれる。

　1634 年に宿場が設置された佐屋には以前から渡船場があった。このとき佐屋の東の万場にも宿場が設けられた。これらの宿場を通る佐屋路は，1666 年に東海道の脇往還として幕府によって公認された。それまで津島にあった船高札が佐屋へ移設されたことにより，津島が担ってきたこの地方の川湊の機能は失われた。熱田から陸路で西へ向かう場合，佐屋より津島の方が距離は短い。しかしそこから桑名までの距離は逆に佐屋の方が 1 里（約 4km）ほど短い。船による移動距離を考えれば津島湊より佐屋湊の方が有利であり，尾張藩もそのことを考慮したように思われる（佐屋町史編集委員会編，1976）。しかし実際は別に理由があり，有力な社領をもつ津島神社の影響力を避ける意図が藩にあったと推量される。なによりも，津島湊は上流からの土砂流入で本来の機能が果たせなくなっていたことが最大の理由だと思われる。

　津島湊の機能の衰えは，それから 206 年後に佐屋湊でも見られるようになった。このことが現在の弥富市に河川の渡河集落を形成させるきっかけとなった。渡河地点の移動はめずらしくないが，このケースは近代以降の交通路との関係から考えると興味深い。なぜなら，これによって木曽三川に橋を架け道路や鉄道で移動するルートが決まったからである。時代を追って考えると，尾張から見た場合，中世は津島—桑名間の渡船ルートがあり，近世は熱田—桑名間の海上渡船ルートと佐屋—桑名間の渡船ルートが利用された。近世後半になると佐屋も津島と同様に湊の機能が果たせなくなり，弥富—桑名間を船で渡るようになる。そして近代になって弥富と桑名の間に橋が架けられ，渡船による移動は終了する。

　歴史はこのように推移していったが，その経緯をいま少し詳しく見てみよう。近世の時点では上述のように複数のルートが併存した。「七里の渡し」と「三里の渡し」である。熱田—桑名間を海路で行く「七里の渡し」に比べると，佐屋—桑名間の「三里の渡し」の乗船距離は半分以下である。しかし陸路の 6 里分が加わるため全体では 9 里となり遠回りである。しかしそれで

342
名古屋の周辺地域を読み解く

も難破の危険性や船酔いが避けられるため女性に好まれ，佐屋街道は「姫街道」とも呼ばれた（福島，1969）。将軍家光も船酔いを理由に海路を避け，陸路，佐屋街道を通ったことはすでに述べた。

　ところが江戸後期になると佐屋川は木曽川から流れてくる土砂の堆積のために浅くなってしまった。佐屋川は木曽川の第一派流であり，木曽川の本流のような位置づけであった。上流部で山林開発が進んで土砂が大量に運ばれてくるようになり，佐屋湊の川舟航行に支障をきたすようになった。このため佐屋湊では幕府の支援を受け川の浚渫が行われたが，土砂の堆積には抗しきれなかった。やむなく佐屋から半里下流の五之三村（弥富市）に川平湊を設けることになった。ただし川平湊は宿場から離れていたため，佐屋宿にとっては大きな負担になった。そこで1843年に佐屋宿を1里下流の五明（弥富市）へ移転する案を佐屋代官に申請したが認められず，佐屋宿の負担は明治まで続いた。1868年に明治天皇が江戸へ行幸した折，尾張藩が用意した白鳥丸で桑名から佐屋へ向かったが佐屋川が遡上できず，途中の焼田湊で下船せざるを得なかったというエピソードも残る（佐屋町史編集委員会編，1992）。

　現在の弥富市五之三町川平の住宅地の中に，「明治天皇焼田湊御着船所跡」と刻まれた大きな石碑が立っている。そこから2kmほど南に「ふたつのやの渡」と刻まれた小ぶりの石碑が立っており，まさにこの地点が1872年に完成した前ヶ須街道と木曽川の渡船を結びつけた場所であることを物語る。公道としての役目を終えた佐屋街道に代わり，前ヶ須街道が新たな東海道としての役目を果たすようになった。この道は東京から神戸港に至る「1等国道東海道」で，1934年に現在の国道1号のルートに切り替えられるまで国を代表する幹線国道であった。新たに木曽川の渡河地点となった前ヶ須は，かつての前ヶ須新田である。交通要衝になったため海西郡の中心地として郡役所・警察署などの官公庁が集まった。商店の集積も進み，現在に至る弥富市の中心市街地発祥の地となった。

　木曽三川を橋で渡る交通では鉄道が先行し，1895年11月に四日市に本社を置く関西鉄道が弥富―桑名間を完成させた。その半年前には名古屋―前ヶ須（弥富）間の鉄道が完成していたので，鉄道によって名古屋と桑名の間が結ばれた。道路交通では1933年に木曽川を渡る尾張大橋が，翌年には長良川・

揖斐川を渡る伊勢大橋が建設された。これをもって「ふたつのやの渡」の役目は終わった。弥富にはのちに国鉄関西本線や近鉄名古屋線の駅が置かれた。東西の交通路をかつての東海道、佐屋街道になぞらえるなら、名鉄弥富駅をターミナルとする南北方向の尾西線は木曽川を上下する舟運の現代版と見なすこともできる。

第2節　北勢地方を代表する桑名と四日市

1．揖斐川河口部・桑名の商業・交通・軍事拠点

　日本の多くの方言は、英語のような強弱アクセントではなく、高低アクセントをもっており、単語または文節ごとに高低の配置が決まっている。その配置には地域差があり、言語と結びつきの深い文化の地理的広がりを知る手がかりとなる。木曽三川下流部附近で行われた方言調査によれば、アクセントの境界線は長良川と揖斐川の境を北に走り、養老山地の東山麓を経て、大垣南の平地と垂井の東を北に向かっているという（上野、1984）。俗に関西弁といわれる近畿地方独特のアクセントは揖斐川に臨む桑名市で終わる。ただし同じ桑名市内でも揖斐川と木曽川に挟まれた旧長島町や弥富市に接する桑名郡木曽岬町は、尾張弁のアクセントである（図8-6）。むろん方言のアクセントだけが文化的指標ではないが、揖斐川が名古屋圏の西と東を文化的に分ける境目であることは明らかである。

　養老山地は簡単には横断できない地理的障害物であり、その北側の関ヶ原付近の鞍部が昔から通行可能な通路として利用されてきた。そこが通行不能であれば、養老山地の南側、すなわち伊勢湾に近いところを東西方向に移動するしかない。昔風にいえば東の尾張国と西あるいは南西の伊勢国を結ぶ唯一の陸路は、まさしくこの木曽三川河口部にあった。陸路といっても橋のない時代のことゆえ、大河を越えていくには船に頼るほかなかった。近世は尾張の熱田宿と伊勢の桑名宿を結ぶ七里の渡しが旅行者の足代わりであった。渡しを嫌う人は遠回りの佐屋街道を利用したが、いずれにしても北東方面から伊勢国に入るには揖斐川河口の桑名を経由するほかなかった。

七里の渡しの桑名の渡船場の近くに伊勢国の出入口を象徴する大きな鳥居が建っている。桑名から伊勢までは107kmもあり，この距離は愛知県でいえば，一宮の真清田神社と豊川稲荷を結ぶ距離80kmよりも長い。伊勢神宮は古来より信仰の対象として特別な存在と見なされてきた。桑名が伊勢神宮あるいは伊勢国

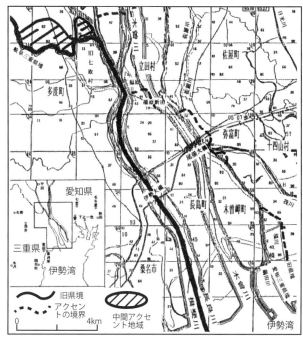

図8-6　関西風アクセントと名古屋風アクセントの境界
出典：鏡味，1998，p.91をもとに作成。

の出入口であったのは，桑名を通らなければ東国からは伊勢国に入ることができなかった地理的状況ゆえである。ボトルネックのような桑名の位置的条件は，河口付近で収斂する大きな河川と断層山地によって生み出されたものである。近代になり木曽三川を跨ぐ橋が鉄道，国道，高速道路とつぎつぎに架けられていった。これによって愛知・岐阜両県と三重県の間の人やモノの動きは活発になり，三重県北部は名古屋圏の西部を構成するようになった。しかしながら，言語など文化的基層では関西風の色合いは消えておらず，県西部や南部では大阪圏の影響が濃厚である。

　濃尾平野には近世，東海道の宿場（宮宿）を兼ねた熱田に湊があり，城下町・名古屋も海側からの物資流入に依存していた。矢作川が形成した岡崎平野にも西尾や岡崎などの城下町があった。さらに豊川がつくった豊橋平野には現在の豊橋がかつては吉田藩の城下町としてあった。これに対し揖斐川河口の

桑名には城下町こそ形成されたが、岡崎平野や豊橋平野などのように大きな平野は背後にはなかった。この点で、桑名と揖斐川の関係はほかの都市とはやや異なる。古代から中世にかけて、桑名には伊勢神宮の御厨（荘園）から御調物を運ぶ神船の拠点としての役割があり、桑名周辺や美濃にあった伊勢神宮の領地で得られる年貢米や木材を運んでいた。

　木曽三川を川船で運ばれて桑名に集められた御調物は、海を渡る大型船に積み替えられて大湊（伊勢）に運搬された。遷宮に必要な木曽の木材も筏に組んで木曽川を桑名まで下り、船に積むか筏を組み直して曳航し伊勢まで運ばれた。中世の桑名の遺跡から出土した焼き物を調べると瀬戸焼や常滑焼が多く、伊賀や信楽の焼き物は見られない。このことは、陸路、西から鈴鹿山脈を越えて重く壊れやすい陶器を運ぶより、東から船で輸送した方が効率的だったことを物語る。しかし陸路による交易がなかったわけではなく、近江の商人は八風峠や千草峠を越えて桑名を訪れ、紙・木綿・陶器・塩・魚類・布などを仕入れた（西羽、1974）。これらは美濃・三河・尾張・伊勢などから桑名へ運ばれてきたもので、中継地の桑名には近江や美濃の商人のための定宿があった。

　神船は伊勢湾内に限らず、遠くは太平洋を東海道沿いに北上し関東にまで行くことがあった。鎌倉期に入ると、伊勢神宮の下で貢物の輸送や一般の商品の輸送・保管・委託販売を行う問と呼ばれる商品管理業者が現れた。彼らは桑名や大湊など伊勢湾内の湊津に集められた商品の管理を担うようになり、東海、関東方面や瀬戸内方面などの遠距離海上輸送も請け負った。ところが応仁の乱（1467〜1477年）を境に状況が大きく変わっていく。伊勢神宮の荘園が押領などによって衰退し、貢物などの輸送が停滞するようになったからである。これにともない、これまで伊勢神宮が独占してきた伊勢方面の海上交易権が神宮の下請業者的存在であった問屋衆へと移っていった。

　16世紀初頭、問屋衆による都市の自治化が進んだ桑名や大湊は、堺や博多と並ぶ自由交易都市へと発展する気配を見せ始めた。桑名が「十楽の津」と呼ばれ、戦国大名の介入を許さない公界の地になったのはこの頃である（堀田吉雄ほか編、1987）。十楽とは仏教用語で極楽において味わえる10種のよろこびをいう。転じて戦国時代には、諸国商人の自由な取引が行われた湊・

町を十楽の津，十楽の町などと形容した。当時の桑名では伊藤氏・樋口氏・矢部氏の三人の有力者がそれぞれ城館を構え，その下に三十六家氏人（三十六人衆）がいた。伊藤武左衛門の東ノ城，樋口内蔵介の西ノ城（桑名市吉津屋町），矢部右馬允の三崎城（桑名市太一丸）が桑名三城と呼ばれ，ほかにも40余りの城砦が存在した。このうちの東ノ城が近世桑名城の二之丸と朝日丸あたりに位置しており，これが桑名城の起源と考えられる。

　桑名が自由な商都であったのはこの頃までで，織田信長の伊勢侵攻とその家臣・滝川一益による支配以降は武士の力による軍事的性格を帯びるようになる。一益は当初，矢田城（現・走井山）に拠点を構えたが，1574年に長島の一向一揆勢力を滅ぼしたあとは長島城に移り，桑名には代官を置いた。1591年に桑名に入った一柳可遊（右近）は，4年後に伊勢神戸城（鈴鹿市神戸本多町）の天守閣を移築して揖斐川沿いに桑名城を築き始めた（近藤編，1959）。これが現在の桑名城の原型になった。1595年に豊臣秀次が追放されると秀次家臣の一柳も連座し，代わって氏家行広が桑名城に入った。ここまでが1600年の関ヶ原の戦いまでの桑名である。これ以後，桑名はさらに軍事的性格が増していく。

　関ヶ原の戦いの翌年，徳川四天王の一人である本田忠勝が十万石で桑名に入部した。徳川方の勝利でようやく戦乱の時代は終わったかに思われた。しかし天下統一をまえにして徳川家康は，西日本に多い外様勢力への対応として桑名を強固な軍事拠点にすることにした。その意を汲むように，本田忠勝はいわゆる「慶長の町割」によって桑名を軍事重視の近世城下町に大幅につくり変える事業に取り掛かった（古城，2001）。それまでの桑名は，走井山の下を流れる町屋川が三筋に分かれ，一部は北を流れる大山田川と合流して3本の川となって揖斐川に流れ込んでいた。つまり桑名は，自凝洲崎，加良洲崎，泡洲崎と呼ばれる三つの三角州状の島によって成り立っていた。

　こうした三つの崎を統合しその上に城下町を建設するため，町屋川は桑名の町に入る直前（上野～西別所）に南へ直角方向に曲げられそのまま伊勢湾に流れ込むように流路が変えられた。これが現在の員弁川である。これにより町屋川と大山田川は城下町を取り囲む外堀の役目を果たすようになった。桑名城下は外堀が全体を取り囲む総構え構造となり，その内部の東側，すなわ

図8-7　近世桑名城下町と現在市街地との対比
koutaroのウェブ掲載資料（http://www2.koutaro.name/machi/kuwana.htm）をもとに作成。

ち揖斐川に近い位置に本丸が設けられた（図8-7）。本丸は数条の堀によって囲まれるだけでなく、西と南に配した武家屋敷地によっても防御された。武家屋敷地は町の南西側にもあり、城下町全体に占める武家地の割合は大きかった。

　町屋は城下町の西側に南北方向に設けられ、その東側の武家屋敷地との間には堀があった。堀と並行して南北に東海道が走り、一旦、西に折れ曲がってさらに南に曲がり、そのあと西に曲がるという複雑な経路を描いた。北端の湊の川口町から始まり江戸町、片町、宮通、職人町、油町、南魚町、京町などが東海道に沿って並んでいた（千枝編、2023）。寺院は城下町の北と南の2か所に配置された。北の寺社地は西側からの攻撃を意識した配置である。南側の寺社地は東海道が直角に折れ曲がる位置にあり、これも城下への出入口を固めるような配置になっていた。桑名城下が東西約1km、南北約1.7kmの総構え構造で建設されたのは、いざというとき5万人近い兵が籠城できることを想定したからといわれる。木曽三川の河口に位置する桑名では、西からの攻撃に備える戦略的思想をもとに城下町づくりが行われた。

　桑名藩の代々の藩主は城郭の改修を行い、五代目藩主松平定綱の時代（1635

～1652年）にほぼ完成した。その威容は「海道の名城」といわれた（桑名市教育委員会・桑名市立文化美術館編，1983）。石高は10万石と大きくないが，城の櫓は51もあり，西国の外様大名の城に引けを取らない譜代の城として誇りをもたせた。同じように海浜近くに築かれた城でも今治城や高松城などは内海に面するため，高波をかぶる恐れは少なかった。これに対し桑名は，伊勢湾内といえども高波をかぶる恐れのある臨海部にあった。加えて揖斐川河口のため洪水の危険にも晒された。

こうして見てくると，海運・水運の利便性や軍事的拠点性が優先された時代であったればこその都市構造であったといえる。とくに揖斐川の河口に位置していたことは，土砂流入のため湊の機能に支障が生ずる可能性のあることを意味した。実際，近代になると桑名は大きな船が入港できなくなり，港湾機能は四日市に奪われていく。しかし少なくとも近世は，中世からの商業都市としての性格を残しながら，城郭と宿場を合わせもつ複合的な都市として発展していった。ただし，1701年の大火によって天守は焼け落ちてしまい，それ以降，天守が再建されることはなかった。

近世・桑名の湊は桑名城下の出入口の川口町にあった。ここは七里の渡しの乗降場であり，内湾で風もなく大型の船の係留に適していた。川口町の西に続く船馬町，南に続く片町で荷物が取り扱われた。河岸には蔵が立ち並び，船馬町には船番所も設けられた。桑名湊で取り扱った主な産品は米で，伊勢国で産する地元の桑名藩蔵米のほか北長島米・治田米（員弁郡北勢町）・忍蔵米が湊に集められ，送り出されていった。このうち忍蔵米は，1823年に桑名藩主松平氏が武蔵国忍へ転封を命じられたのにともない，忍藩の飛び地となった員弁郡・朝明郡・三重郡の一部地域（3万7千石）からの収穫米である。集められたのは伊勢国の米だけではなかった。美濃国からは加納米・大垣米・高須米が，また尾張国で収穫された米も集荷された。このうち加納米は長良川の鏡島湊から，また大垣米は水門川の船町湊から送り出され，桑名に至る水系を下って運び込まれた。

維新の激動期に桑名は戦災を受けることはなかった。しかし藩は幕府側についたため城の破却が徹底的に行われ，新政府軍は天守閣の代わりとなっていた三重の辰巳櫓を焼き払い桑名城落城の印とした。石垣は四日市港の建材

として持ち去られた。城の二之丸・三之丸跡には1896年に桑名紡績工場が設けられ，時代変化の激しさを見せつけた（西羽，1974）。押し寄せる文明開化の足音はいよいよ高まり，桑名の町の様子は大きく変わっていく。1888年に四日市に設立された関西鉄道が1895年に名古屋－草津間を全通させたのにともない，桑名はすでに完成していた草津方面の路線に加え名古屋方面への路線ともつながった。木曽三川の架橋工事は難航したが，その完成によって大河は交通障害ではなくなり，これまで桑名が東西交通路のゲートウェイあるいはボトルネックとして果たしてきた役割は終りを迎えた。

２．四日市港の修築事業にかけた廻船問屋の執念

　国際拠点港に指定されている四日市港の中央付近に稲葉町と高砂町という町がある。稲葉とは，近代初めの四日市港の建設に私財をつぎ込んで奔走した稲葉三右衛門の姓であり，高砂の高はその妻たかに因む。高砂町の地先には稲葉翁記念公園もあり，潮吹き防波堤の仕組みを体験できるレプリカがある。これは波の力を弱めるために五角形の水抜き穴を設けた構造の防波堤で，稲葉が築いた旧港が暴風雨で大破したため1893年に改修工事を行ったさいに築かれた（石原，2015）。現在の四日市港の礎を築くべく孤軍奮闘した稲葉三右衛門に触れずして四日市港のことを語ることはできない。なぜ彼は四日市港の近代化にそれほどまで精力を注ぎ込んだのであろうか。

　稲葉三右衛門は1837年に旧美濃国・高須藩の旧家吉田詠再の六男として生まれた。天領であった四日市町で奉公経験を積んだあと，1864年頃，縁あって中納町で廻船問屋を営んでいた稲葉家の婿養子となり，たかと結ばれた。明治維新後は四日市町の戸長と船改上取締役などの行政職に就く一方，家業の廻船問屋の経営に精を出していた。港に関わる役職や家業のこともあり，四日市港の有様には日頃から心を砕いていた。1870年には四日市と東京の間に三菱汽船の貨客定期航路が開かれ，伊勢湾における重要な港湾としての役割を果たすようになった（四日市市教育会編，1936）。名古屋港はまだなく，武豊港は1882年に四日市―東京の定期船が寄港するようになって頭角を現していく。つまり四日市港は，伊勢湾内でナンバーワンの地位にあった。

　四日市港の歴史を史料をもとに遡ると，15世紀後半に伊勢湾の海上交通

の要衝の「四箇市庭浦」として史料上に登場する。当時はほかに若松，安濃津（津），桑名などに湊があった。16世紀半ばには四日市に所属する廻船5艘が大湊に入港したという記録がある。四日市の湊は三滝川と阿瀬知川が合流して海に注ぐ地点の近くにあった（図8-8）。このすぐ南側の洲が「舟場」であり，合流点から阿瀬知川をやや入ったあたりが船溜になっていた。その後，昌栄新田が開発されて地形が変えられた。川による土砂堆積もあったため，

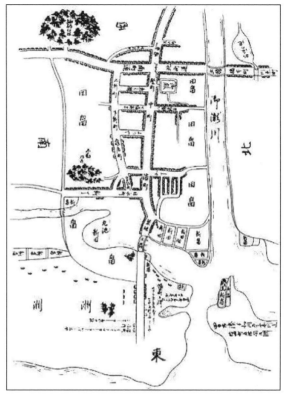

図8-8 寛文年間（1661〜1673年）に描かれた四日市湊
出典：花の四日市スワマエ商店街のウェブ掲載資料（http://gakubee.sakura.ne.jp/oitachi/oitachi.htm）をもとに作成。

阿瀬知川で瀬替えを行い港湾は整備された（四日市市編，1961）。

　海岸沿いに形成された洲に守られるように北納屋町・中納屋町・蔵町・浜町などの町屋があり，蔵が立ち並んでいた。1860年代初期，北納屋町には米商人が多く，中納屋町には米・雑穀・肥料を取り扱う商人が集まっていた。また浜町には肥料を主に扱う商人が多かった。四日市の湊には干鰯・〆粕を取り扱う商人が多かったが，これは背後地域の農業生産にこれらの肥料が欠かせなかったからである。とくに盛んだったのは菜種の栽培であり，これを原料として菜種油が生産された。灯明の燃料となる菜種油を「伊勢水」として江戸へ運び，帰りの船に肥料の干鰯・〆粕を積んで帰った。

桑名湊と同様，米も四日市湊から江戸へ積み出す主要な産品で，商人が自ら仕入れた米を輸送する買積み形態による移出であった。とくに四日市は幕府領・天領であり，御城米を積み込む湊として指定されていた（曲田，2022）。実際に御城米を輸送したのは，大湊とその周辺の江村，今一色村など伊勢神宮の神領の廻船であった。ところが18世紀中葉以降は，他国の廻船が行うようになる。その理由は，1707年の大津波で大湊周辺の海域が浅瀬になり，廻船を維持するのが難しくなったからである。その結果，神領の廻船以外に大坂や陸奥国南部の廻船が御城米の輸送を担うようになった。さらにその後は，尾州，三州，遠州など近海の廻船へと移行していった。

　四日市湊は一時，衰退した時期もあったが，18世紀以降に再び活況を呈するようになる。1801年には約1,500世帯が居住し，そのうちの400軒が商家で，その約1割の39軒が干鰯商人であった。干鰯商人は廻船業専門ではなく，実際に肥料を扱いながら廻船業を兼ねていた。こうして活況を呈していた四日市湊であったが，安政の東海地震（1854年12月23日，マグニチュード8.4）とこれに続いて起こった安政の南海地震（1854年12月24日，マグニチュード8.4），豊予海峡地震（1854年12月26日，マグニチュード7.4）で湊は大きな被害を受けた。昌栄新田の堤防が決壊し，阿瀬知川からの流砂が港湾内へ流れ出たため干潮時には小船の出入りすら難しくなった（図8-9）。野寿（洲）田新田とも呼ばれた昌栄新田は，2回の地震被害に加えて1870年9月には高潮を受けて一面冠水状態になり，ついには「亡所」になってしまった。

　安政の大地震を稲葉三右衛門は17歳で経験した。その10年後に稲葉家の婿養子となり，家業の廻船問屋に精を出すようになった。1870年に四日市ー東京間の貨客定期航路は就航したが，四日市港は港として十分役割を果たせてはいなかった。それは，複数の海運会社が四日市への寄港を計画したものの，港湾施設の不備のあまり二の足を踏んだからである。家業の先行きも関わる港の悲惨な状況をなんとかしようと思い立った稲葉三右衛門は，盟友の同業者である田中武右衛門と夜を徹して語り合った。そして三右衛門が35歳になった1872年に，武右衛門と連署で当時，四日市にあった県庁に対して四日市港の埋め立てと波止場と灯台を建設する願いを出した。願いは大蔵省に届けられ，その許可が出たため彼らは港湾の修築に取りかかった（石原，

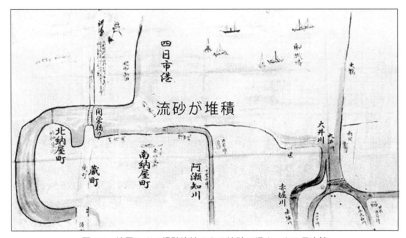

図8-9　地震による堤防決壊のため流砂で埋まった四日市湊
出典：花の四日市スワマエ商店街のウェブ掲載資料（https://blog.goo.ne.jp/hotokeya/e/ef8e0f2da4a42dbd99a8e7cca8a1a379）

2023）。

　工事は翌年から始まり，当初は順調に進捗したが。やがて資金が底をつき始める。46,000㎡の埋め立て工事に加え220 mに及ぶ波止場の修築が人力で行われた。人件費が莫大にかさみ，三右衛門は資金調達に奔走した。三右衛門を動かしたのは築港への宿願はもちろんであるが，それ以外に人夫たちの過酷な労働に報いるためでもあった。そんな三右衛門を，着工から半年にも満たないうちに大きな試練が襲う。田中武右衛門が工事から手を引きたいと申し出たのである。武右衛門の目には資金調達に万策は尽きたと思えた。盟友の離脱に三右衛門は天を仰いだが，武右衛門には武右衛門の道があり，自分には自分の人生があると闘志をかき立てた。

　1874年の暮れには運河堀割が完成したが，ここで三右衛門の金策も底をつき，県の手に工事を委ねることを余儀なくされる。これで生涯の事業が志半ばにしてついえたかに見えた。しかし，工事が県の事業になったという事実は三右衛門にとって挫折ではなく，雌伏のときの始まりであった。三右衛門は引き続き金策に走り回った。そして資金の目処が立つや否や三右衛門は県に事業再開願を提出した。しかし県は三右衛門の願いをことごとく退けたうえに，竣工まで埋め立て地の地券・借地料を県が保管することにしてしまっ

た。この処置を権力の横暴と見た三右衛門は県を相手に訴訟に出たが，敗訴に終わってしまう。しかしどうにも気が収まらない三右衛門は，ついに内務大臣への直訴に及んだ。国はその訴えを認め，1881年に三右衛門は工事を県から自らの手に取り戻すことに成功した。

　工事再開後も金策の苦労は続いた。しかし最初に工事許可が下りてから12年を経た1884年，三右衛門が手がけた築港事業は完成を見た。総工費は当時の額で20万円（現在の約100億円）といわれており，三右衛門は私財を使いきったうえ莫大な借金を負うことになった。彼は周囲の者に，「10万金の投資は，100万金の儲けになって返ってくる」と語ったと伝えられる。家業の廻船問屋のことがあったとはいえ，これほどまでの熱意をもって港湾修築に挑んだ心の奥底に何があったのか，想像の域を超える。

　稲葉三右衛門はその功績が認められ，1888年に藍綬褒章を受けた。この年，四日市港の堤防が暴風雨で決壊した。この修復のため，三右衛門の築港の志を受け継ぐかのように1893年10月から半年間，県営事業によって「潮吹防波堤」が建設された。この防波堤は大堤と小堤が並行する二列構造からなり，港内側の大堤には49か所にわたって五角形の水抜き穴が設けられている。港外からの波が小堤で弱められ大堤で受け止められる仕組みで，小堤を越えた海水は両堤の間の溝を流れて水抜き穴から港内に流れ出す構造となっている。近代の港湾設備の傑作として名高い潮吹防波堤は，服部人造石で知られる三河の左官職人・服部長七が請け負って完成させた。

　こうして一連の修築を終え近代港湾として船出した四日市港は，東京との間で結ぶ定期船の数を増やしていった。四日市港は1889年に特別輸出港に指定された。特別輸出港とは，朝鮮など隣国との貿易のみを許可した制度のもとで地元産の物資を輸出することが許された港湾である。四日市港が海外貿易へと踏み出していった背景には，1889年に東海道本線が全通したことがある。これまで四日市港を経由していた京阪ー京浜間の貨物が鉄道輸送に切り替えられたため，四日市港は大きな打撃を被ったのである。このため以後は外国貿易や北海道・九州など国内遠隔地航路の開拓に活路を見出さざるをえなくなった。

　1897年の開港外貿易港指定はこうした流れを一層強めた。この年の四日

市の工業生産額の約84％は繊維工業が占めており，合併を繰り返して大き
くなった三重紡績が原料の綿花を大量に必要とするようになった。2年後の
1899年に四日市港は開港場に指定された（四日市市編，2000）。こうして段階
的に貿易港の数が増えていったのは，明治政府が「富国強兵」政策を推し進
めるため海外との窓口を広げていったためである。伊勢湾では武豊港ととも
に海外貿易で地域経済を盛り上げるゲートウェイとなった。実際，1902年
から四日市港では綿花が輸入されるようになり，以後，輸入品目の第1位を
繰綿が占めるようになった。一方，輸出では1917年まで綿糸・綿織物が主
力をなしていた。背後の繊維工業と港湾が一体となり地域経済の発展を支え
る四日市港の存在感は大きくなっていった。

　しかし，その後にたどった四日市港の道は平坦ではなかった。それまで四
日市港を経由して貨物を移出入してきた名古屋が1907年に熱田港の改修を
終え，実質的には新生・名古屋港として誕生した。ただし一気に実績のある
四日市港の勢いに迫ることはできず，ようやく1921年に貿易額で四日市港
に追いつき追い越していった。ただし綿花輸入では四日市港は名古屋港を圧
倒していた。しかしそれも，三重紡績が大阪紡績と合併して東洋紡績になっ
たことで変化が生じた。原綿の買付の中心が大阪であったこと，また輸出向
け綿布も大阪を中心として取引が行われたからである。挙げ句は東洋紡の本
社が大阪に置かれることになり，四日市港の存在感はこれまでより小さくな
らざるを得なくなった。

　図8-10は，1938年当時の四日市港の様子を表したものである。図の中央
付近にある昌栄橋北詰に四日市港の修築に多大の貢献をなした稲葉三右衛門
の顕彰碑が1928年に建てられた。それから9年後の1937年の四日市港の輸
出品目を見ると，陶磁器42.9％，漁網21.9％，琺瑯鉄器6.1％の順で多かっ
た（松浦，1960）。陶磁器は地元に萬古焼産地があったことが大きい。陶磁器
は全国総輸出額の1.7％を占めており，輸出港別では名古屋港が78.0％で圧
倒的に多く，四日市港は11.1％で第2位であった。一方，四日市港の輸入は
羊毛78.5％，繰綿21.4％，採油用種子4.7％で，1932年から始まったオース
トラリアからの羊毛輸入が本格的になった。羊毛は全国総輸入額の7.9％を
占めており，輸入港別割合は横浜24.5％，名古屋24.3％，四日市21.8％であっ

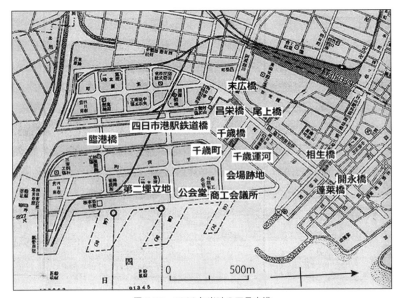

図8-10　1938年当時の四日市港
出典：花の四日市スワマエ商店街のウェブ掲載資料（https://blog.goo.ne.jp/hotokeya/e/f9d992e0e97b0e782dc88094d6ce4cb7）をもとに作成。

た。

開港順でいえば後発の名古屋港が輸出で大きく伸びていく一方で，四日市港は輸入で存在感を維持した。伊勢湾最奥部の港湾機能は，近世の桑名から近代は四日市に引き継がれ，その後は名古屋がリードするかたちで移り変わっていった。

第9章
濃尾西部セクターの
地域構造

名古屋の西側で低平な平野と輪中地帯が広がるセクターである。名古屋に近いあま市の七宝では尾張藩士の子弟が独力で七宝焼技術を開発し、その後継者たちは地元以外に京都・東京でも事業を広めた。その西側の津島は鎌倉の頃から尾張と伊勢を結ぶ港として栄えた。天王信仰の総本山ともいえる津島神社の鳥居門前町としても賑わいを見せたが、木曽川上流からの土砂堆積が進み湊の機能は果たせなくなった。近代の津島では旺盛な起業家精神のもと、織物の伝統の上に毛織物業の花が咲いた。津島を含め海抜ゼロメートル地帯にあって、近世に尾張藩が築いた御囲堤により立田輪中は隔てられた。ようやく近代になり木曽三川分流工事で佐屋川（旧木曽川）が廃川化したため立田は輪中でなくなる。長良、揖斐両河川に挟まれた高須藩は、尾張藩主に子がない場合に後継者を出すという特別な役目を担った。高須輪中を中心とする海津にあってもその西側の養老山地麓では、北限のみかん栽培が始められ特産地になった。

第1節　七宝焼の技術伝播と津島の毛織物業

1. 近世末の尾張で生まれた七宝焼技術の歴史

　2010年に海部郡七宝町、美和町、甚目寺町の三つの町が合併して生まれた「あま市」の中央付近に、「あま市七宝焼アートヴィレッジ」という施設がある（図9-1）。そのホームページに、「尾張七宝として伝統的工芸品の指定を受け、人々に親しまれてきた「七宝焼」について、見て・触れて・学んで・体験することができる総合施設です。」と書かれている。「地場産業」の七宝焼を広く知ってもらうために、七宝焼の導入・作品展示・動態展示・体験の各ゾーンを設け交流の場としていることがわかる。ただし、「地場産業」というには現在の事業所数7〜8軒ではややさびしい。しかし最盛期には200軒近い事業所で七宝焼が生産されていたため、在りし日の「地場産業」の様子や現在の姿を理解するには格好の施設である。合併前の旧七宝町遠島地区がその中心で、この施設も遠島地区にある（小林、2008）。

　そもそも七宝焼とは、金・銀・銅・鉄など金属製の素地にガラス質の釉薬

図9-1　あま市七宝焼アートヴィレッジ
出典：JRおでかけネットのウェブ掲載資料（https://guide.jr-odekake.net/spot/13712）をもとに作成。

を焼き付けて豊かな彩りや美しい模様を施した装飾品のことである。「七宝」という名は仏教の経典に記された「金・銀・瑠璃・シャコ・瑪瑙・真珠・マイエ」という7種類の宝物に由来する。職人の手によって手がけられた七宝は，まさしく宝石のような煌めきを纏っている。七宝焼の技術の起源は紀元前の古代メソポタミアや古代エジプトにまで遡ることができ，有名なツタンカーメンの黄金のマスクの髭の部分にも七宝が施されている。その技術はヨーロッパからシルクロードを東へ向かい，中国，朝鮮半島を経て日本に伝わった。

　日本にある最も古い七宝は奈良県の牽牛子塚古墳から出土した七宝座金具で，ついで正倉院御物の黄金瑠璃鈿背十二稜鏡だといわれる。しかしこれらの伝世品が日本でつくられたという確証はない。その後，桃山時代になり琳派の華やかな文化と呼応しながら，聚楽第の飾金具など日本でつくられた七宝が見られるようになる。これが京都を中心とする七宝の第一隆盛期であった。江戸初期に建てられた京都の桂離宮の襖の引き手や釘隠しに七宝が使われたが，当時はまだ一般に認知されるような技術ではなかった。京都に花瓶や香炉の一面すべてを彩る有線七宝技術が伝えられたのは江戸の後期，

天保年間（1831～1845年）のことで，尾張国の梶常吉がオランダ渡りの有線七宝の器を解体して構造を明らかにしたのが大きなきっかけであった（安藤七宝店編，1961）。

梶常吉は，1803年に尾張国海東郡服部村，現在の名古屋市中川区の尾張藩士・梶市右衛門の二男として生まれた。鍍金業を営んでいた常吉は書物で目にした七宝に関心を抱き，その技術を身につけたいと思っていた。書物による独学では製法を知ることはできなかったが，1832年，名古屋の骨董商・松岡屋嘉兵衛からオランダ船が運んできた七宝の皿を手に入れることができた。この皿を手に入れるまえ，毎日のように熱心に通いつめた常吉に店主の松岡屋が心打たれたという逸話もある。念願の皿を手に入れ研究を重ねた結果，翌1833年についに七宝の小盃を完成することができた。

七宝に心を奪われた一人の青年の情熱によって尾張七宝の歴史が始まった。常吉は小盃を皮切りに七宝製の小物類の製作をつづけ研究を重ねていった。こうして常吉が編み出した七宝製作の技術は尾張藩領内で広がっていった（原田，1973）。その中心は常吉が生まれた海東郡服部村とその西隣の海東郡遠島村であった。遠島村へ広がったのは，この村で小間物商を営んでいた林庄五郎という人物が常吉の弟子になったからである。当初，常吉は庄五郎を弟子にすることを断ったが，その熱心さに根負けしたといわれる。ただし常吉は庄五郎に対し，製法は一子相伝として親兄弟であっても伝えないこと，また七宝の販売価格を崩さないことを約束させた。

遠島村で七宝づくりを始めた林庄五郎は，同じ村に住む塚本貝助，塚本儀三郎，林小伝治などに技術を伝授した。このうち塚本貝助は1828年に塚本甚右エ門の五男として生まれ，幼少の頃から版木などの彫刻にたしなみ美術に対して十分な素質に恵まれていたと伝わる（愛知県小中学校長会編，1961）。庄五郎の弟子として七宝づくりに従事したが，釉薬に関しては十分な教えを受けなかった。このため釉薬の秘密を探るため名古屋にしばしば出かけ，師匠の庄五郎がどのような釉薬を原料としているかを突き止めようとしたという。貝助は1875年，ドイツ商社アーレンス商会からの招聘を受け，一族や弟子を引き連れて東京亀戸に移り住んだ。そこでドイツ人化学者ゴットフリート・ワグネルとともに七宝釉薬の改良に努め，いわゆるワグネル釉と呼

ばれる透明な七宝釉薬を開発した。

　ワグネル釉の開発はその後の七宝づくりに大きな変革をもたらした。1878年にワグネルがアーレンス商会を去り貝助も病を得て一度遠島村に戻ったが，濤川惣助に請われて再び上京し名古屋七宝会社東京工場の工場長を務めた。貝助の技術は一族や弟子を通じて京都や東京など日本における七宝焼の発展に大きな足跡を残した。なお濤川惣助は下総国鶴巻村（現在の千葉県旭市）出身の陶磁器貿易商であったが，1877年の第1回内国勧業博覧会で七宝焼の魅力に目覚め，同年，アーレンス商会の七宝工場を買収し，2年後の1879年に革新的な技法となる無線七宝を発明した人物である。

　つぎに塚本儀三郎は山梨県の農産社に七宝焼の技術を伝えたといわれるが，詳しいことはわからない。林小伝治も遠島村の出身で1831年生まれであるから塚本貝助の三つ下である。1861年頃に林庄五郎から七宝焼の技法を教わったという。小伝治は七宝を外国人に初めて売った人物と伝えられる。江戸末期，金・銀・銅の輸出が禁じられていたため，素地が銅の七宝焼を外国人に販売することはできなかった。しかし，七宝焼の販路を拡大するためにはいずれ販売が許される日が来るだろうと考え，横浜の居留地をめざして行商に出た。蚕の種紙を詰め込んだ篭の中に七宝焼をしのばせ，それを天秤棒で担ぎ尾張の養蚕商と名乗って関所を通過した。横浜港で停泊中の軍艦に乗り込むことに成功した小伝治は，七寸の茶壺と八寸の花瓶を売ることができた。

　林小伝治は七宝焼を外国人に売るために横浜まで出かけたが，あくまで地元で制作に励んだ。しかし中には地元を離れ，京都や東京で七宝焼に取り組む職人もいた。塚本貝助の弟子の桃井英枡もそのような職人の一人であった。桃井英枡は1872年に京都で七宝焼の会社を興し，その技法を並河靖之に伝えた。並河は宮家に仕えるかたわら七宝焼の制作に励み，のちには東山に設けた自らの工房の近くに20軒ほどの七宝業者が集まるほどの影響力を発揮した（武藤，2021）。近代京七宝の立役者になったともいわれる人物である。桃井英枡は一度は尾張から京都へ出たが，1875年に師である塚本貝助が東京に移ったさいには誘われて行動をともにしている。貝助もまた最終的には尾張から東京へ出て七宝焼の新たな可能性を切り拓いた。

こうしたことから明らかなのは，江戸後期に尾張で梶常吉が独力で始め
た尾張七宝が，孫弟子たちの手によって京都や東京に伝えられたことであ
る。桃山時代に京都で栄えた七宝焼を第一隆盛期の成果とすれば，並河靖之
がリードした第二隆盛期は尾張七宝から技術を受け継いで広がったものであ
る。同様に東京では遠島から移住した塚本貝助の技術を受け継いだ濤川惣助
が東京流の七宝を極めていった（越川，2002）。字は異なるが京都の「並河」
と東京の「濤川」という二人のナミカワはともに緑綬褒章を受章しており，
明治の七宝焼を代表する人物というのが世間一般の評価である。しかしなが
ら，そのような評価の背後に幕末から明治期にかけて隆盛した尾張の七宝焼
があることを忘れてはならない。

　実際，京都の並河靖之，東京の濤川惣助に並ぶかあるいはそれ以上の業績
を上げたのが，林小伝治にほかならない。尾張・遠島を拠点に七宝づくりに
励んだ伝治もまた緑綬褒章を受章している。数の上で京都や東京以上に数の
多かった尾張七宝の作家の中でも，小伝治は抜きん出た存在であった。彼は
赤透技法や無線技法を使った作品も手がけたが，ほとんどは紺色の素地に花
鳥図が描かれた作品である。紺色に花鳥図という組み合わせは明治期の七宝
ではよくある図柄であった。しかし，小伝治が花鳥図を表現する技術力は他
の制作者とはまったく違っていた。金線や銀線を使い緻密に表現された図柄
はまるで生きているかのように思われた。

　優れた技術力をもっていた小伝治は，七宝焼の海外販路への道を切り拓い
ただけでなく，遠島近隣の業者を束ねる組合の結成や職人を育てる学校の設
立にも尽力し，産業としての尾張七宝焼の発展に寄与した（七宝町七宝焼アー
トヴィレッジ編，2005）。1890年代末，七宝商工同業組合には183名の経営者
が名を連ね，それぞれの窯元に何人もの職人が所属していた。こうして遠島
は七宝焼の一大産地として成長していった。職人を育てる学校とは1894年
に遠島地区に設立された「職人を育てる学校」のことで，小学校教科の補
習とともに実業に関する知識・技能が教えられた。学校開設の申請書には，
宝村を中心に七宝焼を生業とする家が270戸あると書かれていた。宝村は
1890年に遠島村，安松村，沖之島村の三つの村が合併して誕生した村である。
発祥地の遠島村だけでなく安松村でも七宝づくりが行われていたことがわか

図9-2　七宝焼原産地道標
出典：Monumento のウェブ掲載資料（https://ja.monumen.to/spots/5894）をもとに作成。

る。

　宝村が生まれた5年後の1895年に，遠島から南の安松へ下る道が佐屋街道と交わる角に「七宝焼原産地」と書かれた道標が建てられた（図9-2）。石碑の上部にはイタリック体のローマ字で Shippoyaki Toshima，下部には宝村ノ内遠島と記されている。当時，名古屋方面からの主要街道であった佐屋街道をここで北へ向かえば遠島に至ることを告げるために立てられた。実際，七宝焼の窯元に残されている史料によれば，アメリカやイギリスのバイヤーが遠島を訪れ，一度に数百単位で七宝焼の花瓶や香炉を購入していた。窯元では遠来の外国人バイヤーのため椅子代わりに座布団を積み重ねて使用したというエピソードも残されている。宝村に限っても1904年頃には120戸が七宝焼づくりに携わっていた。職工数は通い人や寄宿者を合わせると700名余を数えた。宝村は1906年にその南の井和村，伊福村と合併して七宝村が誕生するが，新たな村の名前として「七宝」を選んだのは愛知県議会であった。いまや愛知県を代表する美術工芸品を生産する自慢の村として認められていた証である。

　しかしその七宝焼も，戦時体制への突入にともない存亡の危機に立たされるようになる。1940年の「七・七禁令」（奢侈品等製造販売制限規則）により製造を中止しなければならなくなった。通常であればこれで歴史は途切れて

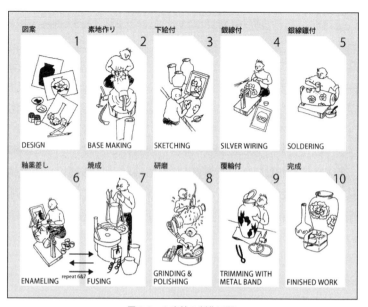

図9-3 七宝焼の制作工程
出典：安藤七宝店のウェブ掲載資料（https://ando-shippo.com/user_data/cloisonne.php）をもとに作成。

しまうが，1943年に着任した吉野信次愛知県知事の「七宝焼はどうなっている？」という言葉に産地は救われた。大正デモクラシーを先導した政治学者・吉野作造の弟でもあった吉野知事からの声掛けで，今でいう特殊法人をつくり産地は生き延びることができた。時流に惑わされない七宝焼の良き理解者のおかげで七宝焼は息を吹き返し，今日までその歴史を引き継いでいる。

以上，尾張を発祥の地とする七宝焼の歴史を述べてきたが，七宝焼が発展していく過程で地域ごとに違いが生まれるようになった。尾張七宝は風景や花などの柄を取り入れ，ガラス質の釉薬を施すなど華やかで繊細な技法を大切にしてつくられている点に特徴がある。他産地に比べると制作の工程数が多い（図9-3）。釉薬は赤透と呼ばれる透き通った赤色が代表的で，宝石のルビーのような高級感がある色に仕上げられる。高級な品が多く七宝焼の中では尾張七宝だけが経済産業省指定の「伝統的工芸品」として国からの認定を受けている。

一方，東京七宝は専用の型に色ガラスの粉の釉薬を流し込んでいく方法で

制作されている。日本以外ではこのガラス素材を使った七宝焼はあまり生産されていないため貴重な技術といえる。現在はカジュアルなペンダントやネックレスなど幅広い商品が台東区，荒川区，北区など生産されている。色ごとの境の明瞭さや色鮮やかな柄の繊細さは評価が高く，仕上がりの美しい質感，透明感が東京七宝の特徴である。京都が中心の七宝焼は「京七宝」と呼ばれるが，京の金工職人達は寺などに引手や釘隠し金具などを残した（15周年記念誌制作委員会編，2022）。京七宝は高級な品からカジュアルな品まで幅広く人気がある。

2．天王川公園に見る津島湊の盛衰と毛織物業

　津島市の西端付近にある天王川公園の丸池は，南北約300 m，東西約100 mのまるで細長いソーセージのようなかたちをしている（図9-4）。池を一周すると740 mの長さである。丸池の南東側に北東―南西方向の帯状の池があり，池の南側を覆うように巨大な藤棚が設えてある。長さ275 m，面積5,034 m²もある藤棚から垂れ下がる藤は下を流れる疎水の水面に映え，ライトアップされる夜の幻想的な美しさが見学者を魅了する。天王川公園では4月下旬から5月上旬にかけて開かれる「藤まつり」のほか，7月第4土曜日に「宵

図9-4　津島市の天王川公園
出典：昭和48年国土地理院津島地図，Mapionのウェブ掲載資料（https://www.mapion.co.jp/m2/35.21917524,136.91025626,16/poi=L0373480）をもとに作成。

祭」，翌日曜日に「朝祭」の尾張津島天王祭が行われる。宵祭の見どころは，500個以上もの提灯を飾った5艘の「まきわら船」が天王川の水面にその姿を映す様子である（若山，2016）。朝祭では能人形の置物を戴いた祭船が古楽を奏でながら漕ぎ進み，鉾持たちが次々と船から丸池へ飛び込む姿が印象的である。

　丸池の真ん中やや南側には中之島があり，橋を渡って行くことができる。中之島の南には小ぶりな神葭島（みよし）もある。丸池の南西約300 mには青池という一周250 mの小さな池もあり，丸池と何か関わりがありそうにも思われる。いまは市街地に囲まれてしまった大小の池や疎水は，かつて存在した天王川が川でなくなったあとに残された遺蹟にほかならない。川がなくなれば廃川地は埋め立てられ跡形はなくなるのが普通であるが，ここでは大小の池が残された。天王川は1756年に川であることをやめた（図9-5）。このため，丸池のすぐ北側でかつて津島街道と津島神社を結ぶように架けられていた天王橋は不要になり，かわりにそこは池の堤になった。

　ではなぜ橋が撤去されて堤となり，川が池になったのであろうか。それは，天王川の上流部と下流部で起こった関連する二つの変化のためである。これら二つの変化の大本は木曽川の流れ方が変わったことと，尾張藩が御囲堤を

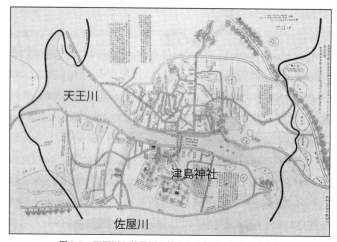

図9-5　天王川と佐屋川に挟まれた津島（1748年頃）
出典：HanetaBlogのウェブ掲載資料（https://www.zero-position.comentry/2023/06/01/063944）をもとに作成。

築いたことである。前者の木曽川の流れ方については，1586年6月に大洪水（天正の大洪水）が起こり，それまで木曽川の本流であった佐屋川から本流が現在の木曽川の位置に移動したことである。水量が減った佐屋川では河床を浚う事業が行われた。後者の御囲堤については，尾張藩の成立後，藩が尾張国を洪水から守るために1608年から1609年にかけて木曽川，佐屋川の左岸に強固な堤防を築いたことである（伊藤，2010）。

御囲堤が築かれたことにより，それまで木曽川上流部の派流に流入していた水が堤防に邪魔されて流入しなくなった。逆に水量を増した木曽川が派流の佐屋川に土砂を運び入れるようになり，佐屋川の河床は上昇していった。このため支流の天王川は高くなった河床に阻まれ，佐屋川へ流れにくくなった。その影響は天王川の上流部の三宅川や足立川にも及び，流域一帯は排水困難に陥った。この問題を解決するために，三宅川と足立川の水を天王川ではなく別の川に流すことにした。この地域はもともと低平な土地であるため1667年に日光川が開削され水は伊勢湾に流れ込んでいた。そこでこの日光川に三宅川と足立川の水が流れ込むようにした。流量が増えた日光川は川幅を広げてこれに対応した。足立川の西側には領内川という川があり以前は佐屋川に流れ込んでいた。しかしこれも新たに水路を開削して足立川に合流するようにし，最終的に日光川に流れ込むようにした。

木曽川の洪水という自然の力と，尾張藩による御囲堤の構築という人の力が絡まり，元々わずかな勾配しかない低平な地域を流れていた天王川は排水能力を失ってしまった。上流部の川を別の川すなわち日光川に付け替えることで，自らは排水義務から解放された。しかしそれは川であることを止めることでもあった。このことは津島がそれまで担ってきた地域の拠点性，具体的には舟運・海運の拠点としての機能を失うことを意味した（佐屋町史編集委員会編，1976）。こうした一連の変化は，濃尾平野の飽くなき拡大という長い歴史をまえにして避けられない宿命であるようにも思われる。濃尾平野の先端部は河川の土砂堆積で絶えず先へ先へと広がっており，何者もそれを止めることはできない。

津島の位置についていえば，鎌倉時代は伊勢湾岸沿いに湊があり西の桑名方面から船で尾張へ渡るときの上陸地点であった。津島神社が全国の津島社

の本山のような役割を果たすようになったのも，海上交通で広く外の世界と
つながっていたからである。天王公園の東約 2kmの愛西市諸桑町で古い船が
掘り出された様子を描いた図が江戸後期に刊行された『尾張名所図会』に収
められている。名所図会が取り上げるほど大きな丸木船（長さ 20m 以上，幅
約 2m）が内陸部で発見されたということは，紛れもなくこのあたりがかつ
て海の中にあったことを物語る。古船が発掘された場所から北へ 1.6kmほど
の位置に勝幡城跡がある。織田信長はこの城で生まれたといわれており，城
主の織田弾正忠家は城の前を流れる三宅川を下ってつながる天王川河畔の津
島を勢力下においた（愛知県教育会編，1972）。織田家が政治的，経済的に力
を増していく原点を津島の近くに定めたのも，そこに湊があったからである。

　織田家が勝幡を拠点として津島を支配するようになる以前，三宅川は北か
ら南へ流れ善太川となって伊勢湾に流れ込んでいた。その流れを善太川から
天王川へ変えるため兼平堤が築かれた。築堤の目的は津島の背後圏を広げる
ためである。時代は 15 世紀初頭と推測されるが，明確な時期はわからない。
場所は現在の愛西市小津町古堤，諏訪町古堤新田，根高町古堤己新田，見越
町古堤を結ぶ旧天王川の左岸側である。地名からかつてこの線上に堤があっ
たことがわかる。足立川に加えて三宅川からも水が流れてくるようになった
津島は，水量を増すことで遡上範囲を広げることができた。足立川の上流に
は真清田神社を擁する一宮がある。三宅川沿いには国府宮や妙興寺もある。
つまり津島は，中世尾張における政治，経済の中心地とつながっていた。新
たに築かれた兼平堤を東へ進めば清洲に至る街道とも連絡できた。こうして
津島は中世から戦国にかけて，尾張の政治・経済・宗教の拠点と結びついて
いた。

　天王川によって尾張平野に大きな背後圏を確保していた津島も，佐屋川の
河床上昇をきっかけに上流部の背後圏を日光川に譲り渡すことになった。そ
れでもしばらくは佐屋川につながる湾のような状態を保った。しかしそれも，
江戸期に入って尾張藩が佐屋街道を整備し佐屋宿を設けるに至り，津島の重
要性は大きく低下した。1781 年には佐屋に尾張藩の代官所が置かれ，津島
はその支配下に入った（佐屋町史編集委員会編，1976）。1701 年の「尾張国絵
図」に「佐屋ヨリ伊勢国桑名への船路三里」と説明されていることから，18

368
名古屋の周辺地域を読み解く

世紀初頭にはすでに佐屋湊が津島湊に代わり尾張国の出入口であったことがわかる。

　こうして内陸に封じ込められた津島は，大きな歴史の曲がり角に立たされるようになった。この間の経緯を記した「津島湊跡・天王川公園」という案内看板が天王川公園内の東側に立っている。そこには，天明年間（1781〜1789年）までこの付近に津島湊があり，津島天王社（現在の津島神社）の門前町として栄えていたこと，また1593年に天王川公園の東堤に設けられた船番所は船会所に姿を変えつつ江戸末期まで続いたと記されている。このことから，津島から川湊としての機能が完全になくなったわけではないが，往時の姿は失われたことがわかる。もっとも湊の役目を津島から引き継いだ佐屋もまた，江戸末期には土砂堆積のためその役目を下流の弥富に譲らざるを得なくなることは，前章でも述べた。いかに川による堆積力が大きかったかがわかる。

　ところで，天王川公園にはほかにも歴史的出来事を後世に伝える碑が立っている。一つは「濃尾大地震記念碑」であり，これは1891年10月28日に起こった濃尾地震で津島を含む海東・海西二郡で甚大な被害があり多数の犠牲者がでたことを記したものである。いま一つは「ヨネ・ノグチの銅像」で，これは地元出身の野口米次郎という国際的な詩人の遺徳を偲んで中之島に建立された。さらにいま一つは，丸池の南西端に立つ「片岡春吉翁像」である。銅製の銘板の文面は緑青に覆われ判読しにくいが，「片岡春吉君之像再建追記」と読める。「再建」ということは，一度建立されたあと取り除かれ，再び建てたということであろう。片岡春吉とはいかなる人物であり，またこの立像はなぜ二度も建てられたのであろうか。背後には近代から現代にかけて津島がたどった歴史の跡が潜んでいる。

　片岡春吉は片岡毛織の創業者であり，尾州毛織物業の先駆者として知られる（中部産業遺産研究会編，2023）。1872年に岐阜県養老郡多良村（現在の大垣市）の農家に生まれ，20歳のとき当時，津島町で筬づくりを営んでいた片岡家の養子に迎えられた。筬とは織物を織るときに使用する道具の一つで，主に織り機に取り付け，縦糸を目標の寸法に揃え，横糸を織り機で打ち込むときに使われる。「筬孫」という屋号で筬を製造していた片岡家の製品は愛知・

岐阜・三重はもちろん関東地方にまでその名を轟かせていた。1894年に日清戦争に従軍した春吉は、戦場で支給された軍絨（軍服）から毛織物に将来性を感じた。帰国後、義父の孫三郎とともに当時は輸入品が大半だった毛織物の生産を試みた。

　まずは毛織物の生産技術を学ぶために単身上京し、設立されたばかりの東京モスリンに無給の見習い職工として入社した。技術を習得して津島に戻った春吉は、1898年に尾張製糸の工場跡地に片岡毛織工場を設立した（図9-6）。孫三郎が工場主、春吉は工場長となった。3年後に日本で初めて和服用織物のセル地の開発に成功した。片岡毛織のセル地は、愛知県の品評会（1901年）、全国製産品博覧会（1902年）、内国勧業博覧会（1903年）で表彰を受けた。春吉は1904年に日露戦争に招集され出征したが、軍絨は依然として輸入品の毛織物であった。これで一層、毛織物生産の可能性を確信し、イギリスから高価な織機を輸入して生産を拡大させた。

　片岡毛織の成功に刺激され、尾西織物同業組合の中からも毛織物の生産を志す者が現れてきた。東海道本線や関西鉄道の路線から外れた津島が経済的

図9-6　吉田初三郎「産業と観光の尾西地方」『毛織の津島』
出典：Hatenablogのウェブ掲載資料（https://ayc.hatenablog.com/entry/2021/12/01/033206）をもとに作成。

な地盤沈下にあえいでいた当時，春吉は近隣の工場に毛織物の生産技術を惜しげもなく提供し，地域全体の産業活性化に力を注いだ。1910年に愛知県で行われた陸軍大演習を明治天皇が総監したさい，春吉は豊田自動織機の創業者の豊田佐吉とともに実業功労者として晩餐会に招かれた。大正期に入ると第一次世界大戦による好景気で尾州毛織物は黄金期を迎える。地域の名士となった春吉は尾西地域で様々な事業に関与し，繊維関連企業の役員や株主として経営に参画した。春吉は海部郡出身の政治家・加藤高明の後援会を創設して会長になったが，加藤が1924年6月に内閣総理大臣に就任したのは，春吉死去の4か月後のことであった（横井，1959）。

　さて，片岡春吉の銅像が再建されたのは，1936年に春吉の遺徳を偲んで天王川公園に建立された銅像が戦時中の金属類回収令で供出され，戦後1953年に再び建てられたからである。最初の建立は海部郡織物同盟会などの手によって行われた。金属類回収令に従い台座から降ろされた銅像は車に載せられ津島の町中を回った。津島の毛織物業をゼロから立ち上げた功労者の銅像が鋳潰されると思う町民の心情はいかばかりであったかと想像される。二度目の建立は津島毛織工業協同組合によって行われた。台座に銅製の羊のレリーフが嵌め込まれているのは，いかにも毛織物業の創業者らしい。製糸工場の跡地に建てられた片岡毛織の工場もいまはなく，その跡地は大型商業施設として利用されている。

第2節　立田輪中・高須輪中の近世・近代

1．佐屋川の廃川にともなう立田輪中の消滅

　輪中は一般に集落や耕地を水害から守るためにそれらを堤防で囲んだところをいう。当初は川の上流側に堤を築いて濁流の激突をかわすようにするが，のちには下流側からの浸水にも耐えられるように堤を築くため連続した輪中堤になる。木曽・長良・揖斐の木曽三川が収斂する河口付近は大小の輪中が多く，自然と人間の間で闘いが繰り広げられてきた。洪水から生命や財産を守るには，川の水ができるだけ穏やかに流れるように堤防の位置や形状を変

えて対応しなければならない。無理のない十分な流路を確保して流れを円滑にすることが重要で，そのために近世から近代にかけて治水事業が繰り返し行われてきた。洪水は流量・勢いと輪中構造がせめぎ合う結果として起こる。地球温暖化など大きなスケールでの環境変化を考えると，土木技術が発達した現代においても，治水対策を疎かにすることはできない。

　木曽三川の河口部とそこから北へおよそ 45 km の間に大小の輪中が 45 ほどある。大半は岐阜県にあるが，海岸に近い西側の三重県，あるいは東側の愛知県にもある。このうち愛知県の愛西市には，以前は輪中であったが現在は「陸続き」になった地区がある。輪中の「原因」であったかつての川は廃川化され，いまその面影はない。景観を一変させるほど大きな事業が，木曽三川の「明治改修」と呼ばれる治水事業として行われた（木曽三川歴史文化資料編集検討会編，2013）。この事業は，オランダから日本に招聘されたいわゆるお雇い外国人のヨハネス・デ・レーケの指導のもとで実施された。事業の基本は木曽三川を完全に分流することである。そのために川の締め切りや新設，あるいは川の直線化・拡幅化などの手法が用いられた。このうち愛西市に関わるのは，川の締め切りと拡幅化である。

　締め切られた川は，現在の愛西市の市域内を北から南に向かって流れていた佐屋川である（図 9-7）。また川幅が広げられたのは，同じく愛西市の西側をやはり北から南に向かって流れる木曽川である。いまはなき佐屋川と現在の木曽川に挟まれるように存在していたのが立田輪中である。立田輪中は，1586 年の大洪水によって木曽川の本流が東側の佐屋川から西側の現在の木曽川に移動したことをきっかけに生まれた（安藤，1996）。輪中は元々川の中洲であることが多く，そこに人が移り住み手を加えることで輪中になっていく。立田輪中は，かつて木曽川の本流であった佐屋川が洪水後，開削・整備されたことをもって成立したとみなされている。

　立田輪中は東西約 2 km，南北約 12 km で細長く，現在の愛知県，かつての尾張国の中にあって最も規模が大きな輪中であった。木曽三川河口部付近の輪中の大半が岐阜県すなわちかつての美濃国にあったことはすでに述べたが，尾張国と美濃国の国境は基本的に木曽川であった。尾張国に属する立田輪中は，西側を流れる川によって美濃国と向かい合っていた。その時点で

372
名古屋の周辺地域を読み解く

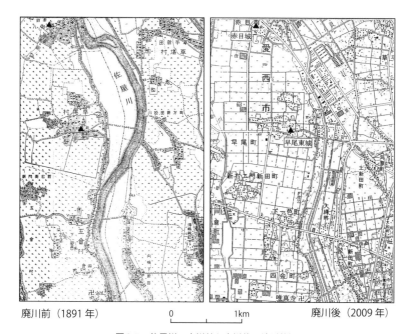

廃川前（1891年）　　　0　　　1km　　　廃川後（2009年）

図9-7　佐屋川の廃川前と廃川後の地形状況
出典：光の時代のウオーキング本館のウェブ掲載資料（http://jk2unj.icurus.jp/nisiowarip10w2.htm）を
もとに作成。

はその西側の川は木曽川の派流であった。ところが1586年の大洪水の結果，派流が本流になり，それまでの本流つまり佐屋川が派流になった。要するに木曽川の本流と派流が入れ替わったのである。

　このため，尾張国と美濃国の国境を流れる川は木曽川の派流から本流へと位置づけが変わった。国境の位置は変わっていないのに，本流か支流かという流路体系上の変化のため何か変化があったように思われるのである。こうした状況を複雑にしたのが，1608年から1609年にかけて尾張藩が築いた御囲堤である。かりに御囲堤が現在の木曽川の左岸に築かれたのであれば，尾張と美濃の境目に築かれたとして理解しやすい。しかし実際は，大洪水によって本流ではなくなった佐屋川の左岸に御囲堤は築かれた。尾張藩は津島側から見て西につづく陸地の先すなわち佐屋川の左岸に堤を築いて洪水を防ごうとした。

　この結果，佐屋川を含めその西側は「堤外」状態になった。堤外といっても，

373
第9章　濃尾西部セクターの地域構造

それはあくまで御囲堤を境にしてその外側という意味である。まるで尾張藩が佐屋川と立田輪中を堤防の外側に追いやったように見えなくもない。御囲堤の目的は領国を洪水から守ることである。そのためには堤防は連続していなければならない。佐屋川と立田輪中を連続堤である御囲堤の外側に置いたのは，当時としてはやむを得なかったと思われる。この点に配慮してか，尾張藩は立田輪中を洪水から守るため周囲を完全に堤防で囲む事業を実施している。これは立田輪中からの要望に応えるかたちで行われた。藩主の徳川義直は鷹狩で近くを訪れることが多く，その折に立田輪中側から願い出があったのに応えた。尾張藩は1624年に一円輪中を完成させたのに加え，1659年には輪中内で排水不良であった鵜戸川の流れを佐屋川から木曽川へ変更する打樋（地下放水路）を12か所設けた。

こうして近世を終えた立田輪中を含む輪中地帯は近代に入り，大きな転機を迎えるようになる。江戸中期に薩摩義士が多大な犠牲を払ってもなし得なかった木曽三川分流事業が1887年から始まったからである（図9-8）。現在の愛西市に関わる部分についていえば，佐屋川の締め切りと，その結果でもある立田輪中の解消がこの事業の一環として行われた。佐屋川の締め切りとは，かつて木曽川の本流であった佐屋川が廃川化され

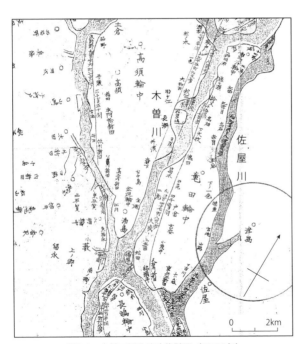

図9-8　木曽三川分流改修計画（1888年）
出典：光の時代のウオーキング本館 のウェブ掲載資料（http://jk2unj.icurus.jp/nisiowarip10w2.htm）をもとに作成。

たということである。細長い河川跡や河川敷は広大な空地になった。空き地を誰がどのように利用するか，そのための手続きや手順をどのように進めるかという問題をめぐって多くの時間が費やされた（高橋，2011）。

　この問題が複雑だったのは，佐屋川を廃川化する見返りに木曽川の川幅を広げなければならなかったからである。上流からの水量は以前と変わらないため，佐屋川を流れていた水量は木曽川が引き受けなければならない。そのために木曽川本流の左岸側で土地を削りそこは川にする。見かけ上，佐屋川を西に移し木曽川本流に加えるようなかたちである。しかしそうすると，土地を削られた人々はどこか別の場所を見つけて移らなければならない。むろん補償は行われるが，移住先を探したり代替地を見つけたりするなど大変な苦労が待ち受けている。立田輪中の消滅は，佐屋川廃川化と木曽川拡幅という事業面と，それにともなう住民の立ち退きと移住という社会的側面の両方が解決されてはじめて実現する。

　事業実施の順序からいえば，最初に立田輪中の西側を削り取って川幅を広げ堤防を築く。そのあと佐屋川を木曽川から切り離すた

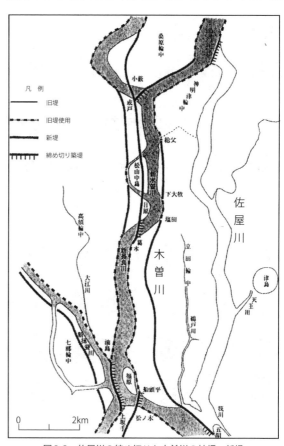

図9-9　佐屋川の締め切りと木曽川の拡幅・新堤
出典：立田村史編纂委員会，2003,p.195をもとに作成。

めに堤を築き川の流れを止める（図9-9）。そこでまず1889年に削り取られる用地を買収し住民を立ち退かせるに事業に手がつけられた。ところがその2年後，すなわち1891年10月28日に岐阜県の根尾谷を震源とする「濃尾地震」が起こった。内陸型地震としては世界最大級の地震で，岐阜，愛知両県を中心に7,000もの人が亡くなった。立田輪中も大きな被害を被った。木曽川に面する西側の堤防に16km，佐屋川に面する東側の堤防に14kmにわたって亀裂や陥没が生じた。軟弱地盤上の輪中ゆえ被害も大きかった。

　予想外の事態に対応しなければならなくなった国は立田輪中の堤防復旧を三川改修の中に組み入れ，国費による直轄工事で行うことにした。輪中からの排水を木曽川に流すために設けた船頭平圦樋（地下排水路）も全壊したため，県費による村請工事で復旧させることになった。いずれも緊急を要するこれらの工事は翌年の1月には完成を見た。こうしてようやく準備が整い，本来の改修工事が再開された。ところが，濃尾地震やその後の人件費の高騰のため工事本体は思うようには進まなかった。先行して始まった用地買収と住民・家屋の移転は，一部の富裕層を除いて1892年頃から動き始めた。移住は以下のように，個別移住と集団移住に分けて行われることになった（立田村史編纂委員会編，2003）。

　個別移住は，①村内・近隣町村へ移住して農業を営む，②大都市へ移住して農業以外の職に就く，③縁故を頼って各地へ移住する，という三つのタイプである。一方，集団移住の移住先は，①愛知県豊橋市の神野新田，②三重県椋本村，③北海道今金地区であった。このうち神野新田は，三河湾沿いに開かれた干拓新田である。椋本村は，亀山の南5kmの小高い丘に囲まれた平地である。さらに今金は，渡島半島中央部の開拓地である。立田輪中の中で用地買収の対象になった家屋は全部で700戸ほどであった。この中には上述したタイプのどれにも含まれない住民もいた。この人たちは，佐屋川廃川地が払い下げられるのではという期待を抱き，とりあえず地元で仮住まいする道を選んだ。

　仮住まいの場所は，木曽川を挟んで立田輪中の西側にあった福原輪中の堤外である。福原輪中は1635年に加藤家が独自に開発した輪中である。109石余の小さな輪中であったが，それでも行き場を失って困窮する立田輪中の

住民のために加藤家は堤外の法面を仮住まいの用地として提供した。福原輪中は現在も木曽川に面してその西側にあり，愛西市に属する。仮住まいをしていた人たちも，木曽川が拡幅され左岸の堤防が完成した 1897 年頃までには福原輪中を去った。

こうして木曽川拡幅のために移住を迫られた人たちは，生まれ故郷をあとにした。しかしまだ問題は残されていた。それは寺の移転である。立田輪中には村ごとに寺があり，村民はその寺の檀家であった。移住者が檀家全体の一部に限られるなら，残った檀家住民の近くに寺を移すことで対応できた。問題は全村民が移住した場合であり，そのような場合，寺はどうすればよいのか悩ましかった。このあたりの事情を察してか，国はそのような寺に対しては住民とは別に早めに対策費用を支給していた。

立田輪中をいち早くあとにした人たちとは対照的に，地元での仮住まいを選んだ人たちは，佐屋川廃川地の払い下げを待ち望んだ。しかしことは思ったようには進まず，1900 年に佐屋川の締め切りが完了しても事態は進展しなかった。廃川地の払い下げを求める住民は，住み慣れた土地を安価に買収されたことに不満を抱いていた。その補償として廃川地が無代に近い価格で払い下げられることを望んだ。1907 年に払下げ組合を組織して臨んだが，その後も進展はなかった。

1919 年になってようやく廃川地が払い下げられることが決まった。その 11 年後の 1930 年に佐屋川耕地整理組合が認可され，翌年から 6 年間にわたり払い下げの手続きが進められることになった。その方法は，廃川地を北から南に向けて水平方向に 9 分割し，順次，耕地整理をしながら払い下げるというものであった。すべての土地譲渡が完了し，廃川地の所有権が確定したのは 1943 年である。立ち退きを迫られた住民の立田輪中からの転出が始まった 1892 年から数え実に 51 年後のことであった。福原輪中は依然として木曽川の西に残されたが，これをもって立田輪中は輪中としての歴史をすべて終えた。

2．尾張藩を支えた高須藩と南濃のみかん栽培

木曽川は尾張国と美濃国の国境の役割を果たしてきた。現在でも愛知県と

岐阜県は北東の犬山付近から南西の弥富付近にいたるまで，おおむね木曽川によって隔てられている。しかし川を渡る交通手段が格段に発達した今日，木曽川に架けられた鉄道，道路，高速道路の橋を使えば，県境を越えるという意識はほとんどない。ただし橋の数は限られているため，どこからでも県境を越えられるわけではない。とりわけ公共交通である鉄道や，幹線国道，高速道路が木曽川を横断しているところは限られるため，移動のしやすさには地域差がある。最も移動しやすいのは名古屋市と岐阜市を結ぶ方向で，東海道本線，名鉄名古屋本線，国道22号，東海北陸自動車道がこの方向で走っている。

木曽川はこれらの交通手段が集中する一宮市北部あたりを境に流れる方向を大きく変える。犬山付近からの東西の流れがこのあたりで北東ー南西へと変わり，さらに一宮市を離れるあたりで南北の流れになる。この付近から下流の西側一帯が木曽三川の輪中地帯である。愛知県側からこの輪中地帯に向かう場合，木曽川だけでなく長良川も渡り，さらに複数の輪中をつなぐ橋も渡らなければならない。まず木曽川つぎに長良川であるが，1969年にこれら二つの大河を連続して渡る東海大橋が建設されたので，一気に渡れるようになった。しかし渡れるのはここだけで，その北側は3km先，南側は9km先まで橋は見当たらない。

東海大橋の通行は開通から16年間は有料で，1987年にようやく無料化された。愛知県・清須方面からの給父清須線と岐阜県・海津方面からの津島南濃線が東海大橋で結ばれた。東海大橋を渡り終えて津島南濃線をさらに西に進むと，海津市中央部を経た先に揖斐川・津屋川に架かる福岡大橋が見えてくる。1972年に建設されたこの橋を渡り終えることにより，輪中地帯を東西に走り抜けたことになる。東海大橋の西の端から福岡大橋の東の端まで約5km，この距離は，木曽三川の輪中地帯の中で最大級といってよい高須輪中の東西方向の距離でもある。2005年に海津，平田，南濃の3町が合併して生まれた海津市のうち，高須輪中は海津町と平田町に相当する（図9-10）。

愛知県側から海津市へは愛西市立田町から立田大橋と長良川大橋を渡り，海津市の最南端に至る県道125号でも行くことができる。橋を渡り終えると国営木曽三川公園・木曽三川公園センターがあり，すぐ南に治水神社が見え

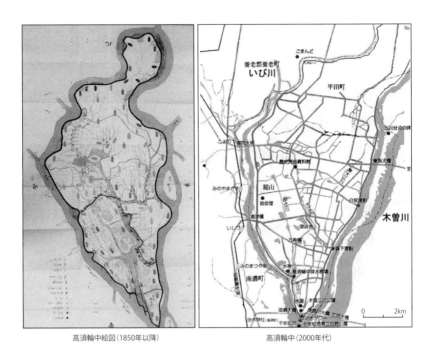

高須輪中絵図（1850年以降）　　　　　　高須輪中（2000年代）

図9-10　高須輪中の今昔比較

出典：岐阜県のウェブ掲載資料（https://www.pref.gifu.lg.jp/uploaded/image/28015.jpg），海津市立西江小学校のウェブ掲載資料（http://school.city.kaizu.lg.jp/~nishie-sho/03introduction/waju/summary/wajuzu2.html）ををもとに作成。

る。治水神社は薩摩藩士による宝暦治水工事の責任者であった薩摩藩家老の平田靱負（ゆきえ）を祭神とする。毎年春と秋に薩摩義士の遺徳を偲び慰霊祭が行われる。水難避けや家内安全，交通安全にご利益があるとされる。治水神社から海津市中心部までは北へ9kmほどの距離である。北と南の限られた橋でしか愛知県とは連絡できない海津市は，愛知県側から見ると遠く感じられる。

　しかし江戸時代にまで遡って考えると，尾張藩と高須藩の間には密接な関係があり，今日の距離感とは違っていたようにも思われる。ちなみに高須藩とは，現在の海津市中心部に相当する高須にあった藩のことである（海津市歴史民俗資料館編，2007）。藩の起源は1600年の関ヶ原の戦いの頃で，東軍に味方した徳永寿昌（ながまさ）が5万673石で入封し立藩したのが始まりである。しかし二代目藩主が大坂城石垣普請の任務遅滞を理由に改易され廃藩になってしまう。笠松代官所が代わって支配することになった。その後，1640年に小

笠原貞信が2万2,000石で入封した。ところが水害に遭って藩政を窮乏させ
たため，1691年に越前勝山藩に転封された。高須藩はまたもや廃藩になった。

　高須藩と尾張藩の間に密接な関係が生まれたのは，1700年に尾張藩の二
代目藩主・徳川光友の次男・松平義行が入封したのがそのきっかけである。
光友は1681年に松平義行に信濃国伊那郡・高井郡・水内郡内の3万石を分
与して高井藩を立藩させた。ただし義行は尾張藩の江戸藩邸に住んでおり，
藩政は三沢彦兵衛ら代官が竹佐陣屋（現在の飯田市）に常駐して行なった。
それが1700年に分与された3万石の半分の1万5,000石が美濃国石津郡・
海西郡内の領地に振り替えられた。これにより高井藩は廃藩となったが，伊
那郡内における1万5,000石の所領は高須藩領として明治維新まで竹佐陣屋
で支配された。

　松平義行は高須に居住するようになり，再び立藩された高須藩は以後，尾
張徳川家の御連枝である松平家が所領することになった。なお御連枝とは貴
人の兄弟を指す敬称で，兄と弟の関係でつながっているという意味である。
以後，高須藩が尾張藩との関係で担うことになった役割は，尾張藩が嗣子す
なわち跡継ぎに恵まれなかったときこれを輔弼する，すなわち藩主になると
いうものである。実際，高須藩の三代目藩主・松平義淳は尾張藩の八代目藩
主・徳川宗勝になった。また五代目藩主の松平義柄も，徳川治行として尾張
藩の九代目藩主・徳川宗睦の養子になっている。

　高須藩の十代目藩主であった松平義建は子が多く，次男は尾張藩十四代目
藩主・徳川慶勝，三男は石見浜田藩主・松平武成になった。さらに五男は高
須藩第十一代目藩主から尾張藩十五代目藩主・徳川茂徳になった。徳川茂徳
は，その後，御三卿の一橋家の当主・徳川茂栄になっている。この兄弟はこ
れで終わらず，七男は会津藩主の松平容保で，九男は桑名藩主の松平定敬と
なり，いずれも幕末期に活躍し歴史に名を残した。十男の松平義勇は高須藩
十三代目藩主になった。このように，高須藩の藩主の子として生まれた彼ら
の中からは，成人して尾張藩の藩主や他国の藩主になる者が現れた（大野，
2015）。

　高須藩の城下町は，高須輪中の北部，現在の海津市の中心市街地一帯に形
成された（図9-11）。以前の海津町と平田町に相当する高須輪中は，一度に

生まれたわけではない。北部の古高須輪中と呼ばれるあたりから開発が始まり，その後，南側すなわち下流側に向けて開発が進んだ。本阿弥・帆引(ほびき)・福江・金廻(かなまわり)・松山中島・日原など内郭輪中と呼ばれる小さな輪中がいくつも集まって高須輪中になった。複合輪中の高須輪中が「百八輪中」「百輪中」「百輪」と呼ばれたのは，内郭輪中の中に全部で108の村があったからである。

高須藩の陣屋は，内郭輪中の間を曲がりくねるように流れる大江

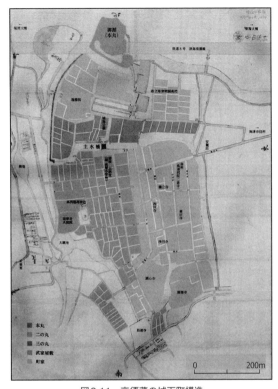

図9-11 高須藩の城下町構造
出典：日本の城のガイドブック/ガイドマップのウェブ掲載資料 (https://kahoo0516.blog.fc2.com/blog-entry-959.html) をもとに作成。

川（西大江川）の北の河畔に設けられた（藤村，1990）。しかし，しばしば洪水に見舞われる土地柄に辟易し，四代目藩主の松平義敏は陣屋を山側に移すことを願い出た。願い出は認められ，新たな陣屋の場所として選ばれたのは西へ 3.5km ほど移動した駒野であった。ここは戦国期に石田三成が桑名から大垣への守りとして塁壁の構築を命じた場所であり，標高 30m の船岡山の上であった。駒野に陣屋があったのは 1765 年から 1778 年までの 13 年間で，六代目藩主の松平義裕は陣屋を元の場所に戻した。

陣屋は大江川を堀として利用し，南側に二の丸を配した。現在，岐阜県立海津明誠高校や瑞応院のあるあたりである。その南側の現在は城跡公園として整備されているあたりが三の丸で，東西に広がっていた。その南の水路に

381

第 9 章　濃尾西部セクターの地域構造

架かる主水橋を渡ると西側一帯が武家地，東側一帯が町人地であった。かつては板橋であった主水橋は現在はコンクリート製の朱色の橋で，当時は鉤型道路だったため橋の手前から陣屋方面は見通せなかった。現在，高須小学校のあるあたりが武家地の北の端であり，ここから南側に屋敷地が広がっていた。武家地は西と南を水路や池で囲まれていた。

　西側の武家地に対面するように東側には町人地が広がっていた。町人地には北から順に願立寺，高須別院二恩寺，真宗寺，浄円寺，広徳寺などが分散して建てられており，一般によくある一箇所に寺が集まっている寺町はなかった。町人地も南と東を水路で囲まれていた。町人地の南東の大江川の河畔にかつては高須湊があった。現在も船着き場が残されており，隣り合うように海津市歴史民俗資料館が建っている。建物は高須御城館（陣屋）のイメージをもとに建てられ，堅牢な石垣の上に展示館がある。石垣の高さは約９ｍで，これは海津市の東を流れる長良川の堤防の高さと同じである。したがって資料館の建つ地面に立つと，高須輪中の集落が長良川の堤防から見ていかに低い位置にあるかが実感できる。石垣には揖斐川の堤防の高さも示されている。これら二つの川の堤防が切れたら輪中全体が水没することがリアルに実感できる。

　高須輪中は低湿地面が多いため，そのままでは稲が腐ってしまい育たない。そこで田んぼの土を掘り上げて高くし，堀田の上で稲を育てる（海津町，1970）。掘り上げられたところは水路になるため，収穫した米などを小舟で輸送するには便利であった。つまり輪中全体を耕地として利用することはできず，収量はおのずと限られていた。さらに高須藩の領内には耕作に不向きな山地・丘陵もあったため，農業収入は多くなかった。にもかかわらず江戸時代は尾張藩の支藩すなわち徳川御三家の分家として格式を維持しなければならなかった。藩財政は窮乏しがちであったため，本家の尾張藩から米金の援助を受けたり，藩の要職に藩士の出向を仰いだりした。領内の治水工事を尾張藩に頼ることもあった。最終的に高須藩は，廃藩置県を翌年に控えた1870年に尾張藩に対して合併を申し入れた。廃藩置県によって名古屋県の一部となるが，飛び地であったため最後は岐阜県に帰属することになった。

　海津市には，市域東側の低平な輪中地帯の歴史とともに，西側の養老山地

麓の歴史もある。高須藩が名古屋藩に併合された1870年の2年後，石津郡太田村の戸長をつとめていた伊藤東太夫（当時，28歳）は紀州方面へみかん栽培の視察に出かけた。太田村は，現在の海津市南濃町太田地区にあたる。石津郡はかつて天領，大垣藩，高須藩にまたがっていた。1878年に上石津郡と下石津郡に分かれたとき，太田村は下石津郡に含まれた。太田村は1897年に他の4村と合併

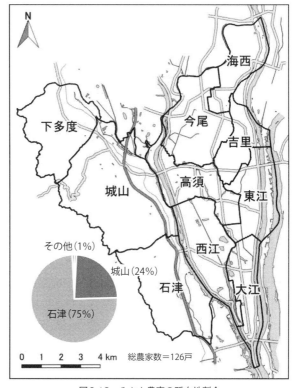

図9-12　みかん農家の所在地割合
出典：海津市平成30年度「南濃みかん」生産者意向調査をもとに作成。

して石津村となり，さらに1954年の合併で南濃町，そして2005年の合併によって海津市となった。その太田村出身の伊藤東太夫が紀州までみかん栽培の実情を見るために出かけたのは，地元の丘陵地でみかん栽培の可能性を探るためであった（村上，1967）。

　伊藤が戸長をつとめていた太田村をはじめとする揖斐川西岸一帯は，高須輪中とは正反対の地形環境にある。養老断層に沿って南北に延びる低地部の幅は狭く，東西は1～1.5kmほどしかない。そこから西側は丘陵地・山地であり，田はもちろん畑としての耕作も容易ではなかった。わずかな平地の稲作だけで生計を立てるのは不可能で，山側の畑では麦・キビ・ヒエ・綿を栽培した。さらにそれらを補うために，山に入って薪を集めたり揖斐川の船頭

383
第9章　濃尾西部セクターの地域構造

として稼いだりするしか生活の糧を得る方法がなかった。そのような貧しい暮らしを少しでも良くしたいという思いが，伊藤の紀州視察の背景にはあった。

　伊藤が紀州のみかん産地で感じた「地元・南濃でもみかんは栽培できる」という思いは，やがて確信へと近づいていった。5年後の1877年に，伊藤はみかんの3年生苗100株を紀州有田から船便で取り寄せた。最初にみかんの苗木を植樹したのは太田村の開墾地の南条であった。南条でのみかん栽培の試みは成功し，伊藤にならってみかん栽培に取り組む者が現れるようになった。太田村は他の4村と合併して1897年に石津村になるが，その頃にはみかんの栽培面積は37町歩（約37ha）にも広がっていた。

　石津村を中心とするみかん栽培の面積はさらに拡大し，明治末期には100町歩（約100ha）ほどにも達した。みかん栽培から得られる収入は水田300町歩（約300ha）からのそれを上回った，つまり稲作の3倍以上の収益がみかん栽培によってもたらされた。まさに逆境的な環境条件を跳ね除けるような結果であった。その後もみかん栽培は順調に拡大し，とくに養蚕業が不況に陥ると，桑畑をみかん畑に変える農家が増えていった（桑原，1968）。1935年から1960年代までの経過を振り返ると，①桑畑の減少，②みかん畑の増加，③水田の減少，④柿畑の増加，であった。1954年に石津村，城山村，養老郡下多度が合併して南濃町が生まれると，「南濃みかん」の名で市場へ出回るようになった。

　ところで，現在の海津市南濃町はみかん栽培の北限で，岐阜県内では唯一のみかん産地といわれる。しかし調べてみると，北緯38度の佐渡ヶ島でもみかんは栽培されており，北緯35度付近の南濃との間には3度近い開きがある。緯度よりも温度が重要で，みかんの栽培には年間平均気温は15℃以上でなければならない。南濃町の年間平均気温は15.3℃であり条件を満たしている。寒さに関しては，10cm程度の積雪が年に1〜2回あるが根雪になることはない。ただし緯度がやや低い愛知県の蒲郡や内海のみかん産地と比べると，氷点下以下になる日数は50日ほどで両産地より20日ほど多い。その反面，養老山地が日陰になり夏場の高温からみかんの生育を守っているともいわれる。

岐阜県内で唯一のみかん産地という点については，一つの町に500戸以上のみかん農家があり，延べ約150haの耕地で年間1,000 t前後を生産するような産地は南濃町以外には見当たらないことから正しいといえる。みかんはその種類によって収穫時期が違っており，11月頃に収穫のピークを迎える早生（わせ）はすぐに出荷される。しかし12月に収穫される晩生（おくて）は果皮が厚くて甘みがある半面，酸味も強いためすぐには出荷できない。貯蔵庫で1～4か月ほど寝かせておくと酸味が和らぎ甘みが増す。貯蔵庫の中の気温は8度前後，湿度は85％程度に保たれる。古くからある土壁の貯蔵庫では天井と床下に換気口が設けられ，早朝の換気や打ち水により適度に温湿度が管理される。一連の作業には，長年の経験と勘から生まれた匠の技術が息づいている。一般にみかんは暮や正月に食べるイメージがあるが，「蔵出しみかん」は年が明けた2月，3月に店頭に並ぶ。

第10章
濃尾北西部セクターの地域構造

名古屋の北西方向に広がるセクターで，南東セクターと同様，多くの都市が並んでいる。平野・平地に恵まれており，集落は早くから形成されてきた。かつて尾張の国府が置かれ，また近くに尾張一宮があることが物語るように，尾張平野の中心として位置づけられてきた。戦国期には清洲に中心が移っていた。名古屋から清洲，稲沢，一宮を経て北に向かえば，木曽川を越えて羽島，岐阜，各務原に至る。国境の木曽川を挟んで尾張と美濃が対立した時代もあったが，河川障害の低下もあり互いに密接な関係を結ぶようになった。清洲に近い庄内川の渡河地点に生まれた枇杷島市場，木曽川の大洪水にともなう逆川とその河畔沿いでの集落形成，長良川舟運の拠点・川原町とその南の岐阜町など，川を足がかりとする町の発展には共通の特徴がある。木曽川南側の稲沢では植木・銀杏，北側の各務原では人参が特産である。一宮も岐阜もアパレル産業で多くの人口を養ってきた。

第1節　青物市場・植木業・毛織物業の歴史

1. 枇杷島市場と庄内川・新川の洪水・治水

　美濃路は，江戸時代に東海道の宮宿と中山道の垂井宿とを結んだ脇往還（脇街道）である。その美濃路を名古屋方面から歩いていく場合，庄内川に架かる枇杷島橋を渡る。いまは自動車と共用の頑丈な橋であるが，江戸時代は木製の橋で，中洲（中島）を間に挟んで手前側に大橋，向こう側に小橋の二つの橋で成り立っていた。大橋は七十間（約129m），小橋は二十七間（約50m）で，中洲には家並みや役場まであった。しかし橋には寿命がある。小橋は明治時代に洪水で流されたため1887年に石橋につくり変えられ，さらに1927年にはコンクリート橋になった。一方，大橋は1891年の濃尾地震で壊れたため，1912年にトラス橋になった。二つの橋は1956年に一つの橋に架け替えられ，2年後，中洲は河川改修でなくなった。

　枇杷島橋が架かるこの地区一帯は庄内川の狭窄部である。それに現在の枇杷島橋の桁下高は低く，橋脚の間隔も狭いため水が流れにくい。2000年の東海豪雨のさいには洪水が橋桁に衝突し危険な状態に陥った。このため名古

屋市は，国土交通省が特定構造物改築事業として実施する庄内川の堤防整備工事にあわせ，河道断面の確保を図るため枇杷島橋を改築する事業を進めている。工事は以下の手順で行われる。

　まず，現在の橋を迂回するために仮設橋を設置し，その後，現在の橋を撤去する。ついで新しい橋の橋台と橋脚を施工し，その上に橋桁を架設する。完成した新しい枇杷島橋を供用し，迂回用の仮設橋は撤去する。2030 年に完成予定の新橋は，長さが現橋に比べて 41m 長い 218m，洪水時水面からの余裕の高さは現在の 0.3m より 1.7m 高い 2.0m となる。橋脚の本数は 8 基から 2 基に減り，橋の幅は 11.4m 長くなって 27.0m となる。戦国末期，徳川家康が出陣のため庄内川を渡ったさいには，沢山の小舟を繋いで設えた船橋を使ったという。場所は現在の枇杷島橋のやや北側にある堀越（旧名は船人夫町）付近である。それから 400 余年後の今日まで，枇杷島付近では庄内川と人の関わりに多くのドラマがあった。

　美濃路の原型は，古代において東海道から尾張国の国府を経由して美濃国の国府があった東山道の垂井に向かう経路であったと考えられる。本来なら東海道は尾張国から伊勢湾を横断して伊勢国に渡ることになっていたが，東国方面から馬と一緒に海を渡るのは難儀であった。このため，徒歩あるいは馬で畿内に向かう者はこのルートを通ったとみられる。関ヶ原の戦いで東軍の先鋒をつとめた福島正則は，このルートで美濃へ進軍した。戦いに勝利した徳川家康が凱旋した道でもあり，「吉例街路」とも呼ばれた。その後，将軍が上洛するさいにも使われ，朝鮮特使，琉球王使，お茶壺道中なども美濃路を通行した（日下監修，2018）。

　庄内川を渡るために枇杷島に橋が架けられたのは 1622 年で，これは尾張藩の初代藩主・徳川義直の命によるものである（図 10-1）。この場所が架橋地点として選ばれたのは，父である家康がその有利さに気づいていたからという伝えが，地元では文書とともに残されている（西枇杷島町史編纂委員会編，1964）。尾張藩の政治拠点の名古屋城がその北の清洲から移転して築かれたことはよく知られている。「清洲越し」を行うには，この枇杷島付近で庄内川を渡るのが最も近かった。つまり尾張藩が立藩される以前から枇杷島は庄内川の有力な渡河地点であり，それゆえ熱田からの美濃路もここを通った。

図10-1　東側から望む名古屋名所団扇絵の枇杷島橋風景
出典：ものしり名古屋学のウェブ掲載資料（https://monoshiri.nagoya/?p=92）をもとに作成。

　ここで庄内川を渡り，川北の下小田井を経て一路，美濃国府の垂井をめざした。

　尾張藩が名古屋を拠点に成立する以前，この地方の政治拠点は清洲にあった。すでにその頃から下小田井には大根・瓜・南瓜・牛蒡などの食料品を取引する青物市場があった（名古屋市中央卸売市場北部市場編，1983）。それは名古屋よりもむしろ北側の清洲方面向けの市場であった。庄内川にまだ橋は架かっていなかったが，人が川を渡る場所の近くであれば，おのずと人も物資も集まってくる。実際，枇杷島橋が架けられて40年ほど経過した1667年には，下小田井から北東に向けて岩倉街道が開かれた。美濃路は人の往来だけでなく農民が青物を下小田井の市場へ運び入れる道でもあった。同様に岩倉街道も北方に広がる農業地域から農産物が運ばれてくる道であった。

　このように考えると，河川と街道が結びつく場所が交通の要衝となり，その近くで市場や集落が自然に生まれるという一般的現象が庄内川の渡河地点の枇杷島でもあったことがわかる。清洲から名古屋に政治拠点が移ったあとも，下小田井の青物市場は盛況であった。枇杷島橋の架橋で名古屋側からの

移動も楽になり，市場はやがて枇杷島市場と呼ばれるようになった。その規模は，江戸の神田市場，大坂の天満市場とともに三大市場の一つといわれるほど大きかった。

では具体的に，枇杷島市場へはどのあたりからどんな青物が運ばれてきたのであろうか。それを知る手掛かりは，尾張藩の藩士で『郡村徇行記』全39巻を著した樋口好古の著作の中にある。好古は1750年に樋口又右衛門の子として生まれた。成人して40歳になったときには尾張藩の国方吟味役並（町方の行政・司法担当役）であった。そして1792年に，小牧代官支配下の村々を巡見し記録した上述の『郡村徇行記』を著した。その後，藩内で昇進していくかたわら徇行記の執筆を続け，ついに1822年に39巻すべてを書き終えた。一般には『尾張徇行記』の名で知られるこの記録書には，尾張藩の領内でとれる物資の産地や市場が克明に記されている（名古屋市蓬左文庫編，1976）。これを頼りに江戸時代後期の尾張で，青物類がどのように取引されていたかを知ることができる。

尾張藩には名古屋城下を中心として，その東側に北から順に丹羽，春日井，愛知，知多の四つの郡があり，西側に同じく北から葉栗，中島，海東，海西の四つの郡があった。どの郡にも市場があったわけではなく分布には偏りがあり，春日井郡（4），中島郡（4），丹羽郡（3），海東郡（3），葉栗郡（1），知多郡（1）で，愛知郡と海西郡にはなかった。下小田井市場は春日井郡の南西端に位置しており，同じ郡内の八つの村から青物類が入荷していた。出荷していた青物の種類が多かったのは清須村で，人参，茄子，青瓜，牛蒡，真桑瓜，西瓜類と多種類であった。落合村は大根，薪，茄子，蔬菜，寺野村は大根，牛蒡を出荷した。

下小田井市場は西側を海東郡の北半分と接し，南を愛知郡の西部に接していた。海東郡の中で多種類の青物を出荷していたのは石作村と今宿村で，石作村は蔬菜，フキ，大大根，茄子，瓜，西瓜を，今宿村は蔬菜類，茄子，瓜，西瓜，大大根を出荷した。海東郡全体で出荷が多かったのは瓜類や大根，茄子，フキであった。下小田井市場へ青物類を出荷した村が海東郡では10を数えたのに対し，愛知郡ではその数が15と多かった。丸米野村は番南瓜，東瓜，西瓜，茄子類を，中野村は番南瓜，西瓜，東瓜をそれぞれ出荷し，他の村も

391

第10章　濃尾北西部セクターの地域構造

南瓜，西瓜，白瓜などを出荷した。四つの村は裏筵を出荷した。裏筵とは，畳の上に敷く敷物である上筵の裏のことである。

下小田井市場へ農産物を出荷する村が市場に比較的近い春日井郡西北部，愛知郡西部，海東郡北部に多かったことは，村からの距離が近かったということで説明できる。逆にいえば，下小田井市場から距離が遠い村からはほとんど出荷がなされなかった。そのような村は地元に近い市場に出荷していた。『尾張徇行記』には，下小田井市場への出荷が多かった農産物のほか

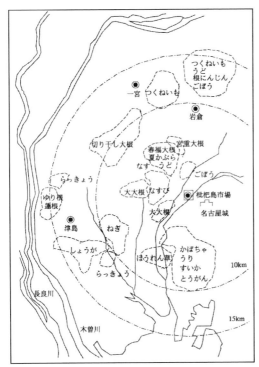

図10-2　枇杷島市場への青果物出荷圏
出典：西枇杷島町史編纂委員会編，1964，p.346をもとに作成。

に，瓦，酒，魚，塩，樽など領内で産する多様な産物の生産地と出荷先も記されている。したがって，下小田井市場をめぐる農産物の生産・流通の実態は，そのような広域的取引の中の一部としてとらえる必要がある。下小田井市場に限っていえば，鮮度が命の蔬菜類は近在の村からの出荷が多く，日持ちのよい人参，芋などは幾分遠い村から出荷される傾向があった（図10-2）。

ところで，青物市場のあった下小田井には「小田井人足」という言葉がある。これは江戸時代，庄内川が増水して危険になると，尾張藩が名古屋城下を水害から守るため役人をつかわし，川向こうの小田井村側の堤を切らせたことに由来する。小田井村の人々は命に従って堤を切れば自分たちの家や田畑が大きな被害を受ける。このため表面上は一生懸命働くふりをするが，実際には少しも能率を上げずわざと時間をのばし，ひたすら水が引くのを待っ

た（鈴木，2017）。このような史実から怠け者を表す「小田井人足」という言葉が生まれた。いささか切ない気持ちにさせられるが，身分社会の当時としては致し方ないことであった。

　尾張藩の治水政策の根本は自領や城下を第一に守る点にあった。前者は1609年に築かれた木曽川左岸の御囲堤がその例であり，後者は庄内川の左岸の堤を右岸より高くした御囲禍堤である（西枇杷島町史編纂委員会編，1964）。いずれも左岸側を強化したのは，洪水が左岸側に押し寄せない，言い換えれば右岸側に向かうことで難を逃れたいという心情からである。御囲禍堤は名古屋に城が移された1610年に起こった庄内川氾濫を契機とし，1614年に築かれた。庄内川は名古屋城の北約3kmを北東－南西方向に流れているため，左岸側を高くして強化すれば，城の北側に広がる沖積低地は水害から免れることができる。

　こうして庄内川左岸側の洪水対策は尽くされたように思われた。しかし川の流れ方は時間とともに変化していく。江戸時代，尾張藩は瀬戸の焼き物産地を御用窯として保護した。生産・流通の基本を藩が押さえることで藩は財政収入を確保することができたからである。国は違うが美濃の焼き物産地も尾張藩が管理する流通ルートに組み込まれた。美濃は庄内川の上流，瀬戸は支流にあり，原料の粘土採掘や燃料の松材の伐採のため，山地から流れ出た土砂によって庄内川の河床は年々，高まっていった。いわば藩が保護した庄内川上流の産業が洪水の原因をつくり，下流の城下が洪水の危険性に晒されるという構図である。

　河床を高める庄内川の洪水発生の危険性は年々大きくなっていった。当時，尾張北部を流れる大山川や合瀬川は庄内川に流入しており，本流である庄内川の河床上昇のため流れが悪くなった。このため庄内川の北側一帯は湿地状態になり，その周辺に住む人々は水害に苦しめられていた。こうした人々からの訴えを聞き入れた尾張藩九代目藩主の徳川宗睦は，1785年に治水工事を命じた。命を受けた普請奉行の水野千右衛門は，工事費40万両をもって庄内川の北側に新川を開削することにした。庄内川の放水路の役割を果たすこの川は，上流の比良から下流の東福田新田に至る全長約24kmの文字通り新川であった（図10-3）。

393

第10章　濃尾北西部セクターの地域構造

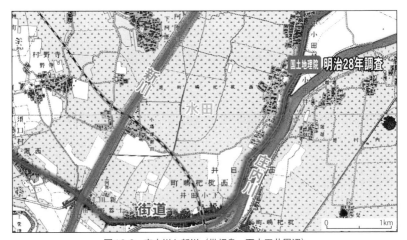

図10-3　庄内川と新川（枇杷島・下小田井周辺）
出典：東海テレビのウェブ掲載資料（https://www.tokai-tv.com/newsone/corner/20200928toukaigoukaraunijunen.html）をもとに作成。

　この工事はそれまで庄内川に流入していた大山川や合瀬川を新川に結びつけ，これらの川の排水を改善した（岩屋，2002）。流入する支流がなくなったため庄内川の流量は減少し，名古屋城下が洪水を受ける危険性は低下した。しかし尾張藩はこれでよしとせず，庄内川右岸の一部の高さを人為的に低くし，水位が高くなったら水が新川に流れ込むようにした。これが庄内川洗堰である。洗堰の堤防の高さは通常の半分しかない。普段，水は流れていないが，一旦，増水するとその分を新川は受け入れなければならない。新川流域では洪水が発生する危険性は高まる。にもかかわらず尾張藩は，そこに住む住民すなわち小田井の人たちに洗堰が正しく機能するように見張らせた。

　江戸時代を通して庄内川の水害の危険性が高かった理由は，上流からの土砂流入・堆積による河床上昇だけではなかった。それは，枇杷島橋付近が狭窄地形のため，水が流れにくかったことである。実際，枇杷島橋の上流側と下流側は川幅が300間（約540m）〜600間（約1,080m）もあるのに，橋の周辺は80間（約144m）しかなかった。これは現在でも，上流側に河川敷の庄内緑地が広がり，下流側にも河川敷の庄内川西枇杷島緑地や枇杷島橋緑地があることからわかる。たとえてみれば，上部と下部が大きく膨れ，真ん中がくびれている砂時計のようなかたちをしている。

問題はなぜこのような地形環境が生まれたかである。考えられる理由は，枇杷島がまだ架けられていなかった美濃路の昔からこの付近に市場が開かれ，人々が集まって集落が形成されたことである。その後，木の橋を二つ架けるために中島を築き石で周囲を固めた。一旦生まれた集落や町を取り除いて川幅を広くすることは，当時としては不可能であった。その結果が洪水の危険性を増した庄内川であり，悲劇は2000年9月の東海豪雨によって現実のものとなった。庄内川の洗堰は正しく機能した。しかし庄内川から新川への水量が多すぎ，新川の堤はその水圧に耐えきれなかった。堤は崩れ落ち，当時の西枇杷島町のほぼ全域が湛水・浸水してしまった（清須市新川町史編纂委員会編，2008）。人は生きるために土地や川を利用する。しかし利用の仕方が社会的に平等とはいえなかった時代が長く，その影響は現代にも及んでいる。

2．稲沢の植木栽培・植木市と祖父江の銀杏

　東海道新幹線の名古屋駅ホームから京都方面に向けて走り出した下り列車は，しばらくは在来の東海道本線と並走する。やがて在来線と別れ，名神高速道路を跨ぐようにして進む。このあたりから列車は稲沢市を通り抜けるコースに入り，スピードは最高速度に近づく。この速度が上がるあたり，名古屋駅出発後4分ほどが経過したあたりで列車左側の車窓から見えるのが，稲沢市矢合町付近の風景である。一瞬のことゆえ町の姿を正確に確認することはできないかもしれない。しかしなんとなく車窓近くにこんもり茂った木々が，またその向こうに家々が塊っているのがわかる。矢合町には尾張国分寺や矢合観音があり，濃尾平野の中にあって古くから中心的役割を果たしてきた。新幹線の高架線路から尾張国分寺までの距離はわずか150m。そんな近くを時速250kmを超えるスピードで列車は走り抜ける。

　矢合観音は，安土桃山時代，現在の稲沢市に存在した一色城の城主であった橋本道一（橋本伊賀守）の弟で矢合城主の橋本大膳がこの地に観音菩薩を祀ったのが始まりといわれる（稲沢市史編纂委員会編，1968）。ただしこれとは別に，江戸時代後期に矢合円興寺（今の国分寺）で大法会があったさい，橋本家が労を厭わず奔走した礼として住職から観音像を附与されたという説

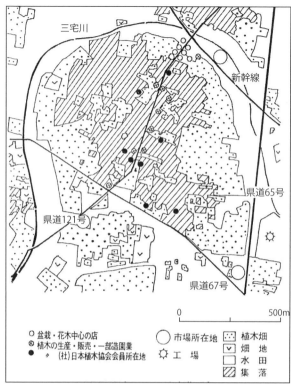

図10-4　矢合地区における土地利用と植木市場
出典：山野，1981,p.70をもとに作成。

もある。いずれにしても，橋本家で代々祀られてきた観音菩薩が諸病に効き目があると広まり，いつの頃からか近隣は無論のこと遠方からも参詣者が集まるようになった。また，寺の庭の井戸から湧く水には霊験があり万病に効くと評判になり今に伝えられる。

　矢合観音や国分寺のある矢合町は，稲沢における植木産業の発祥の地である（図10-4）。その由来を調べると，鎌倉時代に国分寺の住職であった柏庵和尚(はくあんおしょう)が中国で学んだ柑橘苗の接木技術を農家に伝授したのが起源である。濃尾平野の真ん中にあり，苗の育成に適した気候と肥沃な土壌に恵まれていたことが今日の植木産業の発展にとって幸いした。しかし，始まりは僧侶による中国からの接木技術の伝授であったとしても，それだけでこの地で植木産業が発展したことを説明するには十分ではない。この技術が矢合から濃尾平野の他の場所に伝播し，その場所でむしろ大いに発展した可能性も考えられるからである。

　一般に伝統的な産業の発展を歴史的に説明するには，多くの要因を考えなければならない。稲沢は国内における三大あるいは四大植木産地の一つといわれる（審良，1992）。稲沢以外の産地は，北から順に埼玉県川口市・さいた

ま市，兵庫県宝塚市・大阪府池田市，福岡県久留米市である。このうち埼玉県の産地は，江戸初期に伊奈半十郎忠治が植木や花の苗木栽培を奨励し，これらを江戸で売り出したのが始まりとされる。兵庫県の場合は，安土桃山時代に坂上善太夫頼泰が接木による繁殖方法を開発したことがきっかけとされる。さらに福岡県の場合は，江戸時代にロウソクの原料となるハゼノキの苗木を供給していた産地でツツジの栽培に熱心に取り組む研究家が現れたのがきっかけであったという。これらに共通するのは，僧侶，武士，篤農家などが植木生産の開始に関わっていることである。いま一つ指摘できるのは，これらの産地はいずれも大都市圏の郊外に位置するという点である。

　大都市圏の郊外という共通性は，植木の需要が多い民間住宅や自治体など主たる市場に恵まれていることを示唆する。自然の林や森が身近な農村や山村で植木が購入されるとは考えにくい。市街地では元々，植木市場が各地にあった。それが高度経済成長期に入り大都市圏が形成されていくのにともない，植木市場も大きくなった。植木用の植物を育てるには広い土地が必要である。市街地中心部にそのような土地はなく，さりとて大都市圏から遠く離れた農村部から重量のある植木を輸送するのは難しい。その結果，大都市圏の郊外という中間的位置の有利性が評価され，国内の中でも特定の産地に生産が集中するようになった。きっかけは個別的であっても，発展は大都市圏に人口が集中するようになったためで，比較的最近のことである。

　さて稲沢の場合，苗木生産が盛んになったのは1870年代中頃以降で，当初は柑橘類が中心であった。その後，戦時期に入ると植木は作付制限の対象となり，面積は縮小した。制限が撤廃された戦後は，植木類の需要増加とともに栽培面積は拡大した。先に述べた大都市圏郊外に四大植木産地が現れてきた経緯は，稲沢市の農業生産額の推移から裏付けることができる。すなわち，農業生産額が多かった品目を経年的に調べると，1977～1979年は米が第1位で，第2位は鶏卵，第3位が庭園樹・苗木類であった（山野，1981）。ところが1980年からの4年間は庭園樹・苗木類が第1位となり，米は第2位であった。その後の3年間は再び米が第1位で，庭園樹・苗木類が第2位であった。庭園樹・苗木類が第1位だった4年間，稲沢市の農業生産額の25～30％は植木生産によって占められた。

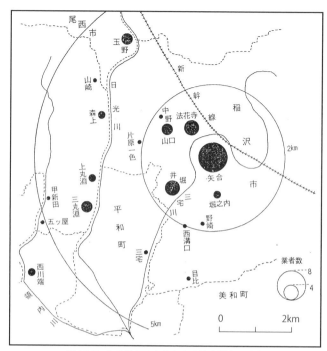

図10-5 矢合地区を中心とする植木業者の分布
出典：山野，1981, p.68をもとに作成．

ひとくちに植木といっても，その種類は多様であり，また状態もさまざまである。ここでいう状態とは，①植木が完全に育ち商品として販売できる段階か，あるいは②養成の途中にあるか，さらには③苗木の段階か，ということである。米や野菜などとは異なり，植木は単年度で商品になるわけではない。また，植木を購入した消費者が翌年もまた購入するということはまずない。ある意味植木は「耐久消費財」のような植物であり，食料として消費される植物や観賞用の花卉などとは異なる。①，②，③の段階ごとに手のかけ方が違うため，ある種の分業体制が生まれる。消費者に一番近いのは①の商品としての植木であり，造園業者との結びつきが強い。逆に消費者から最も遠いのは③の苗木の段階であり，消費者の近くにいる必要はない。

　こうした植木の状態の違いは，植木に関わる生産者あるいは農家・業者の地理的分布に対応している（山野，1981）。具体的には稲沢の場合，市街地の中心部から半径2kmくらいまでが①で，これを完成植木圏とする（図10-5）。つぎは半径2〜5km付近で，これは②の養成植木圏である。そして半径5kmの外側が③の苗木圏である。これを2005年合併以前の旧市町村に対応させ

ると，①は稲沢市の矢合，堀之内，西溝口，法花寺，②は①を除く稲沢市の明治・千代田地区と平和町，一宮市である。さらに③は大口町，尾西市，祖父江町，八開村である。①の完成植木圏は，矢合とその北，西，北東に隣り合う四つの地区からなる。ここが稲沢の植木産地の核であり，冒頭で紹介した中国から接木技術を持ち帰って広めた柏庵和尚が住職をつとめた国分寺一帯でもある。稲沢の植木栽培の発祥地として，その地位を維持してきた歴史的慣性の強さを見る思いがする。

2005年に旧中島郡の祖父江町と平和町は稲沢市と合併した。これにより稲沢市には新たな要素

図10-6　稲沢市祖父江町におけるイチョウの木の分布
出典：大橋・水内・大野，2019，p.473をもとに作成。

が加わった。濃尾平野にあり大都市・名古屋に近い稲沢市では，すでに述べたように，農業が盛んである。とくに新たに稲沢市域の西部を構成することになった旧祖父江町は，日本一の銀杏生産の町として知られる（図10-6）。ちなみにギンナンとはイチョウの実のことであるが，これらはいずれも漢字では銀杏と書く。したがってここでは木をイチョウと書き，実は銀杏と書くことにする。

399
第10章　濃尾北西部セクターの地域構造

祖父江でイチョウの木が植えられるようになった正確な時期はわらない。古老の話などから推測すると，17世紀頃にはあったと思われる（溝口，1982）。旧祖父江町は木曽川左岸にあり北西の季節風が強いので防風林として植えたのではないかという推測は成り立ちやすい。しかしイチョウは落葉樹である。しかも屋敷の南側や東側にも植わっていることから，風避けのために植えたという理由だけでは説明できない。イチョウは屋敷の周りだけなく，その中にも植えられている。屋敷内にイチョウの木を植えるのは本来，好ましいことではなかった。にもかかわらず近くに植えられたのは，イチョウは救荒植物として食用にもなり，木一本で固定資産税が賄えるほど価値があったからである。一種の財産として代々イチョウは育てられ，その実の銀杏は食に供された。

　祖父江の銀杏が「屋敷銀杏」と呼ばれ，東京市場で高く評価されるようになったのは，大正末期頃である。当初は名古屋に出荷した銀杏は，そのまま東京や大阪へ転送されることが多かった。しかし他産地の銀杏と比べると祖父江でとれた銀杏は実が大きかった。このことが大都市の市場で高く評価され，他産地よりも高い値で買い取られるようになった。屋敷の中で大切に育てられてきたことが印象的だったのか，屋敷銀杏という一種ブランド名で呼ばれるようになった。

　落下した銀杏は半年ほどで水分がなくなるが，水に浸せば元に戻り食べることができる。米が不作の折には食糧代わりになるため世代を超えて育てられてきた。それが都会の市場で高く取引されるようになり，次第に経済的な「農産物」としてイチョウの木を植える動きが本格化していった。当初は屋敷の中だけだったが家の外回りにも植えられるようになり，いつの間にか集落全域にイチョウが林立するようになった。イチョウの木を植える動きはこれにとどまらず，耕地整理や減反政策など農家を取り巻く状況の変化にも対応し，家から離れた畑の中にもイチョウ林が現れるようになった。

　イチョウは一属一種の植物であり，雄株から飛散した花粉が雌株に受精して実がなる。雄株が多いと受精が活発になりすぎて大きな実にならない。実がなるのは雌株だけなので雄株はわずかな本数で用が済む。銀杏を収穫する人でさえ雄株がどこに植わっているのか知らないというのは，まんざらウソ

でもなさそうである。こうして代々育てられてきたイチョウは，新種を育てた人の名を付けて区別している（城山，1954）。久寿は産地中心部の山崎地区の富田久寿，金兵衛は山崎の南側の二俣の横井金兵衛，東九郎は本巣郡穂積町の広瀬東九郎，栄神は木曽川左岸沿いの神明津の吉川栄神，といった具合である。値が高いのは粒の大きな東九郎であり，久寿と栄神がこれにつづき，その下に早世種の金兵衛がくる。

　イチョウの木についた銀杏の実を収穫する時期と方法は多様である。早いものは7月上旬から始まるが，それは木に登って実を叩き落とし，落ちた実についている果肉を竹べらを使って取り除くという方法である。高い木に登っての作業は重労働であり危険もともなう。このため，木が大きくならないように枝を切り落として低くすることも行われている。果肉は臭いがきついだけでなく，ギンコールというかぶれ成分を含む。作業能率を上げるために1960年代に山崎で果肉を取り除く機械が発明された（溝口，1982）。ただしこの機械は殻を破ってしまうことがあったため，1973年頃に改良が加えられた。

　収穫が9月から10月になると台風などで銀杏の実が自然落下するようになる。ゴム手袋をはめて少し押さえるだけで果肉と実は分離するので機械を使う必要はなくなり，山崎地区以外の地区でも収穫が行われるようになる。銀杏の収穫は手間がかかるが，年間の労働全体からすればわずかである。専業農家の主な労働は田や畑での作物栽培であり，兼業農家の場合は農業以外の仕事が本業である。それゆえ，銀杏生産に取り組む姿勢は農家ごとに異なっており，積極的にイチョウの本数を増やす農家もあれば，銀杏の収穫を行わない農家もある。収穫しない農家は，イチョウの木から銀杏を取る権利を他の農家に売って利益を得るというケースもある。

　冬の防風林効果はともかく，夏の暑い日差しを遮るイチョウの並木は市街地の街路樹としてかなり普及してきている。日本以外で銀杏を食べるのは中国と朝鮮半島の人々しかないといわれる。食文化との関わりで銀杏を取り上げたり，街中の樹木景観の中でイチョウを考えたりするという視点もある。稲沢市を中心とする植木の育成と取引，旧祖父江町におけるイチョウの林と銀杏，いずれも通常の農業生産とは少し性格を異にする営みである。広い意

味での樹木や緑が人間にもたらす恵みを自然から引き出す行いである。先人たちがそれぞれゆえあって苗や木を植え育ててきた地域の財産は，これからも引き継がれていく。

3．木綿織物から毛織物の産地に変貌した尾西

　衣服は時代や地域を問わず，いつも人はそれを身にまとっている。それほど一般的な存在であるのに，あるいは一般的であるがゆえに，衣服の素材や糸あるいは織物の有り様は実に多種多様である。木綿はその中でも利用されてきた歴史が長く，現在でも幅広く使われている織物の素材である。木綿の前には苧麻 (ちょま) や絹などがあり，そのあとには毛織物，化学繊維などが現れてくる。絹は中国，綿はインド，朝鮮方面からの渡来であり，毛織物もヨーロッパからの伝来である。化学繊維の製法も欧米起源であることを考えると，日本人の衣服の歴史は海外から伝えられた繊維素材を国産化し，それをもとに布を織って衣服に仕立て上げていく歴史であったといえる。

　名古屋圏では繊維産業が昔から盛んであり，現在もなお繊維・アパレル分野で存在感を示している。外来の繊維・織物技術をうまく生かしながら産業として育て上げ，繊維に関わる人口を増やしてきた地域である。名古屋圏の中でも愛知県東部の三河は，国内で初めて明応年間（1492 ～ 1501 年）に綿の栽培と機織が行われたところとして知られる（岩崎，1985）。その後も近世から近代にかけて綿花栽培や綿織物の産地として発展してきた。同様に愛知県西部の尾張も綿作・綿織物産地としての歴史が長いが，中でもその北部すなわち尾西地方は近代になり毛織物の一大産地として全国的に知られるようになる。綿織物から毛織物へ移行したきっかけは何だったのか，また毛織物産業は尾西地方の都市にいかなる影響を与えたか，探ってみることにしたい。

　尾西地方で綿花栽培がいつ頃から始まったかは明確ではない。しかし，尾張に隣接する三河や伊勢あるいは尾張の知多地方での綿花栽培の導入時期から類推すると，16 世紀中頃からではないかと考えられる。綿花栽培は温暖な気候が適しているため関東以西で主に普及し，とくに畿内やその周辺で盛んに行われた。畿内では大和から始まり，和泉，河内，摂津，山城へと広がり，寛永年間（1624 ～ 1643 年）には大坂・京橋に綿を取引する市場も開設された。

元禄期（1680～1709年）に国内最大の綿花産地になった畿内についで，伊勢・三河が主要産地として現れた。こうした流れを受け継ぎ，尾西でも綿作が始まり発展していったと考えられる。

　綿作は麦作の合間に行われた。秋に種が蒔かれる麦は翌春に収穫され，そのあと綿の種が蒔かれる。夏の終わり頃に綿の花が咲き，実がはじけて綿毛が吹き出す。はじけた順に収穫され天日干しされた生綿が農家の家屋や納屋に山のように積まれた光景は，秋祭りの頃の風物詩であった。生綿は綿花と綿実に分けられる。綿実は絞って油になり，食油や灯明の燃料として用いられる。綿花は一宮の繰綿問屋の商人が一軒一軒，農家を回りながら買い集めた。商人が山のようになった綿を運ぶ様は真清田神社の森に集まる鴉の姿に似ていたので一宮カラスと呼ばれた。持ちきれないほどの綿を集めて運ぶ姿は一宮商人のバイタリティと仕事の厳しさを彷彿とさせる。

　1844年に29軒を数えた一宮の繰綿問屋は，幕末には50～60軒にまで増えた。繰綿問屋は真清田神社の前で開かれる三八市の取引で北陸，美濃，三河へ綿を送り，そこで糸加工させたあと再び取り寄せ，織物の素材として販売した。当初，一宮を中心とする尾西地方は繰綿，蛹糸，絹，糸類など織物の素材を他地域に出荷することが多かったが，次第にこれらを用いて織物に仕上げることも行われるようになった（川浦，1970）。なかでも細い手紡糸で織られた桟留縞は絹のように表面が滑らかで光沢もあり，尾張の国産品として東西市場へ搬出され名声を博した。このほか高級絹織物の結城縞や，光沢があり肌触りもよい絹織物の羽二重なども生産された。

　明治維新を経て近代になると織物の産地としての性格が一層強くなる。明治初期の織物の特徴は絹綿交織が隆盛したことで，結城縞，桟留縞に加えて1872年には絹絣，翌年には双子縞または東京双子と呼ばれる織物が次々に登場した。絹絣とは，白地や藍染め地に十字や細かい線などをちりばめた幾何学模様が特徴的な絹布のことである。また双子縞は，輸入した洋糸を正藍で染め，経を双子（2本の糸を撚ったもの），緯を単糸で織り上げた布である。ちなみに正藍とは，植物の藍からつくった染料を用い染色工程で還元剤などを使用することもある本藍染とは異なり，化学薬品をまったく使わず昔ながらの方法で染色することである。

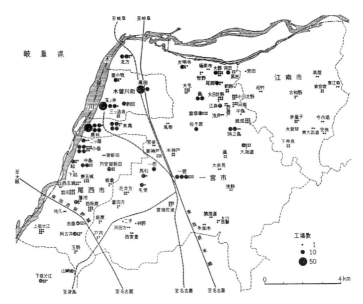

図10-7　尾西地域における織物工場の分布（1880年代）
出典：日本地誌研究所編，1969，p.182をもとに作成。

　一宮を中心とする愛知県の綿織物業は1884年の統計で大阪府について第2位となった（図10-7）。まさに当時のリーディング産業として地域経済を牽引するようになった。しかし隆盛は長くは続かず，自然災害や国際貿易の変化のため産地は大きな危機を迎えることになる。1891年10月28日に岐阜県本巣郡根尾谷を震源とする濃尾地震が発生し，震源地から30〜40kmの尾西地方では工場や民家の被害が極めて大きかった。当時の一宮町だけでも被害金額は工業分野で10万7,000円，商業部門で7万2,000円にのぼった。これに追い打ちをかけるように，大企業が安価なインド綿を輸入して低価格の綿布を大量に生産するようになったため，農家の副業としての性格が色濃かった尾西地方の綿織物業は競争力を失っていった。

　綿織物業が競争力を失い衰退への道を歩み始めた明治中期から後期にかけて，産地では毛織物の生産に向けて数々の取り組みが始められた（石井，2018）。競争が不利な分野から未知ではあるが可能性のある分野への転換を図り産地を再興しようという試みである。ただし毛織物についてはまったく

知識や経験がなく，すべて先進地域の事例に学びながら試行するほかなかった。ポイントは大きくいって二つあったといえる。一つは，1901 に片岡春吉がドイツ製セルをモデルにセルの製織に着手したことである。機械も技術もきわめて幼稚ではあったが，ともかくも製織に成功したことが大きかった。片岡春吉については本書の第9章第1節の津島に関するところで詳しく紹介したが，日清，日露戦争に従軍した折に輸入品の毛織物製の軍服に可能性を感じ，東京モスリン紡織株式会社（のちの大東紡織株式会社）で技術を習得した人物である。帰郷後，津島にあった尾張製糸の工場跡地に片岡毛織工場を設け毛織物の生産を始めた。

　二つ目は，当時はまだ尾西産地では困難であった毛織物の染色・整理・仕上げが実現できたことである。旧尾西市の起で綿織物の整理業を営んでいた墨清太郎がドイツ製の整理機を据え付けた工場を 1908 年に設け，毛織物分野へ進出した機業家が必要とした専業整理業務に応えた。これがのちに毛整理業界の一大勢力となる艶金興業株式会社の始まりであり，「仕上げの尾州」としての地歩を築き上げる礎石となった（図10-8）。艶金興業は 1889 年に墨宇吉が創業した会社で，二代目の清太郎が綿織物の整理業としての経験を生かし，毛織物の世界に進出することを決意した。織ったばかりの生地はバリバリでそのままでは使い物にならない。このため叩いて艶を出す。整理業は生地の品位を高めるための重要な仕事であり，屋号の「艶金」という名もそこに由来する。

艶金興業奥町工場の鳥瞰図(1936年)　　　　　艶金染工の本社工場(1975年)

図10-8　艶金興業奥町工場の今昔比較
出典：西宮後のウェブ掲載資料（　https://blog-imgs-128.fc2.com/n/i/s/nishimiyaushiro/okucho-tsuyakin.jpg）をもとに作成。

毛織物分野に参入した尾西産地は，当初は和服用の毛織物である着尺セル
を生産した。着尺セルは経緯に細い梳毛糸（原毛から不純物を除去して撚った
糸）を使って平織りした先染広幅の毛織物のことで，着尺，羽織，袴地など
に広く愛用された。それは明治末期の頃で，大正後期になると着尺セルが飽
和状態に陥ったため，ラシャ類の毛織物を生産するようになる。ちなみにラ
シャ（羅紗）はポルトガル語で厚手の毛織物を意味しており，16 世紀中頃に
南蛮貿易によって日本に伝わった毛織物の総称である。ラシャは丈夫で保温
性が高いため，外套，羽織，軍服，乗馬ズボン，帽子など幅広い用途があった。
　この頃になると毛織物業は綿・絹を圧して主流の織物業となった。大正末
期における愛知県の毛織物産額は全国比で，着尺セル 97％，洋服地 66％を
占めるまでになった。昭和に入って婦人子供服が普及すると毛織物のウェイ
トはますます高まり，生産額のみならず生産数量においても綿・絹をはるか
に凌ぐに至った。これにともない，産地の就業構成や織機も大きく変化した。
着尺セルが中心だった頃は農家副業による賃織業者が多かったが，洋服地が
盛んになると専業化する者が多くなった。こうした変化は織機数の増加にも
現れた。四幅織機は 1923 年の 376 台が 1931 年には 3,868 台へと 10 倍以上
も増え，織機全体に占める割合も 5％から 30％になった。ちなみに四幅織機
とは和装織物用の小幅織機に比べて幅が 4 倍も広い織機のことで，毛織服地
セルジスの試作に挑んだ片岡春吉が 1909 年にドイツから取り寄せた織機で
もある。
　四幅織機の導入は生産性の向上と生産増加を可能にした。これまでの織機
で必要とした女工の数が半分で済むようになり，広幅の服地を求める洋服地
の需要にも応えることができた。さらに，1914 年に第一次世界大戦が勃発
して毛織物の輸入が途絶したため，国産品愛用の高唱にも応えられた。手動
式から機械式への流れは止まることなく，中小の機業家たちは競うようにし
て四幅織機を導入していった。尾西産地における毛織物生産のレベルアップ
は機械化とともに技術水準の向上によって実現された。それに大きく貢献し
たのが，1901 年に設立された愛知県工業学校（名古屋工業大学の前身）である。
学校は名古屋に置かれたが，初代校長に就任した柴田才一郎は欧州留学で織
物技術に詳しく，愛知県や業界は紡績・染織技術の専門家として柴田を招聘

した（中部産業遺産研究会編，2023）。

　柴田才一郎が率いる愛知県工業学校とともに，1915年に起町に設立された町立染織学校（県立起工業高校の前身）の果たした役割も大きかった。こうして毛織物生産の技術が高められ普及していく一方で，機械化に向けて積極的に投資したり織機の国産化を図ったりする動きもあった。すでに津島では片岡春吉がドイツ製の織機と染色整理機械一式を導入していたが，一宮では木全角次郎が1913年にドイツ製四幅動力織機を設置した（尾西市史編纂委員会編，1998）。木全が試織した英ネル（平織で軽い起毛の織物）がきっかけとなり，洋服地生産は飛躍的に増大していった。織機の国産化は第一次世界大戦で織機輸入が困難になったためで，イギリスのジョージ・ホジソン社製織機を手本に平岩製作所（愛知県碧南郡）が製造した織機を皮切りに，大阪の天満小森製力織機や名古屋の大隈製力織機などが織機の製造に取り組み始めた。

　一宮を中心とする尾西地方は濃尾平野の中心部に位置する。古代から中世にかけて尾張国の中心として重要な役割を担った時代もあった。政治・経済の中心が名古屋に移ってからは広大な平野で行われる農業生産の拠点となり，さらに綿作と綿織物の隆盛で地域が発展した。その後は産地間や大企業との競争で苦戦したが毛織物生産に活路を見出し，国内最大の毛織物業産地へと変貌していった。こうした近代工業化にともなって人口が増え，都市が発展していった。まち歩きをすると，織物の色を自然光のもとで見るため北側に天窓を設えたノコギリ型の屋根が目に飛び込んでくる。製品はあくまで衣服になるための中間製品としての布である。縫製加工された衣服から想像するのは難しいかもしれないが，大本がこの産地で生まれていることはもっと知られてもよい。

第2節　木曽川・長良川とともに刻まれた歴史

1．木曽川本流の流路変化による羽島輪中の形成

　岐阜県羽島市といえば，現在では東海道新幹線の岐阜羽島駅のある場所と

して知られる。「岐阜」と「羽島」をそのままつなげた駅名は，岐阜県内を通る新幹線ルートを想定し駅も置こうとすれば，このような名前になるのが自然かもしれない。なぜなら，想定ルートは木曽，長良，揖斐の大河が流れる輪中地帯を横切ると思われるため，駅の位置はそのうちの二つの川の間のどこかになる可能性が高い。実際は地形条件，駅間距離，既存都市からのアクセス，それに冬季の雪害対策などいくつかの条件を考慮した結果，長良川と木曽川の間でやや長良川に近い位置が選ばれた。

　岐阜羽島が岐阜と羽島の合成駅名であることは知られていても，羽島が「羽栗」と「中島」から一字ずつとって付けた名前であることはあまり知られていない。羽島市は，1897年の郡制施行時に羽栗郡と中島郡が合わさって生まれた羽島郡の中の多くの町村が1954年に一緒になって発足した。かつては北側に羽栗郡があり，南側に中島郡があった。羽栗郡とその北の厚見郡は間を流れる境川によって郡域を分けていた。一方の中島郡は，その東を流れる木曽川によって愛知県中島郡と向かい合っていた。中島郡という同じ名前の郡が岐阜，愛知両県にあったので間違えやすい。岐阜県側の中島郡の西には長良川が流れていたため，岐阜県中島郡は東の木曽川と西の長良川に挟まれ南端がＶ字形をしていた。

　川と川に挟まれて先端がＶの字のようになる行政域は輪中地帯ではよく見られる。長良川と揖斐川に挟まれた海津市，揖斐川と相川に挟まれた大垣市も南の端がＶ字形をしている。海津市南端は岐阜県が愛知，三重両県と接する地点であるため，結局，岐阜県は県域それ自体が南西部ではＶ字形をしている。実にさまざまな大きさのＶ字形が木曽三川の輪中地帯を形成している。数え方にもよるが，この巨大な輪中地帯には大小合わせて45ほどの輪中がある。羽島市には北から順に松枝，足近，正木，桑原の輪中がある。岐阜羽島駅は，これらの輪中の中で面積が最大の桑原輪中の上にある。

　先に岐阜県中島郡は木曽川を挟んで愛知県の中島郡と向き合っていたと述べた。実はその北の羽栗郡も，かつては木曽川を挟んで愛知県葉栗郡と向き合っていた。こちらの方は最初の一字が違うので区別できるが，羽栗郡は元は葉栗郡であった。つまり，木曽川を挟んで岐阜，愛知両県に同じ名前の郡が対峙していた。葉栗郡が羽栗郡に名を変えたのは1589年で，美濃と尾張

408
名古屋の周辺地域を読み解く

の国境が変わったため豊臣秀吉が変えさせた。こうした経緯から推測できるのは，かつて存在した葉栗郡と中島郡という二つの郡を突き破るような大きな力，具体的には木曽川の水の流れが変わったのではないかということである。木曽川による郡域分断の可能性である（図10-9右）。

　これは荒唐無稽な推測ではなく，実際に起こったことである。1586年6月24日の大洪水で木曽川の流路は大きく変わった（尾西市史編纂委員会, 1998）。こうした事実を理解するには，いくつか前提となる知識を知る必要がある。直接的には大洪水発生の前年に，木曽川流域の北側と河口部の2か所を震源地とする地震が起こったことである。これにより現在の岐阜県白川村では帰雲山が崩落し，木曽三川河口部では三重県木曽岬町の加路戸輪中が陥没し亡所となった。これほど大きな地震ゆえ流路の途中で地盤に変化が生じたら，その影響を受けて川の流れ方も変わるであろう。前年の地震による影響がどれほどだったかはわからないが，これまで美濃と尾張の国境を流れていた木曽川は南側へ並行移動し葉栗郡と中島郡を貫くようなかたちで流れるようになった。

　木曽川の流路変化の原因となった地震もさることながら，より大きな前提

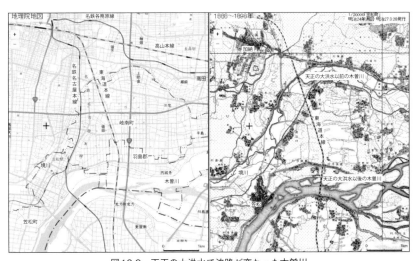

図10-9　天正の大洪水で流路が変わった木曽川
出典：株式会社大進不動産のウェブ掲載資料（https://www.daishin-gifu.jp/blog2022-09-26/blog2022-09-27/）をもとに作成。

として，長野県の松本市，朝日村，木祖村あたりを源流とする木曽川がなぜ150km以上も離れた西方の岐阜県や愛知県を流れているか，その前提条件を理解する必要がある。その答えは，日本列島のこの地域で続いてきた東高西低の地殻運動の存在である。東側のアルプス山脈が隆起する一方，西側では養老山地東縁の断層を境にして地盤が沈降している。濃尾傾動運動と呼ばれる地殻運動にしたがい，木曽川は東から西に向かって流れる。木曽川は，犬山付近で扇状地を形成したあと葉栗郡，中島郡あたりで向きを変え以後は南下する。その後，木曽川は長良川，揖斐川と出会い輪中地帯をつくる。

　さて，では1658年6月24日の大洪水により木曽川は具体的にどのように流れを変えたのであろうか。すでに述べたように，木曽川は美濃と尾張を分ける国境の役割を果たしてきた。それは現在の木曽川とは異なるため古木曽川と呼ぶことにする。古木曽川の流路を現在の地形図上でたどると，犬山から各務原市伊木山を過ぎるところまでは，現在の流路とほぼ同じである。各務原市前渡東町付近からやや北向きに流れを変えたあと，岐阜県道59号と羽島用水・三井川に沿って流れ前渡西町に至る。その後は松本町・小佐野町などを経て岐阜市高田町付近で現在の境川筋につながる（図10-9左）。ここから墨俣までは現在の境川が古木曽川の本流であったと思われる。

　古木曽川の流路が以上のようなルートであったと推測できる歴史的根拠として，865年の広野川事件や1566年の木下藤吉郎による墨俣一夜城などの故事をあげることができる（弩船，1969）。広野川事件のきっかけは，境川筋を流れていた古木曽川（広野川）が大水で南側を流れるようになったことである。これを不満とする尾張側の農民が元の川筋に戻すように朝廷に申し出たが受け入れられなかった。やむを得ず元に戻す工事を始めた尾張側とこれを阻もうとする美濃側の間で武力衝突が起きた。広野川事件は史上最古の治水抗争ともいわれる。墨俣一夜城の故事は，美濃攻めで苦しむ織田信長を助けるために家来の木下藤吉郎が各務原あたりから木曽の木材を古木曽川（境川）を通って墨俣まで運び，すばやく砦を築いたという一件である（墨俣町編，1996）。古木曽川と長良川はつながっており，時間を要せず美濃攻略の拠点を築くことができた。

　こうした過去の出来事から類推すると，1568年の大洪水で木曽川の本流

が葉栗郡と中島郡を貫くような流れになったことは明らかである。織田信長の後継者となった豊臣秀吉は1582年に太閤検地を開始した。村ごとに耕地面積を調べさせ，石高を定めて大名知行制を確立するためである。それは国の行政域と経済域を一致させることでもあり，美濃と尾張の国境は木曽川の新たな流路に変更された。その結果，美濃の領域は広がり，尾張の領域は縮小した。美濃側に移った葉栗郡は名を羽栗郡に改めたが，中島郡は変えなかったため木曽川を挟んで同じ名の二つの中島郡が生まれた。仮に美濃側に移った葉栗郡が名を改めなかったら，のちに岐阜県側の二つの郡が合併して新しい郡になったとき，名前は羽島郡ではなく「葉島郡」になっていたかもしれない。

　古木曽川であった境川は，木曽川の本流としての役目をなくした。現在の境川は，各務原市東部を源流とする新境川から市中央部で分岐し，西へ流れて墨俣で長良川に合流している。国境の役目はなくなったが，代わりに厚見郡と羽栗郡の境を果たすようになった。古代に古木曽川として歴史に登場した境川の左岸堤防の一部は，関ヶ原の戦いで勝利した徳川家康が凱旋した「吉例街道」である。のちに中山道の垂井宿と東海道の熱田宿を結ぶようになる美濃路の一部でもあり，近世においても歴史に登場する。

　ところで，戦国末期の1586年の大洪水が引き起こしたのは木曽川本流の流路変更だけではなかった。現在の羽島市についていえば，このとき，のちに美濃側に移ることになる中島郡の駒塚と加賀野井の間を北西方向に，木曽川から溢れた水が流れ下ったところがある。本来なら北から南へ向かって流れるはずなのに，逆方向の北に向かって流れたため「逆川」と呼ばれた。なぜこのような流れが生まれたのであろうか。原因は標高の南北差である。基本的に木曽三川の河床高は木曽川が最も高く，長良川，揖斐川の順で低くなっていく。このため木曽川の流れは，遮るものがなければ西側を流れる長良川の方へ向かう。逆川が生じたあたりでは，地形が北西方向に低かったため，このような川が生まれたと考えられる（図10-10）。

　戦国末期に生まれた逆川は，木曽川本流から水が流れ込むため舟運利用に便利であった。現在の羽島市竹鼻（当時は竹ヶ鼻村）で人々が暮らすようになったのは，逆川の舟運が利用できたからである。川の東側の川町湊には船着場

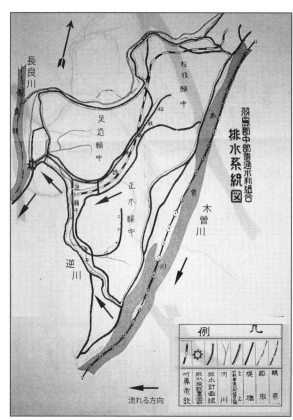

図10-10　羽島郡逆川の排水系統図（1920年代）
出典：岐阜県羽島郡中部普通水利組合連合，1929をもとに作成。

が設けられ，慶長年間（1596〜1615年）に建立された竹鼻専福寺の前では市場が開かれた。江戸時代になると舟運の発展により，六斎市が一層盛んになった。市では呉服，小間物，荒物，魚類，青物など多くの商品が扱われた。特徴的な商品として，絹と綿を交織して仕上げた美濃結城縞がある。これは，京都から伝わった結城縞（絹）の技術をもとに織り出された高級織物である。買い手は都市部の町人層であったた め遠隔地まで出向いて売り捌かなければならなかった。竹ヶ鼻の商人に中で最も頭角を現したのは大沢文助で，近江商人と組んで販路を広げていった。

　逆川の豊かな水量は，染色屋の発展も促した。現在も逆川周辺に染色店が多いのは，豊富な水に恵まれた環境条件の良さによる。川沿いには染色工場のほかに織物工場，材木工場，瓦工場，陶器工場などが立ち並んだ。町は南から順に鍋屋町，上鍋屋町，下町一，中町，本町，上町，新町と続いていた。中町の千代菊酒造店は，竹ヶ鼻村に居を定めた坂倉家が逆川北で合流する長良川の地下水に着目し，1738年に酒造りを始めたものである。本町の札の辻は川町湊へ通じる三叉路にあり，高札場が置かれていた。竹ヶ鼻村の寛政

年間（1789〜1801年）の戸数は418軒，人数は957人であった。

　水量豊富な逆川は利用しやすく産業の発展に大いに寄与した一方，洪水を引き起こしやすいという面もあった。竹ヶ鼻村をこうした洪水から守るには，堤防を築いて木曽川の水が入らないようにすることである。しかし逆川には木曽川の水を長良川に流して木曽川下流の水位を下げるという役目もあった。このため，堤防を築いて完全に締め切るのではなく，木曽川の水位が上昇したときのみ逆川に水が流れる洗堰を築くことにした（岐阜県教育会編，1953）。この工事を実行したのは幕府の命を受けた薩摩藩である。薩摩藩の財力を抑えたい幕府は宝暦の治水事業を命じたが，それは洪水被害の復旧工事と治水目的の工事の二つであった。逆川の洗堰工事は治水を目的とした水行普請のうちの一之手として実施された。

　水行普請は1754年11月に着手され，一之手にあたる逆川の洗堰は翌年3月に竣工した。工事を担当した奉行は美濃国石津郡に陣屋を構えていた西高木家で，実質的な指揮は薩摩藩の二階堂与右衛門らがとった。その指揮のもとで農民が工事に取り組み，長さ18m，高さ3mの洗堰を築いた。工法は石を築き立てながら蛇籠でくるむという難工事であった。堤防を築くのに必要な石材などの資材費は幕府が負担したが，その輸送にかかる費用は薩摩藩が賄った。石材は治水事業全体で4万坪（約13.2ha），現在の重量単位に換算すると30万tにもなった。通船が難しい長良川上流部からの輸送もあり，最終的には請負業者に委ねられた。同じように，木材の調達も可児や不破など遠隔地で伐採したものを輸送しなければならず，薩摩藩にとっては負担が大きかった。木曽川の流れに翻弄されながらも適応してきた羽島の輪中を突っ切るように新幹線が走る。

２．姉妹都市由来の「各務原キムチ」と都市づくり

　「各務原キムチ」をご存知だろうか？これは2005年に岐阜県各務原市で誕生した「ご当地グルメ」であり，「人参」と「松の実」が入っているキムチである。キムチの本場韓国には200種類以上のキムチがあるといわれる。とてもそれにはかなわないが，少なくとも人参と松の実が含まれていれば「各務原キムチ」として認定される。その理由は各務原市が韓国の春川市と

2003年に姉妹都市関係を結んだためで，各務原特産の人参と春川産の松の実が入ったキムチが両市の関係を象徴する一品になった。ちなみに韓国で松の実の産地として有名なのはソウルの北東50kmの加平であり，春川はさらに20km先に位置する。日本で育つ松の木の松ぼっくりからは食用の実はとれず，多くは中国からの輸入品である。松の実は受粉させて栽培するのが非常に難しく高価な食材である。こうした点を考慮し，「各務原キムチ」でも松の実についてはその産地は問わない。人参についても，各務原が人参の特産地であるとはいえ産地を特定するのは難しいため，地元産にこだわらない。

　近年，ご当地グルメを売り出そうという動きは各地にあり，とくにめずらしくない。一般的なご当地グルメは昔から地元にある食べ物に少し手を加え，今風にして売り出す場合が多い。しかし「各務原キムチ」はほとんどゼロの状態から出発しており，かなり冒険的・野心的な取り組みといえる。このプロジェクトを担っているのは，2005年に発足した「キムチ日本一の都市研究会」である。都市研究会と名乗るからにはさぞかし本格的な組織と思われる。キムチのもつ可能性を多方面から引き出し，都市づくりに生かそうという心意気が伝わってくる（坂口，2009）。

　都市研究会のメンバーは，各務原市内で活躍する観光，議会，大学，生協，企業，家庭料理サークル，農協などの関係者である。ボランティア的性格が色濃い研究会のようで，根底には地元・各務原に対する愛情があり，各自が持ち寄ったアイデアをもとに都市づくりを考えている。「キムチ日本一」はそのためのキャッチフレーズであり，また手段でもある。キムチに注目したのは韓国の都市と姉妹都市関係を結んだことがきっかけであるが，それ以外に1988年のソウルオリンピック以降，日本で消費される漬物の中でキムチがトップを占めるようになったことが大きい。各務原市内の大学ではキムチの発酵食品としての効果や料理法が研究されてきた。市内で開催したキムチ漬け教室には毎回，定員を大きく上回る応募があったこともキムチを全面に押し出す根拠になった。

　「各務原キムチ」に必ず入れることになっている人参についてはどうであろうか。各務原は明治末頃から現在に至るまで人参を生産してきた。しかし歴史的にはサツマイモが主要な農産物で，収穫したサツマイモをデンプンに

加工する工場が市内各地にあった。ところが1950年代中頃からサツマイモの市場価格が低迷するようになったため，代わりに人参の栽培を中心とする農業へと変わっていった。同じ人参でも昔から栽培してきたのは長根人参である。長根人参はその名のように地中深くまで根が伸びるため収穫に手間取り苦労が多い。このため地中深くまで根が伸びない短根人参が新たに選ばれ栽培されるようになった。短根人参なら機械を使って収穫することができ，その後の土落としと洗浄も自動化できるため労働時間の短縮が可能である。

　人参の種類を長根から短根に変えたのは，消費者の嗜好変化もその一因である。短根人参は取り扱いが容易で，少しでも手間や時間を省きたい現代の消費者には向いている。何よりも安いことが消費者から支持された理由である。人参はその品種には関係なく，1月頃に種をまいて5～6月頃に収穫する春・夏人参と，8月頃に種をまいて11～12月頃に収穫する秋人参の2種類がある。一般的な産地ではこのうちのいずれかを栽培する。ところが各務原では両方とも，すなわち二期作によって人参が栽培されている。これは全国的にもめずらしく，各務原が人参の主産地として知られる要因と思われる。岐阜県内で生産される人参の60～80％は各務原産である。出荷量は年によって異なるが，2016年は2,513tで，このうち春・夏人参が74.7％を占めた。ただしそれまでの10年間は出荷量は経年的に減少気味で，春・夏人参の割合は60～70％であった。

　人参が栽培されているのは，主に市内の東部地域である。1963年に那加，蘇原，稲羽，鵜沼の4町が合併して生まれた各務原市は各務原台地の上にある（図10-11）。東部地域とは概ね鵜沼地区のことで，農地が台地上に広がり，その北側に丘陵地がつづく。丘陵地と台地の境界付近をかつては中山道が通っていた。鵜沼に宿場があり，その周辺で農業が行われてきた。岐阜，名古屋方面から都市化の波が押し寄せるようになると，丘陵地で住宅地開発が進んだ。一方，市の西部，中部の那加，蘇原，稲羽は岐阜市に近く，工業化や都市化の進展が早かった。戦前は陸軍の各務原飛行場があり，戦後も航空宇宙産業や自動車産業を中心とする工業化が進んだ。概して，都市化・工業化の進んだ西部，中部と，依然として農地の広がる東部，というのが各務原市の現在の地域構造である。

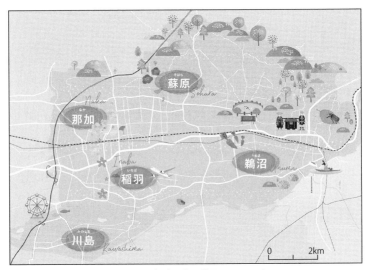

図10-11　各務原市の地区のイメージ
出典：各務原市観光協会のウェブ掲載資料（https://kakamigahara-kankou.jp/about）をもとに作成。

　各務原台地の表層は黒ボク土という強い酸性土壌（pH6）の火山灰土で，水持ちはあまりよくない。おまけに台地全体が水源に恵まれない環境のため元々農業には向いていなかった（高橋，1970）。しかし土地改良や灌漑事業が実施されたことで人参をはじめ農作物の生産性が高まった。この灌漑事業（岐阜中流用水）は1994年頃に構想された。水源を木曽川に求めたため，上流部の犬山頭首工で以前から取水してきた既存の用水組合との間で水利権の調整をする必要があった。調整後，木曽川の水を鵜沼地区の伊木山揚水機場からポンプアップして配水池に送り，パイプラインによって配水されるようになった。その結果，人参の栽培面積は以前の20haから38.5haへと拡大し，人参以外に里芋，キャベツ，かぶ，とうもろこしなども新たに栽培されるようになった。

　さて，話は「各務原キムチ」に戻るが，キムチがご当地グルメのきっかけになったのは春川市との姉妹都市提携（2003年）であったことはすでに述べた。しかし，そもそも各務原市はなぜ春川市を姉妹都市の相手に選んだのであろうか。それは，市の姉妹都市提携の4年まえに市内中央部北側にあるテクノプラザが春川との間で国際交流を始めたからである。各務原のテクノプ

ラザは,「IT」と「ものづくり」の融合による産業の高度化・情報化を目的に岐阜県が設立した研究施設である（図10-12）。各務原市は大垣市とともに岐阜県の工業生産を牽引してきた。航空機産業や自動車産業の次の世代を支える新産業の創出が課題であり，そのために国際交流を重視してきた。その延長線上で先端技術分野で国際的に知られる春川市を交流先として選んだ。

　テクノプラザが春川市と交流を始めた1999年の11月に，各務原日韓親善協会はキムチ漬けの講習会を開催した。そのとき多くの市民が講習会に殺到したことを考えると，キムチ料理に対する市民の関心は高かったと思われる。それから4年が経過し，2003年10月に各務原市は春川市と姉妹都市の関係を結んだ。その年の4月から9月にかけてNHKのBS放送が韓国ドラマ「冬のソナタ」を放送したことは，偶然とはいえまるで姉妹都市関係提携のプレイベントのような役割を果たした。このドラマは前年の1～3月に韓国のKBSで放送されており，日韓両国で人気が高まっていた。とりわけ日本での反響が大きく，これまで現代韓国の実情を知る機会が日本側にあまりなかったため，その後に続く韓流ブームのさきがけとなった。

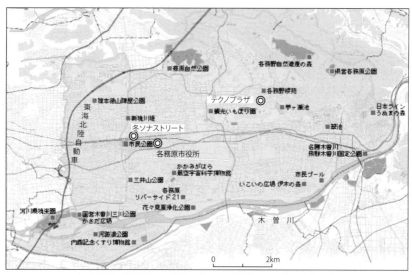

図10-12　各務原市の公園・テクノプラザ・冬ソナストリート
出典：各務原市のウェブ掲載資料（https://www.city.kakamigahara.lg.jp/kankobunka/kankou/1002755.html）をもとに作成。

「冬のソナタ」が各務原市に与えた影響は大きかった。それはタイムリーな放送時期と，ドラマ撮影のロケ地という二つの点で意味があった。時期については，春川市と姉妹都市関係を結んだ時期と日本での放送時期がほとんど同じであったという点である。NHK は同じ年の 12 月に再放送したのに加え，2004 年には地上波の NHK 総合でも放送した。さらに同年 12 月には NHK BS で字幕付きの完全版が放送された。これだけ放送されれば，いやがうえでも人気は高まる。一方，ドラマ撮影のロケ地については，主人公の男女二人が春川の高校に通っていたという設定のもと，春川ではロケが行われた。

テレビで「冬のソナタ」を見て感激した日本人が春川市と姉妹都市になった各務原市に対して何らかの関心をもつことは予想された。この予想をもとに各務原市は集客イベントを計画した。それが NHK が地上波でも放送した 2004 年 11 月に各務原市が開催した「冬のソナタ」イベントである。イベントのタイトルは「『冬のソナタ』春川物語」で，来場者は 70 万人に上った。日本における韓流ブームを象徴する出来事ということで韓国のマスメディアも大挙押しかけ，それを日本のメディアが取り上げるという相乗効果が起こった。

イベント終了後，岐阜市に本店がある十六銀行がイベント開催によって得られた経済効果を試算した。それによると，このイベント開催を取り上げたマスコミの件数は確認できたものだけでも 146 件を数えた（十六銀行経営相談室，2005）。これを広告費に換算すると約 1 億千万円に相当した。イベントによる「直接的経済効果」が約 32 億円，それによって誘発された「間接的経済効果」が約 34 億円，これらを合わせると総額約 66 億円の経済効果であった。こうした経済効果で測れないのが，各務原市を初めて訪れた来外者がまち歩きをして感じた各務原市の印象である。韓国ドラマへの関心が各務原市にそのまま結びつくという保証はないが，市はこの機会を逃すまいとさらなる手を打っていった。

各務原市はこれまで，製造業中心の産業構造で製品の生産や出荷・輸出によって都市を成り立たせるのが当たり前という考えにとらわれてきた。しかし市の将来を考えると，これまでの産業構造や経済体制を維持したままで存

続できるか確証はない。製造業とバランスをとりながら発展していける新しい産業を見つけ育てていく道を考える必要があるのではないか。市の将来像を考える人々の間ではこうした思いが芽生えてきた。その思いを具体的に提示する手がかりとして選ばれたのが，「各務原キムチ」であった（二神，2009）。

姉妹都市の相手として春川市を選んだのは各務原市であったが，春川のイメージを各務原市にかぶせる役割を果たしたのは韓国ドラマ「冬のソナタ」の放送であった。これを好機ととらえた各務原市は春川関連のイベントを開催し，さらにイベントの余韻を目に見えるかたちにするため，「各務原キムチ」を発案した。キムチと各務原産の人参は相性がよく，農業振興の点でもこれを活用しない手はない。その結果，イベント開催の翌年に「キムチ日本一の都市研究会」が立ち上がり，「キムチ日本一」をキャッチフレーズとした都市づくりが模索されるようになった。キムチを通して各務原市の知名度を高めようとする運動が始められた。

各務原市は地名度向上を補強するために，市内の公園に「冬ソナストリート」を設けた。これは，かつて岐阜大学の農学部のあった場所に2005年に「学びの森」という公園を設け，そこに春川市の南怡島の並木道を模した300 mのイチョウ並木を整備したものである。食材としてのキムチにとどまらず，「冬ソナ」のロケ地までも活用して観光化をねらおうという取り組みである。こうして「各務原キムチ」と「冬ソナストリート」で各務原市の対外的イメージは韓国色に染められたような印象を受ける。しかしイメージの固定化は都市づくりの可能性の幅を狭めるおそれもある。

実は各務原市では，キムチをアイテムとする動きとは別に，商工会議所を中心に「各務野やさいプロジェクト」が2008年に立ち上げられた。野菜を栽培する農家の数が減っている一方で，市民の間では地元で栽培された新鮮な野菜を食べたいという声が少なくない。地産地消は食料自給や環境問題などの点からも支持する動きは大きい。「各務原キムチ」を提供する市内の飲食店も「市内産農作物をもっと活用したい」という意見をアンケート調査で答えている。そこで鵜沼各務原町に9,000㎡の遊休農地を確保し，ここを「実験農場」として活動を始めることにした。この農場では従来この地域では栽

培されてこなかった野菜の試験栽培を行っている。

　「実験農場」にはいくつかの意味が込められている。一つは大量栽培・大量出荷体制からの脱却である。同じ時期に大量の人参や大根が市場へ出荷されれば価格競争で値が下がり農家は疲弊する。こうした体制を変えるには製造業で一般的な多品種少量生産にならい，栽培の時期と収量を見計らいながら多様な野菜をつくる。付加価値を高めブランド力のある野菜づくりをめざすのである。二つ目は，農業をリタイアしたシニアの経験を生かし，野菜づくりの指導を市民に対して行うことである。野菜づくりを希望する市民は多く，こうした指導を受けてそのあとは自分たちで野菜づくりを進める。三つ目は市内にある遊休農地を活用し，遊んでいる資源を目に見えるかたちで取り出すことである。これらは都市近郊の農業のあり方を見直す点でも重要であり，まさに「実験農場」としての意味をもつ。キムチから始まった各務原市の都市づくりは，こうした実験を積み重ねながら先へと進んでいく。

3．近世岐阜の中川原を中心とする長良川の舟運

　名古屋圏の中心都市・名古屋は，近世初めの頃からすでに周辺地域に対して強い影響力を発揮していた。名古屋に政治拠点としての城を構えた尾張藩の支配力は，現在の愛知県西部の尾張国はもとより現在は岐阜県の南部や同じく長野県の南西部の一部にも及んでいた。このうち岐阜県の旧国・美濃では，戦国期に斎藤道三が基礎を築きのちに斎藤氏を破った織田信長が城下町として整備した岐阜町が尾張藩による支配の拠点となった。それは1619年に岐阜町が尾張藩の領地になったからで，それまでは関ヶ原の戦い後しばらくの間この地は幕府の直轄地であった。尾張藩は当初，名古屋から代官を派遣し岐阜町の支配にあたらせた。その後，1695年からは専任の岐阜奉行によって統治するようになった。奉行所は岐阜町のほぼ中央，稲荷山の西麓にあった。ここは現在，末広町，新桜町と呼ばれる地域であり，奉行所の周りには御用水道と呼ばれる堀がめぐらされていた。稲荷山のすぐ西には馬場や池などもあった（図10-13）。

　奉行所は町民に対してさまざまな命令やお触れをだして統治しようとした。それは，ご法度の厳守，治安のための夜番の実施や火事への備え，奉行

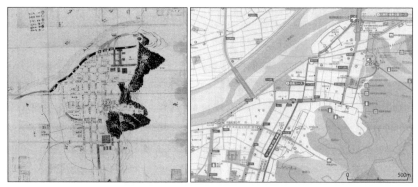

図10-13　江戸後期の岐阜絵図（左）と現代の岐阜市街地（右）
出典：岐阜図書館のウェブ掲載資料（https://www.library.pref.gifu.lg.jp/uploads/2019/10/48.pdf）をもとに作成。

所へ提出する品々の迅速な対応など，細事にわたっていた（高牧，1980）。なかには旅の者を一晩なら泊めてもよいが二晩以上はいけない，御山（金華山）の鹿が田畑に出没しても強く脅してはいけない，各家で犬を飼ってはいけないといったお達しもあった。こうした細かな決まり事は「岐阜町掟」として町民にはしっかり守るよう徹底された。

　江戸時代の岐阜町の範囲は，戦国時代の頃と比べて大きく変わることはなかった。ただし関ヶ原の戦い後，岐阜城は破却され，代わりに徳川家康の命により加納に城が築かれた。旧城下町になった岐阜町では，信長時代に家臣団が居住していた金華山西麓の古屋敷は無人の空き地になった。ここは現在，岐阜公園がある一帯と木挽町，山口町，上茶屋町などのある場所で，空き地はその後畑や市街地になっていく。古屋敷の北側では長良川の水害から岐阜の町を守るために土塁（土居）が築かれたが，これは現在も残っている。土塁は西側と南側にも築かれたため，東側の金華山と合わせて岐阜の町は四方を囲まれた総構え構造で成り立っていた。ただし現在は西と南の土塁は取り除かれ存在しない。当時，土塁の内側は堤内，外側は堤外と呼ばれていた。

　岐阜町は44の町によって構成され，その運営は惣年寄をトップとする町役人によって行われた。町の人口は18世紀中頃で5,300人を数えた。町中の表通りには酒屋・米屋・材木屋などの商家が立ち並び，横町には品物を持ち歩いて売る振り売りが多く住んでいた。商人は傘や絹織物などを扱ったが，

とくに薄絹・紋縮緬などの織物や小刀・提灯・団扇などの手工業品は岐阜町の特産品であった（篠田，1996）。ほかに酒・干大根・枝柿・鮎・鮎鮨なども名産品として商人が扱った。傘や絹織物は岐阜だけでなく南の加納でもつくられ，岐阜の商人が取り扱った。商家を中心とする町並みは土塁の外にまで広がり，家も当初の茅葺きから次第に瓦葺きへと変わっていった。

　岐阜町の中で一番賑わったのは，金華山南西の麓に近い伊奈波神社前である。ここでは操り芝居や歌舞伎・見世物などが演じられ，楊弓場や茶屋もあった。伊奈波神社前での人形浄瑠璃は1676年から始まったが，1686年に起こった岐阜町の大火のため以後は中止になってしまった。しかしその後も春秋の彼岸と盆の合計3回に限り，人形浄瑠璃と歌舞伎芝居のいずれかと小見世物の興行は許された。その人形の精巧さ，操りの手練，義太夫の上達は大きな評判を呼び，尾張・伊勢からも見物人が集まるほどであった。娯楽場所は町外れの寺院前にもあり，そこでは見世物や相撲が興行された。町人の暮らしぶりは概して豊かで，奉行所はくり返し倹約令を出して生活を引き締めようとした。

　岐阜町が栄えた大きな要因は，長良川の舟運機能を担うことで種々の経済的利益がもたらされたことである。これは，岐阜町が長良川の左岸側にあって町の北側に湊があったことが大きい。町の北側は土居の外すなわち堤外であり，ここから川は三筋に分かれて流れ下っていた。一番手前が長良川，真ん中が長良古川，その向こうが長良古々川であった（図10-14）。それらは別称で井川，早田川，正木川とも呼ばれた。大雨が降ると古川，古々川の水も溢れ，周辺の田畑や家が被害を受けた。解決策は古川，古々川を締め切ることであったが，右岸側の長良や福光あるいは川南の加納輪中の反対で実現できなかった。ようやく昭和期になって古川，古々川を長良川に付け替える工事が行われ1952年に実現した。

　長良川がまだ三筋に分かれていた江戸初期，尾張藩は長良川（井川）湊の近くに川役所を設けた。川を下る木材や竹を組んだ筏の数，下流へ向かう酒・紙・茶などの舟荷と舟数，肥料となる藁灰を積んで上ってくる舟数をチェックし税を徴収するためである。川役所には尾張藩の国奉行手代や代官手代が常駐したが，実際に業務を担当したのは付問屋と呼ばれる地元の住民であっ

た。18世紀後半に役人の常駐は廃止され付問屋がすべての仕事を引き受けるようになり，役名も改役と改称された。付問屋あるいは改役を務めたのは中川原（現在の川原町）に居を構えた西川家である。

現在も湊町と呼ばれている一帯は，長良川の上流から筏で流されてきた木材を大きな筏に組み直す場所であった。こうした中継地が設けら

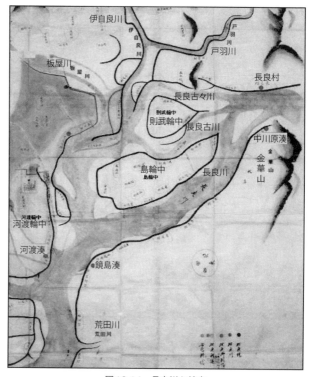

図10-14　長良川と輪中
出典：お話・岐阜の歴史のウェブ掲載資料（https://gifurekisi.web.fc2.com/rekisi/no27.htm）をもとに作成。

れたのは，川の上流と下流で川幅や水量が違うため，それに適した大きさの筏を組むためである。筏を大きくすれば，少ない筏乗手で木材を大量に輸送することができる。湊には筏乗手のほかに岐阜町への物資の陸揚げと輸送の仕事を行う小揚人がおり，この人々も役所に詰めた。筏や荷物の取り扱いは権利として特定の人々に与えられており，西川家は筏乗手や小揚人を管理した。

長良川の上流から木材を流すようになったのは，1600年代中頃のことである。これは，上流地域を支配した郡上藩の藩主が遠藤常友であった頃である。常友は藩の財政を立て直すために新田開発を進め検地を実施した。合わせて木材を伐り出し収益を藩財政に繰り入れるため，領民が山林に立ち入る

423
第10章　濃尾北西部セクターの地域構造

ことを禁じた。当時は各地で城下町の建設や都市づくりが盛んに行われており、木材の需要は大きかった。郡上藩は藩自らが独占的に木材を伐採し販売する体制を築いた。

藩内で伐り出された木材は御用材として刻印が打たれ、長良川を流送して市場に送られていった(郡上史談会編, 1986)。長良川の川筋にあたる高原村(現在の郡上市美並町高砂)などの農民には筏株が与えられ、筏の流送に携わることができた。領内では木材を筏に組み立てることと、筏を流送することは別の仕事とされた。山から伐り出された木材は、川の流量が多く水深が深くなる地点までは一本ずつ流送する管流しで行われた。長良川と吉田川が合流する中野村(現在の郡上市八幡町稲成)がそのような地点であり、ここで幅約1.5m、長さ約4mの小型の筏が組まれて下流の高原村へ送られた。中野村と高原村の間(約15km)で伐り出された木材は、拾い筏として流された。

高原村に着いた筏は三つ継ぎ合わされ、この村の筏乗手によって武儀郡立花村(現在の美濃市立花)まで約18kmを流送された。立花村は金森藩の美濃城下町の手前で板取川が長良川と合流する地点である。ここでさらに大きな筏に組み直されたあとは、約25km先の中川原まで恵まれた水流に乗りながら下るだけである。しかし岐阜町北の中川原に着いた筏はまだ最終形ではない。ここでさらに大きな筏に組み直されたあと、川幅、水量とも十分な長良川を二人の筏乗手によって津島・桑名・名古屋方面へ運ばれていった。

長良川の上流から中川原の湊へ送られてくるのは木材だけではなかった。美濃の上有知湊からは酒・和紙・鎌・生糸・茶などが、また板取川との合流地の立花村からは炭・薪・白木・天井板・竹皮などが運ばれてきた。上有知湊が使われるようになったきっかけは、金森長近が関ヶ原の戦いの功績で武儀郡の領有と武儀郡上有知での築城が認められたことである。高山城主であった金森長近は、飛騨国で産する木材・白木・榑木類を武儀郡金山村(現在の下呂市金山)から見坂峠を越えて上有知まで運び、さらに岐阜の中川原まで運ぼうと考えた。飛騨川を下った木材は金山村から上有知までは陸路、そこから中川原へは長良川を下って運ぶルートである。上有知湊では物資の運搬を行う番船という制度を定め、舟株をもつ船主が専属の船頭を組織して輸送に当たらせた。金森藩は郡上一揆の責任を問われて改易され尾張藩が治

めることになるが，美濃の町はその後も商業活動で栄えた。

　上有知湊から岐阜・長良（中川原湊）へ物資を積んで下ってきたのは30石積前後（長さ約9m・幅約1.5m）程の鵜飼形船が多かった。一艘あたり三人の船乗りで積み下り，中川原で積み荷を下ろすと向きを変え，海産物・塩・砂糖・呉服・太物（衣服にする木綿の布地）・灰（肥料）などの商い荷を積み込んで再び三人で引き上っていった。むろん上有知方面から桑名や四日市あるいは名古屋へ向けて直接，行く荷船もあったが，ほとんどの荷物は岐阜・長良の問屋へ陸揚げされた。引き上げていく船は中川原の問屋で仕入れた軽量の荷を積み込んで上有知へ向かった。

　川の上流部で木材が伐り出されるのと似ているのが，中流部で川石を採掘することである。下流部でも砂利くらいなら採れるが，家の土台，あるいは堤や擁壁を築くさいに用いるような川石は採れない。長良川流域では中流部で川石を採掘し，川船で下流部へ送ることが江戸時代から行われてきた。下流には輪中地帯が広がっており，家屋・水屋・命塚などの建設や護岸工事のため川石は不可欠であった。川石を運び出したのは，美濃町の北の立花から津保川が長良川に合流する芥見あたりまでである。採取された川石は船で中川原やその少し下流の揚げ門の問屋へ運ばれた。揚げ門は，現在の金華橋の近くにかつて忠節用水の取入口があったため，このように呼ばれた。

　これは近代以降のことであるが，昭和初期に長良川支流の鳥羽川や木曽川支流の犀川で改修工事が行われたため芥見の石船稼業は大いに栄えた。この時期，石船稼業を行う船頭が増え，船は180隻にも上った。農繁期を除き川の都合がよければ毎日のように採石と運搬が行われた。しかし次第に石船の数は減少していき，伊勢湾台風を最後に石船の姿は見えなくなった。台風後の復旧工事ではコンクリートブロックやテトラポットが使われるようになり，川石の出番はなくなった。

　川石がコンクリートブロックに取って代わられたように，藁灰もまた化学肥料に取って代わられていった。藁を燃やして炊事や風呂沸かしなどをしたあとに残る藁灰は，昔から貴重な肥料として流通していた。藁灰は稲作が盛んな長良川下流域でたくさん生産され，それが中流の岐阜あたりまで運ばれた。上りの船で運ばれてきた藁灰は，「灰屋」と呼ばれる問屋や農家によっ

425

第10章　濃尾北西部セクターの地域構造

て買い上げられ田や畑で使われた。灰屋は，長良川大縄場大橋の下流側左岸の小熊野湊に集まっていた。ここで扱う藁灰は，海水を含んだ水で育った稲だけに塩分が含まれて作物の生育によいとされた。

　藁灰は，伊勢湾臨海部の飛島・鍋田・長島・海津周辺の輪中農村で集荷された。ここから10〜150俵の藁灰が船で小熊野湊まで運ばれ，さらに馬車や荷車に積まれて稲葉郡や山県郡の農村部へ運ばれていった。藁灰は小熊野以外の土場（川湊）へも下流部から送られてきた。土場では藁灰を積んで上ってくる船を農家の人たちが待ち構え，船頭から20〜30俵の藁灰を購入し家まで運んだ。小熊野湊は下流部から藁灰を運び入れただけでなく，上流部から運ばれてくる薪や炭を預かり，それを大型の船に積み替えて桑名や名古屋方面へ送り出す役割も果たした。

　小熊野湊のさらに下流部には鏡島湊があった（図10-15）。鏡島湊は長良川の川湊の中では歴史が古く，1592年に岐阜城主となった織田秀信（信長の孫）が領国経営のため人々を定住させて開いた。ここに湊が開かれたのは，これ

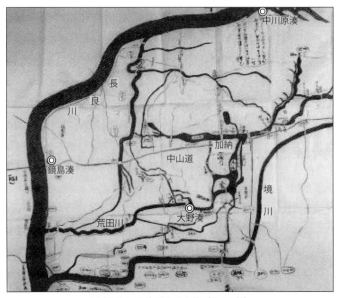

図10-15　長良川水系と湊（1758年）
出典：お話・岐阜の歴史のウェブ掲載資料（https://gifurekisi.web.fc2.com/rekisi/no27.htm）をもとに作成。

より上流側は川筋が複雑で洪水のたびに流路が変化するため舟路が定めにくかったからである。それに何よりも，ここはのちに中山道として整備される街道の渡河地点であり，対岸の河度とは渡し船で結ばれていた（岐阜県教育委員会編，1970）。つまり陸上交通との連絡がよく，鏡島湊で陸揚げした荷物は馬の背で岐阜，加納，関，上有知方面へ運ばれていった。とくに関ヶ原の戦いが終わって加納に城が築かれて以降は，御用物資や城下町の商荷物を陸揚げする権利を鏡島湊が独占するようになった。鏡島湊は，上流側の岐阜や長良に向けて遡上する船に対して通行税を要求する権利さえ有した。

ところが，1650年の大洪水とその後の復旧工事で長良川の遡上がしやすくなり，また1699年の洪水で川筋が変わったため岐阜や長良への舟路が短くなった。このため鏡島湊の独占的地位は揺らぎ始めた。こうした揺らぎを一層強めたのが，鏡島湊の下流側で長良川に流入する荒田川筋で大野湊が誕生したことである。川船は鏡島湊の手前から支流の荒田川を遡上すれば加納城下に近い大野湊に行ける。当初，大野湊は加納城下で求められた薪炭のみを扱っていたが，次第に加納藩の御用荷物までも取り扱うようになった。これを見過ごせない鏡島湊は大野湊に対して論争を挑んだ。この争いは，鏡島湊から中山道を陸路で加納まで荷物を運ぶか，あるいは加納に近い大野湊まで船で運ぶかの対立である。輸送費で有利な新参の大野湊に対し，古参の鏡島湊は既得権を盾に地位を死守しようとした。商業町(岐阜など)や城下町(加納など)と川湊との複雑な関係は，近世の長良川においてもみとめられた。

引用文献一覧

愛岐処分場10年のあゆみ編集委員会編（1989）：『愛岐処分場10年のあゆみ』名古屋市環境事業局

愛知県編（1980）：『愛知の林業史』愛知県

愛知県編（2006）：『海上の森自然観察ハンドブック』（海上の森の自然ガイドブック；no.1）愛知県農林水産部森林保全課

愛知県教育委員会生涯学習課文化財保護室編（2005）：『愛知県の近代化遺産：愛知県近代化遺産（建造物等）総合調査報告書』愛知県教育委員会生涯学習課文化財保護室

愛知県教育委員会編（2014）：『愛知県の民俗芸能：愛知県民俗芸能緊急調査報告書』愛知県教育委員会

愛知県教育会編（1972）：『愛知県史要：郷土研究』（愛知郷土資料叢書；第11集）愛知県郷土資料刊行会

愛知県史編纂委員会編（2019）：『愛知県史.通史編4（近世1）』愛知県

愛知県小中学校長会編（1957）：『郷土にかがやく人々 下巻』愛知県教育振興会

愛知県小中学校長会編（1961）：『新郷土にかがやく人々 中巻』愛知県教育振興会

愛知地域学習会編（1989）：『愛知県の町や村 Ⅱ』荘人社

青木富雄（1988）：『ふるさと探訪弥富町：長島一向宗一揆と服部党』青木富雄

審良右一（1992）：「日本の四大植木産地の一つ、細河地区の近年の動向」『地理學報』第28号 pp.145-168

浅井金松（1983）：『天白区の歴史』（名古屋区史シリーズ；4）愛知県郷土資料刊行会

浅井秀雄（1967）：『豊橋』素心会

阿智村誌編集委員会編（1984）：『阿智村誌 下巻』阿智村誌刊行委員会

安積紀雄（2005）：『営業倉庫の立地分析』古今書院

阿部英樹（2016）：『百年前の中京名古屋：愛知県遊廓地域資料集』中京大学経済学研究叢書 第24輯

天野暢保（1990）：『安城ケ原の歴史』安城市農業協同組合

荒井 歩・植田 寛（2010）：「近代以前に形成された茶産地の景観構造」『東京農業大学農学集報』第54巻 第4号 pp.307-314

安城市歴史博物館編（2006）：『企画展 三河地震―直下型地震の恐怖』安城市歴史博物館

安藤七宝店編（1961）：『七宝焼』 安藤七宝店

安藤万寿男（1996）：「明治河川改修以前の立田輪中」『愛知大学総合郷土研究所紀要 』第41号 pp.1-24

池田誠一（2022）：『なごやの古道・街道を歩く改訂版』（爽BOOKS）風媒社

池田芳雄編（1986）：『親と子の面白地学ハイキング.東海編』風媒社

井澤知旦（2023）：『名古屋都市・空間論：消毒された都市から物語が生まれる都市へ』（名古屋学院大学総合研究所研究叢書；35）風媒社

石井里枝（2018）：「戦前期日本における羊毛工業の展開と企業・産地の発展 」『國学院大

學紀要』第5号　pp.1-19

石川　功（2015）：「観光地における虚構性の研究　観光社会学からみた観光地の「本物」「ニセモノ」」『彦根論集』第405号　pp.76-91

石川和男（2021）：「肥前陶磁器産業における製造・流通システムの形成―商人を中心とした地場産業の継続と発展―」『専修商学論集』第112号　pp.1-25

石川勝也・石川恭子（2002）：「半田運河と醸造業（黒蔵）」『産業遺産研究』第9号　pp.5-20

石原佳樹（2015）：「重要文化財「潮吹き防波堤」の築造について」『三重の古文化』第100号　pp.236-248

石原佳樹（2023）：『四日市港ができるまで：四日市港の父・稲葉三右衛門と修築事業』文芸社

伊藤厚史（2016）：『学芸員と歩く愛知・名古屋の戦争遺跡』名古屋市教育委員会文化財保護室

伊藤安男（2010）：『洪水と人間：その相剋の歴史』古今書院

稲垣喜代志（2000）：『山崎延吉伝―伝記・山崎延吉』大空社

稲沢市史編纂委員会編（1968）：『稲沢市史』　稲沢市編纂委員会

入谷哲夫（2000）：『名古屋コーチン作出物語：「養鶏も武士道なり」―海部兄弟の大いなる挑戦』ブックショップ「マイタウン」

岩崎公弥（1985）：「西三河地域における近世綿作の地域的特色」『地理学評論』第58巻第6号　pp.349-369

岩崎公弥（1994）：「近世後期尾張における農民的商品生産・流通と農間余業―『尾張徇行記』をもとに」『愛知教育大学研究報告（社会科学）』第43号　pp.57-74

岩屋隆夫（2002）：「庄内川の治水史を通してみた新川の役割と治水問題」『土木史研究』第22号　pp.1-12

上野善道（2012）：「N型アクセントの一般特性について」『現代方言学の課題　第2巻　記述的 研究篇』平山輝男博士古稀記念会編　明治書院　所収　pp.167-209

梅村　喬編（1996）：『古代王権と交流 4』名著出版

浦長瀬隆（2008）：『近代知多綿織物業の発展―竹之内商店の場合―』勁草書房

運輸経済センター編（1992）：『都市交通年報　平成4年版』運輸経済センター

老川慶喜（2014）：『日本鉄道史　幕末・明治篇　蒸気車模型から鉄道国有化まで』中央公論新社

大口町史編纂委員会編（1982）：『大口町史』大口町

太田尚宏（2018）：「「木曽五木」と濃州三ヶ村」『江戸時代の森林と地域』徳川林政史研究所編　所収　pp.2-12

大野一英・林　鍵治（1986）：『鉄道と街・名古屋駅』大正出版

大野一英（1980）：『名古屋の駅の物語. 上』中日新聞本社

大野正茂（2015）：『高須藩人物略誌改訂』松風園文庫

大橋美紗希・水内佑輔・大野暁彦（2019）：「稲沢市祖父江町旧山崎村における銀杏の配植形態と景観形成過程に関する研究」『ランドスケープ研究』第82巻　第5号　pp.469-474

大府市教育委員会編（2000）：『ガンジ山Ａ古窯跡群』（大府市文化財調査報告書：第4集）大府市教育委員会

大府市誌編纂刊行委員会編（1986）：『大府市誌』大府市

大室幹雄（2003）：『志賀重昂『日本風景論』精読』（岩波現代文庫：学術）岩波書店

岡崎市・岡崎市観光協会編（1991）：『岡崎の観光めぐり』（冊子）

岡崎の文化財編集委員会編（1977）：『岡崎：史跡と文化財めぐり』岡崎の文化財編集委員会

岡田正太郎（1933）：「安城の農業と農會」『帝国農会時報』第68号　pp.30-32.

岡田安生（2003）：「マリンリゾート「ラグーナ蒲郡」について」『Report leisure』第590号　pp.1-27

岡戸武平（1957）：『伊藤家伝』中部経済新聞社

小野木 ルリコ（2006）：「飛鳥寺西門出土土管の検討―製作技法にみる飛鳥寺造瓦工人との関連を中心に」『史泉』103号　pp.32-51

海津市歴史民俗資料館編（2007）：『高須藩をたずねて』海津市歴史民俗資料館

海津町（1970）：『海津町史 史料編 第2』海津町

鏡味明克（1998）：「木曽三川河口地域の方言意識」『愛知学院大学文学部紀要』第28巻第28号　pp.89-96

柿田富造（1992）：「「土管」使用の変遷―古代から明治まで―」『常滑市民俗資料館　研究紀要』第5号　pp.3-29

カゴメ編（1978）：『カゴメ八十年史：トマトと共に』カゴメ

楫西光速（1962）：『豊田佐吉』（人物叢書）吉川弘文館

春日井市教育委員会編（1986）：『春日井の歴史物語』春日井市教育委員会

加藤庄三（1982）：『民吉街道：瀬戸の磁祖・加藤民吉の足跡』東峰書房

嘉藤良次郎・桑原　徹（1967）：「名古屋市付近の新第三系・第四系」『地質学会見学案内書　第3号』日本地質学会　p.26

蒲郡郷土史研究会編（1979）：『写真集明治大正昭和蒲郡：ふるさとの想い出61』国書刊行会

刈谷市教育委員会編（2022）：『わたしたちの郷土　刈谷史伝』刈谷市教育委員会

刈谷市史編纂編集委員会編（1990）：『刈谷市史』刈谷市

河合由平（2009）：『武豊線物語：記録・写真集：東海道線新橋＝神戸間開通百二十周年：東海道線建設の礎になった鉄道』交通新聞社

川浦康次（1970）：「天保後期における尾西綿織物業と他領商人」『徳川林政史研究所研究紀要』通号昭和44年度　pp.243-259

浅井菊寿（1924）：『岩作里誌』浅井菊寿

木曽三川歴史文化資料編集検討会編（2013）：『明治改修完成百周年特別号』国土交通省中部地方整備局木曽川下流河川事務所調査課

北村修二（1989）：「都市近郊農業の変容―愛知県東海市の場合―」『福井医科大学一般教育紀要』第9号　pp.25-50

木原克之（2010）：『尾張藩の幕末・維新：青松葉事件解読』ブックショップマイタウン

岐阜県教育委員会編（1970）：『わが郷土と長良川』（岐阜県郷土資料；12）岐阜県教育委員会

岐阜県教育会編（1953）：『岐阜県治水史　上巻』岐阜県教育会

清須市新川町史編纂委員会編（2008）：『新川町史　通史編』清須市

日下英之監修（2018）：『街道今昔美濃路をゆく』（爽BOOKS. 東海の街道；1）風媒社

郡上史談会編（1986）：『図説郡上の歴史：目で見る郡上郡の歴史』（岐阜県の歴史シリーズ；5）郷土出版社

忽那裕樹・平賀達也・熊谷玄・長濱伸貴・篠沢健太編（2021）：『図解パブリックスペースのつくり方：設計プロセス・ディテール・使いこなし：公園・駅前広場・商業地・住宅地・街路・水辺の14事例を詳解』学芸出版社

久野重明（2001）：「「日本のデンマーク」と安城共同農場」『経済論集（愛知大学経済学会）』第157号　pp.137-165.

車　浮代（2020）：『天涯の海：酢屋三代の物語』潮出版社

黒田　涼（2024）：『日本百城下町＝Strolling Around 100 Japanese Castle Towns：ゆったり街さんぽ』笠間書院

桑名市教育委員会・桑名市立文化美術館編（1983）：『目でみる桑名の江戸時代』桑名市教育委員会

桑原　徹（1975）：『濃尾傾動盆地の発生と地下の第四系　愛知県地盤沈下研究報告書』愛知県環境部

桑原正信（1968）：『みかん産業の成長分析』農林統計協会

古池嘉和（2019）：「地域ブランド化の研究：波佐見を例に」『名古屋学院大学論集. 社会科学篇』第55巻　第4号　pp.43-49

小出保治（1951）：「批杷島市場を通してみた名古屋の商圏—藩政時代—濃尾平野を中心とする経済地域の研究 -1-」『商業経済論叢』第25巻　第2号　pp.163-194

越川栄一郎(2002):「七宝工芸の泰斗・涛川惣助（1）—栄光の軌跡—」『利根川文化研究』第22号　pp.39-45

古城武司（2001）：『夢の回廊：慶長の町割と千姫物語』桑名市

小谷正典（2020）：『明治日本と鉄道：近代的鉄道政策の形成』晃洋書房

古知野町教育会編（1974）：『古知野町誌』名著出版

小林健太郎（1965）：「大名領国成立期における中心集落の形成—尾張平野の事例研究による検討」『史林』第48巻　第1号　pp.87-125

小林利外（1984）：『東海道を歩く：史蹟を道づれに 別冊』小林利外

小林　元（1977）：『香流川物語：長久手・猪子石の今昔』愛知県郷土資料刊行会

小林弘昌（2008）：「郷土館めぐり 七宝町七宝焼アートヴィレッジ」『地域社会』第59号　pp.23-25

小林龍二（2020）：『驚愕！竹島水族館ドタバタ復活記』風媒社

駒井鋼之助（1977）：『かわら日本史』雄山閣出版

小山富士夫（1978）：『小山富士夫著作集』朝日新聞社

近藤　杢編（1959）：『桑名市史 本編』桑名市教育委員会

近藤義和（1987）：「コンテナの躍進著しい名古屋港」『コンテナリゼーション』第200号 pp.30-35

斎藤誠治（1984）：「江戸時代の都市人口」『地域開発』第240号 pp.48-63

斎藤孝正（1988）：「中世猿投窯の研究―編年に関する一考察」『名古屋大学文学部研究論集』第101号 pp.193-249

斎藤典子（1988）：『名鉄線歴史散歩. 東部編』（史跡をたずねて各駅停車）鷹書房

坂上克弘・青木祐介（2007）：「横浜の近代遺跡と出土遺物 その1 煉瓦・ジェラール瓦・土管を中心に」『横浜都市発展記念館紀要』第3巻 pp.43-113

坂口香代子（2009）：「中部発・地域ブランド 西尾の抹茶（西尾茶協同組合）」『CREC』第167号 pp.57-68

坂口香代子（2009）：「各務原キムチで都市おこし」『CREC』第167号 pp.69-82

桜井芳昭（1998）：『尾張の街道と村』第一法規出版

佐屋町史編集委員会編（1976）：『佐屋町史 史料編1』佐屋町史編纂委員会

佐屋町史編集委員会編（1992）：『佐屋町史 史料編6（補遺）』佐屋町史編纂委員会

佐屋町史編集委員会編（1996）：『佐屋町史 通史編』佐屋町史編纂委員会

沢 和哉（1993）：『日本の鉄道120年の話』築地書館

産業遺産研究編集委員会編（1994）：『産業遺産研究』中部産業遺産研究会

七宝町七宝焼アートヴィレッジ編（2005）：『林小傳治』七宝町七宝焼アートヴィレッジ

信濃毎日新聞社編集局編（2023）：『飯田線：伝う鉄路と物語』信濃毎日新聞社

篠田寿夫（1996）：「享保期の岐阜人の生活ぶり」『岐阜県歴史資料館報』第19号 pp.3-6

柴田四郎（1983）：「統計風土記 -15- 愛知県・蒲郡市―二つの顔にとまどいも―繊維ローブ生産日本一」『エコノミスト』第6巻 第29号 pp.68-75

柴田 尊（1990）：「尾張藩横須賀代官所の組織」『郷土文化』第44巻 第3号 pp.5-11

15周年記念誌制作委員会編（2022）：『京七宝の歩み：京七宝協同組合15周年記念誌』京七宝協同組合

十六銀行経営相談室（2005）：「各務原市『冬のソナタ』春川物語」に関する調査レポート」『経済月報』第609号

白菊古文化研究所編（1965）：『権現山古窯址』（白菊古文化学報；第2集）白菊古文化研究所

城山桃夫・棚田幸雄・高瀬尚明（1954）：「中島郡における銀杏の栽培と品種について」『愛知園試年報』昭和29年度 pp.213-220

新沢嘉芽統（1955）：『農業水利論』東京大学出版会

新泉社編（1958）：『光を求めて―四十数人の語る人生ノート』新泉社

新編岩津町誌編集委員会編（1985）：『新編岩津町誌』岩津地区総代連絡協議会

杉本精宏（2009）：『尾張藩社会と木曽川』清文堂出版

鈴木源一郎（1973）：『東三河郷土散策』豊橋地方史研究会

鈴木 雅（2017）：「枇杷島橋の水計杭と小田井人足」『名古屋市博物館研究紀要』第40巻 pp.1-11

須藤定久（1999）：「愛知県三州瓦と原料粘土」『地質ニュース』第541号 pp.47-53

須藤定久・内藤一樹（2000）：「瀬戸市周辺の陶磁器と窯業原料資源」『地質ニュース』第552号　pp.30-41

砂本文彦（2008）：『近代日本の国際リゾート：一九三〇年代の国際観光ホテルを中心に』青弓社

墨俣町編（1996）：『墨俣一夜城築城資料　改訂』墨俣町

瀬戸市史編纂委員会編（1967）：『瀬戸市史．陶磁史篇　第3』瀬戸市

相馬　大（1985）：『近江の古道』サンブライト出版

高橋俊示（1970）：『新しい岐阜県地理　改訂』（新しい郷土地理シリーズ）大衆書房

高橋幸仁（2011）：「佐屋川廃川跡地の土地利用変化に関する研究」（6月例会，中部支部）経済地理学年報　第57巻　第3号　pp.265-266

高浜市やきものの里かわら美術館編（2003）：『鬼瓦をつくる：愛知県高浜市の三州瓦』高浜市伝統文化伝承推進事業実行委員会

高部淑子（2012）：「幕末・明治初年における常滑焼の流通」『知多半島の歴史と現在』第16号　pp.151-173

高牧　実（1980）：『わが町の歴史・岐阜』（わが町の歴史シリーズ）文一総合出版

多治見考古学サークル編（1990）：『江戸時代の虎渓用水を探る』（多治見の文化財調査報告書　第7号）多治見市教育委員会

只木良也・鈴木道代（1994）：「物質資源・環境資源としての木曽谷の森林（1）木曽谷の森林施業」名古屋大学農学部演習林報告　第13号　pp.39-53

立田村史編纂委員会編（2003）：『新編　立田村史　三川分流』立田村

立松典子（1989）：『海風想：大宝新田開拓三百年を偲ぶ』愛知県郷土資料刊行会

千枝大志編（2023）：『三重の街道をゆく』（爽BOOKS．東海の街道：4）風媒社

知多郡役所編（1971）：『知多郡史　上巻』（愛知郷土資料叢書；第9集）愛知県郷土資料刊行会

知多市誌編纂委員会編（1984）：『知多市誌』知多市

中部産業遺産研究会編（2024）：『ものづくり中部の革新者』風媒社

つくし青年会議所編（1986）：『つくし風土記』つくし青年会議所

坪井利弘（2014）：『日本の瓦屋根』オーム社

常滑市誌編纂委員会編（1976）：『常滑市史』常滑市

努船寿三（1969）：「広野川事件ノート」『岐阜史学』第56号　pp.30-37

飛島村史編纂委員会編（2000）：『飛島村史．通史編』飛島村

豊川市桜ヶ丘ミュージアム編（2008）：『姫街道展：御油から磐田へ由緒ある古道をゆく：いにしえの旅の記憶』豊川市桜ヶ丘ミュージアム

豊川市史編纂委員会編（1973）：『豊川市史』　豊川市

豊田珍比古（1974）：『三河百話：郷土随筆』　豊田珍比古翁十年祭記念出版会

豊田市総務部編（1982）：『豊田市と自動車工業』豊田市

豊橋市教育委員会編（1981）：『豊橋の史跡と文化財』　豊橋市教育委員会

豊橋市史編集委員会編（1975）：『豊橋市史．第2巻（近世編）』豊橋市

豊橋市美術博物館編（2003）：『おかげまいりとええじゃないか：幕末・民衆の熱狂』豊橋

市美術博物館

内貴健太（2023）：『家康VS秀吉　小牧・長久手の戦いの城跡を歩く』風媒社

永井　秀（2006）：「干拓新田の新田村の住人構成―海西郡政成新田を事例に」『在野史論』
　　第12号　pp.186-199

長野県営林局編（1954）：『木曽式伐木運材図絵』長野県営林局

中畑孝史（2020）：「木曽山林資料館所蔵の綱場写真」『木曽山林資料館研究紀要』第1号
　　pp.17-30

名古屋駅編（1967）：『名古屋駅八十年史』名古屋駅

名古屋港史編集委員会編（1990a）：『名古屋港史　港勢編』名古屋港管理組合

名古屋港史編集委員会編（1990b）：『名古屋港史　建設編』名古屋港管理組合

名古屋市市民経済局編（2001）：『産業の名古屋』名古屋市

名古屋市住宅局まちづくり企画部編（2011）：『名古屋市歴史まちづくり戦略』名古屋市

名古屋市水道局編（1964）：『名古屋市水道五十年史』名古屋市

名古屋市中央卸売市場北部市場編（1983）：『市場のはじめ物語：名古屋市中央卸売市場枇
　　杷島市場』名古屋市中央卸売市場北部市場

名古屋市蓬左文庫編（1976）：『尾張徇行記』　愛知県郷土資料刊行会

名古屋鉄道編（1994）：『名古屋鉄道百年史』名古屋鉄道株式会社

鳴神克己（1943）：『日本紀行文芸史』佃書房

西尾市史編纂委員会編（1978）：『西尾市史4（近代）』西尾市

西羽　晃（1974）：『桑名歴史散歩』愛郷刊

西枇杷島町史編纂委員会編（1964）：『西枇杷島町史』西枇杷島町

日進市史編集委員会編（2015）：『日進市史．民俗編』日進市

日本国有鉄道編（1969）：『日本国有鉄道百年史　第2巻』日本国有鉄道

日本地誌研究所編（1969）：『日本地誌〈第12巻〉』二宮書店

日本鉄道建設公団名古屋支社編（1988）：『岡多線・瀬戸線工事誌：岡崎・高蔵寺間』日本
　　鉄道建設公団名古屋支社

服部鉦太郎（1984）：『名古屋再発見：歴史写真集』中日新聞本社

早川久右衛門（2021）：『カクキュー八丁味噌の今昔：味一筋に十九代』（中経マイウェイ
　　新書；51）中部経済新聞社

林　　上（1986）：『中心地理論研究』大明堂

林　　上（1994）：「東海地方を中心とする電話通話の空間的パターン」『東海地方の情報
　　と社会』近藤哲生・林　上編 名古屋大学出版会　所収　pp.56-94

林　　上（1995）：「大都市における事務所機能の立地」『都市空間システム』石水輝雄編
　　古今書院　所収　pp.86-104

林　　上（2000）：『近代都市の交通と地域発展』大明堂

林　　上（2004）：「大都市における中量軌道システムHSSTの開発と事業化の過程」『日
　本都市学会年報』第37号　pp.214-217

林　　上（2006）：「名古屋大都市圏の「ものづくり」と都市産業構造」『都市計画』第55
　　巻　第4号　pp.7-10

林　　上（2010）：「国際見本市への出展やデザイン開発を重視した陶磁器の地域ブランド形成」『日本都市学会年報』第43号　pp.13-19

林　　上（2013）：『都市と経済の地理学』原書房

林　　上（2016）：「木材貿易の動向と港湾における木材取扱地区の変化」『港湾経済研究』第54号　pp.13-26

林　　上（2017）：『都市と港湾の地理学』風媒社

林　　上（2022）：『焼き物世界の地理学』風媒社

林　　上・伊藤善和（1976）：「愛知県一宮都市圏における中心地の地域構造」『人文地理』第28巻　第6号　p.589-620

林　英夫（1961）：「知多木綿沿革　竹之内　源助」『地方史研究』第11巻　第6号　pp.40-50

原田　幹（2013）：『東西弥生文化の結節点朝日遺跡』（シリーズ「遺跡を学ぶ」：088）新泉社

原田好雄（1973）：『尾張藩考 第2輯（産業）』原田好雄

半田市編（1977）：『半田市誌　文化財編』半田市

尾西市史編纂委員会編（1998）：『尾西市史. 通史編 上巻』尾西市

150年社史編纂委員会編（1968）：『ガラスとともに150年』石塚硝子

廣江安彦（2014）：『おおぶの歴史文化：わが街辞典』一粒書房

福島和夫（1969）：『東海道今昔旅日記：お姫さま江戸へ』新人物往来社

藤井信幸（2009）：『世界に飛躍したブランド戦略』（シリーズ情熱の日本経営史；2）芙蓉書房出版

藤澤良祐（2002）：「中世都市鎌倉における古瀬戸と輸入磁器　中世前期の補完関係について」『国立歴史民俗博物館研究報告』第94号　pp.313-327

藤田佳久（2022）：『霞堤の研究：豊川流域に生きている伝統的治水システム』あるむ

藤林明芳（1990）：『美濃高須城・高須陣屋』日本古城友の会

二神律子（2009）：「地域ブランドの創出―各務原キムチを事例として」『中部学院大学・中部学院大学短期大学部研究紀要』第10号　pp.45-53

古瀬傳藏（1926）：「日本の丁抹号」『農政研究』第5巻　第5号　p.180

碧南市企画室編（1954）：『市政概要　昭和29年版』碧南市

碧南市教育委員会編（1971）：『岡本兵松物語：弥厚の悲願，明治用水を完成に導いた半生：碧南出身の人物伝』（碧南市史料；別巻 10）碧南市教育委員会

碧南市教育委員会編（2010）：『服部長七物語：人造石を発明した土木の神様：碧南出身の人物伝』（碧南市史料；別巻 5）碧南市教育委員会

碧南市史編纂会編（1958）：『碧南市史　第1巻』碧南市

碧南市市民協働部防災課編（2017）：『碧南市地震対策減災計画』碧南市

宝雲舎・小野正人・加藤唐九郎編（1976）：『陶器全集. 第3巻』思文閣

堀田吉雄ほか編（1987）：『桑名の民俗』桑名市教育委員会

堀江登志実編（2022）：『街道今昔三河の街道をゆく』（爽BOOKS. 東海の街道；3）風媒社

曲田浩和（2022）：「元禄・享保期の御城米輸送と尾州廻船―尾張国知多郡成岩村平六船を

中心に─」『知多半島の歴史と現在』第26号　pp.95-109

松浦茂治（1960）：「わが国主要貿易港発展形態の研究─四日市港を中心とした分析─」『一橋論叢』第44巻　第1号　pp.119-129

松岡敬二編（2017）：『三河国名所図絵解き散歩』（爽BOOKS）風媒社

松岡久人編（1982）：『広島大学所蔵猪熊文書 1』福武書店

松田裕之（2000）：『環境生態学序説：持続可能な漁業，生物多様性の保全，生態系管理，環境影響評価の科学』共立出版

松原義継（1966）：「名古屋の臨海工業地域」『愛知県の地理』伊藤郷平監修　光文館　所収　pp.132-134

松原義継（1995）：「美濃の堤防は，尾張御囲堤より3尺低かるべしの世評は，信憑性があるのか」『名古屋地理』第8号　pp.1-3

丸山竜平・深貝佳世・陳　国均（2003）：「尾張・猿投山古窯址群の研究（1）　天白川左岸域における土原古窯址群の位相」『名古屋女子大学紀要　人文社会』　第49号　pp.29-42

三重県編（1998）：『三重県史　資料編　近世（上）』三重県

三河鉄道株式会社編（1914）：『三河鉄道営業案内』三河鉄道

溝口晃之（1982）：「尾張平野北西部の銀杏栽培の地理学的研究」『地理学報告』第55号　pp.15-22

南　和男・北島正元（1975）：『江戸古地図物語』毎日新聞社

宮川泰夫（1995）：「風土文化の革新と三州瓦産地の変容」『比較社会文化：九州大学大学院比較社会文化学府紀要』第1号　pp.29-48

宮崎雄一郎（1958）：『日本のガラス』（少年産業博物館；15）ポプラ社

三好四郎（1971）：『豊川用水地域の農業：とくに渥美農業について』（愛大中産研研究報告；第19号）愛知大学中部地方産業研究所

三渡英世（1987）：「馬津について」『名古屋郷土文化会』第42巻　第2号　pp.7-10

武藤夕佳里（2021）：『並河靖之と明治の七宝業』思文閣出版

村上節太郎（1967）：『柑橘栽培地域の研究』愛媛出版協会

村西周平（2016）：「瀬戸のはげ山復旧と萩御殿」『水利科学』第349号　pp.115-121

森竹敬浩（2009）：『お茶の世界の散歩道』　講談社出版サービスセンター

山形万里子（2008）：『藩陶器専売制と中央市場』日本経済評論社

山崎宏之（2019）：『日本の鉄道路線＝Railway Route in Japan：国鉄在来線の栄枯盛衰』（シリーズ・ニッポン再発見；12）ミネルヴァ書房

山野明夫（1981）：「愛知県稲沢市を中心とする植木栽培の立地配置」『人文地理』第33巻　第5号　pp.444-457

山本耕一（1986）：『美人の町・犬山』沢田造景研究所

横井広海（1959）：「郷土の光　片岡春吉」『教育愛知』第7巻　第4号　pp.60-63

吉岡　勲（1966）：『ふるさとの道岐阜県』大衆書房

吉田　弘（1987）：『鯉江方寿の生涯：常滑焼の開拓者』愛知県郷土資料刊行会

四日市市編（1961）：『四日市市史』四日市市

四日市市編 (2000):『四日市市史 第18巻 (通史編 近代)』四日市市
四日市市教育会編 (1936):『四日市港史』四日市市教育会
若山 聡 (2016):『尾張津島天王祭のすべて』風媒社

Berry, Brian J.L., and Pred, Allen. (1961): *Central Place Studies. A Bibliography of Theory and Applications*. Bibliography Series, No.1, Regional Science Research.

Bird, J. (1977): *Centrality and Cities*. Routledge and Kegan Paul, London.

Christaller, W. (1933): *Die zentralen Orte in Süddeutschland : eine ökonomisch-geographische Untersuchung über die Gesetzmäßigkeit der Verbreitung und Entwicklung der Siedlungen mit städtischen Funktionen*. Gustav Fischer, Jena. 江沢譲爾訳 (1971):『都市の立地と発展』大明堂.

Harris, C.D. and and Ullman,E.L. (1945): *The nature of cities. Annals of the American Academy of Political Science,* No.242, pp.7-17.

Hayashi,N.and Hino,M.(1988): Spatial patterns of the distribution system in Japan and their recent changes. *Geographical Review of Japan,* Vol.61(Ser.B), No.1, pp.120-140.

Hoyt, H.(1939): *The Structure and Growth of Residential Neighborhoods in American Cities.* Federal Housing Administration,Washington.

Lösch, A (1940): *Die räumliche Ordnung der Wirtschaft: eine Untersuchung über Standort, Wirtschaftsgebiete und internationalem Handel,* Gustav Fischer, Jena. 篠原泰三訳 (1968):『経済立地論』大明堂.

Parr, J.B (1978): Models of the central place system: a more general approach. *Urban Studies,* Vol.15, No.1, pp.35-49.

図表一覧

第1章　図1-1　名古屋周辺の鉄道網（1990年）
　　　　　図1-2　武豊線の建設ルート
　　　　　図1-3　名古屋港第1期工事計画（左）と中川運河の建設計画（右）
　　　　　図1-4　中心地システムの立地原理
　　　　　図1-5　一般階層モデルの中心地システム（K1=3, K2=4, K3=7）
　　　　　図1-6　中世尾張における村落市場
　　　　　図1-7　一宮都市圏における集落の階層的分布（1970年）
　　　　　図1-8　現在の名古屋市域内における主な旧街道

第2章　図2-1　卸売商品の都道府県間流通額（1980年）
　　　　　図2-2　卸売販売額上位20都市の順位推移
　　　　　図2-3　名古屋圏における主要製造業の分布
　　　　　図2-4　愛知県における製造業発展の系譜
　　　　　図2-5　近代名古屋における工業の新規立地過程
　　　　　図2-6　矢田川累層堆積期（鮮新統中～後期）の古地理（想像図）
　　　　　図2-7　名古屋周辺の地形
　　　　　図2-8　レッシュの中心地モデルにおけるシティリッチ・セクターとシティプ
　　　　　　　　　ア・セクター
　　　　　図2-9　名古屋周辺地域のセクター配置

第3章　図3-1　現・大口町周辺の旧街道と集落（1840年代）
　　　　　図3-2　近世前期（1600年代）までの河道と現在の河道
　　　　　図3-3　木曽谷概念図
　　　　　図3-4　木曽川水系の綱場と貯木場
　　　　　図3-5　木曽街道・小牧宿の位置と町の構造
　　　　　図3-6　楽田追分で分岐する木曽街道と稲置街道
　　　　　図3-7　名鉄犬山線と小牧線
　　　　　図3-8　中央西線の建設時に検討された三つのルート
　　　　　図3-9　入鹿池と前原の関係
　　　　　図3-10　木津用水の灌漑区域
　　　　　図3-11　犬山と名古屋を結ぶ舟運ルート
　　　　　図3-12　犬山城直下に設けられた名古屋市水道の取水口
　　　　　図3-13　名古屋市上水道布設線路略図
　　　　　図3-14　犬山市中心市街地（1980年代）
　　　　　図3-15　博物館明治村建物配置
　　　　　図3-16　小牧市内における営業倉庫の分布

図3-17	師勝町と西春町の合併で生まれた北名古屋市
図3-18	名古屋芸術大学の東キャンパスと西キャンパス
図3-19	海部養鶏場鳥瞰図
図3-20	ガラスの製法を学ぶ初代岩三郎（想像図）
図3-21	現在の江南市と旧村名
図3-22	愛知県名古屋合資会社愛知物産組織工場之図

第4章

図4-1	玉野村絵図に描かれた玉野用水（1844年）
図4-2	桜佐村絵図に描かれた高貝用水（1792年）
図4-3	神屋地下堰堤の位置と構造
図4-4	虎渓用水建設計画の推移
図4-5	瀬戸市中心部の珪砂・粘土採掘場と陶磁器関連施設
図4-6	加藤民吉の九州修行の行程
図4-7	尾張藩陶器専売制度による瀬戸・美濃焼き物の生産・流通
図4-8	美濃焼産地における主な街道と仲買鑑札改役村
図4-9	木曽街道・中山道と下街道・中山道の比較
図4-10	使われなくなった愛岐トンネル群の配置
図4-11	瀬戸でホフマンが手がけた禿山復旧工事の場所と計画書
図4-12	名古屋市の愛岐処分場
図4-13	美濃焼産地の盆地と窯業原料産地・窯業関係事業所
図4-14	美濃焼産地における陶磁資料館

第5章

図5-1	長久手合戦における軍の動向（略図表示）
図5-2	瀬戸市南部・海上の森（略図）
図5-3	長久手市における土地利用構想図
図5-4	リニアモーターカー東部丘陵線のルートと海抜高度
図5-5	1870年代中頃の名古屋周辺の道路網
図5-6	1841年頃の平針村
図5-7	足助の町中を通り抜ける飯田街道とまち歩きコース
図5-8	名飯バス沿線案内図
図5-9	着工前に示された中津川線の計画図（1967年）
図5-10	猿投山西南麓古窯群の分布
図5-11	愛知環状鉄道線
図5-12	愛知環状鉄道線の「あさシャトル号」運転区間
図5-13	豊田市内に分布する工場
図5-14	名古屋市交通局日進工場
図5-15	名鉄豊田線の路線

第6章	図6-1	刈谷市の都市構造
	図6-2	刈谷城下町の城門・堀・古道・武家屋敷
	図6-3	三河鉄道名勝図絵（1924年）
	図6-4	明治用水の幹線と灌漑地域
	図6-5	東海道本線安城駅周辺の発展過程
	図6-6	岡崎市の中心市街地（1990年代）
	図6-7	八丁味噌の原料や製品の積み降ろしが行われた土場
	図6-8	三州瓦の原料粘土の産出地
	図6-9	高浜市・碧南市における瓦生産事業所と窯業機械メーカーの分布
	図6-10	油ヶ淵一帯における開削・築堤・排水過程
	図6-11	西尾市における茶園地域
	図6-12	蒲郡臨海部の観光施設
	図6-13	豊川の霞堤と豊川放水路
	図6-14	近世吉田城下町の構造

第7章	図7-1	愛知用水の水路計画概要図（部分）（1948年）
	図7-2	大府市における工場の分布（1990年）
	図7-3	半田市街地中心部
	図7-4	半田運河と山方新田（1841年）
	図7-5	武豊線建設時に検討された敷設計画路線
	図7-6	武豊線開業当時の武豊村
	図7-7	横須賀御殿地理之図
	図7-8	東海市の土地利用パターン
	図7-9	知多市岡田地区観光案内
	図7-10	常滑市のやきもの散歩道地区景観計画
	図7-11	常滑市内に分布する窯業関連の事業所（1970年代）

第8章	図8-1	飛島村の位置と土地利用
	図8-2	伊勢湾臨海部における干拓地形成略図
	図8-3	名古屋港飛島コンテナ埠頭・木場金岡埠頭
	図8-4	弥富発祥の地・五明の江戸期と現在の対比
	図8-5	弥富市における新田開発
	図8-6	関西風アクセントと名古屋風アクセントの境界
	図8-7	近世桑名城下町と現在市街地との対比
	図8-8	寛文年間（1661～1673年）に描かれた四日市湊
	図8-9	地震による堤防決壊のため流砂で埋まった四日市湊
	図8-10	1938年当時の四日市港

第9章	図9-1	あま市七宝焼アートヴィレッジ
	図9-2	七宝焼原産地道標
	図9-3	七宝焼の制作工程
	図9-4	津島市の天王川公園
	図9-5	天王川と佐屋川に挟まれた津島（1748年頃）
	図9-6	吉田初三郎「産業と観光の尾西地方」『毛織の津島』
	図9-7	佐屋川の廃川前と廃川後の地形状況
	図9-8	木曽三川分流改修計画（1888年）
	図9-9	佐屋川の締め切りと木曽川の拡幅・新堤
	図9-10	高須輪中の今昔比較
	図9-11	高須藩の城下町構造
	図9-12	みかん農家の所在地割合

第10章	図10-1	東側から望む名古屋名所団扇絵の枇杷島橋風景
	図10-2	枇杷島市場への青果物出荷圏
	図10-3	庄内川と新川（枇杷島・下小田井周辺）
	図10-4	矢合地区における土地利用と植木市場
	図10-5	矢合地区を中心とする植木業者の分布
	図10-6	稲沢市祖父江町におけるイチョウの木の分布
	図10-7	尾西地域における織物工場の分布（1880年代）
	図10-8	艶金興業奥町工場の今昔比較
	図10-9	天正の大洪水で流路が変わった木曽川
	図10-10	羽島郡逆川の排水系統図（1920年代）
	図10-11	各務原市の地区のイメージ
	図10-12	各務原市の公園・テクノプラザ・冬ソナストリート
	図10-13	江戸後期の岐阜絵図（左）と現代の岐阜市街地（右）
	図10-14	長良川と輪中
	図10-15	長良川水系と湊（1758年）

■ 人名・事項索引 ■

あ

愛・地球博　190, 193, 194, 198, 199,
　　　200, 201, 202, 229
あいちのかおり　123, 124, 126
愛知万博　180, 193, 196, 197
会津塗　39
会津藩　159, 380
会津本郷焼　159
饗庭塩　257
アウグスト・レシュ　55
赤林孫七郎　193
赤穂塩　257
秋葉講　300
浅井長政　288
浅井与次右衛門　288
あさシャトル　229, 230
足立順道　273
姉川の戦い　288
アメリゴ・ホフマン　175
洗堰　93, 394, 395, 413
荒川西遷　69
有田焼　39, 47, 157, 160, 183, 184
在原業平　241
淡路瓦　260

い

伊井又兵衛　319
池田恒興　193
池田輝政　286, 287, 288
石川八郎右衛門信敦　267
石川備前守光吉　70
石田退三　135
石田三成　381
石塚岩三郎　127
石塚清助　127
伊勢水　351
伊勢湾台風　276, 320, 330, 334, 337, 425
板倉源太郎　250
一子相伝制　158
井筒屋平兵衛　333
一般階層モデル　22, 23

一般廃棄物　177, 178
伊藤銀行　131
伊藤次郎左衛門　131, 132
伊藤武左衛門　347
伊藤東太夫　383
伊藤博文　309
稲生平七　266
稲葉三右衛門　350, 352, 354, 355
伊那初之烝　328
伊奈半十郎忠治　397
井上勝　305
燻瓦　261
今川義元　282
今西錦司　108
今村幾右衛門　159
伊豫田与八郎　247
入鹿六人衆　88, 93
いわくら TKG 運営委員会　123
石見瓦　260

う

ウィリアム・キニンモンド・バルトン　99
ウィリアム・ピッツ　308
上田敏郎　99, 102
鵜飼鎌三郎　105
鵜飼舟　289
氏家行広　347
海の軽井沢構想　276

え

江崎善左衛門　76, 87
越前焼　295, 327
遠藤常友　423

お

応仁の乱　346
大岡忠相　282
大窯　326
大久保十兵衛　241
大隈製力織機　407
大倉和親　292, 293

443
索引

大倉孫兵衛	293, 294, 298
大河内庄兵衛	334
大坂城代	60
大坂夏の陣	341
大坂の陣	302
大坂奉行	60
大沢文助	412
大宝陣	332
太田平右衛門	244
大岡越前守	259
御蓼参	288
岡崎石工品	255
小笠原貞信	379
岡本兵松	247
岡谷惣助	131, 132
沖縄茶	268
小田井人足	392, 393
織田弾正忠家	368
小田時蔵	275
織田敏広	67
織田信雄	68
織田信清	68
織田信長	53, 54, 67, 68, 71, 76, 157, 163, 168, 181, 338, 347, 368, 410, 411, 420
織田信康	67
織田秀信	426
織田広近	67
お茶壺道中	389
小原弥兵衛治	142
オマント	202, 203
雄山泰賢	161
尾張国絵図	368
尾張徇行記	141, 208, 391, 392
尾張津島天王祭	366
尾張藩陶器専売制度	164, 165
尾張名所図会	368

か

開港外貿易港	63, 354
海部壮平	124, 125
海部正秀	124
買米制度	39
灰釉陶器	224, 295

カオリン	162, 261
各務野やさいプロジェクト	419
各務原キムチ	413, 414, 416, 419
河岸段丘	61, 93, 138, 139, 144, 152, 280
河況係数	280
花崗岩	155, 161, 162, 176, 177, 223, 225, 226, 227, 255, 261, 279, 280
梶常吉	360, 362
春日井丈右衛門	132, 133
霞堤	279, 280, 281
片岡春吉	369, 371, 405, 406, 407
加田屋藤五郎	266
ガチャマン景気	275, 320
加藤景春	157
加藤景増	148, 149, 181, 182
加藤吉左衛門	158, 159
加藤慶之助	298
加藤重兵衛	142
加藤四郎左衛門景正	152, 157
加藤新七	162
加藤助左衛門	141
加藤高明	371
加藤忠治	159
加藤民吉	153, 155, 157, 159, 160, 161
加藤唐左衛門	158, 159, 161
金森長近	424
蟹江一太郎	315, 316
蟹江甚之助	316
蟹江友太郎	316
窯株	182
神谷傳兵衛	244
唐津物	153, 158
川内八右衛門	140, 141
川瀬文博	91
川本治兵衛	159, 162
環境万博	194
関東造盆地運動	51
関東代官頭	69
関東大震災	45
ガントリークレーン	337
神戸分左衛門	333
関門	60, 190

き

企業城下町	232
岸田吟香	124
木曽五木	73
木曽材木奉行	73
木曽式伐木運材法	74
木蘇大夢	91
木下勘解由利匡	192
木下藤吉郎	410
岐阜織物	134
岐阜奉行	27, 420
木全角次郎	407
木村徳右衛門	333
行政原理	21, 22, 23, 27, 30, 36
京都所司代	285
清洲越し	11, 132, 165, 205, 389
吉良満氏	273
近在派	66, 132, 133
近代化産業遺産	173, 300
勤王派	39

く

空海	258
九鬼水軍	282
九鬼嘉隆	282
久世大和守広周	127
九谷焼	39, 159
蔵出しみかん	385
黒石茶	268
黒川敬弘	91
黒川治愿	90, 91, 93, 94, 95, 96
黒ボク土	416
桑原幹根	199
郡村徇行記	391

け

経済立地論	19
珪石	128, 162
慶長の町割	347
研究学園都市	194, 196

こ

鯉江方救	326
鯉江方寿	326, 327, 328

広域中心都市	36, 37, 38
工業再配置促進法	121
工業立地論	19, 20, 23, 29
洪積台地	27, 59
交通原理	21, 22, 23, 29, 30
高度経済成長	14, 23, 34, 35, 36, 38, 102,
	109, 112, 115, 116, 121, 127, 169, 174,
	188, 194, 199, 231, 252, 335, 397
匣鉢詰法	163
国際灌漑排水委員会	90
国際博覧会事務局	194
国分寺	258, 259, 283, 395, 396, 399
国分尼寺	258, 283
黒釉陶器	155
古瀬戸	154, 155, 156, 157, 175,
	225, 295
古代エジプト	359
古代メソポタミア	359
児玉瓦	259
こども博覧会	104
小幅織機	406
コバルト	162
碁盤割	60, 204
小牧・長久手の戦い	68, 190
ごみ非常事態	178
米札引換業務	165
御用窯	46, 62, 163, 165, 169, 174,
	327, 393

さ

才賀藤吉	244
西郷従道	110
西郷稠頼	254
財政力指数	330
埼玉瓦	259
最澄	258
斎藤道三	180, 420
齋藤倭助	266
坂上善太夫頼泰	397
佐々木高行	308
差し売り	166
薩摩義士	374, 379
佐藤邦三郎	151
佐幕派	39

左棒杭 302
桟瓦 258, 319
産業廃棄物 177
参勤交代 72, 76
三州瓦 258, 259, 260, 261, 263
三川分流事業 64, 374
三大古窯 154, 224
三波系結晶片岩 279

し

塩座 257
塩焼き瓦 260, 261
市街化調整区域 201, 202, 332
信楽焼 325
市場原理 20, 21, 23
自然景観 19
七宝焼 63, 358, 359, 361, 362, 363, 364, 365
指定管理者制度 278
シティブア 56, 57
シティリッチ 56, 57, 62
自動織機 48, 135, 240, 245, 371
柴田才一郎 406, 407
渋沢栄一 110
渋沢敬三 110
朱印状 163, 283
集積の利益 56
十楽の津 346, 347
春慶塗 39
聖一国師 273
昭和金融恐慌 45
昭和の合併 274
神功皇后 301
新古典派経済学 23

す

須恵器 154, 221, 222, 223, 224, 225, 294, 295
杉田鶴吉 273
鈴木八右衛門 255
鈴木礼治 200
スパニッシュ瓦 260
墨宇吉 405
墨清太郎 405

せ

製畳機 48
製麺機 48
世界恐慌 45, 146
世界風俗博 104, 107
関ヶ原の戦い 38, 53, 72, 241, 286, 347, 379, 389, 411, 420, 421, 424, 427
関戸守彦 132
石油危機 19
石油ショック 23, 194, 275, 337
絶対距離 113
瀬戸のグランドキャニオン 180
瀬戸焼 39, 46, 47, 152, 155, 156, 157, 173, 346
施釉陶器 154, 155
先行河川 139
先行谷 61, 75, 139, 140, 149, 151, 172, 174, 180
千石船 299
扇状地 25, 28, 61, 66, 67, 68, 69, 71, 72, 79, 87, 92, 130, 138, 139, 146, 147, 170, 213, 215, 280, 410

そ

総合保養地域整備法 276
相対距離 24, 113
ソウルオリンピック 414
蘇我馬子 325
祖父江重兵衛 132, 133, 134

た

第一次産業革命 48
大化の改新 284
太閤検地 411
第10回関西府県連合共進会 50, 196
第二次産業革命 48
第四次全国総合開発計画 194
タカアシガニ 278
高須金之助 260
高橋下登見爾 273
高橋広治 297
滝川一益 347
滝定助 131, 132
滝沢馬琴 286

滝信四郎	129, 130, 131
滝兵右衛門	130, 131, 132, 133
竹内式力織機	318, 319, 321
竹内虎王	318, 319, 321
竹内康裕	318
竹之内源助	321
田中武右衛門	352, 353
田中吉政	254, 255, 264
棚下用乗用型摘採機 271	
棚築工法	88, 90
棚積み法	163
谷口吉郎	109, 110
為屋八左衛門	289
田山方南	109

ち

地域地区制	332
地下堰堤	147
地殻変動	51
地球温暖化	372
千倉石	161, 162
地租改正	40
知多木綿	292, 320
秩父瓦	259
秩禄処分	40
仲哀天皇	301
中核市	230, 231, 232
中心地システム	20, 21, 22, 23, 26, 29, 56, 58
中心地理論	18, 19, 20, 21, 22, 23, 24, 25, 28, 29, 30, 36, 37, 55, 58
沖積低地	54, 59, 60, 61, 62, 207, 213, 281, 393
沖積平野	52, 221
長石	162, 177
朝鮮出兵	157
朝鮮通信使	59
朝鮮特使	389
超伝導浮上式リニアモーターカー 220	
町人地	53, 59, 254, 255, 287, 381, 382
ちんとろ祭	302

つ

津金文左衛門	157, 158, 159, 161, 334

津金元七胤貞	161
塚本貝助	360, 361, 362
塚本儀三郎	360, 361
塚本甚右エ門	360
津島祭	338
土川元夫	108, 110, 111
都築弥厚	247
堤惣左衛門	161
綱場	74, 75

て

電車公営論	81
天正の大洪水	367, 409
甜茶	240
天中	159, 161
伝馬会所	77
天満小森製力織機 407	
天目茶碗	155, 156
天領	10, 350, 352, 383

と

東海義易禅師	282
東海豪雨	388, 395
東海地震	352
陶器専売仕組	165
東京一極集中	12
東京七宝	364, 365
同心円モデル	55
銅版染付	162
徳川家康	32, 53, 59, 62, 68, 69, 71, 72, 204, 205, 208, 226, 241, 242, 254, 255, 264, 282, 283, 286, 302, 341, 347, 389, 411, 421
徳川治行	380
徳川光友	98, 312, 313, 326, 332, 380
徳川夢声	110
徳川宗勝	380
徳川宗睦	380, 393
徳川茂徳	380
徳川茂栄	380
徳川慶勝	128, 130, 380
徳川義直	76, 87, 374, 389
徳永寿昌	379
特別輸出港	354

土佐尾土焼	154	日露戦争	135, 209, 316, 370, 405
外様派	132	日清戦争	134, 370
都心回帰	122	日本映画博	104
土着派	132	日本六古窯	154
利根川東遷	69		
鳥羽上皇	295	**の**	
富田久寿	401	農業立地論	19, 20, 23
外山市太郎	233	濃尾傾動運動	52, 59, 194, 410
豊川吒枳尼眞天	282	濃尾地震	99, 129, 145, 146, 151, 369,
豊田佐吉	135, 319, 321, 371		376, 388, 404
豊田式木製織機	319	野口米次郎	369
豊臣秀次	347		
豊臣秀吉	70, 157, 254, 264, 286, 409,	**は**	
	411	廃藩置県	10, 34, 40, 41, 42, 284, 382
トランスラピッド	197, 198	誹風柳多留	286
鳥山牛之助	255	刃金工事	147
		柏庵和尚	396, 399
な		橋本大膳	395
内郭輪中	381	橋本道一	395
内国勧業博覧会	361, 370	発酵茶（紅茶）	269
長尾重幸	332	服部兼三郎	132, 134, 135
長島一向一揆	338	服部人造石	248, 297, 354
中島鋭治	328	服部長七	248, 297, 354
中島七右衛門	321	服部党	338
中嶋豊後守	67, 68	林吉右衛門	142, 143
中島与五郎	287	林小伝治	360, 361, 362
中西与右衛門	285	林庄五郎	360, 361
中根又左衛門	266	林彦右衛門重之	143
中谷義明	200	原口要	311
名古屋オリンピック	200	パラダイム	18, 19
名古屋土地博覧会	294	原田平四郎	88
夏目漱石	110	原田与右衛門	88
濤川惣助	361, 362	万国博覧会	47, 199, 200
並河靖之	361, 362	萬古焼	355
成田源太郎	316	万治の大火	204
成瀬隼人正	76	汎太平洋平和博覧会	196
成瀬正成	87	半発酵茶（烏龍茶）	269
南海地震	252, 352		
		ひ	
に		樋口内蔵介	347
二階堂与右衛門	413	樋口好古	391
西浦円治	167, 181, 182	彦坂小刑部	241
西村半兵衛	258	尾州廻船	292
日常生活圏	34	尾州檜	73

名古屋の周辺地域を読み解く

備前焼	295, 325, 327
飛騨高山文化芸術祭	122
一柳可遊	347
人見弥右衛門	193
100万都市	45
平田靭負	379
平野喜兵衛	321
平野萬右衛門	320
広瀬東九郎	401
広野川事件	410
檜皮葺	258

ふ

ファインセラミックス	48
深谷瓦	259
深谷半左衛門	321
福富親茂	193
福島正則	389
福本喜右衛門	160
福本仁左衛門	160
武家地	53, 59, 287, 348, 381, 382
藤まつり	365
伏見屋又兵衛	266
武州瓦	259
藤原俊成	275
伏越	91, 92, 94, 303
物産織	134
舟橋甚左衛門	88
船番組	288, 289
不発酵茶（緑茶）	269
冬のソナタ	417, 418, 419
フランス瓦	260
振袖火事	259
文化景観	19
文禄の治水	70

へ

平和日本防衛大博覧会	104
平成の合併	274
弁才船	299, 303, 308

ほ

棒の手	203
豊予海峡地震	352

宝暦治水工事	378
戊辰戦争	130
堀尾兼三郎	134
本瓦葺	258
本田忠勝	347
本田康俊	264

ま

牧野古白	286
マスメディア	11, 196, 418
松岡屋嘉兵衛	360
松平容保	380
松平定敬	380
松平定綱	348
松平武成	380
松平忠利	287
松平義淳	380
松平義柄	380
松平義勇	380
松平義建	380
松平義行	380
松本荘一郎	310
真焼土管	326, 327, 328
丸窯	159, 161, 162
マルセイユ瓦	260

み

三浦逸平	244
三河式トンネル碾茶機	270
三河地震	252
三河木綿	249, 255, 267
三沢彦兵衛	380
水揚会所	166
瑞浪焼	185
水野貞守	242
水野忠友	267
水野忠善	255
水野千右衛門	393
美濃物	181
美濃焼	29, 46, 148, 157, 164, 167, 168, 173, 174, 182, 183, 184, 185, 186
三宅徳三郎	105
三好信吉	192
三輪常次郎	135

む

無釉陶器　154
村瀬吉右衛門　128

め

明治維新　10, 89, 91, 124, 194, 313,
　350, 380, 403
明治改修　372

も

毛利水軍　282
茂庭忠次郎　328
桃井英枡　361
森鴎外　110
森田久右衛門　154
森長可　193

や

ヤクニホンザル　108
屋敷銀杏　400
安場県令　91, 94
矢部右馬允　347
山崎延吉　249
山田才吉　105, 106
山茶碗　154, 224, 225, 295

ゆ

ゆうシャトル　229

よ

横井金兵衛　401
横井半三郎　133
吉川栄神　401
吉田詠再　350
吉田禄在　96, 212, 306, 310
吉野信次　364
四幅織機　406

り

李参平　161
リチャード・ヘンリー・ブライトン　327
立地論　19, 20, 23, 29
リニアモーターカー　188, 197, 198, 201,

　202, 220
琉球王使　389
臨港線　17

れ

連房式登窯　163, 326, 327

ろ

ロータリーレース　48
六古窯　154, 322
六斎市　412
六大都市　45, 46, 50

わ

輪島塗　39
輪中　　64, 339, 340, 358, 371, 372,
　374, 375, 376, 377, 378, 379, 380, 381, 382,
　383, 407, 408, 409, 413, 422, 423, 426
輪中地帯　52, 64, 358, 374, 378, 382,
　408, 410, 425
渡辺崋山　282

■ 地名・施設名索引 ■

あ

愛環梅坪駅　229
愛岐丘陵　61, 75, 83, 84, 138, 139, 146, 149, 169, 170, 171, 172, 173, 174, 175, 177, 178, 179, 180, 213, 226, 227
愛岐処分場　178, 179
愛岐道路　172
愛西市　71, 341, 368, 372, 374, 377, 378
合瀬川　93, 393, 394
愛船株式会社　95, 96
愛知織物　131
愛知環状鉄道　122, 188, 197, 225, 226, 228, 229, 230
愛・地球博記念公園　190, 198, 199, 200, 201, 202
愛知銀行　131, 134
愛知県工業学校　406, 407
愛知県陶磁美術館　199
愛知県農業総合試験場　126, 199, 202
愛知県農事試験場　249
愛知県立芸術大学　196, 199, 202
愛知県立大学　196, 199
愛知県立農林学校　249
愛知高速鉄道　197
愛知製氷会社　96
愛知石炭商会　134
愛知電気鉄道　15, 107, 216, 236, 237, 241, 274
愛知電気鉄道豊橋線　236, 237, 241, 274
愛知トマト　316, 317
愛知物産組　133, 134
愛知用水　63, 223, 224, 281, 296, 314
会津藩　159, 380
逢妻川　237, 242
青森県　268, 330
赤絵町　160
赤坂　150, 240, 283
赤津川　225
赤童子村　132, 133
阿木川　213

安芸国　38
阿久比川　302, 303, 308
上松　73
浅井川　71
朝明　340, 349
朝妻　70
朝日遺跡　222
朝日村　410
味鋺　82, 93, 94
飛鳥寺　325
足助　207, 208, 210, 211, 213, 216, 217, 256, 257
足助街道　210, 256, 257
足助道　210
阿瀬知川　351, 352
足立川　367, 368
阿智　211, 217, 218
足近川　71
阿智村　217, 218
熱田口　28, 62, 63, 113
熱田港　307, 355
熱田白鳥　75, 76
熱田神宮　203, 221
熱田層　55
熱田台地　53, 221, 294, 326
熱田奉行所　27
渥美半島　281, 284
阿寺山地　74
安濃津　351
油ヶ淵　263, 265, 266
天草　159, 160, 161
あま市　124, 358, 359
アメリカ合衆国　204
廈門　269
あゆち潟　207
新居　80
荒田川　87, 427
有田　39, 47, 153, 154, 157, 159, 160, 161, 163, 182, 183, 184, 384
アルプス山脈　410
安城　126, 236, 240, 243, 244,

451
索引

246, 247, 248, 249, 250, 251, 252, 270
安城園芸組合　251
安城ヶ原　248, 252
安城市　126, 246, 249, 251, 252, 270
安祥城　254
安城町農会館　250
安城梨業組合　251
安城農会　249, 251
安城農業図書館　251

い

飯田　28, 59, 62, 204, 208, 209, 210, 211, 212, 213, 214, 215, 216, 217, 218, 219, 220, 281, 284, 380
飯田街道　62, 204, 205, 207, 209, 210, 211, 213, 214, 215, 216, 220, 256, 257
伊賀川　254
筏川　76, 95, 334, 340
井川　71, 87, 91, 92, 212, 213, 302, 410, 422
伊岐津志村　162
伊木山　410, 416
伊木山揚水機場　416
イギリス　33, 99, 204, 269, 306, 308, 363, 370, 407
生地川　145
池田市　397
池田宿　171
池田御厨　181
生駒山地　169, 170, 171
生駒山　169, 170, 171
石ヶ瀬川　243, 296
石川　12, 44, 70, 184, 247, 267, 268, 303
石塚硝子　123, 124, 126, 127, 128, 129
石作神社　203
石津村　383, 384
石枕川　71
伊集院　272, 273
和泉　171, 325, 402
和泉山脈　171
泉山　161, 171
伊勢　29, 63, 167, 181, 222, 273, 288, 320, 330, 338, 339, 340, 341, 344,

345, 346, 347, 349, 358, 368, 389, 402, 403, 422
伊勢大橋　344
伊勢神宮　181, 288, 330, 345, 346, 352
伊勢長島　338
伊勢湾　10, 17, 25, 47, 48, 52, 53, 62, 63, 93, 138, 157, 295, 298, 299, 304, 305, 307, 314, 326, 327, 329, 331, 333, 335, 338, 339, 340, 344, 346, 347, 349, 350, 355, 356, 367, 368, 389, 426
伊勢湾岸自動車道　298
猪高村　188, 205, 207
板倉農場　250, 251
板取川　424
伊丹　39, 303
市江島　338, 339
一太郎翁とまと記念館　317
一之枝川　68, 71
市之倉郷　167, 173
一宮　14, 26, 64, 66, 81, 82, 88, 230, 231, 345, 368, 388, 399, 403, 404, 407
一宮市　66, 75, 122, 378, 399
一宮線　81, 82
市比野温泉　102
一社　62, 205
いとう呉服店　50
糸重商店　134
伊那　208, 209, 211, 214, 219, 220, 380
伊奈駅　281, 282
伊那街道　210, 211, 213, 214, 215, 284
稲置街道　27, 61, 78
稲沢　14, 64, 67, 221, 226, 227, 388, 395, 396, 397, 398, 399, 401
伊奈製陶　293
伊那電気軌道　215
稲羽　415
稲葉翁記念公園　350
伊奈波神社　422
伊奈備前堤　69
稲武　216
いなべ　170
伊那松島　215

稲荷山	271, 273, 420		インディアナポリス	58
犬飼	255		インド	47, 125, 402, 404
犬飼湊	267			
犬山	14, 27, 61, 66, 67, 68, 71,		**う**	
	72, 74, 75, 78, 79, 80, 81, 82, 84, 89, 95,		上街道	27, 72, 79, 80, 82, 83, 84,
	96, 97, 101, 102, 103, 105, 106, 107, 109,			85, 114, 172, 214
	110, 111, 139, 169, 170, 171, 174, 176,		植田	189, 205, 207, 224, 271
	179, 180, 190, 226, 235, 377, 378, 410		植田川	189, 207, 224
犬山自然公園	104		上野町	311, 312, 313
犬山扇状地	25, 28, 66, 67, 68, 69, 71,		鯎川	145
	79, 87, 92, 130		宇治	12, 270, 272, 273
犬山通船株式会社	105		牛川・豊橋段丘	280
犬山頭首工	102, 416		牛頸窯	154
犬山野猿公苑	108		宇治市	12
犬山遊園地	103, 104		宇品港	248
猪子石	80		碓氷峠	310
揖斐川	53, 76, 344, 345, 346, 347,		内田の渡し	78
	348, 349, 378, 382, 383, 408, 410, 411		内津川	138, 143, 146, 147
伊保街道	210, 211, 215		内津川扇状地	146
伊保川	210, 211		内津峠	84, 148, 171, 172, 173
伊保原台地	237		内海	292, 349, 384
今池	189, 217		うとう峠	78, 171
今切関所	283		鵜戸川	374
今橋	284		鵜沼	72, 78, 128, 306, 415, 416,
今治城	349			419
今村	159, 236		馬津駅	340
伊万里	153, 154, 157, 183, 184		梅坪駅	229
今渡	106, 171		宇利川	279
今渡線	106		嬉野	271, 272, 273
今渡ダム	106		雲仙	275
伊予国	284		雲南省	268
入鹿池	85, 86, 87, 88, 89, 90, 93,			
	96, 99, 100, 101, 110		**え**	
入鹿村	85, 86, 87, 88		越前	39, 295, 327, 380
色金山	192		江戸川	127
色金山歴史公園	192		江戸城	54, 72
岩倉街道	61, 66, 80, 390		江永村	160
岩崎	28, 62, 191, 192, 193, 209,		恵那郡	181, 182
	402		恵那山トンネル	218
岩崎川	191, 209		榎撫	340
岩崎城	191, 192, 193		海老江川	339
岩瀬文庫	130		遠州	167, 352
岩津城	254		円城寺	75
岩村藩	180			

お

近江	70, 143, 258, 287, 346, 412
大井	27, 83, 172, 213, 214
大分	12
大垣市	369, 408, 417
大垣藩	10, 383
大萱	157
大草村	145
大口町	66, 67, 68, 72, 89, 92, 93, 399
大倉公園	292, 293, 294, 295, 298
大倉陶園	293
大倉農園	294, 295
大阪駅	50
大阪圏	112, 169, 170, 171, 345
大坂城	54, 60, 70, 379
大阪平野	51, 169
大阪紡績	355
大曽根口	27, 61, 113
大曽根線	81, 82, 84
大曽根層	55
大曽根屋敷	313
太田	27, 72, 74, 78, 105, 106, 244, 306, 315
大高	309
太田川駅	312
大谷川	145
太田村	383, 384
大津	275, 304, 305, 352
大留	142
大縄場大橋	426
大野	292, 320
大野湊	299, 300, 302, 427
大浜	242, 244, 255, 264, 266, 267, 268
大浜街道	242, 244, 268
大浜湊	267
大府	220, 242, 243, 292, 293, 294, 295, 296, 297, 298, 317
大府駅	243, 292, 293, 294
大府市	220, 242, 292, 294, 295, 296, 297
大湊	346, 351, 352
大宮川	279

大村藩	184
大山	87, 170
大山川	93, 393, 394
大山田川	347
小垣江駅	242
御囲禍堤	393
御囲堤	64, 69, 70, 71, 87, 139, 358, 366, 367, 373, 374, 393
岡崎	14, 28, 59, 62, 105, 191, 192, 193, 205, 207, 208, 209, 211, 216, 225, 226, 227, 230, 231, 240, 243, 252, 253, 254, 255, 256, 257, 264, 274, 276, 282, 283, 345
岡崎街道	207, 209, 210
岡崎市	253, 256, 257, 274
岡崎城	191, 205, 208, 226, 252, 254, 255, 256, 257, 264
岡崎二十七曲り	254, 257
岡崎平野	13, 29, 240, 345, 346
岡多線	226, 227, 228
岡徳織布	322
緒川	242, 309
沖縄県	268
奥入鹿川	87
奥入鹿山	87
奥久慈	272
小口城	67, 68
小口村	93
小熊野湊	426
御蔵会所	159, 166
押切町	81, 82
忍藩	349
織田街道	68, 71, 72
小樽	43, 268
落合公園	144
尾津	340
乙川（菅生川）	254
御成通線	84
小幡城	191, 193
御林方奉行所	27
小原	142, 143, 216
御深井堀	98, 326
オランダ	128, 157, 204, 205, 360, 372
小里川	182

小里村	167
尾張旭	61, 192, 203
尾張旭市	178, 192, 224
尾張大橋	343
尾張丘陵	226
尾張国分寺	395
尾張製糸	370, 405
尾張線	306, 307
尾張国	27, 38, 39, 53, 67, 77, 159, 169, 221, 326, 344, 349, 360, 367, 368, 369, 372, 373, 377, 389, 395, 407, 420
尾張藩	10, 11, 16, 27, 28, 29, 32, 39, 46, 47, 48, 50, 53, 54, 61, 62, 64, 69, 70, 72, 73, 74, 75, 76, 77, 78, 79, 80, 87, 89, 93, 95, 113, 114, 124, 126, 128, 130, 131, 132, 133, 138, 140, 142, 148, 149, 152, 157, 158, 159, 163, 164, 165, 166, 167, 169, 171, 174, 175, 180, 181, 182, 184, 193, 194, 209, 214, 225, 292, 303, 312, 327, 330, 332, 333, 334, 339, 340, 341, 342, 343, 358, 360, 366, 367, 368, 373, 374, 377, 379, 380, 382, 389, 390, 391, 392, 393, 394, 420, 422, 424
尾張藩勘定所	166
尾張富士	87
尾張平野	25, 26, 28, 64, 194, 222, 368, 388
尾張紡績	131
御馬	255, 267
御馬湊	267

か

甲斐	50, 68, 69, 89, 173, 218, 334
海上川	195
海上の森	180, 194, 195, 196, 197, 200
海津	358, 378, 426
海津市	378, 379, 380, 382, 383, 384, 408
海津市歴史民俗資料館	379, 382
海津町	378, 380, 382
海陽学園	276
加賀野井	411
加賀国	38
加賀藩	159

鏡島湊	349, 426, 427
各務原	64, 170, 388, 410, 411, 413, 414, 415, 416, 417, 418, 419, 420
各務原市	410, 411, 413, 414, 415, 416, 417, 418, 419, 420
各務原台地	415, 416
各務原飛行場	415
香川県	12, 85, 91
加木屋中ノ池駅	312
覚王山	101, 188, 189
楽田追分	27, 61, 77, 78
鹿児島県	269
鹿児島藩	38
カゴメ	315, 316, 317
笠置	139
笠原	157, 167, 168, 173, 174, 379
笠原断層	173
笠松代官所	163, 166, 167, 339, 379
加子母川	74
加子母村	74
柏森	80
春日井	61, 83, 84, 138, 139, 145, 146, 169, 170, 171, 172, 177, 226, 227, 391
春日井郡	77, 81, 89, 117, 118, 119, 121, 122, 391, 392
春日井市	77, 93, 94, 140, 141, 142, 143, 144, 148, 177, 178, 179, 180, 209
春日井原	92
春日井面	139
片岡毛織	369, 370, 371, 405
勝川線	82
勝川町	82
勝川村	143
勝山藩	380
金ヶ崎	310
神奈川	12, 40, 45
神奈川県	45, 155, 327, 328
金沢藩	38, 42
カナダ	194
金森藩	424
金山	54, 60, 62, 192, 294, 341, 424
金山村	424

香流川	190, 192, 202, 205, 210	河内屋堤	88, 89
可児市	66, 157, 180, 181, 185	川名	162, 205
カネカ服部商店	135	川根	272
兼平堤	368	川原町	388, 423
加納	14, 64, 305, 306, 308, 349, 421, 427	川原寺	325
		川平湊	343
加納輪中	422	川村圦	91
加武登麦酒	301	かわら美術館	263
釜ケ洞窯	154, 155, 175	韓国	194, 337, 413, 414, 417, 418, 419
窯神神社	153		
鎌倉街道	27, 59, 240, 241	関西急行電鉄	15
蒲郡	132, 255, 267, 274, 275, 276, 278, 384	関西鉄道	15, 131, 343, 350, 370
		ガンジ山	293, 294, 298
蒲郡港	276	神田市場	391
蒲郡水族館	277	神田川	279
蒲田	293	関東平野	51
上飯田	79, 82, 84, 85		
上飯田連絡線	79	**き**	
上小田井	79, 234, 235	帰雲山	409
上郷	203, 229	木賀村	132
上郷町	232	紀州	39, 383, 384
上志段味	139	貴州省	268
上半田川村	161	紀州藩	39
神屋	146, 147, 171	亀城公園	242
亀崎	292, 309	木曽街道	27, 61, 66, 72, 76, 77, 78, 79, 80, 87, 113, 114, 171, 172, 174, 214
鴨田川（藤の木川）	190		
唐津	153, 158	木曽川	29, 53, 61, 64, 66, 68, 69, 70, 71, 72, 74, 75, 76, 78, 87, 91, 92, 93, 94, 95, 96, 97, 101, 102, 103, 104, 105, 106, 107, 138, 139, 148, 171, 172, 212, 213, 215, 306, 309, 310, 334, 338, 340, 341, 343, 344, 346, 358, 366, 367, 372, 373, 374, 375, 376, 377, 378, 388, 393, 400, 401, 407, 408, 409, 410, 411, 413, 416, 425
唐山層	55		
刈谷	232, 233, 236, 240, 242, 243, 244, 245, 263, 268		
刈谷貨物運搬会社	244		
刈谷球場	242		
刈谷市	241, 242, 243, 245, 246, 263, 296		
刈谷新	236, 244		
刈谷新駅	244	木曽川橋	82, 339
刈谷ハイウェイオアシス	242, 246	木曽三川	29, 52, 53, 59, 63, 64, 76, 305, 330, 342, 343, 344, 345, 346, 348, 350, 358, 371, 372, 374, 378, 408, 409, 411
加路戸輪中	409		
川上川	74		
川上村	74		
川口市	396	木曽七流	71, 139
川棚川	184	木曽谷	16, 29, 39, 66, 70, 73, 95, 128, 212, 213, 214, 215, 306, 310, 340
河内	39		
河内国	88, 169	木曽福島	219

木曽岬町　　　344, 409
木祖村　　　　410
木曽山　　　　52, 72, 73, 74, 79, 212
北方　　　　　27, 54, 55, 59, 66, 75, 83,
　　91, 93, 118, 138, 169, 170, 189, 190, 192,
　　201, 204, 205, 225, 226, 236, 254, 333,
　　344, 348, 390
北新田川　　　209
北名古屋市　　117, 118, 119, 122
北野村　　　　132, 134
木附村　　　　140
衣浦港　　　　240
衣浦湾　　　　62, 240, 242, 243, 245, 259,
　　260, 263, 265, 266, 267, 268, 292, 296,
　　298, 300, 308
紀の川　　　　171, 279
木ノ下城　　　67
木場・金岡埠頭　337
岐阜　　　　　10, 14, 33, 61, 64, 68, 71,
　　82, 105, 106, 170, 212, 230, 231, 235,
　　305, 310, 370, 376, 388, 408, 413, 415,
　　420, 421, 422, 424, 425, 427
岐阜街道（御鮨街道）　231
岐阜県　　　　10, 11, 12, 33, 44, 61, 66,
　　71, 74, 101, 107, 127, 138, 151, 155, 169,
　　170, 178, 217, 225, 226, 228, 369, 372,
　　376, 377, 378, 379, 381, 382, 384, 404,
　　407, 408, 409, 410, 411, 412, 413, 415,
　　417, 420, 427
岐阜公園　　　421
岐阜市　　　　12, 69, 82, 90, 378, 410,
　　415, 418, 421
岐阜大学　　　419
岐阜町　　　　64, 388, 420, 421, 422, 423,
　　424
岐阜羽島駅　　407, 408
岐阜奉行所　　27
逆川　　　　　64, 388, 411, 412, 413
逆潮用水樋門　340
九州　　　　　35, 36, 47, 102, 153, 154,
　　155, 157, 160, 161, 221, 222, 232, 262,
　　293, 301, 320, 354
京都　　　　　12, 14, 35, 36, 39, 42, 43,
　　44, 45, 46, 49, 51, 63, 70, 91, 128, 131,

　　157, 164, 165, 166, 243, 257, 272, 283,
　　285, 295, 304, 305, 323, 328, 358, 359,
　　361, 362, 365, 395, 412
京都仙洞御所　91
京都大学　　　107, 108
京都府　　　　12, 13, 45, 269
京都盆地　　　169
京橋　　　　　402
清洲　　　　　10, 11, 27, 28, 53, 61, 66,
　　67, 68, 69, 71, 132, 165, 205, 221, 368,
　　388, 389, 390
吉良町　　　　257, 270, 271
金華山　　　　421, 422
金華橋　　　　425
金城埠頭　　　335, 336
近鉄名古屋線　12, 231, 344

く
九久平　　　　256, 257
久々利　　　　157
郡上藩　　　　423, 424
久尻　　　　　148, 157, 181, 182
熊野　　　　　203, 268, 327, 426
熊本　　　　　12, 43, 272
鞍流瀬川　　　296
久留米市　　　397
呉　　　　　　43, 50, 131, 133, 162, 284,
　　412, 425
黒川　　　　　90, 91, 96
黒川駅　　　　90
黒川用水　　　92
黒田川　　　　71
桑名　　　　　14, 28, 53, 62, 63, 76, 95,
　　148, 330, 340, 341, 342, 343, 344, 345,
　　346, 347, 348, 349, 350, 351, 352, 356,
　　367, 368, 380, 381, 424, 425, 426
桑名紡績　　　350
桑原輪中　　　408
群馬県　　　　155, 259, 279

け
京王バス東　　220
景行天王社　　203
景徳鎮窯　　　163

下条	142, 143, 280
下呂温泉	102

こ

古井駅	106
香桶川	190, 192
郷川	86
高原村	424
江州	167
上有知	27, 424, 425, 427
上有知湊	424, 425
郷瀬川	102
高蔵寺	85, 139, 172, 174, 180, 213, 227, 228, 229
高蔵寺村	141
幸田町	274
高知県	12
高知市	12
河度	427
江南	79, 117, 129, 132, 135, 221
江南市	129, 131, 133
神戸港	43, 305, 343
香嵐渓	217
郡山城	325
河和線	298, 312
興和紡績	135
古大阪湖	51
古大阪湾	51
五箇所湊	255, 267
古木曽川	410, 411
古京都湾	51
国鉄関西本線	344
国府	27, 53, 64, 258, 279, 283, 284, 368, 388, 389, 390
国府駅	281, 283
国立民族学博物館	111
虎渓用水広場	152
小坂井	281, 284, 317
小坂井台地	280
越戸	216, 256, 257
越の国	44
五条川	53, 66, 67, 71, 86, 93
古戦場駅	190, 193
古戦場公園	190, 193

古戦場通り	190, 191, 193
古知野	66, 80, 130, 131, 132, 133
古知野駅	132
古知野町	129
木津村	92, 93
木津用水	85, 90, 92, 93, 94, 95
御殿場	212
古奈良湾	51
呉服太物商絹兵	131
駒ヶ根	211, 214, 218
駒ヶ根IC	218
小牧	14, 27, 53, 54, 66, 68, 71, 76, 77, 79, 80, 81, 82, 83, 84, 87, 95, 102, 112, 113, 114, 115, 116, 117, 124, 169, 170, 190, 226, 227
小牧御殿	76, 77
小牧市	77, 79, 84, 89, 93, 114, 116, 122, 126, 145, 147, 148, 209
小牧市こども未来館	122
小牧ジャンクション	113
小牧原	92
小牧面	139, 145
小牧山	54, 68, 76, 190, 191
小牧山城	68, 191
駒塚	411
五明	339, 340, 343
米野木	62, 216, 217
御油	283, 310
五郎丸	71, 72
挙母	62, 209, 216, 226, 232, 233, 234, 236
挙母街道	209
権兵衛トンネル	219
紺屋街（海）道	299

さ

彩雲橋	97, 98
西海道	221
西国	27, 70, 167, 286, 330, 349
西条	273, 300
さいたま市	396
西方寺	159
堺	43, 323, 346
境川	69, 70, 71, 96, 220, 225,

226, 237, 242, 243, 262, 279, 296, 297,
408, 410, 411
坂下　　　　　　　82, 146, 147, 171
坂下宿　　　　　　171
佐賀藩　　　　　　157, 160, 184
坂祝　　　　　　　106
三ケ峯　　　　　　126, 210
三ケ峯池　　　　　209
相良　　　　　　　272, 273
佐久平　　　　　　212
笹島　　　　　　　115
佐々村　　　　　　160
佐世保市　　　　　159, 160, 276
佐世保村　　　　　159
札幌　　　　　　　32, 33, 34, 35, 36, 37, 38,
43, 44, 52, 102
札幌電話交換局　　110
薩摩　　　　　　　130, 374, 378, 379, 413
薩摩国　　　　　　38
佐渡ヶ島　　　　　384
猿投窯　　　　　　154, 155, 220, 222, 223,
224, 225, 294, 295
猿投グリーンロード　201
猿投古窯群　　　　188, 195, 220
猿投町　　　　　　232
猿投山　　　　　　154, 170, 220, 222, 223,
225, 226, 227, 294
佐波村　　　　　　90, 91, 96
三之枝川　　　　　68
佐屋　　　　　　　27, 53, 59, 63, 80, 341, 342,
343, 368, 369
佐屋街道　　　　　28, 59, 62, 63, 343, 344,
363, 368
佐屋川　　　　　　340, 343, 358, 366, 367,
368, 371, 372, 373, 374, 375, 376, 377
狭山　　　　　　　272
佐屋湊　　　　　　342, 343, 369
猿渡川　　　　　　242, 243, 244
三州街道　　　　　211
三の倉町　　　　　178
三波川　　　　　　279
三里の渡し　　　　342

し

JR 東海バス　　　220, 228
塩津街道　　　　　305
潮吹防波堤　　　　354
師勝町　　　　　　117, 118, 119, 120, 121, 122
信楽　　　　　　　176, 271, 272, 325, 346
紫香楽宮　　　　　325
信貴山　　　　　　169
四国　　　　　　　167, 279, 282, 320
静岡県　　　　　　33, 269, 300
四川省　　　　　　268
志段味村　　　　　100
設楽郡　　　　　　279, 289
枝下　　　　　　　244, 262
枝下用水　　　　　281
七城ヶ峰　　　　　195
七里の渡し　　　　28, 62, 63, 341, 342, 344,
345, 349
七宝　　　　　　　63, 359, 360, 361, 363, 364,
365
七宝商工同業組合　362
七宝町　　　　　　358, 362
信濃　　　　　　　10, 69, 72, 74, 218, 380
篠田川　　　　　　195
芝浦製作所　　　　293
シベリア　　　　　47
島田　　　　　　　207
志摩国　　　　　　282
志水（清水）口　　27, 61
下総国　　　　　　127, 361
下小田井　　　　　28, 235, 390, 391, 392, 394
下小田井（枇杷島）市場　28
甚目寺町　　　　　358
下原村　　　　　　145
上海　　　　　　　135, 197, 198
十四山村　　　　　333
秀伝寺　　　　　　209
十八灘　　　　　　150
十六銀行　　　　　418
十ヶ川　　　　　　302, 303
聚楽第　　　　　　359
上越本線　　　　　310
定光寺　　　　　　140, 180
定光寺自然休養林　180

459
索引

定山渓 102
上条用水 140, 142, 143, 144
精進川 60, 98
正倉院 359
庄内川 28, 52, 53, 59, 61, 62, 72,
 77, 83, 84, 91, 92, 93, 94, 98, 100, 101,
 138, 139, 140, 142, 143, 144, 146, 148,
 149, 164, 169, 172, 173, 174, 178, 180,
 213, 225, 306, 326, 335, 388, 389, 390,
 392, 393, 394, 395
庄内用水 93, 94
庄内用水元圦樋門 93
城北電気鉄道 82
昭和区 119, 120, 121, 127, 189,
 206, 207
勝幡 53, 368
勝幡城 53, 368
白子 320, 321
新明石海水浴場 268
新明石遊園 268
新安城 236
信越本線 310
新川 93, 255, 256, 263, 265, 268,
 388, 393, 394, 395
新木津用水 90, 92, 93, 94, 95
神宮前駅 121
新宿 220
新城市 179, 279, 280
新須磨海水浴場 268
新東名高速道路 242, 246
新豊田 227, 228, 229
信南交通 216, 219
新橋 304, 328, 389
新堀川 49, 50, 60, 98

す
水門川 349
陶 173
陶彦神社 153
陶邑窯 154
鈴鹿山脈 304, 346
墨俣 70, 410, 411
墨俣一夜城 410
住吉神社 301, 302

駿河街道 59, 204, 205, 207, 210
諏訪 218
諏訪駅 281
諏訪町 178, 179, 368
駿府 59, 204, 205

せ
青少年公園 194, 196, 199, 200, 201
世界サル類動物園 108
関 170
関田村 142
関戸養鶏人工孵化場 123, 126
関宿藩 127
瀬古 91
瀬田 287
摂津 402
瀬戸 14, 16, 61, 62, 83, 138,
 145, 152, 153, 154, 155, 156, 157, 158,
 159, 161, 162, 163, 164, 165, 166, 167,
 169, 170, 173, 174, 175, 176, 177, 178,
 180, 181, 182, 216, 222, 225, 226, 227,
 228, 229, 234, 259, 260, 261, 262, 295,
 326, 393
瀬戸街道 16, 59, 61, 164, 166, 205
瀬戸市 121, 153, 154, 158, 174,
 177, 178, 179, 180, 194, 195, 199, 200,
 209, 222, 224, 225, 228, 295
瀬戸線 174, 226, 227, 228, 229, 234
瀬戸電気鉄道 16
善光寺街道（下街道） 27
善師野 78, 79, 101, 171, 172
仙台 12, 32, 33, 34, 35, 36, 38,
 39, 41, 42, 43, 52
仙台藩 38, 39
仙台平野 39
善太川 368
千里丘陵 199

そ
早田川 422
ソウル 194, 414
蘇原 415
祖父江商店 134
祖父江町 399, 400, 401

祖母懐	155
杣路峠	211

た

太湖汽船	305
大泉寺	145
太多線	174
大名古屋	45
第二東海自動車道	298
大入川	279
太平洋	46, 196, 212, 215, 240, 305, 310, 346
台湾	46, 124, 129
高井藩	380
高岡町	232
高貝用水	140, 142, 143
田楽面	139
高須藩	350, 358, 377, 379, 380, 381, 382, 383
高須湊	382
高須輪中	64, 358, 371, 378, 379, 380, 381, 382, 383
高浜川	263, 265
高浜港駅	245
高浜市	203, 259, 262, 263
高針街道	62, 205, 206
高松城	349
高安山	169
高山市	122
高山本線	139
高山村	167
高横須賀駅	312
宝塚市	397
滝子幼児園	119
滝実業学校	131
滝兵右衛門商店	131
滝兵商店	129, 131
滝文庫	129, 130, 131
田口	28, 62, 63, 113, 216
竹島橋	132, 275
武豊	292, 308, 309, 310
武豊港	17, 63, 306, 308, 309, 350, 355
武豊線	14, 15, 63, 243, 292, 294,

	298, 301, 302, 304, 307, 309, 310, 311
武並	139
竹鼻	411, 412
大宰府	221, 323
多治見	14, 29, 83, 84, 128, 139, 148, 149, 150, 151, 152, 167, 170, 171, 172, 173, 174, 177, 178, 180, 181, 182, 213, 225, 226, 227, 228, 310
多治見駅	148, 149, 150, 151, 152, 226, 228
多治見市	149, 150, 151, 157, 178, 179, 180, 181
多治見盆地	139, 149, 152, 180
立花村	424
立田大橋	378
立田輪中	64, 340, 358, 371, 372, 374, 375, 376, 377
辰野	211, 212, 215
多度神社	195, 340
田原街道	284
多宝寺	155
玉川上水	326
玉津浦海水浴場	268
玉野川	140
玉野用水	140, 141, 142, 146
多良村	369
垂井	27, 59, 305, 344, 388, 389, 390, 411
段戸山	279
断夫山古墳	221

ち

地下鉄鶴舞線	206, 231, 235, 237
地下鉄東山線	188, 190, 196, 201, 206
地下鉄名城線	79, 84, 90
力石	201, 207, 210
千種区	121, 188, 189, 206, 207, 222
千草峠	346
筑前国	38, 222
筑摩山地	212
治水神社	378, 379
知多	16, 158, 317, 318, 319, 320, 321, 326, 391, 402
知多岡田簡易郵便局	319

知多市	295, 317, 318, 320
知多半田駅	298
知多半島	28, 59, 62, 63, 145, 259, 267, 291, 292, 296, 299, 302, 303, 306, 309, 311, 313, 314, 320, 321, 322, 327
知の拠点あいち	199
千葉県	127, 361
チベット	268
中央アルプス（木曽山脈）	52, 212
中央構造線	279
中央西線	76, 81, 83, 84, 85, 114
中央自動車道	113, 218, 219
中央東線	83, 213
中央道特急バス	218, 219
中央本線	12, 15, 16, 49, 83, 139, 148, 149, 150, 151, 152, 172, 174, 181, 182, 188, 189, 212, 213, 214, 215, 217, 219, 226, 227, 229, 307
中京	32, 33, 45, 102
中京圏	33
中国	125, 129, 152, 154, 155, 156, 157, 158, 163, 197, 198, 221, 224, 258, 268, 269, 273, 295, 323, 324, 325, 337, 359, 396, 399, 401, 402, 414
中国大陸	46
忠節用水	425
中部	32, 33, 37, 102, 126, 170, 214, 242, 276, 280, 293, 306, 341, 369, 407, 412, 415
中部圏	33
中馬街道	173, 256
春川市	413, 416, 417, 418, 419
銚子	39, 87
朝鮮	46, 59, 154, 157, 161, 163, 211, 221, 301, 323, 354, 359, 389, 401, 402
長楽寺	155
知覧	272, 273
池鯉鮒	240, 241, 242
知立駅	233
知立神社	241

つ

津	10

付知川	74
付知村	74
津島	14, 53, 59, 63, 338, 340, 341, 342, 358, 367, 368, 369, 370, 371, 373, 378, 405, 407, 424
津島街道	366
津島毛織工業協同組合	371
津島神社	302, 342, 358, 366, 367, 369
津島湊	342, 365, 369
土山	272, 273
津保川	425
艶金興業	405
敦賀	305, 310
鶴舞駅	121
鶴舞公園	50, 196

て

帝国撚糸	131, 133
手織りの里　木綿蔵・ちた	318
テクノプラザ	416, 417
寺山川	195
天王川公園	365, 369, 371
天白川	55, 189, 207, 208, 209, 210, 224, 225
天白丘陵	55
天白村	189, 207
デンマーク	246, 247, 249, 250
天満市場	391
天目山	155, 156
天竜川	106, 212, 213

と

土居	421, 422
ドイツ	19, 20, 21, 24, 185, 197, 198, 249, 301, 332, 360, 405, 406, 407
都井岬	108
東員	170
東海	33, 221, 295, 311, 313, 317
東海大橋	378
東海環状自動車道	114
東海圏	33
東海湖	51
東海財務局	177
東海市	295, 311, 313, 314, 317

東海製鉄	311, 314	東洋耐火煉瓦	244
東海倉庫	133	東洋陶器株式会社	293
東海道	16, 27, 28, 33, 59, 62, 63,	東洋紡績	355

東海道　16, 27, 28, 33, 59, 62, 63, 69, 96, 114, 205, 207, 209, 211, 212, 240, 241, 242, 253, 254, 255, 256, 257, 274, 282, 283, 284, 286, 287, 304, 310, 311, 340, 341, 342, 343, 344, 345, 346, 348, 388, 389, 411

東海道新幹線　112, 298, 395, 407

東海道本線　12, 13, 14, 16, 17, 48, 49, 63, 64, 82, 83, 114, 129, 132, 188, 212, 215, 217, 226, 227, 229, 231, 236, 237, 242, 243, 244, 245, 250, 274, 275, 292, 293, 294, 298, 304, 306, 311, 354, 370, 378, 395

東海北陸自動車道　114, 378

東京　11, 14, 32, 35, 36, 37, 45, 49, 52, 63, 99, 100, 109, 110, 129, 131, 132, 196, 243, 251, 259, 275, 282, 293, 294, 317, 343, 350, 352, 354, 358, 360, 361, 362, 364, 365, 400, 403

東京駅　50

東京圏　112, 169, 170, 171, 220

東京大学　175

東京都　12, 13, 46, 197, 330

東京モスリン　370, 405

東京湾　51

陶芸美術館　186

東郷　209, 220, 221, 224, 225

東向寺　159, 161

東山道　27, 78, 114, 171, 211, 212, 214, 220, 389

陶磁資料館　186, 190, 196, 199, 201

陶磁資料館南駅　190, 201

東大農学部附属愛知演習林　176

東南アジア　46, 260, 276

東濃鉄道　174, 228

東濃鉄道笠原線　174

東濃鉄道駄知線　174

東部丘陵線（リニモ）　122, 188, 190, 193, 197, 198, 199, 201, 206, 229

東北　35, 184

東名高速道路　60, 112, 113, 114, 115, 189, 201, 242, 246, 257

遠島村　360, 361, 362

土管坂　322, 328

土岐川　138, 148, 149, 150, 151, 152, 172, 180, 181, 182, 183, 185, 213

土岐口村　167

土岐郡　149, 181

土岐津　174

土岐盆地　139

徳島県　91

常滑　14, 245, 259, 261, 292, 293, 295, 322, 323, 325, 326, 328

常滑頁岩粘土　327

常滑市　122, 295, 320, 322, 323, 324, 326, 327

渡島半島　376

土田　105, 106, 127, 128, 129, 171

利根川　69, 127

飛島コンテナ埠頭株式会社　337

飛島埠頭　330, 335, 336, 337

飛島埠頭北CT　337

飛島埠頭南CT　337

飛島村　330, 331, 332, 333, 334, 335, 336, 337, 338

富加　170

冨吉外新田　257

巴川　210, 254, 255, 256, 257

富山　44, 71

豊明市　222, 242

豊岡町　149

豊川　29, 62, 240, 274, 279, 280, 281, 282, 283, 284, 286, 287, 289, 345

豊川稲荷　281, 282, 283, 345

豊川稲荷駅　281, 282, 283

豊川市　279, 280, 281, 283

豊川用水　281

豊田市　12, 121, 179, 199, 201, 211, 216, 230, 232, 233, 236, 237, 256, 330

豊田市駅　236

トヨタ自動車　229, 276

豊田自動車　135, 232

豊田自動車工業　232

豊田自動織機	245, 371	中野村	391, 424
豊根村	332	長浜	305, 306

豊橋　14, 215, 217, 230, 231, 235, 240, 241, 257, 274, 279, 283, 284, 287, 345

長良川　50, 64, 70, 76, 343, 344, 349, 378, 382, 388, 407, 408, 410, 411, 412, 413, 420, 421, 422, 423, 424, 425, 426, 427

豊橋市	12, 279, 284, 288, 376	長良川大橋	378
豊橋平野	13, 29, 240, 345, 346	長良古川	422
鳥居峠	212, 214	長良古々川	422
鳥居松	83	那古野	53, 54, 67, 71, 72
鳥居松段丘	93		
鳥居松面	139		
取組遊船組合	106		

名古屋　10, 11, 12, 13, 14, 15, 16, 17, 18, 19, 25, 27, 28, 29, 30, 31, 32, 33, 34, 35, 36, 37, 38, 39, 41, 42, 43, 44, 45, 46, 47, 48, 49, 50, 51, 52, 54, 55, 58, 59, 60, 61, 62, 63, 64, 66, 69, 70, 71, 72, 73, 76, 77, 78, 79, 81, 82, 83, 84, 85, 91, 95, 96, 98, 99, 101, 102, 103, 105, 106, 107, 110, 112, 113, 114, 115, 121, 124, 129, 131, 132, 133, 134, 135, 138, 139, 148, 159, 162, 163, 164, 165, 166, 167, 168, 169, 170, 171, 172, 173, 174, 181, 182, 188, 189, 190, 193, 194, 196, 197, 202, 204, 205, 206, 207, 208, 209, 210, 211, 212, 213, 214, 215, 216, 217, 218, 219, 220, 221, 225, 227, 230, 233, 234, 235, 236, 238, 240, 241, 243, 245, 257, 275, 282, 287, 292, 293, 294, 296, 298, 304, 306, 307, 308, 309, 310, 311, 316, 321, 326, 330, 332, 333, 343, 345, 350, 355, 356, 358, 360, 363, 388, 390, 393, 399, 400, 406, 407, 415, 420, 424, 425, 426

な

那加	415	
中川運河	17, 115	
中川原	420, 423, 424, 425	
中切	142, 143	
長湫	203	
長久手古戦場駅	193	

長久手市　126, 154, 189, 191, 192, 193, 194, 198, 199, 200, 201, 202, 203, 206, 220, 222, 223

長久手市郷土資料室	190
長久手町	121, 194, 199
長崎	40, 127, 128, 161, 276, 328
中七木綿会社	322
長篠村	289

中島郡　67, 391, 399, 408, 409, 410, 411

長島城	68, 347
長島町	344
中島飛行機製作所	301
長瀬村	150

中山道　16, 27, 59, 61, 72, 76, 78, 79, 83, 96, 114, 128, 138, 171, 172, 211, 212, 213, 214, 220, 304, 305, 306, 307, 308, 310, 311, 388, 411, 415, 427

中津川 IC	218	名古屋 IC	113, 189, 190, 201
中津川線	217, 218	名古屋衛戍病院	110
中奈良	130	名古屋営林局	177
中根	207, 266		

名古屋駅　15, 17, 50, 114, 115, 117, 121, 123, 216, 231, 235, 294, 301, 306, 310, 395

長野県　10, 73, 212, 217, 218, 220, 296, 410, 420

名古屋教育水族館	105
名古屋銀行	131, 133
名古屋区	44, 96, 212, 306, 310
名古屋芸術大学	119, 120, 122
名古屋芸術大学保育専門学校	119

名古屋圏　33, 37, 112, 115, 116, 121, 169, 170, 171, 220, 230, 246, 263, 335,

338, 344, 345, 402, 420

名古屋港　16, 17, 47, 48, 63, 105, 138, 169, 196, 207, 209, 248, 278, 307, 321, 330, 331, 334, 335, 336, 337, 350, 355, 356

名古屋工業大学　406

名古屋公衆図書館　130

名古屋港水族館　278

名古屋港飛島 CT　337

名古屋五口　27, 60, 62, 77, 113, 114

名古屋市　12, 13, 28, 44, 45, 47, 48, 62, 66, 71, 79, 81, 84, 85, 90, 91, 96, 97, 98, 99, 100, 101, 105, 112, 114, 115, 116, 117, 118, 119, 120, 121, 122, 123, 126, 127, 129, 130, 145, 154, 158, 178, 179, 180, 188, 189, 190, 191, 193, 198, 199, 201, 202, 206, 207, 221, 222, 224, 231, 234, 235, 294, 312, 316, 317, 328, 330, 331, 341, 360, 378, 388, 390, 391

名古屋市営鶴舞線　79

名古屋七宝会社　361

名古屋自由学院　119, 120, 121, 122

名古屋自由学院短期大学　119

名古屋城　27, 28, 55, 60, 69, 71, 72, 73, 90, 93, 98, 110, 113, 121, 124, 128, 130, 138, 165, 188, 204, 205, 207, 208, 209, 210, 211, 312, 326, 330, 389, 391, 392, 393, 394

名古屋商科大学　209

名古屋商工会議所　126, 127

名古屋鎮台　110

名古屋鉄道　81, 82, 83, 102, 104, 107, 174, 197, 216, 245, 274

名古屋鉄道広見線　174

名古屋電気鉄道　81, 96

名古屋都市高速道路　114

名古屋藩　38, 382

名古屋病院　110

名古屋埠頭株式会社　337

名古屋紡績　134

名古屋陸軍造兵廠　45

灘　39, 150, 267, 303

鍋田川　340

鍋田埠頭　331

鍋屋上野浄水場　101

なまこ壁の蔵　317, 318

浪合　211

奈良井川　212, 213

奈良盆地　169, 170, 171

成田空港　197

成沢川　86, 87

鳴海　27, 80, 207, 209, 240, 267

鳴海代官所　313

名和町　315

南海トラフ　263

南信自動車　215

南濃町　383, 384, 385

南洋　47

に

新潟　40, 310

新潟県　44

新溝駅　341

贄川　72

西印田　81

西浦屋　149, 166, 182, 183

西尾市　69, 256, 260, 264, 267, 270, 271, 272, 273, 275

西尾線　236

西尾町　130

錦織　27, 74, 75, 334

錦織川並材木奉行所　27

西春町　117, 118, 119, 120

日光川　331, 367, 368

日進市　154, 191, 206, 209, 220, 222, 224, 225

日進町　121, 234

日進村　209

二之枝川　68

日本家禽研究所　297, 298

日本碍子株式会社　293

日本航空　197

日本陶管　245

日本陶器合名会社　292, 293

日本ライン　75, 105, 106

日本ライン遊船組合連合会　106

ニューヨーク　204

ぬ

額田県	10, 42, 44, 284

ね

根羽	211, 216

の

野市場湊	148
能代	39
野田川	279
野田市	127
能登	39
野中村	167
乗本村	289

は

早岐村	159
博多	221, 323, 346
萩殿町	174, 175
萩の茶屋	175
白山平	104
白山長瀧神社	155
白山林	192
博物館明治村	85, 90, 109
羽栗郡	408, 411
葉栗郡	130, 391, 408, 409, 410, 411
羽黒山	87
函館（箱館）	40
箱根	167
波佐見	184
羽島	64, 388, 408, 412, 413
羽島市	407, 408, 411
羽島用水	410
走井山	347
幡豆郡	69, 130, 264, 273, 275
幡豆郡製茶同志会	273
幡豆町	270
八開村	399
八田川	93, 95, 138, 147
八町土場	256
服部村	360
八風峠	346
幅下水道	326
幅下用水	98

浜松	135, 205, 243, 283
浜松平野	213
播磨国	286
阪急	103
阪神	81, 103
半田赤レンガ建物	300
半田運河	303
半田駅	298, 299
半田線	306, 308, 309, 311
般若川	71
半場川	246, 279

ひ

東一宮	81
東浦町	203, 265
東松山	177
東名阪自動車道	339
東山丘陵	25, 55, 154, 205, 222
東山動物園	188, 189
ピクニックランド	104, 105, 107
肥後国	159, 161
尾西織物同業組合	370
尾西市	399, 405, 407, 409
尾西線	82, 344
尾西鉄道	82
久屋大通	131, 204
尾三自動車	215, 216
尾州瀬戸物会所	165
飛騨	39, 71, 424
飛騨川	70, 424
一日市場	180
日当山温泉	102
桧ケ根	192
尾北鉄道	82
姫街道	148, 283, 343
姫路城	286
屏風山断層	173
平泉	323
平岩製作所	407
平田町	378, 380
平田橋	210
平戸橋	207, 216, 217
平戸藩	159
平針	28, 59, 62, 205, 206, 208,

209, 210, 211, 213, 216, 217, 234

平針街道	207
平針西口	207
平谷	211, 217
昼神温泉郷	218
広島	12, 32, 33, 34, 35, 36, 38, 39, 41, 43, 44, 52, 99, 323
広島県	12, 44
広島藩	38
琵琶湖	70, 305
枇杷島	28, 81, 310, 389, 390, 395
枇杷島口	27, 61, 113
枇杷島線	81
枇杷島橋	81, 388, 389, 390, 394

ふ

福岡	32, 33, 34, 35, 36, 38, 39, 41, 43, 52, 221, 271, 397
福岡大橋	378
福岡藩	38
福原輪中	376, 377
福光	422
藤が丘工場	190, 235
富士ケ根	192
藤川	240, 283
富士製鉄	311
富士浅間神社	192
藤前干潟	178, 179
伏見城	70
扶桑	80, 89
ふたつのやの渡	343, 344
二ツ山トンネル	217, 218
二見の道	283
二村山	241
船町湊	349
フランクフルト	185
フランス	90, 112, 260
古内	272
古鼠	256, 257
古平町	268
古渡	53, 54, 341
古渡城	54

へ

平安通	79, 84
平坂	255, 256, 257, 267
平坂湊	267
平和公園	96, 189
平和町	399
碧海郡	246, 251, 263, 264
碧海郡購買販売組合連合会	251
碧海台地	62, 232, 236, 240, 243, 247, 248, 249, 250, 251, 252
碧海電気鉄道	236
別所街道	284
別府	102, 103
ペンシルベニア鉄道	311

ほ

宝飯郡	255, 267, 274
鳳来町	289
北米	47
北陸	71, 114, 184, 378, 403
星ヶ丘	189, 205, 206
細ケ根	192
布袋	80
仏ケ根	192, 193
穂の国	240
堀越	190, 389
堀越川	190
本宮山	170
本郷	205, 209
本郷駅	189
本坂峠	283

ま

米原町	70
前ヶ須街道	343
前芝湊	289
前田川	303
前山	192
牧尾ダム	296
馬籠峠	212
正木川	422
真清田神社	345, 368, 403
町屋川	347
松河戸村	143

松阪	321
松坂屋	50
松平	213, 232, 233, 242, 254, 256, 287, 348, 349, 380, 381
松平町	232
松本市	410
松本電気鉄道	220
馬走瀬	313
丸登織布	319
満濃池	85
マンハッタン島	204, 205

み

三重県	10, 11, 12, 33, 44, 61, 170, 321, 340, 345, 372, 376, 409
三重紡績	355
三河口	28, 62, 113
三河港	240, 276
三河セメント	134
三川内	159, 160
三河鉄道	216, 233, 234, 244, 245, 268
三河豊田	229
三河湾	62, 132, 236, 240, 242, 256, 257, 258, 264, 274, 275, 276, 338, 376
三国山	170
神坂峠	212, 214
神坂トンネル	218
瑞浪市	157, 180, 181, 185
瑞浪盆地	139
水野	27, 101, 176, 177, 267
水野街道	205
瑞穂運動場	205
瑞穂区	207
瑞穂台地	207
三滝川	351
三井川	410
三井寺	258
ミッドランド	33
三菱汽船	350
三留野	217
水戸藩	39
水上	157, 182, 231, 305, 330
南加木屋駅	312
南区	207

美濃	10, 13, 29, 39, 62, 64, 67, 69, 72, 74, 77, 90, 138, 149, 154, 157, 162, 163, 164, 166, 167, 168, 169, 170, 173, 177, 180, 181, 182, 186, 195, 203, 225, 226, 326, 346, 349, 350, 372, 373, 377, 380, 388, 389, 390, 393, 403, 408, 409, 410, 411, 413, 420, 424, 425
美濃太田遊船組合	106
美濃街道	27, 59
美濃加茂市	66
美濃加茂盆地	139
美濃電気軌道	15, 82
美濃焼物取締会所	182
御旗山	192
宮	80, 341, 345, 388
三谷	274, 275
宮城県	12, 13, 328
三宅川	53, 367, 368
宮崎県	108
宮ノ越	182
妙嚴寺	282, 283
三好	192, 209, 262, 281
三好ヶ丘	237
みよし市	154, 220, 224, 225, 330
弥勒山	170
美和町	358
民族学博物館	111, 112

む

武蔵	192, 287, 349
虫鹿神社	85
陸奥国	38, 352

め

名岐線	82
名岐鉄道	82, 103, 104, 107
明治村	85, 86, 88, 90, 107, 108, 109, 110, 111
明治用水	96, 243, 246, 247, 248, 252, 281
名神高速道路	112, 114, 115, 395
名鉄犬山線	79, 80, 117, 118, 123, 132, 235
名鉄犬山ホテル	104

名鉄河和線	298
名鉄小牧線	79, 84
名鉄自動車	215
名鉄道場	106
名鉄常滑線	312
名鉄豊田線	122, 229, 236
名鉄名古屋本線	12, 14, 231, 235, 236, 237, 240, 241, 281, 282, 283, 378
名鉄弥富駅	344
名東区	188, 189, 205, 206, 207
名東県	91
名二環（名古屋第二環状自動車道）	189
名濃バイパス	71, 72
名飯急行バス	215, 216, 217, 219
名飯線	216, 217

も

元町工場	232
物見山	195
桃山園芸住宅	294
桃山面	139
守山丘陵	55, 61, 139, 205
モンキーパーク	107, 108
モンゴル	268
モンペリエ	90

や

八百津	74, 101, 213
八百富神社	275, 277
野外民族学博物館	112
矢勝川	303
やきもの散歩道	122, 322, 323, 328
薬王寺	159, 160, 161
八草 IC	201
八草駅	188, 197, 229
薬師川	93
屋久島	108
焼田湊	343
八事	205, 206, 207, 210, 217, 234, 235
八事丘陵	55, 205, 207
八事層	55
岩作	126, 192, 193, 202, 203
八代	161, 380

矢田川	52, 55, 59, 61, 77, 91, 92, 93, 138, 164, 174, 189, 192, 205
矢田城	347
弥富	53, 63, 330, 338, 341, 342, 343, 344, 369, 377
弥富市	331, 333, 338, 339, 341, 342, 343, 344
弥富埠頭	331, 337
柳津町	90
柳街道	80, 98
柳橋駅	81
八名郡	284, 289
矢作	240, 287
矢作川	29, 62, 190, 210, 225, 232, 237, 240, 247, 248, 252, 254, 255, 256, 257, 259, 262, 263, 264, 266, 271, 280, 281, 345
矢作古川	256, 264, 271, 273
八橋	240, 241
八幡	43, 424
矢部	272, 347
山方新田	302, 303
山口街道	205
山口川	195
山崎	207, 208, 209, 401
山崎川	189, 208, 225
山城	402
山城国	169
大和郡山市	325
山中	177, 224, 240, 381
山梨県	361
八女	271, 272
矢合観音	395, 396
矢合町	395, 396

ゆ

夕立山	139

よ

養老山地	170, 344, 358, 382, 384, 410
養老断層	52, 383
横須賀	43, 312, 313
横須賀御殿	311, 312, 313, 317
横須賀代官所	313

横須賀町	311, 312, 313, 316, 319	若宮大通	204
横須賀郵便局	319	和歌山	43, 135, 171, 279
横浜	14, 16, 35, 36, 40, 43, 45, 46, 47, 49, 275, 304, 324, 328, 355, 361	和歌山県	171, 279
		鷲塚	255, 256, 264, 266, 267
横浜港	17, 40, 273, 327, 361	鷲塚湊	267
吉田	62, 240, 257, 283, 284, 286, 287, 288, 289, 295	和勝	130
		和田峠	212
吉田大橋	287		
吉田川	195, 287, 288, 289, 424		
吉田城	284, 285, 286, 287, 288		
吉田湊	288, 289		
吉田山	222		
吉野川	279		
四日市	10, 14, 63, 230, 231, 257, 305, 330, 343, 344, 349, 350, 351, 352, 353, 354, 355, 356, 425		
四日市港	17, 48, 248, 305, 306, 330, 349, 350, 352, 354, 355, 356		
四日市市	12, 340, 350, 351, 355		
四日市線	306		
四箇市庭浦	351		
四日市湊	351, 352, 353		
米津	264		

ら

ライン遊園	105, 106
ライン遊園駅	106
ラグナシア	276

り

リニア中央新幹線	38, 198, 220
竜泉寺	193, 203
両京鉄道	212
領内川	71, 367
臨江亭	312

ろ

六郷	287
六郷村	101
六ケ所村	330
論地ヶ原台地	232

わ

若松	351

【著者略歴】

林　上（はやし・のぼる）

1947年　岐阜県生まれ。

名古屋大学大学院文学研究科史学地理学専攻、博士課程修了、文学博士。

名古屋大学名誉教授、中部大学名誉教授。

〈主著〉

『中心地理論研究』、『都市の空間システムと立地』『都市地域構造の形成と変化』、『経済発展と都市構造の再編』『カナダ経済の発展と地域』『近代都市の交通と地域発展』（以上、大明堂）

『都市経済地理学』『現代都市地域論』『現代カナダの都市地域構造』『都市サービス地域論』『都市交通地域論』『社会経済地域論』『現代経済地域論』『現代社会の経済地理学』『現代都市地理学』『都市と経済の地理学』（以上、原書房）

『名古屋圏の都市地理学』『都市と港湾の地理学』『名古屋圏の都市を読み解く』『ゲートウェイの地理学』『川と流域の地理学』『焼き物世界の地理学』『歴史と地理で読み解く日本の都市と川』（以上、風媒社）

〈編著〉

『東海地方の情報と社会』（共編）（名古屋大学出版会）、『高度情報化の進展と地域社会』（大明堂）、『現代都市地域の構造再編』（原書房）、『飛騨高山：地域の産業・社会・文化の歴史を読み解く』（風媒社）

名古屋の周辺地域を読み解く

2024年11月20日　第1刷発行

（定価はカバーに表示してあります）

著　者　　林　　上

発行者　　山口　　章

発行所　　名古屋市中区大須1丁目16-29
振替 00880-5-5616 電話 052-218-7808
http://www.fubaisha.com/　　風媒社

乱丁本・落丁本はお取り替えいたします。　＊印刷・製本／モリモト印刷

ISBN 978-4-8331-1161-4